HERMES

在古希腊神话中，赫耳墨斯是宙斯和迈亚的儿子，奥林波斯神们的信使，道路与边界之神，睡眠与梦想之神，亡灵的引导者，演说者、商人、小偷、旅者和牧人的保护神……

西方传统 经典与解释
Classici et Commentarii
HERMES

施特劳斯集
The Collected Works
of Leo Strauss

刘小枫 ◎ 主编

哲学、历史与僭政
——重审施特劳斯与科耶夫之争

Philosophy, History, and Tyranny
Reexamining the Debate between Leo Strauss and Alexandre Kojève

[美]伯恩斯 Timothy W. Burns　[美]弗罗斯特 Bryan-Paul Frost ｜ 编
李佳欣 ｜ 译
隋　昕 ｜ 校

华夏出版社

古典教育基金·蒲衣子资助项目

"施特劳斯集"出版说明

1899年9月20日,施特劳斯出生在德国Hessen地区Kirchhain镇上的一个犹太家庭。人文中学毕业后,施特劳斯先后在马堡大学等四所大学注册学习哲学、数学、自然科学,1921年在汉堡大学以雅可比的认识论为题获得哲学博士学位。1924年,一直关切犹太政治复国运动的青年施特劳斯发表论文《柯亨对斯宾诺莎的圣经学的分析》,开始了自己独辟蹊径的政治哲学探索。1930年代初,施特劳斯离开德国,先去巴黎,后赴英伦研究霍布斯,1938年移居美国,任纽约社会研究新学院讲师,十一年后受聘于芝加哥大学政治系,直到退休——任教期间,施特劳斯先后获得芝加哥大学"杰出贡献教授"、德国汉堡大学荣誉教授、联邦德国政府"大十字勋章"等荣誉。

施特劳斯在美国学界重镇芝加哥大学执教近二十年,教书育人默默无闻,尽管时有著述问世,挑战思想史和古典学主流学界的治学方向,生前却从未成为学界声名显赫的大师。去世之后,施特劳斯逐渐成为影响北美学界最重要的流亡哲人;他所倡导的回归古典政治哲学的学问方向,深刻影响了西方文教和学界的未来走向。上个世纪七十年代以来,施特劳斯身后逐渐扩大的学术影响竟然一再引发学界激烈的政治争议——自由主义知识分子觉得,施特劳斯对自由民主理想心怀敌意,是政治不正确的保守主义师主;后现代主义者宣称,施特劳斯唯古典是从,没有提供应对现代技术文明危机的具体理论方略。为施特劳斯辩护的学人则认为,施特劳斯从来不与某种现实的政治理想或方案为敌,也从不提供解答现实政治难题的哲学论说;那些以自己的思想定位和政治立场来衡量和评价施特劳斯的人,不外乎是以自己的灵魂高度俯视施特劳斯立足于古典智慧的灵魂深处。施特劳斯关心的问题更具常识品质,而且很陈旧:西方文明危机的根本原因何在?施特劳斯不仅对百年来西方学界的这个老问题作出了超逾所有前人的深刻解答,而且提出了切实可行的应对方略:重新学习古典政治哲学作品。施特劳斯的学问以复兴苏格拉底问题为基本取向,这迫使所有智识人面对自身的生存德性问题:在具体的政治共同体中,难免成为"主义"信徒的智识人如何为人和治学。

如果中国文明因西方文明危机的影响也已经深陷危机处境,那么施特劳斯的学问方向给中国学人的启发首先在于:自由主义也好,保守主义、新左派主义或后现代主义也好,是否真的能让我们应对中国文明的危机问题——"施特劳斯集"致力于涵括施特劳斯的所有已刊著述(包括后人整理出版的施特劳斯生前未刊文稿和讲稿;已由国内其他出版社购得版权的《霍布斯的政治哲学及其起源》《思索马基雅维利》《城邦与人》《古今自由主义》除外),并选译有学术水准的相关研究文献。我们相信,按施特劳斯的学问方向培育自己,我们肯定不会轻易成为任何"主义"的教诲师,倒是难免走上艰难思考中国文明传统的思想历程。

古典文明研究工作坊
西方典籍编译部甲组

目 录

致 谢 　　　　　　　　　　　　　　　　　　　　　　　　1
序 言 　　　　　　　　　　　　　　　　　　　　　　　　1

施特劳斯－科耶夫之争在施特劳斯作品中的位置　伯恩斯　16
科耶夫《僭政与智慧》的哲学背景　　　　　　　　贝塞特　55
圣经在施特劳斯－科耶夫论争中的位置　　　　　　伯恩斯　87
施特劳斯致科耶夫的关键回复　　　　　　　　　　贝纳加　124
谁赢了这场论争？　　　　　　　　　　　　　　弗罗斯特　162
施特劳斯与科耶夫的通信　　　　　　　　　　　　　卢茨　201
科耶夫的、黑格尔的和施特劳斯的黑格尔　　　　　纽厄尔　223
历史、僭政与哲学的前提　　　　　　　　　　　　维克利　256
历史终结观　　　　　　　　　　　　　　　　　小尼克斯　271

附 录
科耶夫《僭政与智慧》版本考　　　　　　　　　帕塔尔德　293
僭政与智慧　　　　　　　　　　　　　　　　　　科耶夫　296

索 引　　　　　　　　　　　　　　　　　　　　　　　362

致　谢

作为编者，非常感谢卡特莱特（Perry Cartwright）和芝加哥大学出版社惠允我们再版科耶夫《僭政与智慧》的英译版（Kojève "Tyranny and Wisdom", in Leo Strauss, *On Tyranny*, eds. and trans. Victor Gourevitch and Michael S. Roth [University of Chicago Press, 2013], 135 – 176）。路易斯安那大学拉菲特分校博雅学院（the College of Liberal Arts at the University of Louisiana at Lafayette）的院长凯尔曼（Jordan Kellman）慷慨地承担了购买版权的费用。柯思奈泽夫（Nina Kousnetzoff）欣然同意纽约州立大学出版社和帕塔尔德发行英译版，该版本的资料来自法国国家图书馆（La Bibliothèque nationale de France）的科耶夫全宗。纽约州立大学出版社"施特劳斯的思想与遗产"系列丛书的编辑格林（Kenneth Hart Green）鼓励我们将本书列入该系列中。纽约州立大学出版社的高级策划编辑里内拉（Michael Rinella）很支持我们的工作，一开始便和编者签了一份预签合同。我们非常感谢上述各位以及本书的作者们对这项事业的贡献。看到大家对施特劳斯 – 科耶夫之争的兴趣依然浓厚，还有一个如此多元的群体乐意帮助完成本书，我们感到非常荣幸。

序　言

伯恩斯(Timothy W. Burns)　　弗罗斯特(Bryan-Daul Frost)

[1]施特劳斯(Leo Strauss)与科耶夫(Alexandre Kojève)昔日关于《论僭政》(*On Tyranny*)一书有所论争,2013至2014年间,有不少关于这一论争的周年纪念日,①其中包括:法文原版论争文集(1954)发表六十周年,[2]英文版论争文集(1963—1964)发表五十周年,还有福山(Francis Fukuyama)的原创作品《历史的终结?》(*The End of History?* 1989)发表二十五周年。这让科耶夫之名渐为新一代的有识公众所熟知,也重新唤起人们对科耶夫所主张的"自由民主(或者他所称之的普遍同质国家)是最终、最完美的政

---

① 施特劳斯《论僭政》的英文版最初在1948年由政治科学经典系列(纽约)发表,新学院(the New School)的约翰逊(Alvin Johnson)为之作序。1954年《论僭政》法译本(Paris:Gallimard)首次亮相,其中包括科耶夫的《僭政与智慧》一文。布鲁姆(Allan Bloom)编辑了《论僭政》的美国第二版,1963年发行,其中收录有科耶夫《僭政与智慧》的英译本。古热维奇(Victor Gourevitch)和罗兹(Michael S. Roth)对之进行了修订和扩充,增加了施特劳斯与科耶夫的通信,这一增订本于1991年出版(New York:Free Press)。1997年出版了这一增订本的法译版(Paris:Gallimard)。第二版增订本在2000年发行(Chicago:University of Chicago Press);它"重新收录了施特劳斯《重述色诺芬的〈希耶罗〉》(Restatement on Xenophon's *Hiero*)[其后皆简写为《重述》]的结尾段",并纠正了文中的错误(该版"前言",页8)。经过"修正与扩充"的第三版(Chicago:University of Chicago Press)最终于2013年发行,其中加入了第193页中"被删去的段落"(该版"前言",页8)。本书的各位作者基于各自的教学需求和行文特色采用了不同的版本。

府形式(form of government)"的兴趣。① 借此时机,本选集将批判性地重审整个论争,并证明其何以经久不衰,鲜有哲学的或学术的讨论能如此。本集的全部文章都特意为此而作,所有作者都是政治科学、哲学和古典研究领域的资深专家和青年学者。编者力求囊括论争中最精彩的部分,包括其整体背景、谁是赢家(如果非要二选一)及其更为宏阔的哲学关联。编者不强调解释的正统性(从所呈现的各种结论中能明显看到);即使每位作者最终可能不赞同施特劳斯或科耶夫,或两者兼而有之,但他们心怀真诚、强烈的渴望,希望能从论争中学有所获,并把他们的见解告诉更多人。编者相信,此书是关于论争整体的第一部文选集,因而,编者也相信,本选集为格林(Kenneth Hart Green)编辑的"施特劳斯思想与遗产"系列丛书(纽约州立大学出版社)作出了独一无二的积极贡献。②

[3]对《论僭政》的研究深受施特劳斯和科耶夫的学生喜爱,经久不衰,许多富有影响与启发性的相关文章著述也已出版。③ 这两

---

① Francis Fukuyama, "The End of History?", *The National Interest* 16 (Summer 1989):3 – 18, 随后扩充为 *The End of History and the Last Man*(New York:Free Press,1992), 并写了一个新跋("Afterward")后再次发行(New York: Free Press,2006)。

② 见如 Corine Pelluchon, *Leo Strauss and the Crisis of Rationalism:Another Reason,Another Enlightenment*, trans. Robert Howse(Albany:State University of New York Press,2015); Jeffrey Alan Bernstein, *Leo Strauss on the Borders of Judaism, Philosophy,and History* (Albany:State University of New York Press,2015); Tucker Landy, *After Leo Strauss:New Directions in Platonic Political Philosophy*(Albany: State University of New York Press, 2015); Aryeh Tepper, Progressive Minds, *Conservative Politics:Leo Strauss's Later Writings on Maimonides* (Albany:State University of New York Press,2014);以及 David Janssens, *Between Athens and Jerusalem:Philosophy, Prophecy, and Politics in Leo Strauss's Early Thought* (Albany:State University of New York Press,2009)。

③ 见如 Victor Gourevitch, "Philosophy and Politics, I – II", *The Review of Metaphysics* 22(nos. 1 – 2,1968):58 – 84,281 – 328; George Grant, *Technology and*

位思想家提出了古今政治思想的基本观念和基础性前提,他们精准、简省(economy),且常常带有惊人的明晰。他们确实登堂入室,以至于如果认为双方有一方错误,那么另一方一定全对或将近全对,这表明,这两种选择是人类生活与思想中两种最基本的取向。尽管在回答几乎所有最重要的问题上,两人截然对立,但如论争本身所示,对于何为最重要的问题,他们似乎完全一致:如何阅读和解释哲学文本?圣经信仰已经改变了人类的意识吗?历史是一个理性的、有目的的过程吗?政治生活是否可以一直完全合理、完全令人满意?哲学与政治的品质是什么?什么是最高的生活方式,它的确切特征又是怎样的?事实上,很难想象他们的交流里有什么真正有政治意义的问题未被触及,或未以某种方式得到解决。当然,这并不意味着这场论争就是二人最终、最权威、最成熟的思想表达:这场论争后,两人陆续写了些其他作品,而论争发布之后,他们的哲学通信却被淡忘。即便如此,这一论争依然充满活力,历久弥新,而且两人从未否认过他们对此的观点。

为了最好地解释这场论争的起源,我们向读者推荐帕塔尔(Emmanuel Patard)评述施特劳斯《重述色诺芬的〈希耶罗〉》一文的导言,里面有大量关于[4]施特劳斯的文章和科耶夫全宗的参考文献。[1]这里,我们仅为不熟悉这两位作为好友的主人公的读者提供

Empire (Toronto: *House of Anansi Press*, 1969), 79 – 109; *Michael S. Roth*, Knowing and History: Appropriations of Hegel in Twentieth – Century France (Ithaca, NY: Cornell University Press, 1988), 83 – 146, 以及在 The Ironist's Cage: Memory, Trauma, and the Construction of History (New York: Columbia University Press, 1995) 中收录的文章; *Robert B. Pippin*, "Being, Time, and Politics: *The Strauss – Kojève Debate*", History and Theory 32 (no. 2, 1993): 138 – 161; *James W. Ceaser*, Reconstructing America: The Symbol of America in Modern Thought (New Haven, CT: Yale University Press, 1997), 214 – 231;以及古热维奇、罗兹版《论僭政》前言。

[1] Emmanuel Patard, "'*Restatement*', by Leo Strauss (*Critical Edition*)", Interpretation 36 (no. 1, 2008): 3 – 27.

一些简要的生平信息。

施特劳斯与科耶夫简介

施特劳斯于1899年出生在普鲁士,先就读于马堡大学,后到汉堡大学,在卡西尔(Ernst Cassirer)的指导下完成博士论文。[1] 1922

---

[1] 下述内容来自 Timothy W. Burn, "Leo Strauss", *Congressional Quarterly's Encyclopedia of Modern Political Thought* (September 2013):779 - 784。详情可参阅施特劳斯写给萨德勒(Cyrus Adler)信中的履历(curriculum vitae),巴黎,1933年11月30日,"施特劳斯文献"第4盒第1格,ed., trans., and intro. Emmanuel Patard, *Leo Strauss at the New School for Social Research* (1938 - 1948): *Essays, Lectures, and Courses on Ancient and Modern Political Philosophy*(未发表的博士论文英译版,于巴黎第一大学[Panthéon - Sorbonne]完成,2013),页674 - 684,以及"1936年个人履历"("CurriculumVitae,1936"),页686 - 689。近来关于施特劳斯的作品,Robert Howse, *Leo Strauss: Man of Peace* (Cambridge: Cambridge University Press, 2014); Michael P. Zuckert and Catherine H. Zuckert, *Leo Strauss and the Problem of Political Philosophy* (Chicago: University of Chicago Press, 2014); Daniel Tanguay, *Leo Strauss: An Intellectual Biography*, trans. Christopher Nadon (New Haven, CT: Yale University Press, 2007); Steven B. Smith, *Reading Leo Strauss: Politics, Philosophy, Judaism* (Chicago: University of Chicago Press, 2006); Catherine and Michael Zuckert, *The Truth About Leo Strauss: Political Philosophy and American Democracy* (Chicago: University of Chicago Press, 2006); Heinrich Meier, *Leo Strauss and the Theological - Political Problem*, trans. Marcus Brainard (Cambridge: Cambridge University Press, 2006); Thomas L. Pangle, *Leo Strauss: An Introduction to His Thought and Intellectual Legacy* (Baltimore: Johns Hopkins University Press, 2006); and Christopher Bruell, "A Return to Classical Political Philosophy and the Understanding of the American Founding", *Review of Politics* 53(no. 1, Winter 1991):173 - 186。已编的施特劳斯思想文集包括 *Leo Strauss's Defense of the Philosophic Life: Reading "What Is Political Philosophy?"*, ed. Rafael Major (Chicago: University of Chicago Press, 2013); *The Cambridge Companion to Leo Strauss*, ed. Steven B. Smith (Cambridge: Cambridge University Press, 2009); and *Companion To Leo Strauss' Writings on Classical Thought*, ed. Timothy W. Burns(Leiden, Netherlands: Brill, 2015)。

年,施特劳斯到弗莱堡大学(University of Freiburg – im – Breisgau),在胡塞尔(Edmund Husserl)的指导下做了一年博士后,不过他也上过[5]海德格尔(Martin Heidegger)的课。在法兰克福,他加入罗森茨威格(Franz Rosenzweig)的自由犹太人讲习所(Freies Jüdisches Lehrhaus),还在《犹太人》(Der Jude)和《犹太评论》(Jüdische Rundschau)上发表文章,最后引起古特曼(Julius Guttmann)的注意,1925年,古特曼给了施特劳斯一个柏林的犹太研究院(Akademie für die Wissenschaft des Judentums)的职位,让其研究犹太哲学。在那里,施特劳斯完成了他的处女作《斯宾诺莎的宗教批判作为其圣经学的基础:斯宾诺莎〈神学－政治论〉研究》(1930),同时也参与编订了门德尔松纪念版作品(the jubilee edition of Mendelssohn's writings)。在这项编订工作中,施特劳斯结识了德国各路犹太知识分子,比如阿伦特(Hannah Arendt)和本雅明(Walter Benjamin)。他也在这段时间里结识了洛维特(Karl Löwith)、克吕格(Gerhard Krüger)、索勒姆(Gershom Scholem)、约纳斯(Hans Jonas)、法肯海姆(Emil Fackenheim)以及克劳斯(Paul Kraus),之后也同他们一直积极保持通信。许多通信都收录在迈尔(Heinrich Meier)编辑的施特劳斯《文集》(Gesammelte Schriften)中。

1932年,在洛克菲勒奖助金(Rockefeller Scholarship)的支持下,施特劳斯动身前往巴黎。正是在第一次听科耶夫讲授黑格尔(Friderich Hegel)《精神现象学》的课上(1933),他和科耶夫成为朋友。1934年,施特劳斯前往英国,并于1935年迁至剑桥。在德文郡,他接触到了霍布斯(Thomas Hobbes)的早期文章,发表了他第一部研究霍布斯的著作——《霍布斯的政治哲学:起源与基础》(The Political Philosophy of Hobbes:Its Basis and Its Genesis),在该书的一条脚注中,他承诺自己会和科耶夫合写一本关于霍布斯和黑格尔的书。[1]

---

[1] Leo Strauss, The Political Philosophy of Hobbes:Its Basis and Its Genesis, trans. Elsa M. Sinclair(Chicago:University of Chicago Press,[1936]1984),58n1.

1937年,施特劳斯搬到纽约,受哥伦比亚大学的研究支持,在多所院校做访问学者,之后,他在社会研究新学院(New School for Social Research)获得了一份更稳定的工作。1949年到1967年,施特劳斯任职于芝加哥大学政治学系。其后,施特劳斯在克莱蒙特男子学院(Claremont Men's College)待了三学期,在安娜波里斯市的圣约翰学院(St. John's College, Annapolis)度过四载光阴。1973年,施特劳斯与世长辞,生前共出版十五本著作和大量学术论文。

施特劳斯追随歌德,认为"信仰与无信仰之争",抑或我们由以指导自己生活的各种责任来源问题,是"整个世界和[6]人类历史上最深刻的主题"。① 作为一个在道德上严肃的年轻人,他陷入一种看似不可调和的冲突中,他将这种激发高贵性的信仰(nobility - inducing faith)与科学主张之间的冲突称为"神学 - 政治问题"。为便于别人理解,施特劳斯(在其1965年发表的《斯宾诺莎的宗教批判》序言中)表明自己为何要挣脱现代预设,挣脱被那些预设变得面目全非的圣经与古典传统的残余,所以,信仰 - 理性这一问题本身清晰可见。② 他明确表示,自己受惠于海德格尔动摇僵化的西方哲学"传统"的努力。

施特劳斯强调,在他写作的时代,哲学的可能性不再被理所当然地理解成对永恒真理的理性追求,尼采和海德格尔的作品已经从根本上质疑了这一点。存在通过理性来探索一种对世界真正的、普遍性理解的可能性,凭借这种理解,我们能且应该辨明方向,而在某种程度上,由于尼采和海德格尔的质疑,西方的特点就是,其寻找这一可能性的信心已崩溃了很久。作为一名教师和学者,施特劳斯终

---

① Leo Strauss, *Hobbes's Critique of Religion*, trans. Gabriel Bartlett and Svetozar Minkov(Chicago:University of Chicago Press,[1936] 2011),23.

② Leo Strauss,*Spinoza's Critique of Religion*, trans. E. M. Sinclair(New York:Schocken Books,1965),1 – 31.

其一生都在直面并引导人们正视这一处境,他既指出一条道路来恢复苏格拉底式政治哲学的理性生活的原初基础,又引导人们黾勉从事,认真对待那些造成我们当前处境的现代政治哲学的发展。在最初的《论僭政》以及后续同科耶夫的论争中,正如本书文章所示,所有这些问题都有待解决。

1902年5月11日,科耶夫(原名Kojevnikov)出生在莫斯科一个富裕的中产阶级家庭,他的叔父是画家康定斯基(Wassily Kandinsky)。1920年,科耶夫逃离苏俄,在德国过了五年,这期间,他在雅斯贝尔斯(Karl Jaspers)的指导下完成关于索洛维约夫(Vladimir Soloviev)的宗教哲学的学位论文。1926年底,科耶夫前往巴黎继续研究。1933年,[7]他接手柯瓦雷(Alexandre Koyré)在法国高等研究实践学院(École Pratique des Hautes Études)开设的黑格尔《精神现象学》研讨课,这门课一直讲到1939年。科耶夫的研讨课名气格外大,这不仅因为他对《精神现象学》的解释引人入胜(尽管有争议),也因为那些参加研讨课且随后受之影响的人,这些人的大名简直就是一份名副其实的未来法国知识分子名单:阿隆(Raymond Aron)、巴塔耶(Georges Bataille)、布勒东(André Breton)、费萨尔教父(Father Gaston Fessard)、拉康(Jacques Lacan)、梅洛-庞蒂(Maurice Merleau-Ponty)、韦伊(Eric Weil)。还有许多在不同时间参加研讨课的人,尽管并非所有人都同意他的结论,但其中有许多人都认可他的敏锐、严谨与博学。1947年,格诺(Raymond Queneau)收集、编辑并出版科耶夫的系列讲稿。这本书和伊波利特(Jean Hyppolite)翻译的《精神现象学》(1939—1941)奠定了战后法国智识界引入黑格尔和黑格尔主义并确立其统治地位的基础。[1]

"二战"后,在马若兰(Robert Marjolin)的帮助下,科耶夫在对外

---

[1] Alexandre Kojève, *Introduction a la lecture de Hegel*, ed. Raymond Queneau (Paris: Gallimard, 1947; second edition 1968).

经济关系局(des relations économiques extérieure)获得了一份工作。随后二十年里,他致力于推进法国的对外贸易和经济政策,并发挥巨大作用。每一个曾与他共事过的人都认为,科耶夫是法国对外经济政策的"灰衣主教"(éminence grise),他涉足一系列对国际事务有着长期影响的外交与谈判事务。在帮助执行马歇尔计划后,科耶夫参与到促进欧洲经济共同体(即现在的欧盟)的建设中;他是建立关税和贸易总协定(即现在的世界贸易组织)谈判的核心参与者;此外,他对鼓励第三世界的发展(现在通常被称为"南北对话"或者"南北援助")怀有浓厚兴趣。虽然科耶夫生前便断断续续发表过作品,但他在哲学和政治思想史上篇幅更大、更详尽的著作却是在身后发表的。1968年,在布鲁塞尔发表演讲后,科耶夫在共同市场会议召开之前离世。[1]

本书概要

[8]在本书首篇,伯恩斯将讨论"施特劳斯-科耶夫之争在施

---

[1] 尽管每部讨论20世纪法国政治思想的作品几乎都会提及或者讨论科耶夫,比如,最近的Bruce Baugh, *French Hegel: From Surrealism to Postmodernism* (New York: Routledge, 2003),以及 Ethan Kleinberg, *Generation Existential: Heidegger's Philosophy in France, 1927 – 1961* (Ithaca, NY: Cornell University Press, 2005),但是很少有作品致力于将他的思想看作一个整体。最近也是最好的一本是James H. Nichols, Jr., *Alexandre Kojève: Wisdom at the End of History* (Lanham, MD: Rowman & Littlefield, 2007)。Dominique Auffret, *Alexandre Kojève: La philosophie, l'État, la fin de l'Histoire* (Paris: Bernard Grasset, 1990)仍然是迄今为止唯一且权威的传记。奥弗雷(Dominique Auffret)全面讨论并记录了科耶夫的公务员生涯,并且强调了科耶夫的公务员生活和他哲人生活的统一。亦见 Marco Filoni, *Le Philosophe du dimanche: La vie et la pensée d'Alexandre Kojève*, trans. Gérald Larché(译自意大利语, Paris: Gallimard, 2010),作者可能是当今最熟悉法国国家图书馆科耶夫基金会的学者。

特劳斯作品中的位置"。伯恩斯注意到,20世纪30年代初,在到巴黎见到科耶夫之前不久,施特劳斯经历了他所谓的思想上的"转向"(reorientation),从认为不可能回归古典政治哲学,转而将古典政治哲学看作理性生活可能且必要的基础,这时,两人都已研究过海德格尔的思想,但还没确立各自的学术名气。施特劳斯发现,科耶夫不仅是黑格尔思想的杰出而正经的代表,也是最为全面系统的现代哲人。

而且,科耶夫通晓黑格尔的思想,鉴于海德格尔将之更新,使之能够顶住尼采和海德格尔对理性主义发起的深刻批判,这确实是黑格尔所称的终极的教诲(the final teaching)或智慧(wisdom)。科耶夫知晓现代性对现代生活可能造成的全部后果,但他没有畏缩而是接纳这些后果,转向后的施特劳斯只和寥寥思想家有着共同的基础,科耶夫就是其中之一,因而科耶夫能有效地反对施特劳斯。因此,《论僭政》给了我们一个机会,以20世纪最伟大的两位思想家为例去思考,像他们那样支持或反对关于人类灵魂和健康的政治生活的现代理解。比起施特劳斯的众多作品,这本书既让我们更充分地理解他对[9]现代议题的赞美,又让我们审视其回归古典政治哲学的理由。

在《科耶夫〈僭政与智慧〉的哲学背景》一文中,贝塞特(Murray S. Y. Bessette)概述了科耶夫批判施特劳斯《论僭政》的哲学基础。贝塞特首先讲到科耶夫的解释:自我意识的上升是人类欲求承认的结果。要满足这一欲求,人就得克服动物性欲望,这意味着他必须冒着生命危险,为一个非动物性的目的拼死斗争。在主人自主的自我意识与奴隶依赖的自我意识同时诞生之际,这一斗争达到高潮。主奴之间随后的相互作用在关于主奴辩证法的概述中得到了讨论,主奴的互动驱动着历史的进步,直至历史走向终结,普遍同质国家诞生,在那里,主奴(从人的满足这个视角来看,二者都走进了死胡同)的同质状态被克服,得到满足的公民诞生。此外,在这个绝对时刻,哲学(即话语)的终结与智慧(即绝对知识或理念)的实现同时发生。因此,由于科耶夫对哲学和智慧的解释强调其时间性本质(temporal nature),这自然而然地形成了对智慧与政治权力关系的最终看法。鉴于人类的时间性(temporality)和有限性,哲人是否应该统治、应该为政治建言抑或拒绝政治生活的问题是一个永恒的哲学话题,对此,科耶夫认为,历史已经通过哲人、僭主和知识人之间的关系以及乌托邦与革命观念之间的亲缘关系做出了回答。

在《圣经在施特劳斯-科耶夫论争中的位置》一文中,伯恩斯(Daniel E. Burns)从施特劳斯的惊人之见出发:科耶夫对自己批评的"要旨"在于,他认为"圣经的价值取向已经战胜"古典政治哲学。关于科耶夫的现有研究,尚未将此类主张视为科耶夫批判施特劳斯的核心,所以伯恩斯以捍卫施特劳斯对科耶夫《僭政与智慧》(Tyrannie et sagesse)的解释开篇:尽管科耶夫并未明确表明这一点,但在其心目中,圣经对哲学的根本事业构成了巨大挑战,只有黑格尔的哲学,而非[10]古典哲学才能化解这个挑战。伯恩斯接着讲到施特劳斯对科耶夫这一批评的回应。施特劳斯同意,现代哲学本身是想克服圣经加之于哲学的挑战,但他反对科耶夫的这个看法,即古典哲学事实上并不能应对这一挑战,只有现代哲学的努力才能扭转乾坤。现代政治哲学否认"神圣约束的意识"(awareness of sacred restraints)的自然特征,而在施特劳斯看来,这一意识对人性而言必不可少,但现代政治哲学这样做的实际效果是大幅削弱了这种意识。因此,政治现代性的成功反而给人类的自我认识(self-knowledge)设置了新障碍,它远非如科耶夫所设想的那样能让哲学在世上安然无虞,而是已在"现代人"(modern men)间危及了哲学的可能性。

在第四章和第五章中,贝纳加(Nasser Behnegar)和弗罗斯特着力于谨慎推测谁有可能赢得这场论争及其原因。在《施特劳斯致科耶夫的关键回复》一文中,贝纳加在开篇便表明自己的发现。在科耶夫看来,古代的政治哲学之所以无法解决哲学的基本问题,有这几个原因:古代政治哲学持有一种乌托邦思想;忽视圣经观念所揭示的可能性;不愿改变政治现实;误解最好的社会秩序。该章认为,施特劳斯的《重述》成功回应了(远不止)所有这些异议。然而,贝纳加发现,《重述》并未解决现代哲学与古代哲学之间的争论,因为科耶夫对现代哲学的说法逊色于早期的现代哲人,尤其是马基雅维利。因此,施特劳斯对科耶夫的回应既是决定性的,也是开放性的。贝纳加的确总结道:由于施特劳斯的回应既是决定性的,也是开放性的,所以在《重述》以及他们的通信中,施特劳斯对科耶夫的欣赏或许包含之前不起眼但却很重要的反讽因素。

在《谁赢了这场论争?》中,弗罗斯特给出了他支持科耶夫的力所能及的最佳例证。弗罗斯特本人不是科耶夫派,不过他在开篇考察了科耶夫如何看待、表述这场论争。施特劳斯几乎是逐行地精心解读色诺芬的对话,科耶夫却似乎不大看重这个解释,而提出(毫不夸张地说)另一套世界观(world view)。弗罗斯特认为,在搞清楚科耶夫如何看待[11]施特劳斯更深的动机和计划后,我们才能更好地理解科耶夫的回应和施特劳斯的《重述》。接着,这篇文章讲到两人观点一致的地方。尽管在论争中人们经常忽视这一点,但科耶夫和施特劳斯在一些基本问题上大体保持一致,尤其是这两点:智慧作为统治资格的特征(如果不是唯一的特征);在最好的生活方式之所求里,政治与哲学是最严肃的竞争对手。最后,弗罗斯特讨论了这场论争是如何围绕这三个关键问题展开的:主观确定性(subjective certainty)、哲人的哲学教育,以及一个真正正义社会的本质。弗罗斯特总结道,施特劳斯和科耶夫都没有赢得这场论争,也就是说科耶夫当然没失败。

在《施特劳斯与科耶夫的通信》一文中,卢茨(Mark J. Lutz)讨论了两位思想家间大量的私人通信。卢茨承认,尽管在《论僭政》中,施特劳斯和科耶夫追求的都是关于哲学的意义、哲学与政治的关系的基本问题,而且二人的讨论振聋发聩,但他们从未公开发表过对这些问题的任何思考。施特劳斯和科耶夫一致同意,将彼此间的基本话题称之为"存在的问题"(the question of Being),幸运的是,在信中他们详述了这个问题。

在公开通信的结尾,科耶夫思考着施特劳斯对这个问题的看法,他给施特劳斯写信道,他们不仅在存在的问题上有分歧,在正义的问题上也有分歧。这封信使得他们在之后的一系列通信中,都基于柏拉图的著作轮番解释、探讨他们的哲学差异。在这些信中,关于柏拉图对正义、对"理念论"的不同层面的理解,施特劳斯提出了一些真知灼见。最后,这些信件有助于两方面的理解:第一,科耶夫如何把柏拉图的"理念论"收入囊中,放在黑格尔式的框架里;第二,为何施特劳斯认为真正的古典哲人必须探究正义问题,就像苏格拉底为推进存在问题如此为之一样。

纽厄尔(Waller R. Newell)在《科耶夫的、黑格尔的和施特劳斯的黑格尔》一文中,探讨了施特劳斯在《论僭政》中态度相对不明确的部分,即僭政与智慧之间存在的严重对立[12]的"中间道路"(middle range),这一中间道路正是《论僭政》的亮点。施特劳斯听起来好像是在说,只有当哲学生活的独立活动不存在时,科耶夫的立场才正确:哲学生活的独立性是对僭政——尤其是现代版本的僭政——的唯一确定的防御,而科耶夫会说,这种现代版本的僭政可以宣称,自己已经实现古代思想的普遍教诲本身。在考察施特劳斯的这些思绪时,纽厄尔追问过几个相关问题。他认为,要全面描述施特劳斯超出《论僭政》的思想会更加复杂,但它恰恰提供了理解僭政的中间道路,纽厄尔发现施特劳斯在与科耶夫的对话中相对缺少这一进路。施特劳斯在黑格尔本人那里发现了这条中间道路的证据,也发现了黑格尔和古典思想的亲缘相似性,这让施特劳斯觉得黑格尔在其同代人间显得出类拔萃,但这并不等于黑格尔真正赞同古典或要恢复古典。这一点表明施特劳斯欣赏黑格尔,不过同时也要从根本上区分施特劳斯和科耶夫对黑格尔的理解。纽厄尔认为,施特劳斯在《论僭政》中出于这一讨论的目的,而把科耶夫和黑格尔混为一谈。

维克利(Richard L. Velkley)在《历史、僭政与哲学的前提》一文中指出,在《重述》的结束语中,施特劳斯批判性地提到海德格尔的思想,虽然没有直言这位哲人大名,但在这次提到海德格尔的同时,施特劳斯看似是和科耶夫联手。从表面来看,施特劳斯似乎在庆贺他自己和科耶夫一起投身于"严肃主题"(grave subject)中,即僭政与智慧的关系或说社会与哲学的关系,而其他那些"空谈存在"的人则忽略了这个严肃主题。

但施特劳斯提到海德格尔绝不只是沾沾自喜地将他一笔勾销;他展现了这个特别的人物对哲学"基本前提"的思考,这对论争双方——施特劳斯和科耶夫——来说至关重要。施特劳斯的反讽不止一层:这两位思想家都深深地受惠于这位饱受争议的思想家。在《重述》中,科耶夫由于为僭主辩护而受到施特劳斯抨击,这一败笔将他和海德格尔联系在一起,而且科耶夫预设了存在的历史性特征,由此,"把对人类的无条件关切当作哲学性理解的来源",这一点将科耶夫[13]和海德格尔对存在之历史性的论述紧密联系起来。

对于科耶夫和海德格尔,施特劳斯从哲学、政治与存在问题的关系上对这两位思想家加以比较、评价。借助《重述》和施特劳斯著作的其他篇章,维克利揭示了这种评价。施特劳斯对"哲学的观念"的解释与海德格尔与科耶夫的历史性理解相背离,后二人主张哲学与宗教的综合。

小尼克斯(James H. Nichols, Jr.)的《历史终结观》一文首先回顾了历史终结观念的陌生性。其他的概念是一些更直白的常识:历史循环;历史永远进步;历史受机运的影响太深,所以并没有任何可理解的模式,只是一串事件。这篇文章展现了卢梭、康德这样的思想家对历史发展的哲学分析如何占据了政治哲学的核心舞台。在科耶夫的解释中,黑格尔第一次提出把历史理解为一个理性的整全(a rational whole)的哲学主张。这篇文章也探讨了为什么黑格尔的主张需要历史已终结的观念。在考察科耶夫对历史终结的处理时,这篇文章区分了两种立场。前期,科耶夫采取了类似于马克思的立场,认为历史的终结至今都未实现。因此,黑格尔的体系至今都不是一个真理,而是一项指引行动的理性方案。后期,科耶夫认为,黑格尔在他一开始宣称历史事实上已经终结时确实正确。从这个角度来看,自1806年以来的事件并不是世界的历史性改变,而是终结之实现所编织的细节。随后,这篇文章考察了大约二十五年前,在冷战结束的背景下,福山对后期科耶夫议题的重述。最后,文章思考了施特劳斯对科耶夫哲学事业的持久兴趣。

附录首次收录了完整未删节版的科耶夫《僭政与智慧》,该书由帕塔尔德编辑。帕塔尔德在法国国家图书馆找到科耶夫的原始抄本后,抄录了科耶夫的一部分文本,这些是科耶夫以前受篇幅所限被迫删去的文字。无疑,帕塔尔德是《论僭政》考订版最好的编辑,他对施特劳斯的《重述》也做过类似工作。这一版全新、精心编辑过的[14]科耶夫全文堪为学术文献的标杆(将来法语全文版也有望出版)。《僭政与智慧》的这一最新版本是否会明显改动科耶夫的总体立场,这一问题尚且存疑。但是,它有助于展现科耶夫思想在战前与战后不久的巨大繁殖力。这些补充有助于澄清科耶夫当时正在研究的许多想法和论题,不过它们直到最近才为人所知,最值得一提的可能是《权威的观念》(*The Notion of Authority*)。①

布鲁姆(Allan Bloom)曾说,《论僭政》"在我们当下的时代是必读的"。布鲁姆站在一个特殊的立场上,亲身经历,知道自己所言的真实性:作为施特劳斯的终身弟子暨科耶夫的亲密好友,布鲁姆鲜

---

① Alexandre Kojève, *The Notion of Authority*, trans. Hager Weslati, ed. and intro. François Terré(London:Verso,2014).

明地感受到每位哲人所提出的基本方案(即使他显然站在施特劳斯的立场上,但从未排斥或贬低科耶夫的观点)。① 编辑和撰稿人可能会对布鲁姆的陈述稍作改动,但我们相信他会欣然同意这些改动:只要僭政仍然伴随着政治生活,只要人类的存在仍然紧握着为哲学生活奠基的需求,那么就必须阅读施特劳斯与科耶夫之争。

---

① 布鲁姆对施特劳斯和科耶夫的缅怀,见 *Giants and Dwarfs: Essays* 1960 – 1990(New York: Simon and Schuster,1990) ,235 – 255 and 268 – 273。我们应当记住的是,布鲁姆也是科耶夫 *Introduction to the Reading of Hegel: Lectures on the Phenomenology of Spirit* (first published by Basic Books [New York,1969])一书的编辑,之后这本书在 1980 年由康奈尔大学出版社的城邦广场版(Agora Edition)再次发行,由 Raymond Queneau 收集资料,James H. Nichols,Jr 翻译。

施特劳斯-科耶夫之争在施特劳斯作品中的位置

伯恩斯(Timothy W. Burns)

[15]施特劳斯-科耶夫之争发生在20世纪40年代末,如今,新一代学者正审视着这场论争。为其故,我尝试在本文概述这场论争在施特劳斯毕生之业中的位置。科耶夫知晓现代性对现代生活可能造成的全部后果,但他没有畏缩,而是接纳了这些后果。施特劳斯只和寥寥思想家有着共同的基础,科耶夫就是其中之一,因而科耶夫能有效地反对施特劳斯。施特劳斯在第二部著作《霍布斯的政治哲学》的一条脚注里,甚至承诺以后会和科耶夫合写一本研究黑格尔的著作以表达对霍布斯思想的感激,同时详细探讨其思想。[1] 然而,这本合著最终没能完成,不过施特劳斯随后在《论僭政》中安排了那场引人注目的对话,让人有机会看到,古典与现代对于人类精神、[16]健康的政治生活以及哲学生活有各自的理解,正如这两位思想家对此迥异的态度。更重要的是,我们也得以更好地理解施特劳斯对现代性的赞赏以及他回归古典政治哲学的理由。

两人的通信始于《论僭政》的出版,该书系施特劳斯对色诺芬《希耶罗》的解读。20世纪30年代末,施特劳斯在写给克莱因(Jacob Klein)的信中表达了自己的激动,他重新发现了许多古典作家作品中的隐微写作(esotericism),在这方面他最初受益于克莱因,

---

[1] Leo Strauss, *The Political Philosophy of Hobbes: Its Basis and Its Genesis*, trans. Elsa M. Sinclair(Chicago: University of Chicago Press,[1936]1984),58n1.

不过他两次都单独挑出色诺芬作为自己最喜爱的隐微写作大师。1939年,他告诉克莱因:

> 我特别喜爱色诺芬,因为他有勇气装扮成白痴,并如此独行千年之久,他是我所知道的最高明的骗手——我认为,他在自己的文章中所做的,恰恰是苏格拉底毕其一生所做过的事。①

几个月后,施特劳斯又写道:

> 关于色诺芬,我以赫拉(Hera)之名起誓,我并未夸大其词:他是一个十分伟大的人物,并不逊于修昔底德和希罗多德。他史述的所谓缺点,只不过是他对那可笑的美善合一的著作(erga of the kalaoikagathoi)持有十分鄙夷态度的结果……简而言之,他是如此不可思议,从现在起,他毫无异议是我最喜爱的。②

---

① Leo Strauss, letter to Klein, 16 February 1939, in Leo Strauss, *Gesammelte Schriften*, Band 3, ed. Heinrich Meier (Stuttgart: Metzler, 2001), 537-538, 后文引此书皆缩写为"*GS*"。英译本来自 *Leo Strauss at the New School for Social Research (1938-1948): Essays, Lectures, and Courses on Ancient and Modern Political Philosophy*, ed. and intro. Emmanuel Patard, 28, 后文引此书皆缩写为"Patard"。这本书为帕塔尔德2013年完成于巴黎一大(Université Paris I, Panthéon-Sorbonne)的博士论文,是其未发表的英译版。该书精心评注了施特劳斯与科耶夫论战期间的作品与演讲,对我来说是无价之宝。不过,我在参考文献中提到的所有施特劳斯文本的箱号(Box)、卷数(Folders)以及原始文件的页码,都收在帕塔尔德提供的施特劳斯的论文(芝加哥大学图书馆专业收藏研究中心)中。[译按]中译文参考施特劳斯,《回归古典政治哲学:施特劳斯通信集》,朱雁冰、何鸿藻译,北京:华夏出版社,2006,页291。

② Leo Strauss, letter to Klein, 25 July 1939 (*GS* 3:574; Patard 29). 亦见 letter to Klein, 18 August 1939 (*GS* 3:579-580)。

所以也就不意外，除了在《霍布斯的政治哲学》里有很重要的一章探讨柏拉图和霍布斯外，①施特劳斯发表的写古代的作品都始于色诺芬研究，第一部就是色诺芬的 [17]《斯巴达政制》(Constitution of the Lacedaemonians)，②再就是写于1944至1945年的《论僭政》，他在给古特曼的一封信里称，《论僭政》是"预备性研究"(preliminary study)，并解释说"在某些情况下，我应该完成对色诺芬的四部苏格拉底式作品的解读"，③这一表述也出现在《论僭政》的结论部分。同样，施特劳斯偏爱色诺芬有开诚布公的理由，从这一点来看，难怪他自己也在用一种相似的伪装，仅以"学者"的姿态出现，而把"哲人"或者"伟大的思想家"那些更高尚的身份归给他人。

尽管这些书信中的说法揭示了一些施特劳斯从色诺芬作品中获得的重要洞见，也使人联想到他自己的写作方式，但它们完全没有告诉我们施特劳斯为什么要返回古典，也没有告诉我们，在完成《论僭政》之后，他为什么要积极地同黑格尔主义者科耶夫讨论他

---

① 即最后一章。参一篇精彩文章，Devin Stauffer, "Reopening the Quarrel between the Ancients and Moderns: Leo Strauss's Critique of Hobbes's New Political Science", *American Political Science Review* 101 (no. 2, May 2007), 223 – 233。

② Leo Strauss, "The Spirit of Sparta or the Taste of Xenophon", *Social Research* 6(no. 4, November 1939):502 – 536. 1940年秋，施特劳斯在新学院教授《齐家》(*Oeconomicus*)，并且在1942年8月完成了一篇相关文章。见 Patard, "Introduction", 30 – 31 及 Leo Strauss, "The Origins of Economic Science: An Interpretation of Xenophon's *Oeconomicus*" ("施特劳斯文献"第6盒第11格，Patard 151 – 188)。

③ 施特劳斯在1949年5月20日写给古特曼的信("施特劳斯文献"第4盒第8格)，转引自 Heinrich Meier, *Leo Strauss and the Theologico - Political Problem*, trans. Marcus Brainard (Cambridge: Cambridge University Press, 2006), 24n32。

的发现。① 为此,我们需要理解科耶夫象征着什么,他给沉思的读者提供了什么,施特劳斯为什么转向了另一边,即古典式的理解。

科耶夫、黑格尔和海德格尔

[18]1933年,施特劳斯和科耶夫在巴黎会面,这时两人学术上的名气还不大。施特劳斯报名了科耶夫在巴黎大学开设的课程,即黑格尔的《现象学》(*Phenomenology*)。② 这次会面非常重要,因为在那之前不久,施特劳斯称,自己的思想在20世纪30年代早期发生了转向:他之前认为不可能回归古典政治哲学,后来看到这一回归既是可能的,同时对理性生活的奠基而言也是必要的。③ 施特劳

---

① 《论僭政》最初于1948年以法文发表,在1948年8月22日的一封信中,施特劳斯邀请科耶夫"用法语"评论这部作品,他说自己"知道,除了你和克莱因,我不知道还有谁懂得我在追求什么",Leo Strauss, *On Tyranny*, revised and expanded edition, eds. Victor Gourevitch and Michael S. Roth (New York: Free Press, 1991), 236, 后文引此皆用 *OT*。[译按] 中译文参考施特劳斯、科耶夫,《论僭政》, 彭磊译, 北京: 华夏出版社, 2016, 页275, 有改动。

② 在施特劳斯到巴黎的第一年里(1932—1933), 他在高等研究实践学院(École Practique des Hautes Études) 报名了科耶夫开设的库萨的尼古拉(Nicholas of Cusa) 与黑格尔的宗教哲学课程, 科耶夫和他一样都曾是胡塞尔的学生(还有一门马西尼翁[Louis Massignon]的纳斯尔本[Nasr ben]穆斯林的绥芬战役[*Waq'at Siffin*]课程和西蒙宏达[Simon Van den Bergh]的阿威罗伊[Averroes]的哲学与神学课)。在他到巴黎的第二年里(1933—1934), 他报名了科耶夫的课程, 这门课是科耶夫依据《精神现象学》和现代苏联宗教哲学开设的黑格尔的宗教哲学课程(以及 Massignon 依据 al-Dinawari 所开设的伊斯兰第一次宗教斗争和研究《古兰经》第三十六章《雅辛章》[sura Ya-sîn]的课程, 还有施特劳斯的妹夫克劳斯[Paul Kraus]的穆尔太齐赖派课程)。见 Patard 82n263。

③ 对施特劳斯思想转向的最佳介绍, 见 *Reorientation: Leo Strauss in the 1930s*, eds. Richard S. Ruderman and Martin D. Yaffe (New York: Palgrave, 2014)。

斯认为,科耶夫是黑格尔思想的智慧与严肃的化身,是现代哲学最神通广大的标杆。(后来在"苏格拉底问题"的课上,施特劳斯甚至赞同黑格尔式的对激情[spiritedness]或血气[thumos]的理解:"在有见识的人那里,血气作为对卓越的欲望就变成了如下欲望:追求为自由男子们所认可。")①

施特劳斯很欣赏科耶夫的黑格尔课程,这一点可以从施特劳斯1956年冬天讲课时的评论中看到,他在讲相对主义(Relativism)的课上告诉学生:科耶夫的《黑格尔导读》(*Introduction à la lecture de Hegel*)——即公开出版的科耶夫巴黎课程笔记合集——是"唯一的、真正的评论,至少这本书的很大一部分都是如此"。②[19]施特劳斯尤其欣赏科耶夫回归"原初的黑格尔"的做法。正如他后来所言(在《黑格尔导读》的英译本出版之际),科耶夫"敢于独自坚称,得到正确理解的黑格尔体系才是真正的、最终的哲学教诲,自然科学和历史没有任何意义,而这时,晚期谢林(Schelling)、基尔克果(Kierkegaard)③、尼采对黑格尔体系的驳斥几乎得到了普遍认同"。④

"得到正确理解的"黑格尔体系,最重要的是将海德格尔的思

---

① Leo Strauss, "The Problem of Socrates" [1958 University of Chicago lecture], in *The Rebirth of Classical Political Rationalism*, ed. Thomas L. Pangle (Chicago: University of Chicago Press, 1989), 167. [译按]中译文参考施特劳斯,《古典理性主义的重生》,潘戈编,郭振华等译,华夏出版社,2017,页235。

② 施特劳斯还说,"[科耶夫]对黑格尔做出的某些可疑的、未必正确的假设,丝毫不影响对特定段落的解释"(来自演讲录音整理稿第19页)。

③ [译按]又译"克尔凯郭尔"。

④ 在布鲁姆为尼克尔斯(James Nichols)的科耶夫《黑格尔哲学导论》英译本写前言时,施特劳斯让布鲁姆说明这一点(1961年8月22日致布鲁姆的信,"施特劳斯文献"第4盒第4格,Patard 807n57)。亦见他在对洛维特的《从黑格尔到尼采》(*Von Hegel bis Nietzsche*)评论中提到"早期谢林、基尔克果和马克思",见 *What Is Political Philosophy*?(Westport, CT: Greenwood Press, 1959),268。

想纳入对黑格尔《现象学》的分析中。施特劳斯本人曾在弗莱堡大学听过海德格尔的课,并投入大量精力研究《存在与时间》(Being and Time),因此,施特劳斯对于科耶夫的主张有万全准备。科耶夫自己曾告诉我们,他在阅读黑格尔的《现象学》时受到《存在与时间》及其所论述的人类学的影响,尤其是关于"向死存在"(being towards death)的论述。[1]

我们或许可以总结如下:科耶夫借助海德格尔的思想来服务于他对黑格尔的理解。海德格尔所戏称的对向死存在的本真状态的"呼唤",在科耶夫那里被一分为二,其一是呼唤奴隶的自我意识的可变,其二是呼唤奴隶通过自我改变,获得他在主人身上看到的自治。有意识地可变的自我使得奴隶从奴役状态变为自主状态,这一点在晚期[20]现代性中得到实现。因此,科耶夫惊人地重新描绘和部署海德格尔对良知体验的无神论的和存在论的解释——海德格尔曾以这一解释来对抗现代王国的生活——这样一来,就可以解释一种对理性的自我意识得到满足的特征,以及对现代王国的科学家在历史终结时的自主性特征。

但是,这一重新部署确切来说意味着什么?起初,科耶夫通过历史逐渐理解黑格尔式奴隶的自我否定与超越,这产生自奴隶对自己正在变化且作为变化本身的意识或半意识,是一种"对死亡、对绝对主人的焦虑"所引发的意识。

> 在这种焦虑中,受奴役的意识在内部解体;它在自身中整

---

[1] Alexandre Kojève, *Le Concept, le Temps et le Discours* (Paris: éditions Gallimard, 1990), 32-33. 海德格尔曾在 1930 至 1931 年教授《精神现象学》课程。第一本德语版课程资料由歌尔兰德(Ingtraud Goerland)编辑,(Frankfurt: Vittorio Klostermann Verlag, 1980)。英译本是 Martin Heidegger, *Hegel's Phenomenology of Spirit*, trans. Parvis Emad and Kenneth Maly (Bloomington: Indiana University Press, 1988)。

个地颤栗,一切固有的和稳定的东西都在它之中颤抖……在死亡的焦虑中,他知道(但不理解)一种固定的和稳定的处境,甚至是主人的处境,他不可能竭尽人的存在……在他身上没有任何固定的东西。他准备应付变化;在他的存在本身中,他是变化、超越、改变、"教育";从最初的时候开始,在他的本质中,在他的生存本身中,他就是历史的变化。

对死亡的恐惧起初使奴隶产生了一种战战兢兢的意识,一种新的觉知,即关于他自己、关于他自己的地位,没有任何东西是固定不变的,这使他准备好去改变自身。这个奴隶在主人身上,"在其奴隶身份的起源中"看到了"自主、自为存在的理想;他已找到这种理想的化身",这个主人体现着奴隶想要成为的样子。① 奴隶用自己的心灵之眼看到这样一个主人:他"时刻预备着赴死,死亡等于虚无(或等同于无),是纯粹的虚无"。② [21]可见,在科耶夫看来,正如在海德格尔看来,惟独死亡意识才能引出某种奉献和有尊严的严肃生活。但科耶夫还认为,死亡意识是推动人类历史朝向现代普遍同质国家运动的关键。奴隶认识到,是死亡意识激发了主人的原初尊严感,最终也激发了奴隶的尊严感。虽然奴隶起初并未意识到"其自身自由和作为人的尊严的'严肃性'"(*ILH* 29[24];参见 522[253]),但是

---

① Alexandre Kojève, *Introduction a la lecture de Hegel* (Paris: éditions Gallimard,1947),27 – 28,之后引此皆为 *ILH*。这篇文章出现于英文节译本 James H. Nichols, Jr., *Introduction to the Reading of Hegel: Lectures on the Phenomenology of Spirit* (Ithaca, NY: Cornell University Press, [1969]1980), 21 – 22。后将以括号引用 Nichlols 译本。[译按]中译文参考《黑格尔导读》,姜志辉译,南京:译林出版社,2005,页 22 – 23。

② Alexandre Kojève, *Esquisse d'une phénoménologie du droit: exposé provisoire* (Paris: Gallimard, 1981), 272; 参见 243 (*Outline of a Phenomenology of Right*, trans. Bryan – Paul Frost 以及 Robert Howse, ed. Bryan – Paul Frost[Lanham, MD: Rowman & Littlefield, 2000], 236; 参见 213)。亦见 *ILH* 178[51]和 180[53]。

历史对他的改造使他得以"克服恐惧,通过克服死亡的恐惧,以克服对主人的惧怕"(*ILH* 180[53])。奴隶在"漫长而痛苦的"改造中逐渐开始面对作为虚无的死亡本身,并因此获得了自主,获得了他道德上的严肃存在。

> 只要奴隶还未准备好甘冒生命危险与主人战争,只要奴隶不接受自己的死这一观念,他就不会停止成为奴隶。因此,不经流血斗争而获得解放在形而上学上是不可能的。(*ILH* 182[56])

奴隶接受死亡的观念,无疑意味着他接纳自己的死,并把它看作一种可能性,而不是一种终极的、确切的必要性——不论其浴血战斗的输赢。

总而言之,科耶夫对黑格尔的更新包含一种努力,他想证明,黑格尔的理性的自我意识的基本论点并未被海德格尔的新思想打败——海德格尔强调思想的主体、人之终有一死,科耶夫反而把海德格尔的思想考虑在内,并通过海德格尔充实、阐明了黑格尔的基本论点。科耶夫表明,经过适当更新的黑格尔主义充分理解海德格尔的思想,因此,他将把理性主义从其所说的自我毁灭中拯救出来。谢林、基尔克果、尼采所发起的对理性主义的深刻批判给海德格尔铺了路,黑格尔的思想能够承受住这种批判。因此,黑格尔的思想就是黑格尔所称的那样:终极的教海或智慧,由此出发只有下降,再无上升。

施特劳斯对科耶夫拯救理性主义的努力印象深刻,这意味着施特劳斯自己已经发现,自黑格尔以来最重要的发展——激进历史主义——是[22]错的。这一发展当中最典型的就是海德格尔。如果说科耶夫已经以一种对黑格尔的同情式重读(sympathetic rereading)的方式,借助海德格尔的人类学来试图克服海德格尔对理论理性的批判,那么施特劳斯就已经得出对现代哲学及其轨迹的理解,这种理解质疑海德格尔关于人类存在的历史性的基础概念。他认为,所谓的历史意识不是被发现的,而只是被发明出来的,(在施特劳斯有礼有节的陈述中,)历史性是对特定现象的一种成问题的解释,而特定现象允许存在其他解释。事实上,他认为历史主义并不是真正的或可靠的立场,而是一种"伪哲学",这是想当然地理现代哲学的发展所造成的后果。而如果充分理解现代哲学的发展,它就会被证实为根本就是偶然的、不必要的,同时还是一块隐藏了古代思想的根本特征、妨碍古典复兴的大绊脚石。

同时,也就不意外的是,施特劳斯这一时期在新学院的课上和他的作品中既关注古典作品——尤其是色诺芬的作品,同时也关注历史主义的问题,黑格尔和黑格尔主义在历史主义的诞生中发挥了重要作用。施特劳斯通过重启古典政治哲学,使得详尽阐述历史主义成为可能,也有助于他依次阐明自己对古典政治哲学的理解以及重启它的紧迫性。如果我们要理解在科耶夫和施特劳斯之间争论的是什么,我们必须首先尝试理解,施特劳斯如何理解现代思想如何孕生历史主义,如何理解黑格尔和古人两方针对历史主义提出的备选方案。

现代性、历史哲学与历史主义

在一段长期的学术争论之后,在中世纪和后来古典政治哲学的帮助下,施特劳斯开始认为,历史主义远非像其拥护者所宣称的那样提供了在过去的思想或经验中看不到的现实层面内涵,一经检验便会发现,历史主义只不过是对现代哲学的一次失败的"矫正"。但是,它在何种程度上"矫正"未遂?为什么现代性需要矫正?

[23]正如施特劳斯的理解,现代哲学在其理论核心上想要化解骗人的上帝(Deus deceptor)这种可能性带给科学的挑战,骗人的上帝让世界显得像受到某些必然性统治,实际却是在骗我们。这一现

代尝试始于笛卡尔-霍布斯,他们退回到意识中去,其中包括按照人类为自然定立的法则,通过技术科学来重造感官知觉的世界。如施特劳斯所见,哲学为了克服由圣经上帝施加的威胁,同时也为了让人获得他们曾误向上帝希求的神意看护,于是退回到"人工岛"(artificial island),①并在政治上变得活跃。哲学通过政治和技术运动,寻求所有人类意识的"渐进的"变化和启蒙,走向一个能够满足人类需要、完全被改造了的世俗社会,因此,在施特劳斯的说法中,随着现代哲学和科学所创造的世界取代了既定世界,正统信仰"不只被驳斥……而且还行之将朽",被当作一种原始、落后意识的产物。②

这一启蒙事业受到卢梭的抨击,尤其是受到了卢梭在德国引发的浪漫主义和"历史法学派"运动的抨击,前者致力于恢复被进步的现代性所嘲笑的遗失的过去,后者则脱胎于前者。但是,在施特劳斯看来,问题是,卢梭对其前人致命批判的基础何在?现代人试图通过把社会改造得完全世俗化、理性化,来为理性生活奠基。卢梭恢复了苏格拉底式的观念,认为社会的要求与神意的显露,尤其是与神圣起源的显露相悖。他看到人类生活及其所在的整全的宗教性解释,在这种整全当中,人类按照从自私的自然人转化成公民的要求生活,或说使个人意志屈从于公意而生活。卢梭那些浪漫的、具有政治头脑的追随者忘记或忽略了他的其他论述——关于孤独的漫步者和自由个体的理论生活的首要地位,[24]反而关注他的社群主义、公意学说,以及他的"良知或情感和传统优先"的主张。他们的政治/道德关切驱使着他们选择卢梭的教诲,并且驱使着他

---

① 见 Leo Strauss, *Natural Right and History* (Chicago:University of Chicago Press,1965),172-174,其后引此皆为 *NRH*。

② Leo Strauss, *Philosophy and Law*, trans. Fred Baumann(New York:Jewish Publication Society,1987),13.

们远离现代理性主义。①

黑格尔试图从这种浪漫主义的反应里拯救现今受到威胁的理性主义,把浪漫主义者所强调的人类历史和各种传统的细节,综合到人类逐渐获得理性的自我意识的叙述中。在黑格尔的作品中,施特劳斯发现了四个前提,他认为正是这四个前提把哲学改造成历史哲学。第一,"存在者的本质或原则,或所有真理和意义的根基,是作为全体人类心灵的人类精神"。康德的"范畴体系"已经提到这一点,但黑格尔的实体——这对康德而言是不可知的本体领域——是精神本身、主体、人。第二,对黑格尔来说,"什么是人类精神,只有从其作品或产物中才能得知"。第三,"人类精神的作品或产物所形成的顺序有条不紊、明白易懂,它的各个阶段符合一般的历史周期"。尽管历史的重要性与日俱增,因为进步的、变化的现代哲学证明了现代发展胜过以前的落后意识,但是历史作为对人类意识层层展开的解释,对黑格尔而言变得至关重要。第四,"人类精神的生产活动的各个阶段能在其各自所属的哲学成果中找到最清晰的表述",所以,这些阶段不再是通过每一时期的艺术或政治,而是通过其哲学思想来最好地展现自己。②

在这四个前提之下,黑格尔创建了这一观点:哲学就是哲学史,历史的进程已经完成,哲学[25]终结了。在他的思想中,哲学探寻的对象已经变成人类的精神以及对人类精神之历史的解释——通过观念的外化,科学的、以理性为指导的精神从黑暗、落后的过去中

---

① Leo Strauss, "On the Intention of Rousseau", *Social Research* 14 (no. 4, December 1947):482. [译按]中译文参考刘小枫,《设计共和》,北京:华夏出版社,2013,页303。

② 施特劳斯1947年11月12日的通识研讨《历史哲学:其本质与功能》(*History of Philosophy:Its Nature and Its Function*),共13页,两边都有手批("施特劳斯文献"第6盒第14格,引文来自讲座第一版的开头,Patard 273–307, at 275)。

浮现出来。现代哲学作为进步的哲学，就是以这种方式在黑格尔对它的完善中拥有了历史的成分，而古典与中世纪哲学从未这样过。它变成了完整的人类实践，变成了有意义的行动。①

这意味着，对施特劳斯来说，黑格尔尽管是一位历史的哲人，但不是一个历史主义者。黑格尔认为历史哲学和时间有关，不过他认为这里的时间是绝对时间，他的哲学也是终极哲学。他主张，一切思想都严格地随时间而推移，但自己的这个思想超越了时间。为避免这一主张的自相矛盾，他认为自己的哲学是对先前一切哲学的完善，是先前的哲学在时间的枷锁中尝试趋向的目标。

然而，倘若真是如此，那么这也意味着黑格尔之后，要是任何人渴望过一种有意义的道德生活、一种"有着有意义的、未经决定的将来"的人生（NRH 320，强调为笔者所添），就不得不拒绝现在所谓的以"生活"为名的"理论"或哲学。那些孕育了浪漫主义和历史学派的永恒的道德思考和道德持守并不满足于黑格尔的这一主张：在过往事迹中，在基督教关于每一个体尊严的观念的世俗化历史进程中，那些有意义的、有道德的人类生活已经消失殆尽。而且，激进的黑格尔主义者们开始拒绝哲学。也就是说，尽管他们承认，哲学（即

---

① "这就产生了一种新型的理论，一种新型的形而上学，它的最高主题不是大全，而是人类活动及其产物，大全不会是人类活动的目标。在大全和有关它的形而上学中，人类活动占有一个很高的但却是次要的位置。当形而上学就像眼下这样，把人类活动及其产物视作一切别的存在物或过程所趋向的目标，形而上学就成了历史哲学。历史哲学首要的乃是有关人类实践并且从而必定是有关已经完成了的人类实验的理论，亦即玄想；它预先就假定有意义的人类活动——历史——已然完成。成为哲学的最高主题，实践就不再是实践本身，亦即对事项（agenda）的关切。"（NRH 320）[译按]中译文参考施特劳斯，《自然权利与历史》，彭刚译，北京：生活·读书·新知三联书店，2016，页327。

对世界的"解释")确实像黑格尔所言那样一如既往地被完成了,但他们呼唤一种全新的存在方式。一如马克思的名言,"哲人仅仅是在解释世界,[26]而重要的是改造世界"。因此,马克思主义诞生了,但同时"存在主义"哲学也诞生了(*NRH* 320-321),施特劳斯说"历史主义的形成要归于黑格尔哲学的解体","存在主义"哲学就是施特劳斯这话的核心意思。①

因此,反对黑格尔有两种后果。第一种,它壮大了现存的历史学派,尤其是历史法学派,也强化了从浪漫主义中产生的历史意识(并且反对黑格尔对终极的、普遍的理性意识所做的论证)。当施特劳斯谈到历史学派的时候,他所说的就是史学家兰克(Leopold von Ranke)和法学家萨维尼(Friedrich Carl von Savigny)、基尔克(Ottovon Gierke),以及(英国的)梅因(Henry Sumner Maine),他想要表明的(但是几乎没有提到名字)是这些19世纪的人物在此后果中的重要性。② 这个历史法学派反对现代理性主义的自然法学说(Vernunftsrecht)的吁求,后者诞生在现代的、经过启蒙洗礼的欧洲。

历史法学派所理解的法律,既不是试图通过法律来规定人生来就有的权利(很像英国的启蒙运动),也不是(像黑格尔那

---

① "Research in the History of Ideas", Summer Course 1942,共 23 页,手写("施特劳斯文献"第 6 盒第 14 格页 15, Patard 233-271, at 250)。

② 对兰克的评论,见 1941 年秋纽约社会研究新学院《历史主义》(*Historicism*)通识研讨讲座,打字稿(没有提供格卷编号,Patard 206-231, at 213)。对萨维尼和梅因的评论,见施特劳斯在 1946 年 8 月 18 日致洛维特的信,以及 1946 年 1 月 9 日、1946 年 2 月在安纳波利斯的《自然正当》(*Natural Right*)通识研讨讲座,打字稿,页 20,空白部分有铅笔写的脚注("施特劳斯文献"第 6 盒第 15 格页 5, Patard 385-420, at 388-390)。对基尔克的评论,见 1935 年 1 月 8 日致克莱因的信,以及《自然正当》讲稿页 6 和页 15, Patard 389 和 396。

样将其理解为)一种充分理性的自我意识的表达,也不是(像后期史学家那样将其理解为)未经证实的"决断"的产物,而是民族精神(Volksgeist)的表达。某一民族的特定需要和信念发展成为一个值得服从或崇敬的有机整体,这个发展中的产物便是法律。历史学派的法律力图消除对现代自然权利和自然法的革命性呼吁,同时提出现有法律最有资格受崇敬。施特劳斯看到德国历史学派和柏克(Edmund Burke)之间的深刻联系,他使用[27]"时效"(prescriptive)一词——这个词落笔前早已在他胸中——因为可欲的(desirable)法律就等于后来德国人说的"历史的"。①

其次,历史学派未能建立起既超越又具体的道德行为准则。历史学派容易受到这样的指控:其拥护者所承认的法律,并不能被合理地说成是产生自人们真正的需要和想法,因为那些法律反而看上去仅仅是传统或信念的产物。因此,历史学派让位于历史主义本身,按历史主义的说法,我们的历史处境不只塑造,还不可避免地决定我们的意识,我们的道德指令显然不是因为需要,而是"决断"的结果。历史主义确实把人人都限制在其时间当中,剥夺其有效性里的任何真理主张,因为这些主张超出了它的时间。然而,历史主义恰恰又偷偷摸摸地声称,这一对我们历史性的洞见永远是决定性的洞见,它只是和黑格尔所一贯坚持的不一致;它既希望又不希望存在一个绝对的时刻(NRH 28-29)。

正如施特劳斯所指出的,历史主义者说,对所有存在者之历史偶然的洞见是决定性的洞见,因为他们承认,如果缺少这个洞见,随

---

① 对历史学派及其准备工作的讨论通过柏克的"时效性"(prescription)学说进行,见施特劳斯在芝加哥大学1963年秋季的维柯(Vico)课程,原始打字稿页10至12。亦见《自然正当与历史》第六章第二部分对柏克的讨论(294-323)。

之而来的将是一个新的黑暗时代。① 因此,现代思想和失而复得的需求有一种丧失感或说道德缺陷,由此而引发的东西没有质疑自身独特的发展,尤其是没有质疑自己对现代理性主义的专门回应,而是转化成了反理论、反哲学的运动。

[28]基尔克果和尼采对于黑格尔主义的反抗,就其目前在公共意见中产生了强大的影响而言,就像是试图恢复实践的可能性,亦即恢复这样的可能性:有着这样一种人生,它有着有意义的和未经决定的将来。然而这些企图徒然增添了混乱,因为它们在蕴藏着理论的可能性的同时,也消灭了理论的可能性。(NRH 320 – 321)

总而言之,早期现代试图用一种新的自然科学、一种建构性的科学来清除圣经的上帝强加于哲学的障碍,它通过对世界进行属人的神意式(humanly providential)改造来改变人类意识。人类恐惧一种对其苦难漠然的本性,在征服这种本性时,早期现代努力凭借科学进步的意识控制住了这种恐惧。历史学派想要尽力纠正这种企图,但它是在政治－法律－神学上的权宜之计,所以未能将道德意义奠基在民族历史的"神圣"进程中,以此提供一种在道德上令人满意的生活。黑格尔想把现代理性事业从浪漫主义和历史学派那不尽人意的解释中拯救出来,但他失败了,因为他的核心主张是,所有重大的、有意义的人类活动都终结了,而这让各方都不能接受。

---

① 根据其拥护者的观点,"如果人类荒废掉他们近半个世纪以来尽力学到手的东西,那么历史意识也将会终止。放弃历史意识就是退步到较少反思的阶段……历史意识是——人们再怎么强调也不为过——意识的更高级阶段:我们比过去的世代知道得更多;关于全人类的历史局限性,我们比前人认识得更深刻、更透彻"。Leo Strauss, "The Intellectual Situation of the Present"[1932], trans. Anna Schmidt and Martin D. Yaffe, in *Reorientation*, Appendix C, 245 – 246. [译按]中译文参考施特劳斯,《门德尔松与莱辛》,卢白羽译,北京:华夏出版社,2012,页54。

历史学派曾因对黑格尔的反对暂时得以壮大,但最终也被证实是败笔,不过其鼓吹的所谓人类生活的历史维度这一点并未被抛弃,并在当今被视为一个"发现"。海德格尔的"激进历史主义"寻求为这一历史意识提供哲学的、本体论的基础,从而证明历史偶然性的经验是一种真正的经验,它与存在者揭示自身的方式一致。

施特劳斯对古典政治哲学的研究使他对这一经验心生疑虑。他通过研究发现,对现代理性主义的反对首先也最终反对的,是黑格尔及其所代表的理性主义,对现代理性主义的反对打着道德上重要的或有意义的"生活"之名义,恰如古人曾经满心期待的那样,虽然这种反对的特定形式并无常例。施特劳斯对古人的研究,容许他质疑现代理性主义及其引发的历史主义。

转向古典为施特劳斯从根本上质疑现代政治哲学和历史主义提供了基础。要理解施特劳斯转向古典的理由,观察施特劳斯和黑格尔之间的一致[29]和分歧或许是最好的办法。在施特劳斯对《现象学》的下述引用中可以看到两人的一致之处:

> 古代的学习方式与近代的学习方式之间的区别在于,前者是自然意识所经历的一种真正而彻底的教化:它在它的实存的每个领域里都特别用心地去尝试,对于一切现象都加以哲学思考,并因此使自己达到一种完全可操作的普遍性。反之在近代,个体面对的是一种抽象的形式。①

---

① Hegel, *Phänomenologie des Geistes*, Vorrede, ed. Georg Lasson (Leipzig: Dürr,1907),23. 施特劳斯首次翻译和引用是在 1947 年 11 月 12 日社会研究新学院的通识研讨《历史哲学:其本质与功能》,13 页,双面钢笔书写("施特劳斯文献"第 6 盒第 14 格页 4,Patard 273–307,at 283)。其后,施特劳斯在《政治哲学与历史》("Political Philosophy and History")引用,见 *What Is Political Philosophy?* (New York:Free Press,1959),75。[译按]中译文参考黑格尔,《精神现象学》,先刚译,北京:人民出版社,2013,页 21–22。

施特劳斯认同黑格尔的这一观点,即古代观念直接衍生自印象,现代观念则不一样,它起源于观念的转变(transformation),因此需要思想史的阐明。可以说,黑格尔的路径是理解现代思想的明智(sensible)路径。但施特劳斯继续讲到,他和黑格尔不一样,他实实在在地发现了"自然意识"优先于现代的抽象意识。对黑格尔而言,"根基的问题被进步掩盖",①因此,施特劳斯跟随胡塞尔,着手尝试恢复"自然意识"。② 他甚至还在这儿暗示,需要像海德格尔那样解构传统,好把自然意识搞清楚。③ [30]黑格尔低估了自然意识的重要性,也低估了要达到施特劳斯在别处所称的"天然的无知"(natural ignorance)之状态所需的巨大努力。④

施特劳斯已经揭示出了对所有古典哲学而言的一个关键区别:自然与习俗之间的区别。黑格尔区分了主观精神(subjective mind)(及其反思性推理)和在活的制度(living institutions)中得以表达的客观精神(objective mind),他用这一区别取代了古典哲学的区别(因此也将之加诸古人)。古代哲人说习俗超越自然、与自然对立,黑格尔则相反,他把习俗性的东西呈现为客观精神或理性的作品。这就是黑格尔何以渐渐看到,自己同18世纪的理性主义者的对峙,就像柏拉图和亚里士多德同智术师的对峙一样,这是他的名言。黑

---

① Leo Strauss,"Political Philosophy and History",76.

② 在《政治哲学与历史》页75(第4条注释)里,施特劳斯引用克莱因的作品以指胡塞尔。

③ 参施特劳斯在《什么是政治哲学》(*What Is Political Philosophy*,75)页75关于现代人"理所应当"的"根基的概念"的主张。施特劳斯用了"理所应当"或"忽视"(versäumt),关于他这种直白、故意的海德格尔式意图的评论,见迈尔发人深省的评论(*GS* 3:xviii – xix)及他的 *Leo Strauss And The Theologico - Political Problem* (Cambridge:Cambridge University Press,2006),62n10。

④ 见施特劳斯对艾宾浩斯(Julius Ebbinghaus)小册子 *Über die Fortschritte der Metaphysik* 的评论(*GS* 2:438 – 439)。

格尔认为,柏拉图和亚里士多德试图把希腊城邦的现实生活或生活秩序理解为理性的化身(embodiment)。施特劳斯发现,这种对柏拉图和亚里士多德的看法根本站不住脚。他反驳道:"对柏拉图和亚里士多德而言,最佳的政治秩序可能,甚至一般来讲都和任何现实秩序不同,最佳政制超越任何现实秩序",(就像黑格尔认为他自己正在反对的康德哲学那样,)比如"要规定城邦应该如何"。① 这就是施特劳斯指责黑格尔不够重视"古典政治哲学所示的城邦的哲学概念"的意思。②

反对古人还有另一个角度。对黑格尔而言,在柏拉图和亚里士多德那里发现的"自然"意识,无论当时多么深奥,从根本上仍未发展完全,因此也是片面的。黑格尔用基督教的道成肉身教义表明,永恒与时间或[31]绝对时间相统一。通过道成肉身,基督教的这种"苦恼意识"(unhappy consciousness)渐渐成为此世与彼世的一道裂痕。但对黑格尔而言,苦恼意识象征重要的推进:它包括了个体无限价值的意识。基督教概念的完全世俗化,恰恰使黑格尔时代成为绝对的时代。在黑格尔看来,古典意识没有这一关键的补充,因此在根本上不足。自黑格尔以降,包括尼采和海德格尔在内,在施特劳斯之前没有思想家认为黑格尔主义的这一层面有问题——人类意识的转变与"进步"通过基督教教诲[实现]。③ 因此,还没有思想家能真正严

---

① 《自然正当》讲座稿("施特劳斯文献"第6盒第15格页5,Patard 385 - 420,at 408)。

② Leo Strauss, *The City and Man* (Chicago: Rand McNally, 1964), 240 - 241.[译按]中译参施特劳斯,《城邦与人》,黄俊松译,上海:华东师范大学出版社,2022。

③ 尼采解释了基督教对推进人类意识的贡献,尤见《道德的谱系》(*Genealogy of Morals*)第一部分:在基督教的良心苦修胜利之前,在奴隶的权力意志转而战胜自己之前,人类缺乏"深度",甚至缺乏"灵魂",只有金发野兽的自我肯定。总而言之,尼采既称赞隐蔽的基督徒的权力意志,又惊骇地见证了这种权力意志在末人身上造成的潜在后果。

肃并尽可能真实地对待古典哲人关于人的学说。①

施特劳斯认为,要按照现代自身的条件来理解现代哲学和科学,而不是仅仅理解现代哲学和科学的步骤、它们正在修改和反对的古典哲学或科学以及其修改的内容。虽然现代哲学或科学仰赖一座日积月累的大厦,但施特劳斯感兴趣的是深埋的地基,以及他所谓的被进步掩盖的"根基的问题"。② 正是因此,[32]施特劳斯跟随胡塞尔,寻求恢复一种前科学的理解,而试图理解整全的哲学能称得上这种理解的自然完满。因为施特劳斯已经在作为政治哲学的柏拉图式哲学思考中,发现了古典哲学对那种前科学理解及其正当性的思考,这种思考有两种意义:哲学是否可能,以及哲学是否好或说正当。

恢复"自然世界"

施特劳斯跟随胡塞尔进行研究,他渐渐觉得,在这个从黑格尔时期以来就笼罩着科学或哲学危机的欧洲,胡塞尔是他所遇到的一

---

① 施特劳斯和克吕格在这一点上的分歧,见 Thomas L. Pangle, "The Light Shed on the Crucial Development of Strauss's Thought by his Correspondence with Gerhard Krüger", *Reorientation*, 57 - 68,尤其是页 65 - 68。施特劳斯和洛维特在这一点上的分歧,见 Timothy W. Burns, "Strauss on the Religious and Intellectual Situation of the Present", *Reorientation*, 87 - 89。

② Leo Strauss, "Political Philosophy and History", 75 - 76. 亦见《历史哲学:其本质与功能》通识研讨讲座("施特劳斯文献"第 6 盒第 14 格页 4 右至 4 左,Patard 273 - 307, at 283 - 285)里的早期表述。在早期表述中,"问题"加了下划线。亦参 Strauss, "Existentialism" [1956], 305:"胡塞尔所讲的科学,衍生于我们对世界上的事物的基本知识;科学不是人类对世界理解的完善,而是对前科学理解的具体修正。脱胎于前科学理解的科学的重要的起源是一个问题;基本主题是对前科学世界的哲学理解。"

个真正的当世哲人,①胡塞尔引导他一道探索一种对孕育了科学世界的自然世界的理解,因此,施特劳斯最终完全返回到古人那里,而胡塞尔和海德格尔在这一点上的尝试都失败了。20世纪40年代,施特劳斯在新学院的课上就这个问题已经给出一个论证,这个问题或许在《自然正当与历史》里也能找到。

> [33]胡塞尔清楚地陈述了这些[新康德主义者和实证主义者的]认识论形式的根基上的缺陷:由于自然理解是科学理解的基础,那么,人先分析自然理解、自然的世界观和自然世界,才能分析科学和科学的世界。我们所生活和行动的自然世界,并不是学理腔调的对象或产物;它是一个世界,不是我们冷眼旁观的对象,而是我们触手可及的事情或事务。自然世界是前理论的世界,因此是一个前科学的世界。②

因此,胡塞尔已经引导施特劳斯看到现代的尝试所带来的问题——现代企图把道德-政治行动及其对象囊括在一个理论体系中。但是,在试图理解胡塞尔的"自然世界"时曾经(现在同样)有一个困难,胡塞尔和海德格尔都忽略了这个困难。所以,施特劳斯修正了现象学的出发点:

> 如果自然世界和我们[今天]所生活的世界混为一谈,那

---

① "所有当下的哲学无论如何都不是历史性的,都贫瘠而肤浅。如果需要证明,那这会由最重要的而且也是本世纪唯一重要的哲学事件来证明,也就是现象学的出现。胡塞尔最终严肃、快言快语地拒绝了他所谓的广为接受的哲学与历史研究之间的区别。"《历史哲学:其本质与功能》通识研讨讲座("施特劳斯文献"第6盒第14格第二版首页左,Patard 273-307,at 278)。施特劳斯提到胡塞尔是哲人,亦见"Existentialism"[1956],304-305。

② 《历史哲学:其本质与功能》通识研讨讲座("施特劳斯文献"第6盒第14格页6右,Patard 273-307,at 288)。对比 *NRH* 79。

么自然世界就只是一个构想。我们所生活的世界已经是科学的产物,或者至少在根本上为科学之存在物所掌控。更不必说科技,我们所生活的世界的确摆脱了幽灵、女巫和魔鬼等等,但是至于科学的存在物,它将充满那种存在者。①

现象学的"自然世界"已经是科学传播的产物。与之相反,施特劳斯借助法拉比(Farabi)和迈蒙尼德(Maimonides)的作品,在柏拉图的对话里发现,"自然世界"(在[34]胡塞尔的意义上即前科学的世界)呈现为礼法(nomos)的世界,尤其是神圣法(divine)的世界,因此,理论的、科学的或哲学的世界就呈现为人类的一种极端可能的存在,它在大多数地方都不存在,而且从根本上同多数人的生活方式相龃龉。

换言之,施特劳斯已经在古典哲人的作品中找到了一种方案,它能解决被科学改变的世界之存在所面临的困难:

> 自然世界从根本上是前哲学或前科学的世界,为了把握自然世界,人需要回到科学或哲学首次闪现之前。为此,并不必然要参与到无穷尽的、假想的民族学或人类学的研究中去。古典哲学为人类本源提供了足够信息去重建自然世界的基本要素,尤其是如果考虑用圣经的基本前提来补充的话。②

最终,施特劳斯在《自然正当与历史》的第三章中继续讨论胡塞尔的"自然世界",他认为,正是对自然(phusis)的发现揭示了自然世界。在古典哲人的作品中可以发现胡塞尔那种理解前科学世

---

① 《历史哲学:其本质与功能》通识研讨讲座("施特劳斯文献"第6盒第14格页6右至6左,Patard 273 – 307, at 288)。对比 *NRH* 79。
② 《历史哲学:其本质与功能》通识研讨讲座("施特劳斯文献"第6盒第14格页6左,Patard 273 – 307, at 288)。对比 *NRH* 79 – 80。

界的努力,因为不像现代世界,古代哲人生活与写作的世界没有变成一个由科学精神充溢着生活或决定人类思考的世界,而且那些哲人也不想这样改变。正如施特劳斯在另一次讲座中说过:"在亚里士多德看来,科学的精神并不绝对就晚于前科学的精神:在某一层面上,它们属于同一时期:仅少部分人能够成为知识人(men of science);大多数人始终以前科学的方式思考着。"①

[35]但是,如果相信施特劳斯认为,在古人作品中能偶然地看到自然的、前科学"世界"的证据,那就错了。相反,对苏格拉底式的政治哲学而言,必要的是哲人与非哲人之间的辩证交流,因为科学或哲学的基础,恰恰就是苏格拉底式政治哲学的教导意图,是苏格拉底转向言辞/辩证法的教导意图。

> 可以说,柏拉图对话最明显的意图正是回答这个问题:为什么要哲学? 或为什么要科学? 其途径即在城邦或共同体的法庭面前辩护哲学或科学的正当性。②

而且,这意味着,人们在一些对话中看到哲学的奠基活动,即哲学必然与那些不献身于理论或科学,而是献身于法律及其代表的人交战,而这些对话必然会保留前哲学和前科学的理解,保留"意识""世界",正如我们在柏拉图和色诺芬的苏格拉底式对话中所看到的保留那样。最终,正如施特劳斯在《自然正当与历史》第四章中所讲,理解事物最终原因的困难不断侵扰着哲学,由于意识到这一

---

① 1942 年夏季课程《观念史研究》(*Research in the History of Ideas*),23 页,钢笔书写("施特劳斯文献"第 6 盒第 14 格页 10,Patard 233 – 271,at 244)。

② Leo Strauss,"How to Begin to Study Medieval Philosophy," in *The Rebirth of Classical Political Rationalism*:*An Introduction to the Thought of Leo Strauss*,ed. Thomas L. Pangle(Chicago:University of Chicago Press,1989),216 – 217. [译按]中译文参考施特劳斯,《古典政治理性主义的重生》,郭振华译,北京:华夏出版社,2011,页 287。

困难,原初的苏格拉底式转向开始了,带来了这种奠基性的努力。换句话说,溯源或说解决基本、根基问题之所以在柏拉图对话中如此重要,是因为苏格拉底已经开始严肃地怀疑是否有可能充分认识万物的规律,认识开端本身。

哲学生活或科学生活的奠基

施特劳斯和科耶夫的通信再次提出并保留了这一怀疑。科耶夫承认,要主张古人正确,就要牵涉到一个对"自然"的"预设"。施特劳斯并未随口承认这一点。相反,施特劳斯在《重述》引人注目的结尾段反驳科耶夫时,特意[36]讨论了古典哲学的这些"绝对预设"(absolute presuppositions),使用的是像科耶夫和海德格尔这样的史学思想家的语言。①

> 因为问题马上就来了:是否哲学的观念本身不需要正当化?在严格和古典意义上的哲学是对永恒秩序或永恒原因或所有事物的原因的追寻。这样,它就预先假定了存在着一种永恒不变的秩序,历史就在其中发生,而它并不受历史的影响。换言之,它预先假定了任何"自由王国"只不过是"必然王国"中一个从属的行省。用科耶夫的话说,它预先假定了"存在自身本质上是不变的,是永远与自己同一的"。这一前提并不是自明的。(*OT* 212)

正如施特劳斯在别处的做法那样(经常用一个默默的转折性连词"或"),在此,他展示了一系列的可能性、一连串可能的哲学"预设"(最后一个明显是用科耶夫自己而非施特劳斯的话讲的)。这

---

① 关于"绝对预设"这一术语,见 Leo Strauss, "Existentialism"[1956],310。

些表述之间并不平等,施特劳斯将之交予读者,让读者来辨别哪一个的出发点最严肃。但他又在别处表明,在这些预设中,一种关于科学之可能性的视角是真的,而且,可替代此预设的那个方案既非圣经的创世学说,也非海德格尔的此在学说,这二者对哲学而言都是灭顶之灾。施特劳斯通过对"自然"的发现来解释哲学或科学的出现,我记得后来在《自然正当与历史》里有这么一段:

> 哲学对初始事物的寻求不仅假定了初始事物的存在,而且还假定了初始事物的始终如一,而始终如一、不会损毁的事物比之并非始终如一的事物,是更加真实的存在。这些假定来自这一基本前提:[37]凡事皆有因,或者说"最初,混沌生成了",亦即初始事物是无中生有的说法乃无稽之谈。换言之,倘若不是存在着某种持久而永恒的事物,显明可见的变化就不可能发生;或者说,显明可见的偶然的存在物就要求有某种必然的从而是永恒的事物的存在……人们还可以这样来表达这一根本前提:"全能"就意味着能力受到有关"自然"的——也就是说,有关不会变易的可知的必然性的——知识的限制;一切的自由和不确定性都是以某种更为根本的必然性为前提的。(*NRH* 89–90)

施特劳斯没有暗示过他讨论的这个"必然性"就是存在(ousia),也未暗示他所指的首要事物是可知的。施特劳斯确实清楚地——虽然也有点儿含蓄地——反对海德格尔的主张,即存在(to be)意味着当下存在(to be present),由此才有存在意味着总是存在(to be always)的古典前提。① 施特劳斯指出,古典的前提根据

---

① "[根据海德格尔所言]古希腊哲学以存在(Sein)的观念为指导,这种存在意味着'手头'的存在、当前的存在,因此,存在在最高的意义上永是当前的,是永远的。"Leo Strauss, "The Problem of Socrates", *Interpretation: A Journal of Political Philosophy* 22(no. 3, Spring 1995):328. 亦见 *NRH* 30–31。

的反而是无中生无(拉丁语为 ex nihilo nihil fit),源初的意义、本源和科学的动机要求这一前提,这一前提知道自然独立于任何人的或神的意志。海德格尔就自身而言避免去处理这个预设。在别处,施特劳斯也把海德格尔(以及圣经)对科学之基本前提的替代方案呈现为无中生万物(ex nihilo et a nihilo omnia fiunt)。① 那么,海德格尔对古典哲学动机的解释就相当成问题。然而,如果这个"预设"仅仅是一种选择或决断的结果而未经证明,那么确实不能认为科学或哲学正当。

《自然正当与历史》第四章,即施特劳斯后来明确给科耶夫指出的那一章,有助于让我们看到:由于认识那些第一因或必要性确实被当成一个问题,所以人们认为科学[38]濒临危险。对自然的苏格拉底式新研究路径想要知道"每一存在是什么",施特劳斯将这一路径呈现为整全,呈现为离开前苏格拉底式尝试的一个必要转向,前苏格拉底式的尝试想要发现首要事物或所有存在的潜在原因,而对苏格拉底来说,在这种早期的尝试似乎渐渐不可能时,这一转向出现了。因此,新的苏格拉底式的路径以一种前苏格拉底哲学从未有过的方式开启了一种可能,即神圣起源是存在的原因。因此,苏格拉底不得不着手以一种新的方式来解决这个不得不被解决的关键问题——那些潜在的起源是真的原因,还是仅为神的造物。苏格拉底必须解决的问题是,显得必要的东西是否并不是真正的必要,而是让所有存在从无中产生的神或诸神的作品。柏拉图和色诺芬的对话致力于解决的就是这一问题。

施特劳斯与众不同,他暗示道,现代人忽视了古典政治哲学的意图,因此转而尝试用别的办法来解决问题,这种办法既需要我们(跟随施特劳斯)"返回到意识"或返回"到人造领域",也需要改变既有的世界,或"在上帝之城的废墟"上建立起人之城(*NRH* 175)。

---

① Leo Strauss,"The Problem of Socrates", 327 – 329.

在《论僭政》中,施特劳斯的开篇就是重启科学或哲学的古典根基,审视导致苏格拉底转向属人事物的对话。

施特劳斯的《论僭政》

正如施特劳斯在《论僭政》第五段中所言,他把《希耶罗》当作任何希望"说明现代政治思想最深根源"的人所需的根本作品。随后在《重述》中,施特劳斯认为,在最理想的情况下,反复阅读《希耶罗》将使读者产生"取向的改变"(*OT* 185)。我们将看到这两个目的互为补充。但是,施特劳斯也在这里相当详细地解释了,要实现这些目的就需要探讨苏格拉底的政治科学,或任何过去的、非历史主义思路的思想。并且,在《迫害与写作艺术》和《自然正当与历史》发表之前,[39]施特劳斯在此处为显白的或苏格拉底式的修辞提供了论据,尽管历史主义已经让我们遗忘了这种修辞。这篇文章明确提出,要训练那些可能会阅读色诺芬和色诺芬那类作者的人,从而让未来一代发觉"像现在这一研究那样累赘的导言"的多余(*OT* 28)。确实,尤其是施特劳斯后来关于色诺芬作品的两部书,相较于《论僭政》,那两部是出了名的难入门,或说需要不同于此书的耐心。《论僭政》阐明了许多细节,甚至包括其章节划分("标题""场景"等等)。但这部作品也有所沉默。

我们想要强调的、施特劳斯所指的《希耶罗》的"理论教诲",是"法律与合法性问题"(*OT* 76)或"'法的统治'成问题的特征",柏拉图《治邦者》旨在批判神圣律法,里面的一个外人,即爱利亚异邦人,也处理了一个"严肃的、更不消说令人敬畏的问题"。这个问题的目的是"揭示政治事物的本质",它"极其鲜明地表达了法与合法性的问题,或说法与合法性成问题的品质"。问题是,法律的正义有一种不完美,甚至"盲目"的特征,合法政府的统治也有不明智的特征(*OT* 99)。

抓住这个问题并以辩证法将其巩固的正是西蒙尼德（Simonides），这使得他和希耶罗过着完全不同的生活。出人意料的是，僭主希耶罗还真有一种"公民精神"，或说他"依系于他的城邦"，而西蒙尼德却能"过着外邦人的生活"（*OT* 57；参见 76）。因此，施特劳斯也注意到希耶罗"渴望为人所爱"，他将之描述为想要无差别地被爱的"爱欲的欲求"（erotic desire）。爱欲让僭主"成为他所有臣民自愿的仆从和施惠者"（*OT* 88）。相反，西蒙尼德"这个智慧者""没有这样的欲望"。他"受一小部分人的崇拜就满足了"（*OT* 88），他甚至不需要向他们施惠（*OT* 90），而且他最终满足于自我崇拜（*OT* 88、102）。抓住法律的问题似乎对驱散植根于公共服务的爱欲的欲求有着惊人的效果。

先前我们注意到了《论僭政》的结尾句，以及施特劳斯在结尾如何承诺，在一系列后续作品中"展开对色诺芬的苏格拉底式作品全面、详细的分析"。这个承诺同样与神圣律法的主题[40]及其造成的困难明显相关。施特劳斯说，他所承诺的这种分析将决定"公民－哲人苏格拉底"对待贤良（gentlemanliness）是何态度，按施特劳斯的暗示，这也就是苏格拉底对如下信念是何态度：自然秩序可追溯至诸神，法律"赞美"自然秩序而非强迫人，因此，服从法律在本质上令人快乐。在色诺芬的作品中，取代贤良的代表人物是《治家者》（*Oeconomicus*）中的伊斯霍玛科斯（Isschomachus），这牵涉到希耶罗和西蒙尼德的共同观点：自然秩序可追溯至机运，因此特定的行动和情感受法律的"强迫"，服从法律根本不令人快乐（*OT* 105）。① 施特劳斯研究《希耶罗》所作的脚注，以及他实际上对希耶

---

① 关于这一问题，参考施特劳斯 1939 年 2 月 16 日对克莱因所言（*GS* 3：537－538）："总之，道德事物在[色诺芬]那儿也是纯粹显白的，他有一半的行文都模棱两可。'既美又好'（kaloskagathos）在苏格拉底的'圈子'里不是个好词，就像 19 世纪的'俗人'和'布尔乔亚'一样。"（译文见 Patard 28）

罗、西蒙尼德与伊斯霍玛科斯所做的比较都表明,施特劳斯在写《论僭政》时已经着手广泛地研究色诺芬的苏格拉底式写作。也就是说,他这次已经渐渐看到,苏格拉底对贤良问题的关注导向诸神问题的解决。因此,他已渐渐看到,哲学生活与政治生活之间不仅是普通的差异,而且是本质上的不同。

科耶夫的《僭政与智慧》

科耶夫回应施特劳斯的核心是黑格尔对主奴辩证法的论证,科耶夫用它来阐释对《希耶罗》的另一种理解。科耶夫和施特劳斯都持一个不一般的观点:哲人之为哲人,并没有统治的欲望。但科耶夫反对施特劳斯的地方是,为了避免教会或宗派潜在的偏见,哲人对智慧的爱驱使着他到众人中去,寻求更强的主体间确定性,这肯定迟早都会和政治权威冲突,比如和僭主冲突,但它最终有助于世界的政治-道德转变。

[41]但科耶夫似乎遗漏了我们已经强调过的施特劳斯论证的内容和意图。施特劳斯讲过"揭示政治事物的本质""法与合法性的问题,或说法与合法性成问题的品质",科耶夫把施特劳斯的主张看成这样:西蒙尼德描绘的"[色诺芬]'开明的''受欢迎的'僭政是不现实的理想",而且,"他的对话的目的就是使我们相信最好在试图建立僭政之前,就拒绝任何形式的僭政"(*OT* 138)。

此外,科耶夫还反对施特劳斯的这一主张:智慧者满足于自我崇拜,而实干的政治家或僭主则受到爱欲欲求的驱使,要去赢得多数人的喜欢。科耶夫认为爱欲的欲求"和政治没有任何关系",它反而属于黑格尔的"承认"的领域,这一点"非常明显"(*OT* 142)。[1]施特劳斯将辩证法视为能够抓住并证实法的问题的途径,而科耶夫

---

[1] 对比修昔底德《战争志》2.43.1,3.45.5–6,6.13.1,6.24。

将辩证法理解成"哲人"的一种"探究方法",它要求哲人"'教育'他的对话者"(*OT* 162)。最终,与此相关,科耶夫认为"哲人"像其他人一样,希望"配得上"被崇拜(*OT* 156);科耶夫说"每个人"都知道"与'履行自己的职责'的感觉相伴随的'无私的满足'"(*OT* 159)。而且,如果哲人急于同政治了断,那是为了"回到更高贵的事业"(*OT* 165)。因此,科耶夫的回应忽视了这个事实:扬与弃以及高贵的事物在于辩证法探究的根本主体之中。

施特劳斯的《重述色诺芬的〈希耶罗〉》

施特劳斯已经在《论僭政》中讲过"法的问题",正如他在《重述》的"德性问题"中表明,至少根据柏拉图在厄尔神话中所示(《理想国》卷十),"在政治的或社会的层面上,无法完满地解决德性或幸福的问题"(*OT* 182),因此,施特劳斯说,自己从《论僭政》结尾停下的地方继续。施特劳斯也返回并详述了他的主张——哲人[42]自我崇拜,或说缺乏对他人的需要。他还回到了有关爱欲的欲求、政治生活或公共服务的主题上。

就像早年同克吕格、洛维特在一起一样,这里同沃格林(Eric Voeglin)、科耶夫在一起时,施特劳斯也关注每一位对话者的主张,他们认为,若不引入圣经思想的因素,那么古典思想于今天的我们无益(*OT* 178、183、189)。

比起沃格林的看法,施特劳斯更关注科耶夫对这个问题的看法。正如我们所见,科耶夫所呈现的圣经因素是黑格尔所谓的奴隶的道德。科耶夫认为,主奴综合体足以解释现代与古典思想,或足以像黑格尔那样理解这个问题的真面目。伴随着对荣誉的爱,主人最终发现他也"认真尽责"(conscientious),或说他会自我崇拜,因为自己做好了既定任务,这个任务正是奴隶寻求尊严的方法。所谓的结果是,主人处于互惠性承认的最终阶段。

黑格尔综合了圣经道德和古典道德两部分,也因此受到了施特劳斯的两面夹击。施特劳斯首先反对道,不像那两个所谓的组成部分,这个合成的"承认"一点也不严肃,根本没有道德要求(*OT* 191 – 192),实际上,黑格尔以"自由"替代"德性"也是这样。与此相关的是,在所谓的"承认"中没有任何神或神圣事物的蛛丝马迹;他人予以承认,而我们完全相信承认就是人心欲求之物。人类渴望被承认,包含神圣事物的体验必定都只是这种渴望捉摸不定的表象或对此的早期暗示,这些体验包括罪或无价值或需要被原谅,敬畏或需要尊敬或屈从于神,以及对救赎的希望。换言之,这里就可以看出完全理性的无神论社会中长久的现代承诺,而施特劳斯无疑重视科耶夫对这种社会所作的阐述。

接受这一点后,施特劳斯告诉读者,科耶夫已经充分意识到黑格尔人类社会学说的现代的、霍布斯式的起源。回想起来,这就是他们计划的那部书的主题。施特劳斯批评科耶夫未能承认霍布斯的和黑格尔的架构所依赖的"不正确的假设",即"把人想成缺乏对神圣约束的意识的存在,或仅仅被受承认的欲望指引的存在"(*OT* 192)。正如施特劳斯首次表达他的转向(1932 年)时所指出的,霍布斯的理解将人性[43]之恶视为兽性,从而是无辜之恶,这低于苏格拉底式辩证法的出发点,在苏格拉底那里,恶被视为道德堕落,①因此,施特劳斯在此批评科耶夫没能把现代性对"神圣约束"意识的排斥从我们的道德经验中排除出去。施特劳斯已经在苏格拉底式政治哲学中重新发现,需要让道德意见接受辩证法的审查,人们

---

① Leo Strauss, *Spinoza's Critique of Religion*, trans. E. M. Sinclair(New York: Schocken, 1965),"Preface", 19, 以及"Comments on *Der Begriff Des Politischen* by Carl Schmitt", 344 – 345。这部作品的原稿题为《斯宾诺莎的宗教批判作为其圣经学的基础》(*Die Religionskritik Spinozas als Grundlage seiner Bibelwissenschaft Untersuchungen zu Spinozas Theologisch – Politischem Traktat*, Berlin: Akademi – Verlag, 1930)。

可以在色诺芬和柏拉图的对话中看到这一点,这一需要产生了前科学"自然世界"的神圣律法,也体现为神圣律法。施特劳斯希望向科耶夫阐明,解决科学或哲学问题的古典路径中道德观念的重要意义。

在施特劳斯对黑格尔综合体的批评的第二部分中,这样做的重要性因此也变得尤其明显,这部分涉及主人。与科耶夫所主张的正相反,哲人并不赞同主人道德。施特劳斯强调,我们能够在一定程度上知道,政治家或"主人"与哲人不同:前者有爱,也反过来寻求被无差别地爱,而后者仅仅从大咖的小圈子中寻求受崇拜,并且最终寻求自我崇拜(OT 197)。

科耶夫蔑视政治人的爱欲归属,对此施特劳斯给予直接回应,这一次他以色诺芬的主张开启论争,即家政和城邦一样,并且色诺芬在《会饮》结尾把苏格拉底(在他笔下,苏格拉底已经娶了很难相与的克姗蒂佩[Xanthipe])算进了未婚者之列。在后续行文中,施特劳斯大量使用柏拉图提出的论证来说明这意味着什么,他陈述后又两次重申这一论述:不像多数人即"政治人",哲人并不会受到诱惑而认为属人事物具有重大的意义,因为"主导他的激情是对真理的欲求,即欲求关于永恒原因的知识或整全的原因的知识"(OT 197–198)。

值得注意的是,施特劳斯可能用《理想国》行文中的柏拉图来暗示,[44]哲人由对真理的爱欲驱动,①虽然施特劳斯明确参引了《理想国》里的柏拉图作为论据,但他避免使用这一表述。他要讲

---

① 施特劳斯在《论僭政》第198页提到《理想国》486a,这部分从属于485b开始的对哲人德性的论述。我想强调的是,甚至只能认为柏拉图可能有这样的想法,即暗示哲人由爱欲驱动。柏拉图事实上让苏格拉底仅仅在"自然就倾向对某人有爱欲"的人和爱智慧者之间进行了类比(485c1;参见 474c7–475a2);他并没有让苏格拉底说,爱智慧者充满爱欲。

的不是哲人的"主导性激情",而是保留"爱欲的欲求"这一术语用以描述政治人。尽管"政治人充满了爱欲……本质上是为了所有人"(*OT* 198),哲人却"彻底脱离了作为人的人"(*OT* 199,参见212)。诚然,施特劳斯随后提到了"真正的或苏格拉底式的爱欲"(*OT* 202),但他在这里(*OT* 198)说得很清楚,后者的修饰语"真正的或苏格拉底式的"表示种类上的差异,通常意义上,这种差异在哲人那里是由于爱欲的脱落或消失所致。施特劳斯接着说,由于爱欲是"对促使人为之服务的存在的一种依系",并且,"爱欲的欲求渴望互惠",而哲人仅仅寻求理解整全,而非服务于整全或为整全所爱。此外,爱欲的欲求总是对一些永恒的人性之善的欲望,其实现取决于蕴含着伟大意义的人类生活,但哲人的特点是,他意识到不存在这样的意义,因此也就不存在这样的善:

> 所有属人事物和人的所有关切都无足轻重且短暂易逝——没人能从自己认为无足轻重且短暂易逝的东西中找到稳固的幸福。(*OT* 198)

正如施特劳斯接下来所言,对哲人来说,哲人充分意识到"有生必有灭"(*OT* 200),努力"让赴死和对所有属人事物寂然心死成为自己唯一的事"(*OT* 199),这呼应了柏拉图的《斐多》。他"强烈感觉到人的所有事业最终都是徒劳"(*OT* 202;参见 203:"从最强大的自然魅惑中解放出来。")。施特劳斯反对哲人身上存在着爱欲,他的观点甚至接近迈蒙尼德(夸张)的主张,即哲人仅仅为了"他的身体的需要"而需要他人(*OT* 199)。

在这些段落中,施特劳斯(以惊人的坦率)所讲的内容,有助于我们理解他后来[45]在《自然正当与历史》(175-176)中所描述的内容,正如现代尝试"通过使人们淡忘整全或永恒,而起到了加强人及其'世界'的地位的作用"一样,这种强化是从霍布斯到海德格尔的现代思想的特点。

借助"淡忘永恒",施特劳斯的意思是,从永恒角度来看,人类淡忘了生命的有限性。他说,我们所有的行为最终都是徒劳的,这暗示着属人事物的意义大大削弱,而始于霍布斯的现代人——"尤其是黑格尔"——堵上了我们对此充分的、全神贯注的意识,以至于他们渐渐认为,我们完全能够满足地安居于家中或大地之上(*OT* 212),而非因为这种满足不可能实现就逆来顺受。施特劳斯认为,对于哲学要变得革命性、哲学期待此世的满足而言,甚至对于哲学一开始已经对神意的眷顾(Providential care)的失败而感到失望而言,这种永恒意识的缺失是必要的,以便给属人的问题寻求一个属人的方案。换言之,现代人之所以不满意乌托邦,其实是因为圣经思想,也就是因为他们对圣经所应许的世界会从苦难中得到神的救赎而感到失望。[1]

确实,施特劳斯的主张很快就修正或柔化了这一相当激进的观点,施特劳斯说,哲人力所能及地做有益的事,而且他确实对特定之人——潜在的哲人——有明显的爱或友爱(philia),他们的灵魂作为"良序的灵魂"以"反映永恒秩序"(*OT* 200 - 201),尽管施特劳斯之后承认这个新观点(他已表明过,是以"通俗的因而非正统的方式"得出的这一观点)有缺陷,例如,它不能解释前苏格拉底式哲人的灵魂或现代哲人的灵魂,他们的确没考虑整全的和谐(*OT* 201)。更重要的是,这个观点把苏格拉底式的辩证法的行动当成欲求朋友所产生的探寻。因此,正如其表现所示,例如在《理想国》第七卷中,这个观点作为为哲学生活奠基的新尝试,从辩证法的理论意图中抽离了出来。

事实上,苏格拉底对话者们的意见有着互相矛盾的特征,施特

---

[1] 参见 *OT* 210 及 *The City and Man*,41 - 43。亦见 Timothy W. Burns, "Leo Strauss on the Origins of Hobbes's Natural Science and Its Relation to the Challenge of Divine Revelation", in *Reorientation*, 152 - 154n20。

劳斯提到这一点时随即暗示了真实的意图：

> [46]如果哲人为了努力弥补"主观确定性"的缺陷与他人进行交谈，并一再观察到对话者自相矛盾，或无法对他们成问题的主张做任何解释，而且对话者自己也被迫承认这一点，哲人对自己的评价就将得到合理的确认。(OT 204)

对苏格拉底式的哲人而言，辩证法证明他走对了路。如果科耶夫期望哲人出去找些更保险的法子来反对修道院式的主观性(subjectivity of the cloister)，那么施特劳斯则认为哲人在集市上的行动有相关但不同的目的，或至少有额外的目的：证实哲学事业的一些必要之物，同时也证实一些哲学事业无法证实之物。

科耶夫已经把"良心的"工作或说负责的理由——不外乎责任——当作所有人包括哲人的最终的活动。施特劳斯谈到哲人有自我崇拜，而且哲人就像一些有良心的人一样"在这种尊重中"活着，即不依赖他人的意见(OT 204，强调为笔者所加)。因此，他指出这一事实，即哲人并不会被科耶夫信奉的套路下的那种良心打动。

而且，正如施特劳斯之后补充的一点，哲人到集市上搞辩证法的第二个理由是"在那儿钓到潜在的哲人"(OT 205)，也就是个别人，对个别人来说，自相矛盾不会带来愤怒或冷漠，而是会转向哲学生活。最后，施特劳斯在描述哲人的另一个活动即他的"哲学的政治"时暗示，这种转向的结果在于"满足城邦"的其他事物，"在这个城邦里哲人不是无神论者，他们不会亵渎城邦的任何神圣事物，他们敬城邦之所敬"(OT 205 – 206)。(罕见的)结果是人们接受辩证法的发现或承认属人事物缺乏意义，这里，施特劳斯间接地透露出这一结果最重要的层面。

在《重述》接近结尾的部分(OT 208 – 211)，施特劳斯清晰地阐述了对渴望永恒的忽略或说仅以"[47]源于普遍承认的满足"来替代古老的"幸福"在政治上会有什么后果——要么通过否定技术活动最终丧失人性,要么是虚无主义对普遍同质国家的反抗。

爱欲驱使人克服必死的命运,然而,如果哲人已经超越了这一点,并已经坦然接受所有归属人事物的徒劳,那么,我们可能疑惑,施特劳斯为何如此关心这一点:普遍同质国家可能是一个"在其中不再可能有高贵的行动和伟大的功绩"的国家(*OT* 209)。施特劳斯把具有政治雄心的卓越之人描述为最具潜力成为哲人的人,在这个描述中,他已经给出一个答案。正是这种类型的人,色诺芬称之为"天性好"(good natures),哲人企图"引导"这些人"走向哲学,通过训练他们,使他们摆脱阻挠其哲学努力的各种魅惑"(*OT* 27)。① 这个世界的状态将不只是沉闷,而且也代表了人性的终结,以及我们所敬仰的全部低于哲学的和哲学的伟大性的终结。

施特劳斯以阐述自己对永恒复返(Eternal Return of the Same)的观点作结,尽管他非常清楚自己这样做的独特用意。对于尼采的学说,施特劳斯后来主张,尼采的意图是保存苦难的可能性,这是为了保存人类之伟大所需的、自我克服的可能性,并反对世俗化的圣经道德。②

在施特劳斯看来,③在黑格尔和科耶夫那里可以看到,这个学说被用来抵制某些对人类历史之终结的过高期望,或被用来抵制这样一种感觉:如果它最终没有克服所有问题,那么这个学说就是悲剧或西西弗斯式的苦功。尽管在施特劳斯笔下,尼采在存在一个自然(权力意志)或所有[48]的学说都只是被造物这两个说法间摇摆不定,但尼采最终落在自然的一边,施特劳斯本人也明确宣称自然存在。

---

① 色诺芬对好天性的描述,见《回忆苏格拉底》4.1.2。
② 见 Timothy W. Burns, "A New Perspective on Nietzsche's *Beyond Good and Evil*", *Interpretation: A Journal of Political Philosophy* 39 (no. 3, Fall 2012): 283-287。
③ "这一进程的重复——人之人性的一个新的生命周期——难道不比非人的终点的无限持续更为可取? 尽管知道四季交替,尽管知道冬天会再次来临,难道我们就不享受每个春天了吗?"(*OT* 209)

后续书信

前文已指出,当施特劳斯让科耶夫评论《论僭政》时,他说:"除了你和克莱因,我不知道还有谁懂得我在追求什么。"这个赞美并非微不足道,但也不应过度推测。它适用于克莱因,同样也适用于科耶夫。并且,在自己晚年最后一次谈话即《剖白》(A Giving of Accounts)中,施特劳斯清楚地表示,他可敬的老友克莱因——他在别的所有公开场合也这样称赞克莱因——并未真正理解他在古典政治哲学中的革命性发现,正如我们所见,这一发现在政治生活和哲学生活之间造成了一个根本性分裂,因此需要摆脱现代预设,而最典型的现代预设是康德,他认为最高的生活不过是道德生活。

> 克莱因过去和现在都远没有我那么看重哲学与城邦,哪怕是最佳城邦之间的张力……哲学就其本身而论超越政治、宗教和道德,城邦却是而且理应是道德的和宗教的……这一点可说明如下:跟一个像阿尔喀比亚德那样道德上不可靠的人相比,正人君子,纯粹的正人君子,即通常意义上所谓的 kaloskagathos [既美又善良的人]并不更靠近哲人……
>
> 这种哲学观点来源于我对前现代哲学的研究。它意味着现代哲学有与之截然不同的特性……在现代,哲学与城邦之间的鸿沟已由于两个新想法得以弥合,或被人们认为已得到弥合……有一种看法认为道德或行德至高无上,如果我们把这种看法叫作道德主义,我将怀疑道德主义在古代到底是否存在过。[1]

---

[1] Leo Strauss, "A Giving of Accounts", in *Jewish Philosophy and the Crisis of Modernity*, ed. Kenneth Hart Green (Albany: State University of New York Press, 1997), 463–464. [译按]中译文参考刘小枫编,《施特劳斯与古典政治哲学》,张新樟、游斌、贺志刚、宗成河等译,上海:上海三联书店,2002,页730–731。

[49]施特劳斯公开表达了这一分歧,尽管事实是,克莱因早就在重新发现隐微主义方面发挥了作用,这让施特劳斯和克莱因都得以成功地复兴古典文本,而海德格尔虽然也严肃地阅读了这些文本,却并没做到。①

两人的论争文集出版后,施特劳斯和科耶夫开始通信,这证实了他们俩也有一样的鸿沟。这的确证明科耶夫和克莱因一样,误解了施特劳斯关于道德生活之地位不得不说的那些话。在一封信中,施特劳斯向科耶夫亮出自己观点,他甚至抬出了阿尔喀比亚德,这和他多年后阐述自己与克莱因的分歧时一模一样。

在1957年4月11日的一封信中,科耶夫展示了黑格尔式的传统对于柏拉图的解读:在黑格尔看来,苏格拉底拯救正义的方式,就是和那些已受智术师毒害的人讲道理。科耶夫扯得太远,他声称,柏拉图的教诲说所有知识都是回忆(anamnesis),这是对良心这一事实、对我们对善恶生而知之这一事实的神话式表达(*OT* 266 - 267)。施特劳斯在回信中直言:

> 在柏拉图那里没有"良心";回忆不是良心。确实,如你所说,厌辩症是最坏的,因此,根本上说,仅仅可敬之人并不具有相对于智术师的优越性(与康德相反),或相对于阿尔喀比亚德的优越性。(*OT* 275)

施特劳斯在这里向科耶夫所提到的《自然正当与历史》中的段落(还有大概前四页)是他发表的所有作品中最根本、深刻的文段之一。就本文的目的而言,最值得注意的是,施特劳斯在第150页的注释中提到,苏格拉底不是一个传播正义的传教士,而是一个耐

---

① Leo Strauss, "An Unspoken Prologue to a Public Lecture at St. John's College in Honor of Jacob Klein", *Jewish Philosophy and the Crisis of Modernity*, 450;and "A Giving of Accounts", 462.

心审查正义问题的人,他审查离开神意就不存在的正义,他的办法是审查像玻勒马霍斯这种人的"公民德性"。

[50]至于科耶夫,他后来为施特劳斯的纪念文集写了《朱利安皇帝及其写作艺术》(The Emperor Julian and His Art of Writing),科耶夫在这篇文章中指出,①他相信自己已经消除了对哲学史以及人性的理解所受的威胁,因为施特劳斯重新发现了隐微写作,他对黑格尔的再造可以适应施特劳斯的这个新发现,因为这种重新发现中有海德格尔的思想。但事实上,《朱利安皇帝及其写作艺术》表明,科耶夫从未超越对审慎写作之理由的理解,而施特劳斯早在重新发现隐微主义之前,即19世纪20年代中期,就已挑明了隐微写作的理由。② 科耶夫没能理解施特劳斯所想的隐微写作的最深层原因,这证明他没能理解施特劳斯的重新发现,即苏格拉底式辩证法的目的及其对哲学生活的奠基。

蒂莫西·伯恩斯(Timothy W. Burns),贝勒大学政治科学系教授。著有《莎士比亚的政治智慧》(Shakespeare's Political Wisdom,Palgrave Mac Millan,2013),与潘戈合著《政治哲学导论》(Introduction To Political Philosophy,Cambridge,2014),编有《历史之后? 福山及其批判》(After History? Francis Fukuyama and his Critics,Rowman & Littlefield,1994)、

---

① Alexandre Kojève, Ancients and Moderns: Essays on the Tradition of Political Philosophy in Honor of Leo Strauss, ed. Joseph Cropsey (New York: Basic Books,1964),95 - 113.

② 施特劳斯早在1924年时就已经(也就是在他转向并重启古典政治哲学很久之前)意识到对迫害的恐惧而要审慎写作。例如 Leo Strauss, "Cohen's Analysis of Spinoza's Bible Science", in Leo Strauss: The Early Writings, 1921 - 1932, ed. Michael Zank (Albany: State University of New York Press,2002),140 - 172,尤其是页 148,151,153,158。

《复兴理性:潘戈贺寿文集》(*Recovering Reason: Essays in Honor of Thomas L. Pangle*, Lexington, 2010)、《布里尔施特劳斯古典政治哲学研究指南》(*Brill's Companion To Leo Strauss' Writings On Classical Political Thought*, Brill, 2015),与劳勒(Peter Lawler)合著《自由教育的未来》(*The Future of Liberal Education*, Routledge, 2014)。译有马尔塞林努斯的《修昔底德生平》(*Life of Thucydide*)。另有多篇论文研究从荷马到尼采的思想家。担任《解释:政治哲学期刊》(*Interpretation: A Journal of Political Philosophy*)主编,与潘戈合编麦克米伦(Palgrave MacMillan)的《政治哲学的复兴》(*Recovering Political Philosophy*)系列。

科耶夫《僭政与智慧》的哲学背景

贝塞特(Murray S. Y. Bessette)

[51]科耶夫代表了一种代替施特劳斯对古典政治理性主义的回归的现代基本方案。① 他对《论僭政》的评论题为《哲人的政治行动》(The Political Actions of Philosophers),这是他对施特劳斯的首次公开回应,在后续增订的第二版中他进一步阐明其立场,并将其更名为《僭政与智慧》,同施特劳斯的作品一道出版。② [52]1933 至

---

① 感谢伯恩斯和弗罗斯特两位编辑,以及皮德鲁兹尼(Jonathan Pidluzny)、耶诺尔(Scott Yenor)、马里尼(John Marini)和汉考克(Ralph Hancock)对本章早期初稿的评论及建设性批评。他们提出的问题和建议无疑改进了本文的最终成果。本人对文中的错阙负责。

② "L'action politique des philosophes", *Critique* 41(October 1950):46 – 55, and *Critique* 42(November 1950):138 – 154; "Tyrannie et sagesse", in Leo Strauss, *De la tyrannie* (Paris:Gallimard,1954),217 – 280; "Tyranny and Wisdom", in Leo Strauss, *On Tyranny:Corrected and Expanded Edition, Including the Strauss – Kojeve Correspondence* (Chicago:University of Chicago Press,2013),135 – 176. 所有作品均引自科耶夫,除非另有说明。在引用科耶夫的作品时,我尽可能标注法文原文页,并附上英译。但在引用《僭政与智慧》时,我只给出《论僭政》的页码。在引用文本时,我使用了以下缩写:*ILH*,《黑格尔导读》(*Introduction à la lecture de Hegel*); *EPD*,《法权现象学纲要》(*Esquisse d'une phénoménologie du droit*); *NA*,《权威的概念》(*La notion de l'autorité*); *CTD*,《概念、时间和话语:知识体系介绍》(*Le Concept,le Temps et le Discours:Introduction au Système du Savoir*); *CC*,《基督教和共产主义》(*Christianisme et communism*); *HMC*,《黑格尔、马克思和基督教》(*Hegel,Marx et le christianisme*)以及 *OT*,《论僭政》(*On Tyranny*)。所有科耶夫的书目信息及其英译本可见后文注释。

1939年,在巴黎一家老咖啡馆里,科耶夫一五一十地讲明了自己的课程黑格尔《精神现象学》所据的哲学基础。① 随后,在此基础上,为更新(mise à jour)黑格尔的智慧,科耶夫根据当时现代科学的进展,尤其是现代物理学以及当时马克思和海德格尔作品中的哲学史进展,建立起了一个知识体系。科耶夫在《权威的概念》《法权现象学纲要》《基督教和共产主义》《黑格尔、马克思和基督教》和《概念、时间和话语》中阐明了自己的知识体系,他的知识体系试图给出一个对历史的发展(和终结)的全面解释,他把历史理解成哲学(即话语)的发展与进化,且历史最终植根于人类对承认的欲求。②

从施特劳斯和科耶夫各自的阐述中,我们能把现代立场和古典立场之间的实质性差别看得八九不离十。[53]科耶夫的关注点看起来有点奇怪,他关注哲学疯狂的危险,以及主观确定性作为真理标准的内在局限,他还关注自己和施特劳斯对哲人与城邦(国家或者僭主)关系的理解,以及哲学教育的合适范围——这都是因为,他

---

① 这些随后发表为《黑格尔导读》(*Introduction à la lecture de Hegel*, Paris: Gallimard, 1947); *Introduction to the Reading of Hegel*, trans. James H. Nichols, Jr. (Ithaca, NY: Cornell University Press, 1969)。译本有删减。

② *La notion de l'autorité* (Paris: Gallimard, 2004); *The Notion of Authority*, trans. Hager Weslati (New York: Verso Books, 2014); *Esquisse d'une phénoménologie du droit* (Paris: éditions Gallimard, 1981); *Outline of a Phenomenology of Right*, trans. Bryan-Paul Frost and Robert Howse (Lanham, MD: Rowman & Littlefield, 2000); "Christianisme et communisme", *Critique* 3-4 (August-September 1946): 308-312; "Christianity and Communism", trans. Hugh Gillis, *Interpretation* 19 (no. 2, Winter 1991-1992): 192-195; "Hegel, Marx et le christianisme", *Critique* 3-4 (August-September 1946): 339-366; "Hegel, Marx and Christianity", trans. Hilail Gildin, *Interpretation* 1 (no. 1, Summer 1970): 21-42; *Le Concept, le Temps et le Discours: Introduction au Systeme du Savoir* (Paris: Gallimard, 1990); *The Concept, Time, and Discourse: Introduction to the System of Knowledge*, trans. Robert B. Williamson (South Bend, IN: St. Augustine's Press, forthcoming).

们对人的本质及其所蕴含的人的可能性之所在有根本的分歧。①

对科耶夫而言,人类骨子里对承认的欲求把人和动物区分开来,这(最极端时)不可避免地导致对普遍承认的需求。要满足这一需求,即所有人都承认某个人的自主价值,需要所有人都能够(即有资格)或得以通过转变他们的生理与心理能力从而承认这一价值,因此,也就有了现代科学与普遍启蒙的承诺以及普遍同质国家的观念,普遍同质国家权威(authoritarian)的基础能够避免主奴辩证法的悲剧。②

搞清楚科耶夫的整个体系,是充分理解他与施特劳斯的分歧的必要准备。接下来是对该体系的大致阐述。详细分析科耶夫对《论僭政》的批评或充分阐明其体系皆非鹄的,关键在于阐述其主要特征、展示二人的相互关系。用科耶夫的形象描述来说,接下来要考察的既非字面亦非字里行间,而是二人写作时所共同凭靠的东西。

为此,首先要概述科耶夫的解释:自我意识的提升是人类欲求承认的结果。要满足这一欲求,人就得克服动物性欲望,这意味着他必须冒着生命危险,为一个非动物性的目的拼死斗争。在主人自主的自我意识与奴隶依赖的自我意识同时诞生之际,这一斗争达到高潮。主奴之间的相互作用可被概述为主奴辩证法进行讨论,随后,二者的互动驱动着历史的进步,直至历史走向终结[54],普遍同质国家诞生,在那里,主奴(从人的满足这个视角来看,二者都走进了死胡同)的同质状态被克服,得到满足的公民诞生了。此外,在这个绝对时刻,哲学(即话语)的终结与智慧(即绝对知识或理念)的实现同时发生。因此,由于科耶夫对哲学和智慧的解释强调其时间

---

① 科耶夫在给施特劳斯的信中认识到这一事实,他说:"如果有什么'人的自然',那么你说得肯定都对。"(*OT* 261;参见 262)

② 事实上,更新黑格尔的知识体系本身就表明科耶夫对普遍启蒙的承诺(参见 *CTD* 63)。

性本质(temporal nature),他对智慧与政治权力关系的最终考量便自然形成。根据人类的时间性(temporality)和有限性,哲人是否应该统治、是否应该为政治建言或拒绝政治生活的问题是一个永恒的哲学话题,对此,科耶夫认为,历史已经通过哲人、僭主和知识人之间的关系以及乌托邦与革命观念之间的亲缘关系做出了回答。

自我意识的起源与对承认的欲求

正如科耶夫所言,黑格尔的历史叙述的是自我意识的必然发展与扩充,也即人的必然发展与扩充。"人即自我意识";那么,理解自我意识的形成也就是理解人类的存在与动物的存在间的区别(*ILH* 11[3])。自我意识起源于欲望,而非思想、理性或理解。"沉思揭示客体而非主体。"(*ILH* 166[37])只有诸如吃、喝、交配等欲望会召唤存在者返回其自身;只有欲望把存在者的注意力从客体的外部世界重新聚焦到主体及其需求的内部世界。显然,并不是作为欲望的欲望将人与动物区别开来——动物也有欲望,该事实指向这一结论:我们作为人类而存在,同时也作为动物而存在,"人的现实性只能在一种生物的现实性、在一种动物生命之内形成并维持"(*ILH* 11[4])。自然欲望只引起自我感觉,这种能与其他事物相区别的自我感觉,是我们自我意识的必要不充分条件。尽管沉思涉及一种被动的倾向,欲望却揭示出欲望主体的不足,[55]这种不足"使人变得不安,促使人行动"(*ILH* 11[4])。唯有通过破坏、转变或消化所欲之物(如食物必须要被吃掉)等行动才能应对这种不足。因此,"所有行动都是在否定";所有行动都在改变从而否定给定物(科耶夫对现存的大量现实的称谓),这样就会产生新的现实(*ILH* 12[4])。因为就欲望本身而言,这个在欲望着的自我是"一种空虚"或不完整,"由否定构成的自我肯定的内容从属于否定的非我的肯定内容"(*ILH* 12[4])。讲得更清楚些,欲望就是对不同于欲望着的自我的一种特定事物的欲望;该特定事物就其本身而言,有一个具体的肯定内容,这个肯定内容既有别于针对它的欲望,又与其相关联;因此,为满足其欲望,这个新产生的、得到满足的自我从属于所欲之物(如饥饿的动物变成饱腹的野兽)。

自然欲望是对某些给定物、现存于此时此地之物的欲求。欲望本身超出这些给定物;它超越、否定给定的范围,因为它设法和彼处的自己同化(assimilate)。换言之,自我的自然欲望设法使其所欲之物等同于自我,设法把它同化为自我的内在特征——当这个自我消耗、同化食物或饮料时,它们就成为自我的一部分,变得与我等同。

那么,就可以把自然欲望看作沉思(其中,"'认识的主体'在被认识的客体中'消失'")的反面;不是客体吸收主体,而是主体吸收客体(*ILH* 11[3])。这显然是食物和饮料的情况,那么性的情况又如何?人类并不消耗或同化其性伴侣,也不单寻求性快感。相反,正如科耶夫所释,"动物欲(性欲)求雌性,男人则欲(爱欲)求女人的欲求"[1](*HMC* 350[29];参见 *ILH* 13[6])。爱,作为对欲望的欲望,与对承认的欲求相似;然而,爱(不像对承认的欲求)本质上有限,因为它(像自然欲望一样)与既定存在者有关:"一个人爱某个人'没有任何理由',这就是说,仅仅因为他存在,而非因为他的所作所为。"(*HMC* 350[29-30]))爱寻求的不是作为欲望的欲望,也非对任一既定存在者的欲望,而是对特定的既定存在者的欲望,这个存在者已经被给定。总之,爱不是要[56]否定或转变其对象。虽然在承认的情形中,可以转变一个人以便使其有资格被承认,但在爱中却不能这样,不管这个人是不是惹人爱。爱不能被转移到其他主体那里,一个不被爱的主体的欲望也不能满足他所爱的人。借用

---

[1] [译按]中译文参考科耶夫等,《驯服欲望:施特劳斯笔下的色诺芬撰述》,刘小枫选编,贺志刚、程志敏等译,北京:华夏出版社,2002,页11。

科耶夫形式化的表达,如果 A 爱 B,那么 A 只能被 B 的欲望满足,而不会被 C 的欲望满足,即使 C 通过行动转变为 C'。因此,爱"永远受限于相关存在者静态的界限"(*HMC* 350[30];参见 *OT* 156)。爱虽然是属人的,但并不通人情。

为了产生完全理性的自我意识,必须把爱的辩证法的特殊性普遍化;必须以承认的辩证法取而代之。正如我们所见,作为欲望的欲望是一种空虚,这种空虚是从所欲望的内容中获得肯定内容。因此,

> 欲望针对另一个作为欲望的欲望,通过使之满足的否定和消化活动,将创造出一个本质上不同于动物的"自我"的自我。这个自我由欲望"滋养",本身就是在其存在中的欲望。因为欲望作为给定物的否定活动得以实现,所以这个自我的存在本身是活动。(*ILH* 12[5])①

对于欲望的这种新生的欲望——现在它与具体的爱相分离,同时得到普遍的承认——使得我这个人变成了其产物;这种新生的欲望将我这个人从一个空间性的存在转变为时间性的存在:"我这个人(未来)将是通过(现在)扬弃我(过去)所是而变成的东西,这种扬弃是考虑到我这个人将会变成的样子而完成的。"(*ILH* 12-13[5])②因此,一个人的存在模式是以未来为导向的;它正在变成:

> 在其存在本身中,这个自我是意向的变化,有意的变化,有意识的和有意志的进步。它是超越为其设定和就是它本身的给定物的行为。这个自我是一个自由的(面对给定的现实)、

---

① [校按]中译文参考科耶夫,《黑格尔导读》,姜志辉译,南京:译林出版社,2005,页5。

② 人类将会成为什么的问题显然很重要。

[57]历史的(就本身而言)(人的)个体。正是这个自我,也仅仅是这个自我,作为自我意识向自己和他人显现。(ILH 13[5])

那种自我意识源于对承认的欲求,它表明人类至少是社会性的(甚至是政治性的或法律性的)存在者(即渴望另一个人的欲求必然意味着另一个人的存在)。① 然而,对承认的欲求(被称为人类骨子里的欲求)尽管必要,但它不足以构成一个作为人的自我、人类意义上的自我。相反,这个骨子里的欲求必须首先克服、统治人类的动物性(即生物性)欲望。根据科耶夫的观点,由于所有生物性的欲望最终都能被理解为一种自我保存的功能,因此,作为人意味着准备冒着生命危险,服务于一种非生物性的或不重要的目的。科耶夫解释了在通过行动满足这种骨子里的欲求时所发生的事情:

> 然而,欲求一个欲望,就在于试图替代由这种欲望所欲求的价值。因为如果没有这种替代,人们就会欲求价值,也就是所欲求的客体,而不是欲望本身。因此,归根结底,欲求另一个人的欲望,就是希望我所是的价值或我所"代表"的价值是另一个人所欲求的价值:我希望他"承认"我的价值就像承认他的价值,我希望他"承认"作为自主的价值的我。换言之,人的每一个欲望,人类发生的、源于自我意识和人的实在性的欲望,最终和"承认"的欲望紧密地联系在一起。人的实在性赖以"被确认"的生命危险,是一种与这样的欲望紧密地联系在一

---

① 正如科耶夫在《黑格尔、马克思和基督教》中解释的,要求承认的斗争不仅意味着"一种本质上的社会的现实性",也暗示了"一种政治的现实性",甚至暗示了"一种法律的现实性"(353-354[32])。然而,对渴望的欲求是爱,"这种欲望能够在一个有限自然基础上建立起一个人类的家庭(几乎不会通过一个'朋友圈'得到扩大),在历史的进程中,随着其发展而变窄"(351[30])。

起的危险。谈论自我意识的"起源",就必须谈论为了得到"承认"所进行的生死斗争。(*ILH* 14[7])

主奴辩证法与历史的终结

[58]对科耶夫而言,构成了人类的斗争必然是一次殊死搏斗,因为斗争双方都拼上性命将自己置于对手的最高价值之上。如果所有人都一样,如果把这场对抗推至极限,那么人类及其实在性就永远无法得到实现或得以显露(*ILH* 170[41])。因此,科耶夫表明,必须有"两种本质上不同的人或人类发生的行为"(*ILH* 15[8])。正是这些行为的差异使得一个人在争取承认的斗争中超越另一方而得胜,这就产生了一个主人和其奴隶,而并非只是一个胜利者和败者的尸体。

乍一看,科耶夫对这一点的分析似乎有问题。一方面,他承认各种不同的人(homo sapiens)一定有某些不同的特点,比如有人变成主人,而有人则变成奴隶。另一方面,他也想说,这些不同"不是天生的";"没有什么东西预设"一个特定的人要变为哪一方;没有任何原因和理由能解释这个结果(*ILH* 496[224-225],171n1 [43n1];参见 *HMC* 353[32])。这是一个决定或行动的问题,而非本质或自然的问题。然而同时,这个奴隶"并没有把他自己置于其自我保存的动物性本能之上";他对"人类实在性有一种直觉",这种直觉或许是,"动物性的生命与纯粹的自我意识同样重要";他还有一种"恐惧的'本性'"和"不惜一切代价为了活命而受奴役的欲望"(*ILH* 170[41],176[48],21[15],179-180[52-52],183[56])。

而且,这个主人甘愿走向终结(即死亡),这仅仅意味着这一事实:他不可能变成奴隶,只会变成一具尸体。因此,尽管"在人那里,在每个人中,有某种促使人消极地或积极地参与世界历史的完成的东西",但基于科耶夫最初的叙述,很难不得出一种结论(与之前相反),即特定个体的参与特点取决于其内在本质或自然(*ILH* 162[32])。科耶夫的分析之所以有此张力,是因为他需要解释被预设的人的二元性,同时也是为把人类道德自由理解为选择或决定的能力而保留一些基础。当我们返回[59]到下面这个问题时,我们会看到,人的决断与其本质或自然无关,而与其投入的实际斗争的具体情境有关。不论原因为何,对战双方中的一方最终必须屈服于另一方,而且内在于每一个个人的人性将会在主人身上体现,而在奴隶身上保留的仅仅是潜能(*ILH* 162[32])。① 而在其诞生之时,人类意识要么是主人的,要么是奴隶的,而不是简单的属人的;至少在一开始,自我意识就要么自主,要么依赖。

也有必要考察主奴辩证法本身。在使对方屈从时,主人得其所求——他主观上实实在在的自主价值得到了客观承认。② 主人在表明其殊死搏斗的愿望时,也表明了他出于自然的自由或自主;他表示自己摆脱了所拥有的具体存在;他也表示自己"绝对不依赖所有既定条件"(*ILH* 180[53])。

主人出于自然的自由还有另一方面——实际上,他的生存经由奴隶的劳动实现。奴隶致力于给定的自然,为了主人的消耗和享乐而产出。主人通过其自我克服和别人的工作,"面对自然时是自由的,因此他感到自我满足"(*ILH* 24[18])。但是,奴隶和客体的关系也已经改变。在屈从于主人之前,奴隶本来能享用自己的劳动果实,但现在他埋头于给定的自然世界,以服务于别人的欲望。结果,

---

① 这种实现了的人、处于潜能中的人与人(即人的动物性基础)之间的区分,在《法权现象学纲要》(*Esquisse d'une phénoménologie du droit*)中非常重要;尤见 *EPD* 127(121),240 - 242(212 - 213),292 - 293(251 - 252);参见 *EPD* 272(236)。

② 此处可见,科耶夫把主观确定性作为真理标准的想法,恰恰植根于黑格尔主义的根本基础(参见 *OT* 153 和 162)。

这份工作被认为是主人的行动,奴隶被当成一个工具。不过,他对自身行动的理解逐渐地发生质的改变。尽管奴隶最初屈从于主人,是因为他没有克服要活命的生物性欲望,但在为主人服务时他被要求克服其生物性欲望(比如吃喝),他被要求延迟或否定欲望带来的快感。[60]因此,奴隶也克服了其自身的自然(即特定的生物性欲望)。

然而,主奴关系内部并不稳定,这是因为主奴之间相互承认的质量欠佳。"这种关系自带的不平等的、单方面的承认"不是"真正的承认",因为它不是相互的(*ILH* 24[19])。正如科耶夫所释,奴隶对主人的承认并不能完全满足主人,因为"他只有被自己认为有资格承认他的那个人承认,才可得到满足"(*ILH* 25[19])。如果奴隶就是一种通过效力于主人的目的而使主人从自然中获得解放的存在者,那么对主人而言,奴隶就不只是一件活生生的工具,也不只是主人必然认为其低于人类的存在者。如果人类的起源是骨子里对承认的欲望(预设了有别的值得人类承认的存在),并且人被承认时才会满足,那么统治(mastery)就说不通。通向自由与满足之路似乎必然要过奴役这关。

这乍一看可能很怪,但说到底还是有道理的,因为自由的诞生实际上和克服奴役有关。为证明这一点,科耶夫让我们从奴隶的角度来考虑主奴关系。这一思考意在揭示:已经克服奴役的奴隶何以是"完整的、绝对自由的人,最终完全满足于自己所是的人,在这一满足中并凭借这一满足变得完善的人"(*ILH* 26[20])。注意,这个人是完全因自己所是而感到满足;这样,他不再以未来为导向,不再适时(timely),可能也不再是历史性的了。[①] 这样,变得满足的一

---

① 科耶夫在《黑格尔导读》中的很多地方向后人暗示了在历史终结时人(homo sapiens)的存在:如 *ILH* 180 – 181(53 – 54),432(156),434n1(158n6),463(187),492(220),492n1(220n19),494 – 495(222 – 223)。

方有可能不再是人类。无论如何,奴隶作为奴隶有克服其自身的欲望;他有充分理由这样做,因为有自由且因不用全力克服自身而看上去很满足的主人的例子摆在他面前。根据科耶夫的看法:

> 奴隶之所以放弃[61]战斗的危险,屈服于主人,是因为在他看来,战斗的痛苦跟做奴隶的痛苦等价,因为安全的利益可以抵消做奴隶的负担。或者说,做奴隶之所以是"正义的",是因为在奴役状态下,收益和负担彼此对等。(*EPD* 292[252])

或者也可以说:

> 正是从这种等价正义的观点出发,奴隶判断自身条件并认为自身条件是正当的。他之所以把这个条件作为正义接受下来,是因为在这种情况下,安全状况下的收益与奴役状况下的负担等价。(*EPD* 294[253])[1]

如果这两种状况等价,如果每一种状况的负担和收益彼此对等,那么,为什么要让人从选择做奴隶转向选择做主人?前述情况仅适于纯粹受奴役的自我意识,因为"如果奴隶可以要求成为法律意义上的人,即要求成为人性的存在,这是因为他不再是真正的或单纯的奴隶。从他可以做到这点来说,他也是非奴隶,他也是主人"(*EPD* 310[265])。在历史中,奴隶的自我意识随时间而变化,奴隶积极参与自然世界及其自身的转变。在最后的分析中,通过重新参与到殊死搏斗中,"奴隶必须把他的自由强加给主人";他必须"克服自己对死亡的恐惧",因为如果没有"流血斗争"就不会

---

[1] [译按]以上两处引文的中译文参考科耶夫,《法权现象学纲要》,邱立波译,上海:华东师范大学出版社,2011,页316-318。

有自由。①

自然,我们必须要问:究竟什么使奴隶能够这样自我克服?正如科耶夫所释,正是因为奴隶体验到:

> 对死亡、对绝对主人的恐惧。在这种恐惧中,受奴役的意识在内部解休;它在自身中整个地颤栗,一切固有的和稳定的东西在它之中颤抖⋯⋯在死亡的恐惧中,他知道(但不理解)固定的和稳定的处境——即使是主人的处境——不可能穷尽人类存在的可能性⋯⋯在他身上没有任何固定的东西。他准备应付变化;在其存在本身中,它是变化、超越、改变、"教育";从最初的时候开始,在他的本质中,在他的生存本身中,他就在历史地变化着。一方面,他没有把他自己束缚在他的本质上;他想通过否定自己的给定状态以超越自己。另一方面,他有一个肯定的理想有待实现,即自主和[62]自为存在的理想,他在其奴隶身份的起源中找到了体现在主人身上的这种理想。⋯⋯奴隶知道自由意味着什么。他也知道自己不是自由的,他想得到自由。(*ILH* 27-28[21-22])

奴隶确保其自由的方式是劳动。如我们之前所见,正是通过劳动,奴隶主宰自然从而克服那种使自己受奴役的东西。奴隶受到这自我保存的生物性欲望的支配;他的劳动主宰着自然,由此改变他受奴役的本性;劳动将他从其"本性"、动物性的欲望中解放出来,因此也从主人那里解放出来。

最终解放奴隶的恰恰不是过去的劳动;"只有在为他人服务时所进行的劳动才是人性化的",因为,为他人劳动需要人克服其与劳动对象之间的自然联系(即否定自己的快感)(*ILH* 171[42];参见

---

① *ILH* 177-178[50-51],179-180[52-53],182[56];参见 518n1[248n34]。

176[48]、190[65-66])。此外,原先的斗争条件(及其直接后果)并不允许奴隶解放;相反,必须转化这些条件才能使得奴隶或之前的奴隶的自由成为可能。① 科耶夫脑海中想的是现代科学事业所导致的世界的转变:

> 在给定的、原始的自然世界中,奴隶是主人的奴隶。在技术的、其劳动所改造的世界中,奴隶作为绝对的主人进行统治——至少统治了一天。这种主人身份起源于劳动,起源于给定世界的逐渐改造,起源于在这个世界中给定的人,它完全不同于主人的"直接"主人身份。(*ILH* 28[23])

通过劳动,奴隶的解放不仅转变世界,也转变人。对死亡的恐惧揭示出生存这一单纯事实的价值(即实际上每一种人类的善[63]都以活命为前提),而且生存(existence)的事实也让生存成为一个严肃的问题。"但是,[这个奴隶]还未意识到他的自主性,他的自由的价值和'严肃性',他的人性的尊严。"(*ILH* 29[24])② 这一意识仅仅源于他经历的来自劳动的转变,因为劳动需要他压制自己的欲望以使这些欲望得到升华。为了将来的计划,要劳动、延迟快感、压制当下的欲望,就是为了将来让自己成为一个人性的存在。

科耶夫把这个"被培养或教育的人"称为"通过其劳动而完善和满足的人"(*ILH* 30[25])。根据现代方案所宣称的目标——为了给人的田产减负而征服自然,人们必须要问,在其完善形式中,人

---

① 尽管"主人的自由并不依赖于既定的具体形式"(*ILH* 179[51]),而奴隶的自由却与既有的条件直接相关(即只有在历史终结时的普遍同质国家中才可能)。然而,如果自由的观念,或者更确切地说,自主的观念,绝对独立于所有既定生存条件的话(*ILH* 180[53]),那么奴隶就永远不可能自由(参见 *EPD* 238[210])。

② 参见 *ILH* 522[253],讨论人类生存、人类有限性的"严肃性"与历史失败的可能性之间的关系。

(man)是否依然保持人性(human)。或换言之,劳动(不是单纯的劳作,而是对自然世界的主动否定,其意义就在于带来世界的转变,而这正是解放奴隶的必要条件)在历史终结时也会结束吗?① 倘若如此,那么人性又是什么呢? 他的生存不就重蹈那个既不劳动又死路一条的主人之覆辙了吗? 在完善他自己的过程中,人是否永远完整,永远与其自身同一呢? 倘若如此,他还会不会回到自然,再次变成一个给定的存在呢?②

且不论这些问题,我们必须考虑,在何种条件下,人可能达到完美或完善。正如之前所言,人类的转变和发展需要世界的转变和发展。这被理解为之前(或说至少是同时发生的)奴隶之转变的结果,也即,将会被解放的、世界为之转变的并非作为奴隶的奴隶,而是拥有自由,不再是奴隶或主人的奴隶,也就是"公民"(*ILH* 175[47];参见 *EPD*311-312[256-266])。科耶夫解释道:

> 正是作为公民,并且只是作为公民,人们才会充分地、最终地得到满足;因为只有公民才会被他本人所承认的人承认,只有公民才会承认那个承认他的人。因此,只有公民,才真正会作为[64]一个人被实在地实现。(*EPD* 242[213])

据此,重要的问题就是:这个公民是如何被实现的? 他是如何形成的? 回答这个问题需要对这个公民有充分认识,包括对其本源的解释(即对奴隶及其特征的解释),以及对其转变过程、这一转变的目标的解释。

我们重提的自我意识的问题,以主人和奴隶的双重形式脱离了追求承认的斗争。主人让他的生物性欲望(即自我保存的本能)绝

---

① 参见 *ILH* 170-171[42],189[63],434n1[158n6],501n1[230n25]。
② 参见 *ILH* 180-181[53-54],432[156],434n1[158n6],463[187],482-483[209],492[220],492n1[220n19],494-495[222-223]。

对从属于他骨子里的欲望(即对承认的欲求);奴隶的生物性欲望克服了他骨子里的欲望,这表现为对死亡的恐惧。换言之,他有一个"恐惧的'本性'";一个"不惜一切代价为了活命受奴役的欲望"(*ILH* 179-180[52-53],183[56])。以其最有利的眼光来描述这一克服的失败,可以说奴隶对人类的实在性有一种直觉,他在无意中意识到"动物性的生活和纯粹的自我意识同样重要"(*ILH* 176[48],21[15])。必须要被克服的恰恰是这种直觉意识:奴隶必须意识到这一事实,即"为了具备真正的人性,为了成为人,在某些境况下,人必须冒生命危险"(*EPD* 249[218])。这种要在某些境况下冒生命危险的责任意识引出一个问题:是在什么境况下?结果这个问题反而引出了奴隶恐惧的起源问题。

科耶夫再次断言,奴役"不是天生的",即"没有任何东西致使"一个特定的人成为奴隶或主人;任何原因和理由都不能解释这一结果;问题仅仅在于决断或行为,而非本质或天性(*ILH* 496[224-225],171n1[43n1])。但事实恰恰并非如此;相反,有一些东西导致奴隶的恐惧,有个理由能解释这一点:在要求承认的斗争发端之前,人在生理性、动物性的或自然方面的相对不平等,在较弱的奴隶身上创造出了怀疑,对自己能够获胜的怀疑,即奴隶"并不相信他的胜利……不相信死的会是别人"(*EPD* 294[253];参见 254n1[222n8])。① 一个人或许在身体的力量或能力方面忽视这种客观存在的[65]不平等,而试图通过更强的灵魂力量或能力来弥补;然而,这样一个在斗争里要么死,要么胜的个体并非奴隶。奴隶会对他们的相对能力"合理"评估,并把这种高超的类型(masterly type)判断为一种拿破仑情结。

---

① 这种自然产生的不平等持续存在,国家有必要采取行动克服这些不平等,这都解释了为什么科耶夫(不像马克思和恩格斯)看到,国家在历史终结时仍应保留而非消亡。

那么，科耶夫在这一点上似乎是对的：成为奴隶并非出于人内在的本质或自然；相反，他所受的奴役，就像他未来的自由一样，取决于某些境况——如果他碰巧和比他更弱小、更蠢钝、更笨拙或更懦弱的人对抗，他就很有可能胜利，成为主人。对奴隶而言，一个人得胜的信念本来就与其碰巧所处的斗争环境直接相关或有内在关联。但是，这个结论开启了一种可能：主人的自由也取决于特殊、偶然的环境（并正如我们所见，这是一个对奴隶之革命性行动的潜在假设，这个假设驱使着历史走向它的终结）。然而，就像从奴役的角度来看"中了"拿破仑情结的个体一样，主人也可能看不出某些境况的"合理的"局限性。因此，尽管科耶夫主张主人和奴隶并不在其纯粹的形式中存在，他们只是原则（意味着所有真正的个体，在一些内里混合着主人和奴隶的形式中已经是公民），但纯粹的主人仍有逻辑上的可能，这个纯粹主人"准备赴死，而死亡作为纯粹的虚无，意味着什么也没有"（*EPD* 272［236］；参见 243［213］及 *ILH* 178［51］，180［53］）。纯粹主人的自由赖于他在胜利中特定的主观信念，因此，他的自由可能最终仍然独立于客观环境。

回到一个人得胜信念的重要性中：除非这个人相信自己能胜利，他才会同意进行斗争。某人同意进行斗争，而非事先通过自杀来宣称他的自由，因为这个人寻求的是对他甘冒生命危险的承认，对自己不惧死亡的自由的承认。一个人要享受这种承认就必须活下去。胜利者口中的颂词跨过被击败者的尸体——"他英勇奋战，光荣牺牲！"——这颂词满足的不是战败者，而是褒奖、承认［66］胜者的成就。当一个人同意进行斗争，那么，这个人是冒着光荣赴死的危险而求生，而非仅仅为了光荣地死去。科耶夫讨论了起初敌对双方相互同意的作用以及为承认而斗争的问题，这有助于准确地澄清当下发生之事。

因此，敌对的一方之所以同意战斗，只是因为他假定另一方也同意这样做。但这还不够。他还要假设另一方实际上跟他一样,也甘冒生命危险。如果他认为另一方在投入战斗时没有以生命为赌注,他便不会同意战斗。(EPD 252[221])

重要的是搞清楚同样的(equal)风险究竟是什么。"相同的风险"意为"在同样的状况下",这种状况并不只意味着同样强壮、庞大、敏捷、聪明、熟稔和勇敢;相反,这是一种形式上的相同或平等(EPD 252[221])。如果 A 和 B 两个个体"可以互换",这意味着哪怕 A 和 B 相互交换位置,也都会同意为承认而战,那么就可以说 A 和 B 是处于相同的状况下,而且他们冒着同样的风险投入这场斗争中(EPD 274[238])。因此,这个斗争事实上意味着主人和奴隶都是某种形式的人:

> 他之所以是人,是因为他一开始就因对这场战斗的接受而冒过生命危险(或者,如果他最开始就拒绝战斗,至少他心目中有过为承认而冒险、而赴死的念头)。(EPD 293[252])

决定进行斗争的条件,对我们理解奴隶战胜其恐惧所必需的东西而言至关重要。在这一点上,我们知道这个奴隶已经认识到,无论是在斗争前还是在斗争中,他都不会得胜。在屈从于主人时,奴隶证明,主奴之间事实上不再有平等:

> 因为,如果把一个人放到另一个人的位置,他再也不会像另一个人原来那样行为。即,如果把主人放到奴隶的位置,他原本是不会投降的;如果把奴隶放到主人的位置上,他原本也不会将斗争持续到最后。(EPD 255[223])

这场斗争的结果虽然不平等,却被说成"平等":

> 做主人对主人所意味的东西,等价于被奴役对于[67]奴隶

所意味的东西。在两个人构成的条件中（无论两个人平等与否），以及在两个人的关系中，如果说在身处上述条件的两人中任一个人看来，在另一个人那里，都有一种构成要素上的等价性，都有一种收益与负担的等价性，它们就是"正义的"或等价的。（*EPD* 294［253］）

这种等价性当然可以在斗争结束时看出来：当奴隶伺候主人时，他转变自己，克服了生物性欲望——这是他最初服从的原因。正如科耶夫的解释，"如果 A 的条件发生了变化，可能——对他来说——他的权利不再等价于他的义务了，［并且］即便 B 的条件保持原样，B 的权利和义务也会随之变得不等价"（*EPD* 304［261］）。用来解释这条形式化表述的个例颇富启发性：

> 因此，仅仅因为农奴再也不需要军事保护这样一个事实，领主和农奴之间的"契约"也必须改变，领主的"身份"因为农奴状况的改变而被改变了。至于领主在必要时还会继续给农奴提供保护，则无关紧要。（*EPD* 305n1［261n21］）

奴隶的品质和条件的改变破坏了主奴之间相互关系的等价性，导致他最终再次陷入斗争。这种"奴隶的改造行动能使他克服对主人的恐惧，能使他克服对死亡的恐惧——这种改造行动漫长而艰辛"（*ILH* 180［53］），旨在重新构建条件的等价性，但要有何种改变才能达此目标呢？

谈及主人在这个被奴隶的劳动转变的世界中的位置时，科耶夫选了一个发人深省的话题作为例子。

> 主人的人的行为被归结为冒生命危险。不过，生命危险在任何地方和任何时间都是一样的。重要的是危险的事实，能致命的东西，不管是一把石斧，还是一挺机关枪，则是不重要的。

同样,不是作为斗争的斗争,不是生命危险,而是劳动,决定了在某一天生产机关枪而不再是石斧。(ILH 178[51])

危险作为危险可能仍然没变,但冒险的人,即有理由抱着可能获胜的信念的冒险者[68]变了。在强者和弱者的对抗中,弱者使用任何武器都比他赤手空拳更有机会赢。就算强者全副武装也是如此。武器是一种力量的均衡器,至少在某种意义上,可以把武器看作体育运动中的"让分赛(handicap)练习"——它平衡赛场。从通过转变自然世界来构建平等条件的结果中可见,它不仅给奴隶重新开启了斗争的可能性,同时也锁闭了主人各个方面的开放性(openness)。随着越来越多的个体在技术上能有效地参与到斗争中去(早些时候做不到,或凭自然也做不到),保持主人的地位势必更加困难,同时也潜在地削减了从主人的地位中获得的好处。

科耶夫说,从主人的立场来看,主宰和奴役一样,象征一种不难接受的均衡。如果科耶夫是对的,那么,负担的增加和与之同时减少的好处可能使主人不快,并倾向于奴役。合乎逻辑的结论似乎是:随着时间的推移,只有那些最接近纯粹理想的主人时才能保持自己主人的身份;事实上,如果有足够的时间和平等化(equalization)(科耶夫可能会说"在极端状况下"),可能就只剩一人——主人中最厉害的主人,不论何种境况他都会战斗。

在这一点上,我们(假设)已经有了一个主人对其他所有人的普遍奴役,即其他所有人普遍承认这个主人,而主人却不承认其他所有人——他们不愿投身于斗争因而不值得被承认(EPD 274[238])。最终,奴隶"必须将其自由施予主人";他必须"为求自由而敢于反抗主人,敢冒生命危险而战"(ILH 178[50],180[53])。简言之:

> 只要人不准备在反抗主人的斗争中冒生命危险,只要人不接受他的**死亡概念**,人就不是真正意义上的人。因此,不经过

> 流血斗争的解放在形而上学方面是不可能的。(*ILH* 182[56])

在讨论这种形而上学的限制时,科耶夫将奴隶最后一次奋起对抗主人同"罗伯斯庇尔的恐怖[统治]"相联系,从而表明革命不一定要等到地球上只剩一个主人时才开始,也表明[69]这场终极对抗的恐怖与血腥(*ILH* 194[69])。但这场最后的决一死战出于两个理由必然会打响:(1)只要主宰要素存在,奴役势必也存在,这意味着只有最终废除主宰才能废除奴役;(2)"主人不可教也",这意味着主人作为主人不可能被改变(*ILH* 502[231])。①

> 在最后的斗争中和通过最后的斗争,前奴隶劳动者仅仅为了荣誉参加战斗,从而把自己造就成普遍的和同质的国家的公民,这样的公民同时是主人和奴隶,但又不是主人或奴隶,而是"综合的"和"完整的"人,在他身上,主人身份的正题和奴隶身份的反题被"扬弃",即取消它们的片面性和不完善,但保存它们的本质和真正人性的东西,因而它们在其本质中和在其存在中得到升华。(*ILH* 502 - 503[231])

随着历史性的综合公民的崛起,普遍同质国家随之诞生。彻底废除所有形式的主宰以便废除奴役的需要,以塑造国家在平等化方面的努力而告终。最后,一旦解决了人们之间的不平等问题,那么人就必须转向那些根源于"生物性的原因,因为这个社会为了延续下去必须包含不能战斗的女人和儿童"(*EPD* 308[264];参见 540[444])。② 换言之,根据科耶夫的观点,最终征服自然需要

---

① 如前所述,奴隶的劳动改变了主人存在的环境,从而改变了少量高超的类型(marginal masterly types)的行为。其余主人保持不变,必须通过暴力革命来扬弃。

② 我们马上会看到,科耶夫倾向于使"精神病患者"也包含在这个范畴里(参见 *EPD* 41[52],43[55],317[271]和412[343])。

完全克服所有生物性的或"自然的"不平等,包括那些与性别和年龄相关的不对等;妇女和儿童在[70]为承认而战的能力上一定得和所有成年男性一样。不过在最后的分析中,男女间质(qualitative)的差异无法被简单克服:

> 但在女性的情形下,会遭遇一种没有办法进一步还原的差异:因为男人不能生育。因此,人们在尽量扬弃没有办法进一步还原的生理差异所带来的人性化的("社会性的")后果的同时,被迫保留了等价原则。实践中,人们会在所有其他领域将男女置于平等的立足点之上,同时努力在母性和兵役之间建立完美的等价关系。(*EPD* 316[270])

不过,人们如何从根本上重塑社会以实现一个平等的立足点,这仍然模糊不清。

至于儿童,关于扬弃儿童相对于成人的劣势需要做什么,科耶夫给出了清楚的论述。第一步是为他们指派监护人(即导师)。但这只是转移了不平等:成人自由,儿童却被监督。第二步是给成人指派监护人,但这将倾向于:

> 通过引入一种由国家实行的、对于所有行为的监护(指令性经济),使两者(儿童的行为和成人的行为)都服从一种等价体系。这种监护迟早会终结于(在社会主义国家)儿童与成人之间境况的平等化,而成人在一个没有私有财产的社会里,将再也不能行使儿童不能亲自行使的大多数权利。(*EPD* 317[270],强调为笔者所加)

科耶夫的下一段只有四个字:"诸如此类。"从而科耶夫指出还有另一类人,他们的情况也必须被平等化,他在讨论无法消弭的差异时通常明确包含这类人(如他后两段所述):精神病患者(*EPD* 41[52],

43[55],317[271],412[343])。倘若成人和儿童的平等化需要成人幼化,那么正常人和精神病患者的平等化需要什么呢?

[71]显而易见的是,个体的逐渐平等化将明显趋向国家权力的扩张和个人自由的受限。因此,废除人类最后一位主人似乎开创了主人国家(the Master state),公民重新给自己创造了奴役,不是受另一个人的奴役,而是受一个冷若冰霜的国家的奴役。在历史终结时,我们拥有作为主人的国家和作为奴隶的公民。但国家保障公民的形式平等,主人国家建立于互相承认的基础之上,这足以让科耶夫期待一种理性上有自我意识的、无神论的从而完全得到满足的人性。

哲学的终结

结合上述历史发展,科耶夫在现代性的社会、政治和法律现实中,描述了同时发展的哲学话语,其要害在于智慧(即绝对知识或概念)。如前所见,奴役的最终克服包括历史上某些必要的时刻或阶段,即奴隶的劳动,并且只有奴隶的劳动能赢来公民的出现。因此,智慧的情形也是如此:智慧者的出现是且一定是哲人经过一段时间的劳动的结果。要看到这一点,就必须掌握科耶夫对黑格尔的智慧(或绝对知识)的理解——它是什么、如何形成的以及谁拥有它。换言之,我们必须揭示绝对知识和智慧的前提条件,并看看这些前提条件如何同历史的进步和发展相联系。①

要理解绝对智慧,必须首先清楚表达其含义。像所有智慧一

---

① 通常看法是,科耶夫无度地强调统治和奴役环节,因此扭曲了黑格尔的思想(参见 Patrick Riley, "Introduction to the Reading of Alexandre Kojève", *Political Theory* 9[no. 1, February 1981]:5-48)。不过,由于我们更感兴趣的是科耶夫作为现代性的代表,尤其是现代政治理性主义的代表,对这一论点的真实性我们不予置评。

样,黑格尔的绝对智慧牵涉对真理的理解。对黑格尔而言(因此也是对科耶夫而言),真理的特定形式或结构由其内容所决定(CTD 62)。真理的结构[72]环环相扣(这表明任何表述真理的体系都将是这种形式)。任何事物的真理不单是其当下之所是,也是其过去曾所是和未来将所是;它包括发展、衰退和解体的整个过程。比如橡树的真理既不是橡子,也不是鼎盛时期的树,更不是残留的腐烂树桩,而是所有这些时刻的全部。

人类的情形亦如是;人类的真理包括从受孕到死亡的所有时刻(甚至可能是葬礼、入土、哀悼等)。① 要搞清楚人类之所是,需要知道每一阶段的情况,以及每一阶段与其他阶段之间的相关与从属关系。选取事物发展的任一特定阶段作为最终阶段,将使该事物的特定方面具体化,从而扭曲人对它的理解。对一事物的全面描述是该事物的观念(notion);或正如科耶夫所言,"'真正的'事物,抛开其当下之所是,正好是我们所说的该事物的观念"(CTD 124)。所有观念之全面、协调的总体(totality)是"概念(concept)"(CTD 58,60;参见 ILH 336[100 - 101])。正如"在现实层面上,事物是与唯一、独特的世界浑然一体和不可分割的一部分",事物的观念也与这个唯一、独特的概念浑然一体、不可分割(CTD 116)。因此我们看到,绝对智慧是所有观念及其相互关系充分的话语(discursive)发展,真理必然与话语相关联。最明显的是,概念的话语不是直接表达,而是在时间中实现(CTD 101)。哲学(或话语)的历史必须被理解为这种表达的渐进展开。此外这还暗示着,哲学的果实还得很长一段时间才成熟(CTD 44,50,61,69,79)。②

---

① 参见 Martin Heidegger, *Being and Time*, trans. John Macquarrie and Edward Robinson(New York:Harper and Row,1962),281 - 285。

② Cf. G. W. F. Hegel, *Phenomenology of Spirit*, trans. A. V. Miller (Oxford: Oxford University Press,1977),¶2(2);cf. ¶12(7)。

正如任何对话语真理的充分理解必须解释话语一样,对绝对知识的充分理解也必须解释知者(knower)。根据科耶夫的观点,黑格尔(和柏拉图)坚称智慧者有三重定义:(1)他能[73]以一种可理解的又令人满意的方式回答关于其行为的所有问题,这样,答案总体连贯一致;(2)他为自己之所是而感到完全自足;并且(3)他是一个在道德上完美的人(*ILH* 271 - 273[75 - 78])。①

科耶夫的看法是,这三个定义中的每一个实际都与其他定义相同;它们说的是同一个东西,只是以不同的方式表述;每一个都刻画或表达了智慧者的智慧这同一个现象的不同方面。对获得关于这一现象的全面描述来说,至关重要的是要理解这些定义及其如何黏合。而且,黑格尔(科耶夫)和柏拉图(施特劳斯)有各自的立场,他们都认同对智慧者的定义,但在这种理想能否实现的问题上又有分歧,也就是说,他们在哲人或智慧者是不是真正理想的人之类型上有分歧。如果想在这两种立场之间做出抉择,就有必要理解以上三个定义。

智慧者

根据科耶夫三个定义中的第一个,智慧者能以一种可理解的又令人满意的方式回答关于其行为的所有问题,这样,整个答案形成了一致的话语。我们自然会问:对谁而言答案必须是可理解的呢?显然,不必所有人都理解,因为可能有些人无法理解——更不必说那些不愿去理解的人。除可理解性之外,还有与之相关(但并不完全相同的)的满意的观念。为了让回答使人满意,答案必须

---

① 在《僭政与智慧》中,关于哲人,科耶夫给出一个双重定义,他既拥有比其他非哲人更充分的自我意识,又将其一生贡献给对智慧的追寻(*OTC* 147)。

可理解,然而人们可以完全理解这个答案,却并不觉得它让人满意。因此,我们需要加上另一个相关的观念,即一致性(coherence)。简言之,令人满意的答案既连贯一致(在个体层面和集体层面)又易于理解。

然而,我们仍然面临着问题:谁来评估或判断潜在(would-be)智慧者的答案?首先,[74]智慧者是他自己的法官。① 其次,这个法官让智慧者成为理想(ideal),并试图决定这个理想能否实现。用我们的话来说,科耶夫就是这样的一个人。那么我们必须要问:科耶夫认为黑格尔智慧吗?他对黑格尔的回答满意吗?正如科耶夫直言:不,黑格尔的体系不是循环的,因此(至少到现在为止)也不充分(*ILH* 291n1[98n9])。实际上,这一事实指向了第二个定义智慧者的问题,科耶夫在表述这个问题时,参考了婆罗门的"绝对黑夜"和佛教的"涅槃":

> 毫无疑义,人在无意识中得到满足,因为他们有意地处在与他们自己的同一(即仅仅寻求存在而非成为,例如一个 siddha[智慧者])中,直至死亡。(*ILH* 278[84])

情况或许是:无知是幸福,即不知道自己的不足或不完整会令人满足;没有意识到这种无意识或许和完全的自我意识一样令人满足。

---

① 对科耶夫和施特劳斯自己的学派而言,与此相关的可能是伊壁鸠鲁的花园、培尔(Bayle)的文字共和国。科耶夫在《僭政与智慧》中批判精英主义学派,这对他关于苏格拉底辩证法式探寻的解释至关重要。简言之,对科耶夫而言,这些探寻揭示出,苏格拉底关心(他认为有能力的)他人对自己一言一行的看法(参见 *OT* 158-161)。一旦那些被探寻的人通过这些盘问认识到,不仅苏格拉底,而且政治家、诗人、智术师和工匠的言行都有待分析,这一观点的潜在困难就暴露出来。苏格拉底通过探寻他人践行了自我证明,关于这一点的深入讨论见 David M. Leibowitz, *The Ironic Defense of Socrates: Plato's Apology* (Cambridge:Cambridge University Press,2010),especially 79-81。

他只能用语言来反驳,以"转化"无意识的"智慧者",当开始说话,或开始倾听一种语言的时候,这个"智慧者"已经接受黑格尔的理想。如果他真正地是其所是,即一个无意识的"智慧者",那么他将拒绝一切讨论。(*ILH* 279[84])

不像"有意识的智慧者"能够对其满足提供完整、连贯、可理解的从而让人满意的描述,"无意识的'智慧者'"做不到。因此,正如我们所见,通过处理第二个定义,我们又回到了第一个定义。第三个定义——智慧者是在道德上的完美之人又如何？科耶夫的描述[75]把道德完美的理念和作为人类存在之榜样的理念联系起来:道德上的完美之人是全人类的榜样,模仿这个榜样是人类行为的动机和最终目的。① 根据科耶夫的观点,这是任何道德完美理念含义的必要条件。然而,反对的观点提出,可能存在几种不可还原的存在类型,以及与之伴随的"伦理相对主义",其中,"'完美'的概念与'主观满足'的概念完全相同"(*ILH* 274[79])。② 伦理相对主义的问题与无意识"智慧者"的问题类似(如果不是相同的话),解决方案也类似,"即用客观满足的概念,用得到普遍承认的满足的概念来充实主观满足的概念"(*ILH* 275[79])。

在这一点上值得一问:智慧必须得到普遍承认才能成为智慧吗？鉴于字面意义上的普遍承认不可能实现(即有些人不愿相信黑格尔对人的定义),情况就并非如此。相反,"对智慧的普遍承认"的含义,类似于"被所有那些有能力做出判断,或把榜样当作理想的人承认"。因此,正如科耶夫指出的,这种同义反复的界限

---

① 科耶夫发现,"一些人已把他们当作榜样",就此而论,这个无意识的"智慧者"已经实现道德完美(*ILH* 279[84])。

② 可对这另一种可能性作假设:人性的山脉有多座山峰(即艺术家、圣人、哲人),每一座都真正或客观地是一座山峰,且没有哪座可以归给其他任何山峰。

并不令人满意(*ILH* 275[80])。根据科耶夫的观点,黑格尔的证明之所以不充分,是因为黑格尔不仅假定人类就是自我意识,而且还假定"自我意识自然地、自发地倾向于延伸,扩展,蔓延到呈现给人和在人那里的整个现实领域"(*ILH* 277[82])。在这里,我们在历史中获得了本源的原则,以及历史具有黑格尔所暗示的那种轨迹和结果的原因。但人们或许会怀疑这种假设的真实性,而认为自我意识的蔓延和发展或许并不真的很必要,因此[76]历史或许没有必然的轨迹。我们已经碰到一个削弱黑格尔假设的事实:无意识的无意识之满足。因此,科耶夫改善了黑格尔的假设,他说,"不仅有必要设想自我意识,而且有必要假设自我意识总是倾向于尽可能地扩展自己"(*ILH* 277[82])。换言之,有必要假设哲人的存在。

绝对智慧的条件

关于这一点,我们已经考察过智慧者的定义。背后潜藏的问题是这种理想能否实现。克服奴役有历史的先决条件,所以,绝对知识也是如此。因此,我们必须考察实现智慧的必要条件。其中首要的是历史必须已经进步到智慧能够存在的程度。但"进步"意味着什么?正如科耶夫的定义,进步可被定义如下:"如果 A 可以从 B 中得到理解,但 B 不能从 A 中得到理解,则从 A 到 B 就是进步。"(*ILH* 281n2[87n3])①成人或理解成人的人或许能理解儿童,但儿童或只理解儿童的人永远无法理解成人;A 包含在 B 中。历史必然已经充分发展,也就是说,要么已经实现所有可能,要么能够辨别并理解所有可能。这是历史终结的含义之一:不会再出

---

① 当运用到哲学史的演变时,这种进步的观念准许(其实是要求)从靠后的文本开始,以便比早期文本自身更好地理解早期文本(参见 *CTD* 50)。

现本质上是新的东西;每一事,每一物,无论现实还是可能,都能被理解为先前存在的事物的一个例子。历史的终结意味着没有更多的惊喜。

这种关于历史终结的软绵绵的表述认为,人可以真正知道哪些是可能的,哪些尚未发生或已被实现。它可能还允许人承认黑格尔关于智慧的主张,假设其整个体系全面而连贯,科耶夫称之为"循环"(*ILH* 284[90];参见 *OT* 162,169)。[77]如果体系的每个前提都通过对该体系的分析而建立,那么这个体系是循环的(即全面而连贯的)。原则上,人们可以在体系内的任意一点开始阐述一个循环体系,理所当然地认为所选的这点有必要的前提,这些前提会在解释完成时建立起来。再次借用科耶夫所表述的公式,一个循环体系可表示如下:假设 A;若 A,则 B;若 B,则 C;若 C,则 D……若 Z,则 A。简言之,按科耶夫对循环体系这一术语的理解,任何东西都必须不流落在外,一切都必须在其中加以考虑。尽管循环是对总体或是智慧者声称的智慧的绝对真理的唯一保证,但除非这种"知识"符合现实,即除非主观性的总体性在客观现实或既定的总体性中得到实现,否则不可能是知识。

这提出一个问题:什么样的经验现实符合绝对智慧?根据科耶夫的观点,

> 把这种完全的和循环的知识转变成真理的现实,其实就是普遍的和同质的国家;哲学家只有在这种国家实现之后,即历史完成之后,才能到达绝对知识。(*ILH* 284[90])

这里有几点值得注意。首先,在科耶夫无神论的黑格尔主义中,普遍同质国家用智慧之真理的担保者(guarantor)取代圣经的上帝。除非实现普遍同质国家,否则绝对智慧的真理仍不确定或只是假设(因为与现实不符),从而在最严格的意义上,不可能真有智慧。其次,绝对智慧取决于普遍同质国家的建立,智慧和自由通过革命一起实现且具有内在的革命性。把这两个洞见相结合,科耶夫告诉我们,黑格尔"仅仅主张这种国家的萌芽存于世界中,其生长的充要条件已经存在"(*ILH* 290[97])。此外,"知道自己由于其所生存的国家并不完美而不能成为智慧者的人(可以)有完美国家的观念并尝试实现它"(*ILH* 289n1[96n8])。简言之,"这种(完美国家的)观念只有通过否定行动才能转化为真理,这将毁灭与这一观念不相符的世界,并通过这种毁灭创造[78]出符合这种理想的世界"(*ILH* 290[98])。或只有在建立普遍同质国家时,黑格尔的哲学才能成为黑格尔的智慧(*HMC* 365[41])。

僭政与智慧

谁将采取必要的革命行动来建立普遍同质国家?这种国家观念的情形如何?科耶夫对第一个问题的回答就是《僭政与智慧》中论述的核心。科耶夫在书中非常简洁地得出结论,西方政治历史的特征是"政治家或僭主的行动,而后者则(有意识或无意识地)服务于被知识分子为了实践目的而改造过的哲人的理念"(*OT* 176)。进一步说,哲人们假设哲学理想或目的,却未指出实现它们所需的手段,即他们无法将现状与假设的理想未来相联系。知识分子的任务是弥合"乌托邦与现实之间的理论鸿沟"(*OT* 175)。事实上,科耶夫的讨论始于也终于他的发现,即哲人的乌托邦理论借助像政治家一样的沉默恰好得到实践;知识分子若不斡旋,政治家和僭主就不会听取哲人的建议,因为它无法指导此时此地的行动(参见 *OT* 138,176)。只有"僭主(他将实现普遍同质国家)"才能落实与政治现实直接相关联的建议(*OT* 175)。因此,根据科耶夫的观点,哲人的乌托邦理想是变革的僭主政治行动的先决条件,反之,后者又是智慧者绝对知识的先决条件。简言之,智慧需要僭政。

但普遍同质国家观念的情形如何?它是西蒙尼德给希耶罗展

示的理想吗？换言之，它是"乌托邦"吗？"乌托邦不会告诉我们如何在此时此地改革既定的具体现实，以使它和计划的未来理想相符合"，因此需要旨在实施它的智力的斡旋(*OT* 138)。抑或它是"一个'积极的'(革命的)观念"(*OT* 137)？正如科耶夫在《权威的概念》中所释：

> [79]革命性的观念是一种理论或学说(它在可能连贯的限度内且在原则上是**普遍的**，换言之，它允许"减除"所有具体情况)，它可以且必须产生当下的转化**行动**，以及政治未来的创造性[行动]。这一观念触发了"宣布"一项方案的行动，以表明一个"目标"；它决定并指导行动以阐述"程序"。为了不成为反对政治现状的"乌托邦"，这项方案和这个程序必须完全理解它：它们必须从既定的当前开始就是可实现的(而非预设不存在的条件)。(*NA* 195 - 196[101])①

革命性的观念，即知识分子劳动的成果，将预期的未来与直接的当下相联系，使人们能够看到如何实现预期的未来。因此，其必要(但不充分)条件是对当下连贯又可理解的描述，展现当前状态所暗示的可能内容。革命性的观念提供革命性的内容；它提供目的并指出达到目的之手段。革命性的观念假定，未来不是当下所意味的简单发展；相反，它重新定位或否定"当下的'自然'或'自主'演进"(*NA* 195[101])。革命的成功取决于革命形势的存在(上文提到的普遍同质国家萌芽的充分必要条件)。换言之，人们需要"国家准备好放弃由直接过去决定的当下，并合作以积极实现(即创造)应作为未来之基础的当下，而非在没有否定行动的干预下诞生的当下"(*NA* 197[102])。

---

① [校按]中译文参考科耶夫，《权威的概念》，姜志辉译，南京：译林出版社，2011。

在《僭政与智慧》中,科耶夫讨论的一个重要方面,是普遍同质国家代表哲学事业的必然发展,这一事业可追溯到亚历山大、亚里士多德、柏拉图,甚至还有色诺芬,一直到苏格拉底(*OT* 170)。此外,科耶夫明确声称,"在我们的时代,普遍同质国家已经成为一个政治目标"(*OT* 173)。这两个主张放在一起[80]似乎暗示普遍同质国家内在于当前的演化中,因此它不可能是一个革命性的观念,至少根据科耶夫对该观念的定义来看。这并不是说它从来就不曾是一个革命性的观念。

不过,还有另一种可能,这可能更有趣。由于革命形势的存在,人们可以通过提出革命性的观念来对革命形势加以利用。但当面对这种情况时,人们如果没有革命性的观念或不能利用革命性的观念怎么办?那么,根据科耶夫的观点,人们必须模仿其存在。这种"观念的模仿"旨在"(在特定时间内)维持革命形势(没有这种革命形势就不可能有真正的革命行动)",并"确保国家不会退回"到从现在到未来的直接过去的"自动延长"中(*NA* 198[103])。目的是通过模仿革命来保存革命潜力。

> 因此,这是向国家展现具有革命性的政治形式的问题,所有归咎于他们的是"无害的"内容。也就是说,要么根本没有内容,要么是非革命性的内容;换言之,该内容与当下既有之物(具有的力量和政治可能性的既定分配)相容。(*NA* 198[103])

根据科耶夫在《僭政与智慧》中对普遍同质国家的发展的描述,以及他在《权威的概念》中对革命的处理,不妨问问这个普遍同质国家是不是一种形式上的描述(placeholder)。也就是说,科耶夫把普遍同质国家描述为内在于当前政治环境演变,因此也是(至少在科耶夫的革命性定义下)非革命性的国家。这引出一个问题:普遍同质国家是否仅是一种革命性观念的模仿?在最后的分析中,决定普遍同质国家是不是一种对革命性观念、对积极的革命性观念的模仿,或对另一个有待修改的乌托邦的模仿,这超出我们目前关注的范围。不过,这个问题指向科耶夫自己的例子:他是否认为自己是为了利用未来的僭主而修改黑格尔的智慧的知识分子,或一位假定理想未来的哲人,抑或想要通过政治行动实现其智慧的智慧者?难道我们不该问:[81]在任职于法国经济事务部,并帮助建立欧洲经济共同体和关税及贸易总协定(现分别为欧盟和世界贸易组织)的这个人的生活中,智慧和僭政之间的关系是什么?

贝塞特(Murray S. Y. Bessette),摩海德州立大学政府与公共管理学院政府系副教授。2009年以来,他教授的本硕课程涉及国家安全、联邦制、府际关系、组织理论与现当代政治哲学领域。近期教学和研究兴趣集中在现代意识形态(尤其是欧亚主义和萨拉菲圣战意识形态)、恐怖主义与政治暴力、反恐、外交政策和情报研究。

圣经在施特劳斯-科耶夫论争中的位置

伯恩斯(Daniel E. Burns)

[83]1949 至 1950 年,施特劳斯和科耶夫通过公开互发评论文章展开对话,这些文章和施特劳斯那部激发了二人对话的论色诺芬《希耶罗》的专著后来都被编入《论僭政》一书中。① 这两位 20 世纪政治思想大咖之间的论争之所以会受到新的关注,是因为福山重提了[84]科耶夫"历史的终结"这个观点,从而引发了争议。福山说,"着手"评判该观点之真理性的最佳方式是"重新审视施特劳斯与科耶夫之间的论争",他称之为"20 世纪最重要的讨论之一"。② 另外一些学者研究这场论争,以求从中得到启发来理解科耶夫和施特劳斯思想中

---

① Victor Gourevitch and Michael S. Roth, eds., *On Tyranny: Including the Strauss - Kojève Correspondence*, rev. and expanded ed. (Chicago: University of Chicago, 2000). 文中所有插入的引文皆参考该书,其中包括编者的导读以及施特劳斯与科耶夫之间的大部分通信。星号表示我在引用施特劳斯《重述》时有所更改,使之与新近出版的考订版保持一致:见 Emmanuel Patard, ed., "'Restatement', by Leo Strauss (Critical Edition)", *Interpretation: A Journal of Political Philosophy* 36(no. 1, 2008):29 - 78。感谢卡尔·弗里德里希·冯西门子研究所(Carl Friedrich von Siemens Institute)以及威廉姆斯学院史蒂芬·H. 廷基金(Williams College Stephen H. Tyng Fund)在我于 2011 年夏天开始写作这篇文章时的慷慨支持;感谢迈尔惠允我参加那年夏天他关于施特劳斯的研讨会,我从中获益匪浅;也感谢布鲁尔(Christopher Bruell)、伯恩斯(Kimberley Burns)、卢茨(Mark Lutz)、谢尔(Susan Shell)以及本书的编者们富有助益的评论。

② Francis Fukuyama, "Reflections on the End of History, Five Years Later", in *After History: Francis Fukuyama and His Critics*, ed. Timothy Burns (Lanham, MD: Rowman & Littlefield, 1994), 250, 256.

一些至关重要的问题,包括历史主义、"古今之争"、哲学进步的可能、"普遍同质国家"的可欲性、僭政的正当性以及哲学与政治的关系。①

---

① Gourevitch and Roth, *On Tyranny*, ix – xxii; Victor Gourevitch, "Philosophy and Politics I – II", *Review of Metaphysics* 22 (nos. 1 – 2, 1968): 58 – 84, 281 – 328; Robert Pippin, "Being, Time, and Politics: The Strauss – Kojève Debate", *History and Theory* 32 (no. 2, 1993): 138 – 161; George P. Grant, "Tyranny and Wisdom: A Comment on the Controversy Between Leo Strauss and Alexandre Kojève", *Social Research* 31 (no. 1, 1964): 45 – 72; Steven B. Smith, *Reading Leo Strauss: Politics, Philosophy, Judaism* (Chicago: University of Chicago, 2006), 137 – 155; Michael S. Roth, "Natural Right and the End of History: Leo Strauss and Alexandre Kojève", *Revue de Metaphysique et de Morale* 96 (no. 3, 1991): 407 – 422; Aakash Singh, *Eros Turannos: Leo Strauss and Alexandre Kojeve Debate on Tyranny* (New York: University Press of America, 2005), esp. 35 – 65; Shadia B. Drury, *Alexandre Kojeve: The Roots of Postmodern Politics* (New York: St. Martin's Press, 1994), 143 – 159; Stanley Rosen, *Hermeneutics as Politics* (New York: Oxford University, 1987), 107 – 140; James H. Nichols, Jr. , *Alexandre Kojeve: Wisdom at the End of History* (New York: Rowman & Littlefield, 2007), 32 – 33, 115 – 131; Martin Meyer, *Ende der Geschichte* (Munich: Carl Hanser, 1993), 179 – 202; Emmanuel Patard, "Remarks on the Strauss – Kojève Dialogue and its Presuppositions", in *Modernity and What Has Been Lost: Considerations on the Legacy of Leo Strauss*, eds. Paweł Armada and Arkadiusz Górnisiewicz (South Bend, IN: St. Augustine's Press, 2011), 111 – 123; Christopher Nadon, "Philosophic Politics and Theology: Strauss's 'Restatement'", in *Leo Strauss's Defense of the Philosophic Life: Reading "What Is Political Philosophy?"*, ed. Rafael Major (Chicago: University of Chicago, 2013), 80 – 97; Corine Pelluchon, *Leo Strauss: une autre raison, d'autres Lumieres* (Paris: Vrin, 2005), 214 – 224; Harald Bluhm, *Die Ordnung der Ordnung: Das politische Philosophieren von Leo Strauss* (Berlin: Akademie Verlag, 2002), 163 – 166; Barry Cooper, *The End of History: An Essay on Modern Hegelianism* (Toronto: University of Toronto, 1984), 266 – 272, 332 – 336; Dominique Auffret, *Alexandre Kojeve: La philosophie, l'État, la fin de l'Histoire* (Paris: Bernard Grasset, 1990), 331 – 336; Martin A. Bertman, "Hobbes and Xenophon's *Tyrannicus*", *History of European Ideas* 10(no. 5, 1989): 513 – 516; Heinrich Meier, "Die Moderne begreifen—die Moderne vollenden?", in *Zur Diagnose der Moderne*, ed. Heinrich Meier(Munich: Piper, 1990), 19n.

[85]针对科耶夫对自己专著的评论,施特劳斯在回复中说,他们在本书刚刚提到的有关僭政、现代性从而在所有其他问题上的根本分歧,其核心正是关于圣经的某种主张:

> 我们岂不是要得出结论说,僭政的古典概念太过狭隘,因此古典的参考框架必须要彻底修正,也就是废弃?换句话说,恢复古典社会科学的努力难道不是乌托邦式的吗?因为这一努力暗示,古典取向并没有因圣经取向的胜利而废止。
>
> 这似乎是我对色诺芬《希耶罗》的研究面对的主要反驳。无论如何,这就是对我的研究仅有的一些批评的要旨,我们可以从这些批评中学到些东西,这些批评的写作彼此完全独立,其作者沃格林教授和科耶夫先生可以说毫无共同之处。在讨论他们的论证前,我必须先重述我的主张。(177 – 178 *)

根据施特劳斯的解读,科耶夫批评的"要旨"是:施特劳斯"试图恢复古典社会科学"或恢复"基本问题的古典解决方案"(186),①但由于"圣经取向的胜利",这种企图已经是个"乌托邦",不可能实现。然而,值得注意的是,在众多写过施特劳斯与科耶夫之争的评论家中,竟然只有一个人且仅仅花了很短的一点篇幅,来讨论圣经在这场论争中所扮演的角色。②[86]公平起见,必须承

---

① 在整个《重述》中,施特劳斯使用诸如"古典学"和"古典的"术语来指代(至少)柏拉图、色诺芬和亚里士多德共有的一系列观点,无论这些思想家在其他方面可能有多大分歧(见 Gourevitch, "Philosophy and Politics", 59)。由于这篇文章解读的是施特劳斯和科耶夫而非"古典学",我遵循施特劳斯对该术语的使用,而不试图去确定该用法预设的确切解释。我同样遵循施特劳斯和科耶夫在其更古老、无性征的意义上使用的"人"这一术语。

② 见 Grant, "Tyranny and Wisdom", 66 – 72。古热维奇一度认为,"可以说",施特劳斯"与科耶夫的整个分歧最终会围绕这个问题展开",他似乎指的是"雅典与耶路撒冷之争"("Philosophy and Politics", 296),但他从未解释过怎

认,科耶夫从未明确表达过施特劳斯归到他头上的主张:科耶夫和沃格林确实认为,政治哲学自古典时代以来已经取得进步,但他们都没直接断言,"圣经的取向"的影响已经"战胜""古典或'异教'的取向"。①但本文认为:在科耶夫的评论文章中,施特劳斯对科耶夫思想"要旨"的惊人之见实际上已得到证实。施特劳斯的说法甚至揭示出科耶夫思想的一个重要因素,而其他关于科耶夫的研究则忽视了这一因素,②因为纵观科耶夫对施特劳斯的评论,圣经的主题虽然

会如此或为何如此。纳顿(Nadon)没有讨论圣经在科耶夫对施特劳斯评论中的作用,他似乎认为施特劳斯提出圣经的作用并非由衷之言("Philosophy and Politics",80-82);下文我会讨论他如何处理施特劳斯回复中一些有关圣经的话题。

① 见 Nadon,"Philosophic Politics",80。沃格林对施特劳斯《论僭政》的评论,见 Review of Politics 11 (no. 2, 1949) : 241 - 242。至于科耶夫,见如 Gourevitch and Roth, On Tyranny, 139, 144 - 145,以及 Bluhm, Die Ordnung der Ordnung, 162 - 163。

② 在对科耶夫作品的众多研究中,还没有人讨论过圣经在他对施特劳斯的评论中或在他思想中更一般的作用:参见 Cooper, End of History; Nichols, Alexandre Kojeve; Drury, Alexandre Kojeve; Patrick Riley, "Introduction to the Reading of Alexandre Kojève", Political Theory 9(no. 1, 1981) : 5 - 48; Bryan - Paul Frost, "A Critical Introduction to Alexandre Kojève's Esquisse d'une Phénoménologie du Droit", Review of Metaphysics 52 (no. 3, 1999) : 595 - 640; Denis J. Goldford, "Kojève's Reading of Hegel", International Philosophic Quarterly 22(1982) :275 - 293; Michael S. Roth, Knowing and History: Appropriations of Hegel in Twentieth - Century France (Ithaca, NY: Cornell University Press, 1988) ,84 - 146; Francis Fukuyama, The End of History and the Last Man (New York: Free Press, 1992) ; Meyer, Ende der Geschichte, 63 - 127; Rosen, Hermeneutics and Politics, 87 - 123; Ernst Breisach, On the Future of History: The Postmodernist Challenge and its Aftermath (Chicago: University of Chicago, 2003) , 38 - 43; Judith Butler, Subjects of Desire: Hegelian Reflections in Twentieth - Century France (New York: Columbia University, 1987) , 63 - 79。以上均未提到施特劳斯所总结的科耶夫评论的"要旨",这一点令人惊讶,因为他们中有好几人都认为施特劳斯是一个异常敏锐的科耶夫解释者:参见 Roth, Knowing and History, 126; Cooper, End of History, 332 - 335; Meyer, Ende der Geschichte, 13; Rosen, Hermeneutics as Politics, 107 - 108; Frost, "Kojève's Esquisse", 595; Drury, Alexandre Kojeve, 144, 156 - 157。

只出现过几次,且零星散布在整个评论中,最终却在科耶夫反驳他眼中施特劳斯所捍卫的古典哲学时扮演了重要角色。通过展示圣经在科耶夫对施特劳斯的批评和施特劳斯对该批评的回应中所起的作用,本文[87]将揭示这两位思想家关于政治哲学基本问题的论争里几个未被充分认识的方面,自这场论争首次公开以来,这些问题在政治上的相干性几乎丝毫未减。

科耶夫、启示与历史

在施特劳斯研究《希耶罗》的专著中,有关圣经的两次脚注都被一笔带过,每次都在暗示古典道德教诲和圣经道德教诲间的差异(117n61,谈正义;125n51,谈爱)。但科耶夫的评论中没有提到这些,他的基本主题不是圣经,而是"哲人的政治行动"或"僭政与智慧"间的关系。① 正如科耶夫所言,"留待解决的原则问题(他和施特劳斯之间)在于:智慧者作为智慧者……想要 ……借由给予僭主'现实的'建议来面对具体现实",换句话说,"哲人"(迄今为止唯一存在的"智慧者")"是否应该统治,他是否应该仅仅劝谏僭主,他是否应该避免任何政治行动"(147,167;亦见 153)。科耶夫以自己和黑格尔的名义回应说,哲人们已经建言并应该继续向僭主建言,他还说,现代僭主尤其像斯大林这种僭主的统治是正当的,因为他们最终服务于"哲人的这种政治行动"(169 – 176)。

科耶夫提出对哲学与僭政之间关系的理解,旨在反对他所谓的"伊壁鸠鲁式"哲学理解。根据这种理解,"乍看起来……似乎……哲学的定义甚至暗示"哲人就想独处,孤独地追求"真理",隔绝于"变幻莫测的世界",同时尽可能地避免任何"行动",这些行动本身

---

① 这二者分别是科耶夫评论的原始和重印的标题(*L'action politique des philosophes*;*Tyrannie et sagesse*)。

可能会分散他们追求真理的注意力(150 - 152)。科耶夫只犹豫了一下就将这种对哲学的理解归到了施特劳斯头上(152n3)。他批评这种理解[88]的理由是:这一理解预设了对"存在"和"真理"(我们很快就会回到这一点)的"有神论"理解。不过他又补充了另一番批评,他说人不必理解存在与真理就能作出这一批评(151 - 152, 152 - 153)。科耶夫说,孤独沉思的哲学理想预设了,人们一旦对某一事物有"主观确定性"的感觉,事实上就已经获得该事物的真理;或者说,这一哲学理想预设了"真理的充要标准"是那种确定性的感觉,而这种感觉看起来与"清楚明白的观念""理智直觉""公理",甚至"神圣的启示"相关。不过,尽管"从柏拉图到胡塞尔的所有'理性主义'哲人"都接受这一"'证据'的标准",但在科耶夫看来:

> 仅仅以下事实就已使它失效:世上永远有**被启蒙者**(illuminati)和"假先知",对于他们的"直觉"的真理性,或对于他们以某种形式接受的"启示"的真伪,他们从未有丝毫怀疑。(153)

科耶夫倾向于认为这些假先知有"病"或是"疯子"(153, 159)。鉴于科耶夫在别的地方不仅强调自己是无神论者,还强调自己所捍卫的黑格尔哲学的"激进的"或"一贯的"无神论,因此可以放心地认为,科耶夫会把圣经中所有的先知,以及任何声称接受过"来自一个超验上帝的个人启示"的人,一并归入这类"疯子"或"假先知"之列(152, 161, 158)。① 对科耶夫而言,施特劳斯的古典哲学受制于一个致命缺陷,因为它没有任何理性标准来辨别哲人从虚假中寻获到的真理,而一些包括圣经先知在内的病态的假先知会把这些虚假当作"被启示的真理"来散布。

---

① 见 Gourevitch, "Philosophy and Politics", 298n128。

对于这个问题,科耶夫提供的第一个解决方案是哲学的友爱:被一群朋友簇拥着的哲人可以"自信"自己不是疯子,若非如此,他的朋友就会把他驱逐出社会(153-154)。但科耶夫从未自称他觉得这个解决方案让人满意。他甚至还解释说,这一解决方案(至少在实践中)曾为古代伊壁鸠鲁主义者,当然也为苏格拉底的学派所接受,对此施特劳斯必定强烈同意(比较 154 与 194)。因此,对于科耶夫认为实际上会削弱所有非黑格尔式的(包括[89]伊壁鸠鲁和苏格拉底式的)"理性主义"的那个问题,该解决方案不可能充分。科耶夫还向我们展示了它何以不可能是充分的解决方案,他强调,只有当某人"完全把"自己的个人信念或启示"当成真理",即,只有当"甚至连其他疯子也都拒绝相信"他的时候,"我们才能说"这人疯了(153)。① 因此,哲学的友爱圈子从定义上就已排除了疯狂:疯狂"本质上是非社会的",因而如果别人也有这种疯狂,那它就不能叫作疯狂(154-155)。我们或许不得不得出结论:一些貌似"疯狂"的例子,比如圣经先知,在严格意义上称不上疯狂,因为这些人中有许多人能累积不少追随者("其他疯子"),这些追随者的确强烈地相信其启示的"真理性"。例如,有个人公开"将自己等同于天父",但严格意义上,只有找不到别的相信他这话的疯子,他才能被称为疯子(154-155)。科耶夫没有详细解释这个例子,但它的确毫无歧义地指向所有圣经先知中最成功的那一位,而正是他作出了上述宣言,并确实说服了千万人"相信"它。② 在科耶夫看来,施特劳斯的古典哲学缺乏理性标准,以区分

---

① 所有引用中的强调如无说明则皆按原文。
② Roth("Natural Right",418)和 Drury(*Alexandre Kojeve*,147)似乎没有觉察到这个例子的重要性。Cooper(*End of History*,31)表明这个例子源于霍布斯在《利维坦》第八章对"疯子"的讨论(见 *Leviathan*, ed. Richard Tuck[New York:Cambridge,1996],55)。但由于库伯(Cooper)并没有涉及科耶夫本人对这个例子的使用(参见 *End of History*,268-269),所以他才把科耶夫展现得有

其哲学朋友圈子和成功的假先知建立的宗派。[1]

因此,科耶夫主张:哲学的友爱圈子没解决"主观确定性"的问题,因为这个圈子未能[90]预防,事实上还导致了该圈子恰好共有的"偏见"的固化。这些偏见甚至可能和圣经教义一样虚假,而哲人本身必须"尽快地尽量""远离"所有这些虚假。因此,真正的哲人"不得不设法生活在广阔世界中","在'市场'上",而非在任何"封闭社会"或朋友圈子里(154 - 155)。此处,科耶夫仍他知道,他所宣扬的只不过是苏格拉底本人明显做过的事(155)。[2]但他认为,苏格拉底始终未曾充分理解哲人应生活"在广阔世界"这一需要的内涵。科耶夫后来展开说明了这一点:

> 哲人的哲学教育的"成功"乃衡量其"学说"是不是真理的唯一"客观"标准:他拥有门徒的事实……确保他不会陷入疯狂,他的门徒在私人和公共生活上的"成功"是他学说的(相对)"真理"的"客观"证明。(163)

科耶夫由此重申,从定义上来讲,赢得"门徒"能使哲人免于严格意义上的"疯狂"——在这里他再次强调,任何自以为领受了"启示"的人都有内在危险;但他现在加上了这一点:走出门徒圈子,步

点亲耶稣(186 - 187)——不过就连他所引用的段落也并不支持这一点。关于这些文章,参见 Alexandre Kojève, *Introduction to the Reading of Hegel: Lectures on the Phenomenology of Spirit*, trans. James H. Nichols, Jr., ed. Allan Bloom (Ithaca, NY: Cornell University Press:1969),71 - 74;亦见 Riley, "Introduction to Alexandre Kojève",10 - 11;Meyer, *Ende der Geschichte*,100。

① Roth("Natural Right",418)、Smith(*Reading Leo Strauss*,146 - 147)、Pippin("Being, Time, and Politics",151)、Nichols(*Alexandre Kojeve*,123 - 124)、Drury(*Alexandre Kojeve*,148)和 Meyer(*Ende der Geschichte*,196)都没看到,科耶夫在对这种"疯狂"的描述当中,有对宗教主题的不显眼的强调。

② 见 Pelluchon, *Leo Strauss*,217 - 218。

入"广阔世界",这首先意味着试图打造"成功的"门徒,唯有门徒的成功能证明哲人教导他们的"学说"在客观上是正确的,而不仅仅是一些共有的偏见(163)。并且,科耶夫暗示:由于最高形式的"成功"是政治上的成功,沿着这一思路的考量已经使历史上的"大多数哲人""强烈倾向于"参政,尽管他们中的大多数并未完全"意识"到他们不得不为之的真正理由(163)。[①]

在科耶夫看来,真正的理由只有通过他本人所理解的黑格尔哲学才能完全表达出来。只有黑格尔式的、对"存在与真理"的非"有神论式"的理解,才能解释哲人为何有理由"传播[91]他的知识在哲学上有效的理由";而另一方面,对存在和真理的"有神论……概念",即施特劳斯对"孤独的"哲人的"伊壁鸠鲁式"理解所必须预设的观念,则无法给出这种解释(158)。根据"有神论的概念",

> 存在自身本质上是不变的,永远与自身同一,存在在从一开始就完美的理智中并通过这种理智永久地彻底揭示出来;对于无时间性的存在整体的这一充分的揭示就是真理。人(哲人)能够在任何时刻参与这一真理,不论是作为源于真理本身的一种行动("神圣启示")的结果,还是通过他个人在理解上的努力(柏拉图式的"理智直觉")。(151–152)

但若拒绝这个有神论的概念,那么唯一"一致的"备选方案就是:

> 接受黑格尔极端的无神论,承认存在本身本质上是时间性的(存在=生成)并创造自身,因为存在在历史过程中被推论性地(discursively)揭示出来(或作为历史被揭示出来:被揭示

[①] 对照奥弗雷特关于科耶夫的主张(*Alexandre Kojève*,332–335),哲人本质上无法真正参与政治,只有在第一次成为"后哲学的"(postphilosophic)智慧者之后,才能成功"向君主建言"。引用的所有外文作品均系笔者所译。

的存在＝真理＝人＝历史）。(152)

这无异于用"社会（国家）和历史取代上帝"（"上帝"在此被理解为超越个体人的意识和意志的意识和意志）(161)。根据黑格尔的这一备选方案,只有社会和历史才能揭示"真理"。但这意味着"但凡实际超越了社会的和历史的验证的东西,都要永久归入意见(doxa)之域"。因此"意图""主观确定性",以及任何只能通过"内省"才被知晓的其他事物,都不是知识的充分标准;只有"通过社会","在历史进程中"得到揭示的东西才能"在'科学'意义上被认识"(161-162,160)。通过将其看法"传达"给弟子,哲人正在把那些看法交付于"社会和历史"的检验,唯有靠着那些意见对"在历史进程中零散地揭示出来的"生成世界的影响,即只有已经接受那些看法的门徒历史性的"成功",才能证实哲人的看法在客观上是真实的,而不仅仅是共有的偏见。历史的成功提供了客观标准,所有[92]自诩为真理的东西（无论是哲学上的真理还是预言性的真理）都可以且必须服从这一标准的检验。

现在我们已经看到,无神论哲人声称已经认识到关于宇宙的"客观真理",而"假先知的"存在给无神论哲人的主张带来了重大挑战,有证据表明,科耶夫特别关注这一类"假先知":其门徒似乎比历史上任何其他先知都享有更大的"成功"。从科耶夫的进一步表述来看,这讲得通:只要仍然有人反对针对特定的哲学问题既有的解决方案,哲人就将体会到通过进一步"讨论"该问题来处理这些异见的需要,因此也就不能说他已经真正解决了该问题。一个真正的哲学解决方案不仅要"驳倒"异见者,而且要使其"信服",不然就只能将他们"排除"(167-168)。如果世界上全是信服成功先知的教义的人,他们胜过信无神论哲人的人,那就不能说哲人已经认识到关于宇宙之基本自然的任何"客观真理"。尽管如此,科耶夫自信地声称:他对历史验证的检验,的确或将最终使哲人得以实现

"对一个问题的最终解决(亦即一种在所有将来临的时代都保持不变的解决)"(167)。科耶夫对这种自信的解释表明,他和施特劳斯至少在一个关键点上一致,即政治哲学之于整全哲学的中心地位(见212)。① 科耶夫说,哲学问题的最终解决能够出现,

> 仅当历史在普遍同质国家中并通过普遍同质国家到达它的最后阶段……由于普遍同质国家意味着公民们的"满足",所以它排除了否定性行动的任何可能,因此也排除了一般而言的否定的任何可能,以及对已确立之物进行新的"讨论"的任何可能。(168)

科耶夫所说的"否定性行动",其"目的在于否定既有的不完善,此完善……尚未达到"(156)。换言之,科耶夫认为普遍同质国家将于历史的终结之时到来,在普遍同质国家里,人类将会达到"完善"的状态,以至于公民甚至不"可能"去"讨论"或认真思索大幅(significant)改变"既有之物"的可能性。② 据说这种普遍的"满足"

---

① 亦见 Gourevitch and Roth, *On Tyranny*, xviii, xxii; Smith, *Reading Leo Strauss*, 130。
② 施特劳斯说,"如果我正确理解了[科耶夫]的话,科耶夫满意于'普遍同质国家'是完全最好的社会秩序";科耶夫已经把普遍同质国家称作"人类最高政治理想的实现"(Gourevitch and Roth, *On Tyranny*, 192 and 146;亦见 xvi); Frost, "Kojève's *Esquisse*", 598 – 599; Cooper, *End of History*, 276 – 277; Riley, "Introduction to Alexandre Kojève", 10。不过,罗兹主张,科耶夫认为最后的国家之所以好,仅仅"是因为它在最后",并且"不论人们是否承认"那一国家,"在此都并不相干"("Natural Right", 419, 421)。Smith (*Reading Leo Strauss*, 154)提出了相似主张,他用科耶夫私人信件里的一句话来支持这一主张。那封信(见 Gourevitch and Roth, *On Tyranny*, 255)确实承认最后的"满足"或许没有科耶夫所论述的看起来那么普遍,但在最后的国家的好(goodness)的问题上,在我看来,信中的相关表述比史密斯(Smith)的所见更含糊。不过,皮平(Pippin)指出,承认最后的国家的公民并非普遍地得到满足,这似乎就已经向科耶夫有关"历史验证"的论证提出了问题("Being, Time, and Politics", 157)。

对解决"主观确定性"问题很必要,因此我们会设想,它在某种程度上和把假先知所有成功的门徒"排除"掉有关。

科耶夫没有用过多笔墨说明这种联系,不过他评论的其他几个要点清楚表明了这种联系。他讲的其中一点是:普遍同质国家的一个标志性特征是,它包含着每个人、所有人都要普遍承认、相互承认的"非常人性的价值"(eminently human value),这意味着,每一个个体都被视作平等地"值得"被聆听,单纯由于他是谁就被聆听,就像人聆听"神谕"那样(143-146,另参156)。这意味着在普遍同质国家中,任何人都不会被看作比别人分有更多"神谕"的人:也将不再承认神谕或先知本身超出人类同胞。① 与之相关,科耶夫声称最后的国家所基于的"人类同质观念"最初是一种"来自基督教的宗教性观念",但他补充说,一旦"现代哲学成功将之世俗化(即将其理性化,转化为内在一贯的言说)",即一旦现代哲学成功地表明该观念应在地上、在此世,而非"仅仅在超越中"得到"完全实现"(172-173),这一"观念"就呈现出最终的、可在政治上起作用的形式。现代政治哲学已经表明,基督教应许的来世之物在此生就能得到"完全实现"。② [94]当它最终"完全实现"时,普遍同质国家的公民将在这个世界中体验到那些希望的满足,基督徒将这些希望指向来世。③ 这解释了科耶夫的主张,即世俗的政治同质性将向人类保证这种程度的"满足",从而使他们不再严肃地考虑废除"已被建立的东西":人类将不再能严肃地考虑回归宗教教义,他们有一种最深的欲望能在这个世界中得到满足的体验,而这种教义否定人类自己的

---

① 亦见 Goldford,"Kojève's Reading of Hegel",286n49。

② 见 Frost,"Kojève's *Esquisse*",602n25;Nichols,*Alexandre Kojève*,121;亦见 Drury,*Alexandre Kojève*,33-35。

③ 见 Rosen,*Hermeneutics as Politics*,101。

体验并与之对立。① 在这一点上,对"同质性"的出世的基督教式理解及其相伴的宇宙观不只是被驳倒了;它失效了。② 而且科耶夫自己思考得如此之远,以至于可以说历史终结时,圣经教义也会同样如此。我们朝向普遍同质国家的历史进步,使我们能够在追求"智慧或真理"的道路上取得哲学进展,他说,若没有这样的进步,我们就"绝不会有那智慧之书('经'),它能确切地取代我们拥有近两千年的同名之书"(175)。这是科耶夫对历史终结的最大希望,历史的终结将最终提供给我们这本书,无论以字面方式还是比喻方式。③ 重申一下,正是这种希望促使科耶夫支持一些现代僭主的行动;他认为,就现代僭主有助于最终建立智慧在其中变得可能的普遍同质国家而言,他们的行动是正当的(见 169 – 176;亦 262)④。

[95]现在可以总结一下圣经在科耶夫对"主观确定性"这一哲学问题的理解中所扮演的角色。科耶夫相信,像他这样的无神论哲人虽然可能倾向于将圣经的或别的有神论的先知看作疯子,但只要先知找到相信他们的追随者——耶稣当然是在这一点上最成功的先知,严格来说,科耶夫就不会把他们看成疯子。就算一个哲学圈子可能就特定的反圣经的宇宙论学说达成一致,他们还是不能确保这些学说不只是共同的偏见,古典哲学手里的认识论工具并未给出

---

① 见 Meyer,*Ende der Geschichte*,148。

② 见 Leo Strauss,*Philosophie und Gesetz:Beiträge zum Verständnis Maimunis und seiner Vorläufer*,reprinted in *Gesammelte Schriften:Band* 2,ed. Heinrich Meier (1935;repr.,Stuttgart:Metzler,1997),21(cited by original page numbers). Contrast Rosen,*Hermeneutics as Politics*,110。

③ Grant("Tyranny and Wisdom",53)断言,根据科耶夫的说法,黑格尔已经准确地"制造出"这本"书"。科耶夫的其他作品有时给人的印象的确是,他认为历史已经终结,但我相信,他对施特劳斯的评论能提供重要的证据,来证明这种印象并非完全正确;亦见 Nichols,*Alexandre Kojève*,32。

④ 亦见 Cooper,*End of History*,224,271;Frost,"Kojève's *Esquisse*",600n17。

确切处理这种可能性的方式。

但黑格尔对现代政治哲学的解释表明,在普遍同质国家来临之际,所有人都会实现这种此世的"满足",从而不会倾听耶稣或任何其他有神论的先知。那么,如果任何这类先知以某种方式出现,他最终将完全被孤立,因此可能被误解为严格意义上的"疯子"——甚至"被锁起来"(见255)。① 无神论的"智慧"、存在的真实知识,到那时并且也只有到那时才能实现。无神论虽然不能上升到纯"哲学"、追求智慧的境界,但只要其关于存在的主张与先知提出的对应主张基本保持同样的认知地位("主观确定性"),单凭历史的辩证法就能把无神论擢升为"客观真理"。这才是哲人在其学生中必定期待的最充分意义的"成功":一位黑格尔式哲人将传达他的思想,以使其学生要么直接作为"僭主",要么间接作为影响僭主的"知识分子",去促成在普遍同质国家中如此完成历史。如此,他们也许会为哲学,或者说为人类朝向智慧的进程做出贡献(173-176),如若不然,[96]圣经及其众多信徒的存在似乎就会对该进程构成不可逾越的障碍。

大体上,科耶夫对"疯狂"和"主观确定性"问题的讨论,会使其他"假先知"或"先觉者"跟圣经先知一样对智慧造成障碍。但我们已经看到,科耶夫已一再——尽管是不露痕迹地——暗示,圣经先知才是目前为止他心目中的首要障碍。既然普遍同质国家的成功是一个标准,且科耶夫希望圣经有朝一日被它驳倒(且驳得体无完肤),那么我们就可以合理地推测,他对圣经特别是对基督教的

---

① 德鲁里(Drury)指出,"在[科耶夫]的最后的国家中,无神论大获全胜",而且只有对无神论者的解释提到了所有宗教信徒本身都会像科耶夫在这种国家中"锁起来"的疯子一样,尽管德鲁里并未将之与"主观确定性"的问题联系起来(*Alexandre Kojève*,50 with 45;参见147-148)。弗罗斯特(Frost)说,按照科耶夫的观点,只有"顽固的、怀旧的或完全疯狂"的人才会抵抗最后的国家("Kojève's *Esquisse*",599)。

强调,就是源于基督教教义在过去"两千年"所享有的巨大"成功"。① 当然,科耶夫提到这个时间框架,就足以让人怀疑:在他看来,古希腊哲人在进行哲学沉思时所遭遇的障碍,是否可以和当今哲人面对基督教时所遭遇的障碍相提并论。无论如何,施特劳斯似乎已经得出合理的结论:科耶夫会对这一问题给出否定回答——对他而言,古典哲学在其所处的历史时代很难或不可能作出批判,但对我们来说这个回答显然不充分。最终,这使我们得以解释,为什么在施特劳斯看来,科耶夫评论的"要旨"是:"古典或'异教'的取向……由于圣经取向的胜利而废止。"科耶夫则批评施特劳斯,圣经预言的"成功"或"圣经取向的胜利"需要政治哲学的回应,这一回应只能由黑格尔对现代的解释,而非古典的解释给出。

施特劳斯、圣经与现代性

施特劳斯在许多著作中坚持认为,圣经确实向哲学发起一个重大挑战,他所说的哲学是指"严格意义和古典意义"上的哲学(见212)。对施特劳斯而言,该挑战来自圣经[97]教义的固有影响力,而不是其"成功"这一赤裸裸的事实,因此,来自犹太教的挑战至少和来自基督教的一样多。② 关于哲学的地位可能面临的这一挑战,

---

① "科耶夫不得不(也确实)接受"了这一控告:他提倡崇拜成功,……因此赞同席勒的名言,"世界历史就是世界法庭"。Roth, "Natural Right", 413.

② 其他见 Leo Strauss, *Natural Right and History* (Chicago: University of Chicago, 1953), 74 – 75; *Jewish Philosophy and the Crisis of Modernity: Essays and Lectures in Modern Jewish Thought*, ed. Kenneth Hart Green (Albany: State University of New York Press, 1997), 107 – 131。很难想象施特劳斯会说"我们已经拥有"《圣经》(仅仅)"将近两千年"。在提到施特劳斯其余著作时,我避免涉及 1954 年后的任何作品,以免从《重述》中解读出他在后期可能得出的观点。

施特劳斯的思考仍是今天划分其学生派别的最重要的问题。[①] 但是,尽管施特劳斯写了《重述》来回应科耶夫的评论,但他在《重述》中并未提出这个问题。在《重述》开篇,施特劳斯总结了科耶夫(和沃格林)的反驳——后者认为"古典取向已经因圣经取向的胜利而废止",之后马上总结了他所谓的"我的立场":我们尚不清楚是否有"好理由或充分理由废弃古典参考框架",因为"当今的僭政仍有可能在古典框架中找到自己的位置,也就是说,除非放到古典框架中,否则就无法充分理解当今的僭政";即便"当今的僭政"显然"在根本上不同于古人分析的僭政",我们或许仍然能够"断言,除非放到古典框架中,否则就无法充分理解当今的僭政",这意味着一种主张,即在有关古今僭政差异的所有价值判断上,"古人是正当的"(177 - 178 *)。因此,施特劳斯的《重述》在捍卫一种可能:即便是今日,也要保留古典思想家标准的"框架",即"参考框架"或"取向",或如他所言的"各种原则",根据这些原则,古典思想家理解世界,形成具体的道德 - 政治判断(见189,183)。《重述》并未捍卫那一框架或那些原则的必要性或真实性。施特劳斯后来甚至强调,古典框架主要依赖于一个本体论或形而上学的"预设",这个"预设""并非[98]自明",而且他并没有试图证明这个"预设"真实(212)。但当今,即便是要捍卫古典框架的可能性或可行性,也需要反驳科耶夫的主张:该框架显然已经被历史遗忘,而且在面对"圣经取向的胜利"时根本不堪一击。因此,施特劳斯的《重述》表明:事实上,不是说古典政治哲学能够应对圣经的挑战,而只是说它是优于科耶夫的黑格尔式的备选方案,更广泛地说也优于现代哲学,后者想要应对这一挑战的尝试

[①] Michael Zuckert, "Straussians", in *The Cambridge Companion to Leo Strauss*, ed. Steven B. Smith(New York:Cambridge University,2009),265 - 275.

也走到了死胡同。①

在《重述》中,施特劳斯只花了差不多两页篇幅明确回应科耶夫的一项主张,科耶夫大意是说(正如施特劳斯在书中所总结的),"必须引入一个源自圣经的要素来彻底修正古典的参照框架"(189 - 191)。在对施特劳斯的四十页评论中,科耶夫花了六页来论证,色诺芬笔下的角色西蒙尼德所体现的"异教的"或"主人"道德需要和"犹太 - 基督教"或"奴隶"道德结合起来(189;见 140 - 142)。"主人"首先渴望荣誉,并通过僭政来实现目的;"奴隶"比主人更能认识到在其中获得的"快乐"——"认真地"或"无私地""施行他的计划或……将他的'观念'甚至'理想'转变为由他自己的努力所塑造的现实";一个受黑格尔哲学影响的"政治人",将通过寻求对普遍同质国家的统治来综合这两种观点,这既是"人类最高政治理想的实现",也是"荣誉"最可能的来源,对于这种"荣誉"最好的描述为普遍的"承认"(140 - 146)。

针对这个"古典的或'异教的'取向"之缺陷的明显证明,施特劳斯首先通过更清楚地重申其最初论点予以回应,即色诺芬的西蒙尼德并非真的持有科耶夫归于他的观点(189 - 190;参见 87 - 90,102),[99]然后施特劳斯给出一些证据,来证明"称苏格拉底为主人没有充分描述出苏格拉底的特点"(比起西蒙尼德,色诺芬更钦佩苏格拉底),最后,施特劳斯论证,色诺芬和别的"古人"不把最高的善看作荣誉,也不将其仅仅看作个人理想的实现,而是将善看作"高贵的或有德性的劳作"。施特劳斯总结道,"没有明显的必要从奴隶道德或劳

---

① 据格兰特(Grant)所见,施特劳斯甚至没有走到这一步,而仅仅在辩护一个更有限的论点,即古典视野是内在一致的。格兰特的这一说法至少在一定程度上是基于施特劳斯法译本末段的缺陷,因为他无法阅读英语原文("Tyranny and Wisdom",54 - 55;参见 Gourevitch and Roth, On Tyranny, vii - viii)。迈耶(Ende der Geschichte,197)采纳了科耶夫学者普遍持有的这一观点,即施特劳斯捍卫的是古典立场的实际真实性,而非只是其可行性。

动者道德中吸取某种因素来补充他们的教诲"(190-191)。尽管这些论证或许有点意思,不过施特劳斯不大可能将之视为对科耶夫的严肃反驳,后者从未讲过色诺芬或苏格拉底赞同"主人"的道德。科耶夫坚持认为,任何哲人在践行其追求真理的一丝不苟的或"无功利的""职责"中都会体会到一种"快乐",苏格拉底一定也曾感受到这种快乐,即苏格拉底的观点也会包含一些具有"奴隶"道德的因素(见159,155;参见140-141)。因此,这一短暂的论证之后,施特劳斯花了二十多页篇幅来回应科耶夫的评论也就不足为奇了。重申一下,施特劳斯没有把该评论的"要旨"完全理解为对主奴道德的讨论,而是将其理解为古典在面对"圣经取向的胜利"时已经过时。①

如果我们首先注意到施特劳斯同意这些主张的一个重要前提,就会发现,施特劳斯在更为严肃地回应科耶夫关于圣经和政治哲学的主张:施特劳斯确实认同,黑格尔的政治哲学本身是在努力应对圣经加之于哲学事业的挑战。更确切地说,施特劳斯认为,"黑格尔的道德教诲和政治教诲……延续了起源于马基雅维利"的政治哲学的"现代传统,并在某个方面将其推向极端"(192),而且,这种现代传统自起源时便是一种新的哲学回应,它要回应圣经向古典哲学传统发出的貌似难以克服的挑战。

正如施特劳斯在别处所讲,"在古人看来,科学预设着世界是可理解的",而"由于圣经的影响,[100]这种古典看法"在某些早期现代哲人看来"尤其成问题",这些哲人至少包括培根、笛卡尔和霍布斯。新教改革者已经拒绝了"迈蒙尼德和阿奎那在圣经和亚里士多德的教诲之间所作的和解","在圣经的创造观念指导下的反思"特

---

① 某些学者把施特劳斯对主奴道德的讨论看作反对科耶夫实际观点的严肃论证:Grant,"Tyranny and Wisdom",67;Cooper,*End of History*,332;Nadon,"Philosophic Politics",82;Joshua Parens,"Strauss on Maimonides' Secretive Political Science",in Major,*Leo Strauss's Defense*,119。

别是新教改革者所理解的观念已经迫使这些早期现代人认为"上帝创造的世界……对人类知识而言不可通达",从中他们得出的结论是,"只要我们能够理解这个世界",它就一定不会是不可理解的"给定的"世界,而是"人类心灵"自由而有意识地"构建"的世界。①正如施特劳斯在《重述》中所强调的,"现代人"同样拒绝一种自然"亲缘关系"的古典信念,这种"亲缘关系"介于人类灵魂和"永恒的原因或关于整全的原因"之间(201)。

新的现代认识论学说就其本身而言,是现代自然科学从研究(不能通达的)终极因或自然目的,转向研究动力因或我们能够"制造"的东西的基础。② 施特劳斯惊人地断言称,一方面,现代科学从自然目的转向动力因,另一方面,政治哲学中的马基雅维利主义转向关于"社会秩序根基的问题,而非社会秩序的目的问题",这两个转向之间有"隐藏的关联"。③ 因此,马基雅维利的政治哲学以某种方式和对"自然目的概念"的拒绝联系在一起,这种拒绝只有靠培根和马基雅维利的其他哲学继任者才能贯彻并一直应用于自然科学上。④ 因此,施特劳斯可以说,所有现代哲学都"受到圣经教义的影响":⑤其科学的且显然具有政治色彩的取向,在某种程度上是由圣经所激发的怀疑决定的,其所怀疑的是古典哲学的基本预设的有效性。

[101]施特劳斯《重述》中的几个段落有助于阐明这种非传统的主张,这一主张与培根和马基雅维利之间的联系有关,培根在自

---

① Leo Strauss,"On a New Interpretation of Plato's Political Philosophy", *Social Research* 13(1946),338 – 339.

② Leo Strauss,"Plato's Political Philosophy",338 – 339;*Natural Right and History*,170 – 177,esp. 175.

③ Leo Strauss,*What Is Political Philosophy? and other Studies* (Chicago:University of Chicago,1959),289 – 290.

④ Leo Strauss,*What Is Political Philosophy?*,47.

⑤ Leo Strauss,"Plato's Political Philosophy",328.

然科学上创新,马基雅维利则在政治哲学上创新。施特劳斯回应沃格林时第一次提到马基雅维利,沃格林在评论《论僭政》时,将马基雅维利和色诺芬进行比较。① 正如上文科耶夫的情况一样,施特劳斯轻而易举地就驳倒了沃格林有关圣经的清楚论证,也就是说,在施特劳斯的重构中,"由于受到圣经传统的影响",马基雅维利能够比古人更好地理解僭政(183-184)。但施特劳斯立即提出了一种可能,即,沃格林要是换个说法可能会更有效,施特劳斯坚称:

> 在充分理解由马基雅维利造成的划时代变革之前,不可能断言这一变革在多大程度上是由于圣经传统的间接影响。(184-185)②

"古典的参考框架"在面对"圣经取向的胜利"时,必定要按照马基雅维利的彻底修正那样去被"彻底修正"(见177-178)。如果沃格林和科耶夫都持有这一批评"要旨",那么,我们只有在政治哲学上理解"马基雅维利造成的划时代变革",以及圣经对这一变革产生的"间接影响",才能由此理解这一批评。

施特劳斯自己对这一变革总结如下:

> 马基雅维利拒绝古典政治哲学,因为其具有"乌托邦"的特征,即它以人性的完善为方向标。他尤其拒绝沉思的生活。马基雅维利认识到沉思的生活与道德德性之间的关联,用政治德性或爱国主义代替道德德性。(184*)

当然,正如施特劳斯在别处所阐述的,这里提到的"政治德性"或爱国主义的定义不涉及道德德性,因此和"集体自私"一样,是一

---

① 见沃格林的评论,页242-244。
② 亦见Grant,"Tyranny and Wisdom",68。

种有别于公民战士的"雇佣兵"的德性。① 施特劳斯[102]提及马基雅维利拒绝了"以人性的完善"或人之"自然目的"为方向标的古典做法,将其与对"自然目的的概念"的干脆拒绝联系起来,进而也与圣经引所引发的怀疑主义联系起来,他相信正是这种怀疑主义引发了这一拒绝(184,强调为笔者所加;106n5)。② 马基雅维利拒绝"道德德性"只因其与沉思生活相"联系",可以说,后者才是他的首要攻击对象,他并未将道德德性误解为古人所理解的"人性的完善"。③ 马基雅维利对沉思生活的拒绝只是他拒绝"古典政治哲学"的一个"特殊"方面:显然,正如施特劳斯本人一样,马基雅维利将"沉思的生活"(对非哲人所描述的哲人的生活)看作"古典政治哲学",也就是关于人的古典科学的一部分甚至是关键部分,④尽管如此,施特劳斯将马基雅维利"对古典政治哲学的拒绝"等同于其"对古典美德(virtù)的渴望,古典'美德'与圣经正义截然不同且相互对立"(184,强调为笔者所加)。马基雅维利式的德性之"截然有别于"圣经道德,并不像它"截然有别于"道德德性那样仅仅是马基雅维利抨击沉思生活的一个结果;毋宁说,它在起源上就与圣经关于人在整全中的位置的观点"截然对立"。

施特劳斯后来在《重述》中讲到,马基雅维利"开始"了"解放激情,因而也解放'竞争'的现代[政治]传统",其做法是"通过有意识地摒弃圣经和古典哲学两者严格的道德要求"——那些道德要求当然呼吁限制人类的"激情"。从对古典的摒弃中出现了"马基雅维利式的政治"传统,它"由像霍布斯这样的人加以完善",霍布斯的

---

① Gourevitch and Roth, *On Tyranny*, 184; Leo Strauss, *What Is Political Philosophy?*, 42; *Natural Right and History*, 178.
② 见 Leo Strauss, *What Is Political Philosophy?*, 47; Grant, "Tyranny and Wisdom", 61-62。
③ 见 Smith, *Reading Leo Strauss*, 134。
④ Leo Strauss, *What Is Political Philosophy?*, 91-94(强调为笔者所加);见 Smith, *Reading Leo Strauss*, 134。

"自然状态学说"通过假设"人之为人被设想成一个缺乏对神圣约束的意识的存在,而开始构建人类社会",进而显示出其马基雅维利式的起源(192)。① [103]黑格尔将其"关于主奴的基本教诲"建立在霍布斯自然状态学说的基础之上,"延续了该传统,并在某个方面使该传统更为激进",因此,黑格尔的学说最终同样建立在马基雅维利的假设之上:"人之为人被设想为一个缺乏神圣约束的意识的存在。"(192*)②基于上述情况,我们应该能得出结论:马基雅维利采用这种极端新颖的"假设",故意与圣经和古典对立,这属于为提供一种新的、非目的论的人之科学所作的努力。古典的目的论科学预设了世界的可理解性,因而古典的政治哲学也是如此。而圣经对于世界(包括人类世界)的自然的可理解性提出了明显难以克服的怀疑,马基雅维利的这种人之科学则能克服这一怀疑。③ 因此,施特劳斯对这一新颖假设的攻击,将成为他批判科耶夫、黑格尔以及整个发端于马基雅维利的现代政治哲学传统的关键。

施特劳斯对马基雅维利式的传统的批判,始于该传统必然引向的政治后果。④ 关于马基雅维利创新的基础,他说,"区分[政治上]危险的与不危险的学说已失去了意义"(184*)。⑤ 这并不是要否认马基雅维利式的政治哲学能区分危险与不危险的学说,因为霍布斯式的共同体和黑格尔式的国家当然都允许公开审查政治上危险

---

① 关于马基雅维利对"霍布斯所谓的'自然状态'"的兴趣,见 Leo Strauss, *What Is Political Philosophy?*, 289-290。

② 亦见 Cooper, *End of History*, 44-45, 329。

③ 见 Nathan Tarcov, "On a Certain Critique of 'Straussianism'", in *Leo Strauss: Political Philosopher and Jewish Tinker*, eds. Kenneth L. Deutsch and Walter Nicgorski(Lanham, MD: Rowman & Littlefeld, 1994), 267-268; Nasser Behnegar, "Reading 'What is Political Philosophy?'", in Major, *Leo Strauss's Defense*, 36-37。

④ Grant, "Tyranny and Wisdom", 55-56。

⑤ 发表的英译本中没有这一句:见 Patard, "Leo Strauss's 'Restatement'", 39。

的学说,①但他坚持认为,这种"区别"[104]在马基雅维利这里失去了其对古典政治哲学所具有的"意义"。我们可以从施特劳斯先前的陈述中了解这一"意义"是什么。施特劳斯先前说,尽管古人已经承认"凯撒主义的正当性",即"共和宪政秩序最终崩溃"的绝对君主制的正当性,但是他们选择对凯撒主义"几乎保持沉默",因为其正当性的"学说"尽管真实,却是"一个危险的学说"(180)。凯撒主义,或"后宪政"的绝对统治,"预设了公民美德或公共精神的衰退——倘若不是灭绝的话,②而且必然把这一条件永久化";因此,"强调这一事实,即若共同福祉需要,那么以绝对统治取代宪政统治便是正当的,也就意味着对现有宪政秩序的绝对神圣性的质疑",此举反而会让一些"危险"的人更容易"促成一种出于共同福祉而建立绝对统治事态的事态"(179-180)。换言之,如果人们质疑宪政秩序的"神圣性",他们就会变得不那么专注于去捍卫它,也不那么有公共精神,并且更易受到一位"凯撒"的阴谋诡计的算计,而这位"凯撒"不仅依赖于而且加剧着他们在道德上的堕落。

正如施特劳斯下文所示,色诺芬在其《居鲁士的教育》中描绘过这样一位"凯撒",这部作品中的居鲁士大帝以施行波斯贵族的道德"腐朽"开启自己的大业,不久就把一个"稳定、健康的贵族制"转变成一种道德"腐朽"的"东方专制统治"(180-182)。③ 简言

---

① 见 Leo Strauss, *What Is Political Philosophy?*, 185-186; Gourevitch and Roth, *On Tyranny*, 211。

② 这一点将变得清楚:相比于上文马基雅维利式的"政治德性或爱国主义","公民美德或公共精神"必须在一种更一般或更道德的意义上讨论。

③ 古人"未能建构出"凯撒主义学说,施特劳斯为回应沃格林,长篇大论地解释了《居鲁士的教育》,这可以进一步证明,施特劳斯把居鲁士看成一位"凯撒"。以外,施特劳斯称:在罗慕路斯、忒修斯、摩西和居鲁士中,"罗慕路斯、忒修斯和摩西尤其是'前宪政的'统治者",这也可以证明施特劳斯视居鲁士为"凯撒"。Gourevitch and Roth, *On Tyranny*, 180-182, 184。

之,危险的学说区别于非危险的学说的古典"意义"在于,危险的学说即便正确,一旦传播开来也会倾向于败坏那种"道德德性":古人肯定这种"道德德性"之于政治生活的重要性,马基雅维利却否定它。

[105]这样的政治革新导致马基雅维利拒绝在危险学说和非危险学说之间作出古典区分,而且在施特劳斯看来,这样的政治革新还导致了现代世界的一个单一方面,即现代技术,这会迫使我们怀疑,古典"框架"对于分析我们的社会和政治生活是否充分(177-178)。亚里士多德(按施特劳斯的解释)明确拒绝了鼓励技术创新的建议,因为这种创新"对政治稳定而言是危险的",因为"'法的统治'要求尽可能不要经常改变法律……古人所理解的法的统治,只能存在于一个'保守的'社会之中"(120n46,强调为笔者所加)。①

我们刚才已经看到,依古人之见,公民对既定的"法律秩序"的依系,通常使他们误把"神圣性"从而也把永久性归给法律秩序。因此,亚里士多德认为,社会秩序的频繁变化,甚至显然包括技术变革,②会和"凯撒主义学说"一样打乱这种依系,因此和"古人所理解的法的统治"不能相容。另一方面,"各种革新的迅速引进显然与仁慈的僭政是相容的"(120n46)。施特劳斯认为,放弃区分王权和僭政,或有法的统治与没有法的统治,对"发端于马基雅维利的划时代变革"而言至关重要(24)。③ 那么,如果不是对于现代技术的发展,至少也是对于像古人那样评估技术的发展而非"'非自然的'即人性的败坏"而言,马基雅维利的创新是必要的先决条件(参见

---

① 关于施特劳斯对古人拒绝技术的解释,格兰特("Tyranny and Wisdom",60)提出了一种不同的解读方式。
② Leo Strauss,*What Is Political Philosophy?*,15.
③ 亦见 Cooper,*End of History*,335。

178;208)。因为如果"技术从道德和政治的控制中解放",就必然会破坏古典意义上的"法的统治":它会破坏一种政治设计的可能性,即公民以某种方式将"神圣性"归给法律,或以某种方式把这些法律等同于那些"神圣约束",而根据马基雅维利的传统,即便失去这些"神圣约束"的意识,也不会[106]对我们的人性造成任何相应的损失。① 现代哲人认同马基雅维利的否定,这源于现代人鼓励技术发展的新愿望,这个愿望已经对我们生活的世界产生无法估量的影响,而古人绝不会鼓励这种愿望。

居鲁士能削弱波斯贵族对神圣约束的感觉,鼓励他们为自己的利益追求"外在的回报"而非道德德性(181-182*)。他以一种有限的方式"解放了"他们的"激情"(参见192)。施特劳斯并未否认,自然人性的"激情"非常支持马基雅维利的事业,这一事业使所有人都在相当有限的程度上变成了居鲁士统治下的波斯人(即"全球性的东方专制主义"[208])。人的"神圣约束的意识"会被削弱。

施特劳斯仅坚持认为,在古人看来,这种削弱必然是人的自我意识的削弱。在科耶夫看来,马基雅维利的事业将人从自我意识中解放出来(使人成为"仅仅被承认的欲望引导的存在者"),这一解放事业能够而且将会完全成功地产生普遍同质国家,这种国家既预设"无限的技术进步",也预设"法"的统治的终结(参见192,186,211)。② 在施特劳斯看来,如果这项事业确实如此成功,那么这个最后的国家将是"尼采的末人国家",在这个国家中,人们由于失去

---

① Leo Strauss, *What Is Political Philosophy?*, 37;见 Grant, "Tyranny and Wisdom", 64-65。

② 库柏总结科耶夫的观点,"现代无神论的道德人缺乏敬畏之心";他们"没有敬畏的界限,因为他们什么都注意不到";"现代人意识不到自然的神圣性"(*End of History*, 192-193, 334)。亦见 Grant("Tyranny and Wisdom", 72),在当代西方国家中"人心还剩多少神圣的限制在苟延残喘"。

了神圣约束的意识而"失去其人性"(208)。① 而即便并非如此,施特劳斯似乎也更倾向于相信,自然的限制会阻碍马基雅维利式事业的全面成功(193;参见 203,238),②那样的话,马基雅维利式成功的程度仍将等于我们远离自身的真实本性或自我认识的程度。在施特劳斯看来,"由于败坏人性",所以古人早就拒绝马基雅维利式的技术解放(178)以及[107]"僭政的"或世俗化的政治,无论是霍布斯式的、洛克式的还是黑格尔式的稳步发展,都必然伴随着技术解放。③ 这也是为什么施特劳斯会拒绝科耶夫针对圣经加之于哲学的问题的解决方案。"马基雅维利式的智慧",因此也是科耶夫的黑格尔式的智慧,"与节制没有必然联系",即与自我认知(184*)没有必然联系,因此根本就没有智慧(101)。④

施特劳斯、圣经与"虚假的理性主义"

施特劳斯认为,古人早就拒绝了马基雅维利对他所说的"人的问题"的解决方案(见182),他的意思并不是说,"圣经取向的胜利"似乎已经把马基雅维利置于政治困境当中,而古典作家对这一政治困境毫不同情。事实上,施特劳斯在《重述》中强调,马基雅维利在批评"圣经正义"的某些道德和政治层面的时候,本可以不偏离古人的教诲。例如,"屈服于摩西的圣经解释后",马基雅维利紧接着"谈到摩西的方式与每一位古典政治哲人都会采取的方式完全

---

① 见 Meyer, *Ende der Geschichte*, 198。
② 亦见 Meyer, *Ende der Geschichte*, 198-199。
③ Leo Strauss, *What Is Political Philosophy?*, 47-49, 53-54.
④ 对"节制"的解释,见 Gourevitch and Roth, *On Tyranny*, 56, 此处基于施特劳斯的详细阐述, "Farabi's *Plato*", in *Louis Ginzberg Jubilee Volume*, *English Section*, ed. American Academy for Jewish Research (New York: Jewish Publication Society, 1945), 366。

相同",即把摩西看作人类伟大的政治创立者或立法者之一。"马基雅维利以'异教的'方式来解释摩西":以一种科耶夫或许认为已被圣经淘汰的、与"古典的或'异教的'"框架相符的方式(183*;参见177-178*)。通过这种方式,马基雅维利在某些方面延续了这一传统,即"我们出于可以原谅的无知依然称之为阿威罗伊传统的传统",这意味着马基雅维利延续了倾向于根据"自然"而非超自然原因来解释政治事件的古典传统(184)。① 施特劳斯甚至说,[108]马基雅维利对"意大利的政治毁灭"的自然主义解释,不同于基督教传教士萨伏纳罗拉(Savonarola)对此的解释,而与迈蒙尼德对"犹太王国的政治毁灭"的自然主义解释有"相同的理路",迈蒙尼德在其中似乎偏离了圣经解释,所以他像"阿威罗伊主义者"(见184)那样说话。因此,马基雅维利的政治教诲包含许多本可以轻松借鉴的因素,不仅可以从他明显崇敬的古典政治实践里借鉴,甚至也可以从他所"拒绝"的古典政治哲学里借鉴(184)。

然而,即使谈到马基雅维利延续了"阿威罗伊主义"传统,施特劳斯仍坚持认为,马基雅维利只有"从根本上修正"这一传统,才能延续它。施特劳斯也说过,要"彻底修正",就意味着要在一些重要方面上"放弃"(参见184,177)。我们看到,他在讲马基雅维利部分地延续了古典传统时举了一些极端的例子,其中第一个例子和摩西有关,第二个例子和迈蒙尼德有关,他通过这些例子指出彻底修正的重要意义。尽管在某一刻,马基雅维利和迈蒙尼德对其民族政治历史的某些方面做了类似的解读,但他们确实在对摩西的解读中有明显的分歧。迈蒙尼德不像马基雅维利那样,"以每一位古典政治哲人都会采取的方式"谈论摩西。不过,迈蒙尼德的确高度依

---

① 关于"阿威罗伊主义"的解释,见 Gourevitch and Roth, *On Tyranny*, 27, with Strauss, *What Is Political Philosophy?*, 229-230;亦见 Parens, "Strauss on Maimonides", 119。

赖于古典政治哲学的方式:他将摩西等同为一个柏拉图式的哲人王、一个完美政治共同体的建立者,而且,摩西"实际上使柏拉图仅能作出假设的哲人形象成为现实"。① 在施特劳斯看来,对柏拉图政治哲学的这一"修正""本身意味着对柏拉图的批评",不过在迈蒙尼德看来,修正的结果是"柏拉图的框架仅仅被修正,在某一特定方面放宽限制,但并未被驳倒"——只是修正,而非"从根本上"修正(参见 184)。② 迈蒙尼德对摩西的解读避免了[109]摩西律法的"本源"或动力因的问题,而专注于律法的"目的"或最终因;相反,马基雅维利总是专注于摩西的和所有其他政治秩序的本原或动力因,我们可能也会从他那新的、后古典的(postclassical)、非目的论的关于人的科学中看到这一点(见 183 - 184)。③

因此,施特劳斯表明,马基雅维利和迈蒙尼德都承认,古典政治哲学的教诲在后圣经世界(post - Biblical world)中所提供的指导并不充分,不过他们以截然不同的方式来尝试解决这个问题。马基雅维利采用了古典政治哲学的某些教诲,但仅将其作为他对古典"框架"总体上的抗拒的一部分,他抗拒古典框架以"反对"圣经教义。对于古人的教诲,迈蒙尼德进行了一定的创新,但他也只是努力在古典框架的基础上理解圣经教诲,以表明圣经教诲"能在古典框架内发现的位置"(参见 178),进而尽量保留圣经教诲和古典框架。④ 于是迈蒙尼德成为"圣经的教诲与亚里士多德的教诲之

---

① Leo Strauss,"Quelques remarques sur la science politique de Maïmonide et de Fârâbî", *Revue des études juives* 100(1936):26(repr. in Meier, *Gesammelte Schriften*:Band 2;cited by original page numbers). 亦见 14 - 26;Strauss, *Philosophie und Gesetz*,114 - 122。

② Leo Strauss,*Philosophie und Gesetz*,117.

③ Leo Strauss,*Philosophie und Gesetz*,22;*Natural Right and History*,161 - 162,178 - 179;*What Is Political Philosophy*?,41 - 42.

④ 见 Parens,"Strauss on Maimonides",119 - 120。

间的调和者"之一,而这一调和首先遭到新教改革者的拒绝,接着遭到早期近代哲人的拒绝。① 这也使迈蒙尼德成为"理性主义"的传人,对施特劳斯而言,这种"理性主义"是"真正天然的典范,是必须小心地保护以免遭受任何歪曲的标准,如此一来,它将摧毁现代理性主义",甚至成为"标准,按此标准,现代理性主义将被证明是一种虚假的理性主义(pseudo-rationalism)"。②

尽管如此,马基雅维利和迈蒙尼德关于圣经的学说差异,仍未告诉我们,一个有古典头脑的哲人在马基雅维利的政治处境下会做出什么举动,毕竟这一处境和迈蒙尼德的处境大不相同。施特劳斯向科耶夫承认道,任何哲人都必然"影响[110]城邦或统治者",他暗示了那种处境下的一个尤其困难的地方。但施特劳斯反对科耶夫的原因是,他认为这种哲人的政治行动未必要求哲人"参与到公共事务的总体方向之中",以使其"哲学教育奏效",相反,哲人仅仅是为了反对败坏青年的指控,"捍卫他们自己,或捍卫哲学的事业",其方法是"使城邦满意,不会亵渎任何对城邦来说神圣的事物,他们敬城邦之所敬"(205-206*)。

在施特劳斯看来,这一"在城邦的法庭前为哲学所做的辩护"在"柏拉图那里取得了极大成功……这一辩护的影响历经各个时代(那些最黑暗的时代除外)延续至今",而且,柏拉图的三位继承人在其各自的共同体中都成功地效仿了这一辩护:"罗马"的西塞罗、"伊斯兰世界"的法拉比、"犹太教"的迈蒙尼德(206)。施特劳斯故意没有提到与法拉比和迈蒙尼德旗鼓相当的基督教人物,当然,这一故意省略意味着,在前现代的基督教世界里,没有任何一位基督

---

① 亦见 Strauss, "Plato's Political Philosophy", 338。
② Strauss, *Philosophie und Gesetz*, 9. [译按]中译文参考施特劳斯,《哲学与律法——论迈蒙尼德及其先驱》,黄瑞成译,华夏出版社,2012,页3,有改动。

教哲人曾经成功地为哲学进行过这种政治辩护。① 施特劳斯的确在别的地方提到,"在基督教中,哲学成了每个研究神圣教义的人所受训练的有机组成部分,这种训练是被正式认可的,甚至是必需的",②但是,施特劳斯并未把这件事列入哲学政治的"巨大成功"中,他以此表明,自己并不认为这种可以公开地辩护的哲学-神学活动和"在严格意义上和古典意义上"的哲学这一概念完全一样(参见212)。事实上,"基督教世界对哲学的正式认可使哲学受到教会监控",③而施特劳斯在《重述》中谈到"之前时代"的统治者时,说这些统治者把自己装扮成"唯一真正的哲学的最高解释者",因此尽管他们宣称自己只迫害"虚假的哲学",但他们其实就是在迫害哲学,那么就可以合理假设,施特劳斯心里有某种中世纪基督教的体验(211)。根据这一证据可以推测,在施特劳斯的解释中,马基雅维利的世界[111]以一种虚假哲学加政治神学的僭政混合物的形式,给哲学带来了前所未有的危险,通过抨击这种政治-灵性僭政(political-spiritual tyranny)的圣经根源,马基雅维利拒绝古典政治哲学的道德束缚,仅仅是受保护哲学的强烈愿望的驱动,因此,施特劳斯"或许要比通常所理解的那样更同情马基雅维利对(古典的)权威的拒绝"。④

不过,这个推测面临两个主要困难。第一个困难是,施特劳斯从未明说自己意识到了这一推测,无论在《重述》还是别的地方都没有文本支持。当然,《重述》(1954)从头到尾没有任何一句话主张如下观点:在缺乏一种关于人性更实质性的分歧时,单单政治环

---

① 见 Nadon, "Philosophic Politics", 86。

② Leo Strauss, *Persecution and the Art of Writing* (Chicago: University of Chicago, 1952), 19.

③ Leo Strauss, *Persecution and the Art of Writing*, 21.

④ Nadon, "Philosophic Politics", 86 - 90, 81.

境下的差异就会导致马基雅维利和古人的根本决裂。① 施特劳斯的作品中只有一段话把马基雅维利和针对中世纪基督教国家的指摘联系在一起,他说自己在解释的不是马基雅维利本人"批判古典政治哲学"的"主要观点",而仅仅是马基雅维利的诸多同时代人的错误,他们认为马基雅维利针对古典作出了真正的改进,因此,我们或许可以说这些同代人"支持马基雅维利对(古典)权威的拒绝"。②

这一推测的第二个困难是,如果施特劳斯预见到,一些读者或许会想象并支持所描述的这类对哲学的反道德辩护,他将尽其所能,表明自己拒绝任何这类辩护。他以自己的名义讲到,本着古典的精神,"无论何时何地,无论在什么样的政制中都需要"对哲学的政治性辩护,也就是试图将哲人展示为"虔敬者"("而非无神论者")和"好公民"(205 - 206,强调为笔者所加)。③ [112]关于这一主张(与上文所见一致),施特劳斯解释说,哪里有人类存在,哪里就会建立这种不能和"公民身份(citizenship)与宗教"分开的"道德"(206∗)。施特劳斯谈到上文所说的伪哲学僭主时说,过去的哲人只是在"地下"对付他们,采取一种显白教诲以保护自己免遭那些僭主的伤害,显白教诲在悄悄地损害着僭主的智识虚饰(intellectual pretensions)的同时,也能(只)把"潜在的哲人"从僭主的魔咒中解放出来(211)。

---

① 关于这一点的详细分析,需要研究施特劳斯的《关于马基雅维利的思考》(《重述》发表时他已经完成初稿)。

② 见 Leo Strauss, *What Is Political Philosophy?*, 43 - 44 ("How can we account for this delusion?"),并参见 41。

③ 纳顿否认,施特劳斯相信任何永恒有效的政治准则,正如他在这里所阐明的("Philosophic Politics",90)。为支持这一说法,纳顿把施特劳斯总结、评论科耶夫观点的一句话归给施特劳斯,"施特劳斯在这里接近于表达一个历史学家或语境主义者对哲人的政治的理解"。参见 91 - 92,以及 Gourevitch and Roth, *On Tyranny*, 206。

由于马基雅维利几乎不符合对"过去哲人"的描述,施特劳斯显然认为,马基雅维利回应的不是与过去的哲人相同的境况,除非有人否认,施特劳斯在"严格意义和古典意义上"把马基雅维利当作一位哲人。此外,通过把那些虚假的哲学僭主称为"统治者,相信他们知道自己实际并不知道的东西",施特劳斯让我们想起苏格拉底一个著名的看法:所有非哲学的统治者都只是所有非哲学的人当中特别糟糕的一类(211;见201)。① 因此,施特劳斯在别的地方把到"地下"这个策略看成所有在"不完美城邦中,也即在实际所是且永远所是的世界中"的"哲人"都会采取的策略,也就不足为奇了。② 在施特劳斯看来,不仅仅是中世纪的基督教社会,"社会"本身"总是试图对思想施行僭政"(27)。③ 不论中世纪的基督教国家可能会向马基雅维利或别的哲人提出何种政治问题,那些问题(在施特劳斯看来)都不能从根本上转变哲学总是身处其中而且无处不在的危险境况。哲人总是得尽其所能应对这一处境,正如施特劳斯给出的基本断言:即使在中世纪的基督教国家中也有人能够应对得了,而他们在这一过程中无法避免的困难(在他心中)也永远无法证明马基雅维利式的政治[113]宗教变革事业是正当的,这种变革会损害基本的、普遍的道德意识,正如我们所见,这是对人性而言必不可少的意识。

但在施特劳斯看来,任何关于马基雅维利事业起源的历史问题,最终都属于更为紧迫的问题:作为个体和公民的我们今天应当如何生活(见22-23,78,177)。因此,我们应该以施特劳斯的最后一个观察作结,这一观察与圣经和涉及该问题的现代性有关。科耶

---

① 亦见 Leo Strauss, "Plato's Political Philosophy", 340-341。

② 参见 Gourevitch and Roth, *On Tyranny*, 211, with Strauss, "Farabi's *Plato*",384 和 381:几处术语相同。

③ Contrast Nadon, "Philosophic Politics", 90.

夫认为,"如果像黑格尔一样愿意承认历史和历史的进步有意义"(科耶夫显然将自己包括在内),也就"应该"接受黑格尔对历史终结的理解(169)。① 在回应这一点时,施特劳斯并没说古人是否会"愿意承认"黑格尔所承认的,施特劳斯反而认为古人并不会承认黑格尔:他们"并未梦想过历史的完成,因此也没梦想过历史的意义"。古人确实提到一种最佳政制,即"乌托邦",但是他们认为它的实现"取决于机运"(210)。然而,"现代人不满足于乌托邦并鄙弃乌托邦,他们试图找到一个能够担保最佳社会秩序实现的东西",当然,"现代人"要做到这一点,只能先预设一个相对于古人对那一目标的理解"降低了的""人的目标"(210)。正如施特劳斯在之前对乌托邦的讨论中所说,"现代人习惯于期望太多"(188)。在之前那个语境中,施特劳斯抱怨"今天的问题主要是"人们不再"严肃对待"像色诺芬的西蒙尼德的这种"小动作",后者不得不付出相当大的努力,包括完全取悦僭主希耶罗,尽量向他"展示自己"是僭主或许会听信其言的"完全不择手段的人",这样做的目的莫过于说服希耶罗实行不去参加奥林匹亚竞技会的小小的政治改革(188*,53 – 56,63)。"现代人"显然对政治改善的可能性抱有不切实际的期望:他们不会"严肃对待"这种"小[114]动作",因为他们或许希望西蒙尼德在面对一位僭主时尝试更大的改革,像先知拿单(Nathan)在面对大卫王的僭政行动时所做的那样(见117n61)。② 我们"现代人"在某些方面和圣经先知一样,都对政治过有过高期望。

和科耶夫与其他"现代人"正相反,在施特劳斯看来,"哲人"

---

① 见 Meyer,*Ende der Geschichte*,197。在科耶夫回复施特劳斯的早期稿件中,科耶夫更进一步:否认黑格尔主张的"人的存在创造历史行动本身","就是否认历史有一种意义……因此……就是把所有真正的意义从个体存在本身抹去"(引自 Patard,"Leo Strauss's 'Restatement'",21 – 22)。

② 亦见 Leo Strauss,*Jewish Philosophy*,109 – 110。

"充分认识到加于所有人的行为和所有人的规划的限制(因为有生必有灭)",所以就"不期望从建立纯粹最好的社会秩序中得到拯救或满足"(200)。① 尤其是,施特劳斯确信,即使普遍同质国家也"迟早会毁灭",那么,一个黑格尔主义者所能想到的所谓国家的终结最合理的方式,就是"从原始部落到最后的国家的相同的历史过程将会再来一遍"(209,238)。施特劳斯针对他所假设的黑格尔对这一预测意料之中的失望回复道:

> 这一进程的重复——人之人性的一个新的生命周期——难道不比非人的终结的无限持续更为可取[也就是历史的终结和最后的人]?尽管知道四季交替,尽管知道冬天会再来,难道我们就不享受每个春天了吗?(209)

对这些修辞性问题的回答可能会比看起来的(施特劳斯最爱用的方法就是提出这种问题)更模糊不清,因为往前数几句话,施特劳斯就已经用传道者在圣经《传道书》的开场白里所说的"虚空的虚空(Vanitas vanitatum)"这种词来描述人类历史漫长的"更替"(209)。"虚空的虚空"是一个黯然无望的判断,即《传道书》恰恰表明了施特劳斯所讲的永恒不变的四季更替,或更确切地说,虚空的虚空"在质问"我们"实际上是否能够"享受"(见《传道书》1:2 - 10)。②《传道书》体会到,或者说至少近乎体会到施特劳斯认为我们"没有理由"感到的这种"绝望",[115]即便古人说这种循环主宰着人类历史的说法是对的(209)。科耶夫和《传道书》都反对世界历史没有"意义"的看法。紧接着,科耶夫主张,现代哲学是"基督教的世俗化形式"(207):即便像科耶夫这种公认的无神论的"现代人"也

---

① On Kojève, contrast Pelluchon, *Leo Strauss*, 217.
② Gourevitch("Philosophy and Politics", 323)、Drury(*Alexandre Kojeve*, 154)和 Meyer(*Ende der Geschichte*, 198)讨论这一段时,忽略了这一点。

有种任何圣经信徒都会对古典宇宙观的萧条所感到的那种厌恶,而整部圣经都有力地证实了这一厌恶。

施特劳斯没有明说,他是否将这种浸淫了圣经精神的厌恶看作现代哲学成功的原因,即圣经的道德所传播的高"期望"是否会增加旨在安顿人之私产的现代方案的吸引力,或者说,这种高"期望"是否反而是现代哲学的成功的结果,或就这一问题而言它两者都不是。施特劳斯没有谴责马基雅维利本人和科耶夫一样有非哲学的高"期望",尽管他确实在别处这样谴责过霍布斯。① 但在我看来,在阐明科耶夫和圣经之间的隐秘关联时,施特劳斯最重要的洞见与现代哲学的发展或成功的任何动力-因果的叙述无关,②反而和施特劳斯在恢复古典"取向"时看到的最大障碍之一有关。正如施特劳斯所理解的那样,由于"哲学在严格意义和古典意义上""要求从最强大的自然咒语中解放出来",这种"咒语就在于无条件地依系于属人事物"。只有这种"解放"才有可能真正让哲学从对人的关切里脱离出来,或接受"这种人类事业的终极徒劳",但不对这种徒劳感到失望,而这是科耶夫和《传道书》所没有的(见 202-203)。

圣经能够提出一种关于人的灵魂的最强有力的观点,对于这个观点,施特劳斯实际上比他常在自己的公开作品中所展现的体会更深(正如他在刚才引用的那句话中所指出的那样),即圣经这个观点的教诲直接谈到那些古典哲学要求我们在某些[116]关键意义上放弃的"人的关切"。③ 科耶夫相信自己是一个哲学性的无神论者,

---

① 关于霍布斯的那一段与科耶夫和黑格尔有明显相似之处,甚至引用了恩格斯的同一段话,施特劳斯在这段话中提到了"历史的终结"。参见 Gourevitch and Roth, *On Tyranny*, 209, with Strauss, *Natural Right and History*, 175-176。

② "Tyranny and Wisdom", 68-69,72,格兰特在施特劳斯的书中找到这种说法。

③ 见 Grant, "Tyranny and Wisdom", 66。

但他仍然对那些关切有深深的依系,在施特劳斯看来,此举意在"鱼与熊掌兼得(eat the cake and have it)"。① 对施特劳斯而言,那些人类关切应当指向的东西既非马基雅维利声称的圣经教义的"世俗化",也非后来现代哲学对它的重申(iterations),而是圣经教义本身。

施特劳斯通过捍卫古典观点来反击科耶夫,至于施特劳斯在多大程度上支持这种古典观点,《重述》保留了相当大的含混。因此,值得再次强调的是,施特劳斯从未自称他捍卫过古典观点以对抗他视之为更严肃的方案的圣经观点。② 这些都是关于人在整全中的位置显然相左的观点,而施特劳斯心目中的典范迈蒙尼德实现了对这些相左观点的"调和",但《重述》对此也未给出任何说明。施特劳斯也的确从未断言,我们自己应采纳古典的和非圣经的"对人的关切的脱离"的观点以避免科耶夫的矛盾,就连施特劳斯都不会爽快地接受这种脱离。因为,据施特劳斯所言:

> 按流行的说法,对所有受机运的力量左右的事物的哲学态度并非哲人的专有。但是,如果没有不断得到对永恒事物——即哲学活动的真正依系的滋养,一种对人的思虑的脱离注定会萎缩,或蜕变为无生命的狭隘。(202)③

---

① Leo Strauss, "An Untitled Lecture on Plato's *Euthyphron*", *Interpretation: A Journal of Political Philosophy* 24 (no. 1, 1996): 21. 吉尔丁 (Hilail Gildin) 也发现,"在施特劳斯看来,科耶夫是一个无神论者,但却没资格成为无神论者",虽然他引用的是施特劳斯对科耶夫宇宙论的批评,而不是他自己的道德学说。"Déjà Jew All Over Again: Dannhauser on Leo Strauss and Atheism", *Interpretation: A Journal of Political Philosophy* 25 (no. 1, 1997): 128 - 129.

② 见 Grant, "Tyranny and Wisdom", 70 - 71; contrast Gourevitch, "Philosophy and Politics", 60 - 61。

③ 亦见 Leo Strauss, "Plato's Political Philosophy", 341。

施特劳斯《重述》给出的衡量我们在道德和政治的自我认识上的进步的唯一标准，不是我们表面上模仿古典哲人的外在态度的能力，而是我们对自己关于神圣约束的自然意识的理解。如果施特劳斯的文本给出了任何实践建议[117]的话，那肯定是让我们把迈蒙尼德与其古典先师作为追求自我认识的向导，正如施特劳斯在与科耶夫的对话中用实例证明的那样，这种自我认识并未因马基雅维利事业的巨大成功而更易理解。

丹尼尔·伯恩斯(Daniel E. Burns)，达拉斯大学政治系副教授。2012年于波士顿学院获得博士学位，论文为奥古斯丁的政治思想。研究方向还包括法拉比、莫尔(More)、洛克、卢梭和约瑟夫·拉辛格(Joseph Ratzinger)思想中宗教与政治的关系。

施特劳斯致科耶夫的关键回复

贝纳加(Nasser Behnegar)

[119]冷战之初(同时面临着其后未知的可能性),两位哲人,一位是政治保守主义者,另一位勉强算是斯大林主义者,二人就如何正确看待僭政展开争论。施特劳斯见证了同时代的智者(sages)对20世纪僭政的视而不见,他在《论僭政》中挖掘出古人对僭政的批评。不过,他选的落脚点并非柏拉图和亚里士多德的文章,而是唯一一部智慧者赞美僭政生活的古典作品:《希耶罗》或《僭主》(*Tyrannicus*)。① 在施特劳斯对色诺芬这篇被人遗忘的对话的解释中,科耶夫看到一个鲜活的问题,甚至以《僭政与智慧》为题,看到了历史的主题。他不满于施特劳斯对该问题的阐释,[120]更不满于其解决方案,科耶夫认为,解决人的哲学和政治问题要求哲人和包括僭主在内的统治者合作,僭主"在所有可能的政治家中,无疑最可能接受并施行哲人建议"(*OT* 165),这一合作在智识人(intellectuals)的调解下是可能的,这种可能性在最终只能被哲学的观念主宰的历史中已经得到了证明。施特劳斯很欣赏科耶夫的评论:

---

① *Tyrannicus* 是一个形容词,表示某种技艺(智慧或知识)让僭主受益:见 Leo Strauss, *On Tyranny, Including the Strauss-Kojeve Correspondence*, eds. Victor Gourevitch and Michael S. Roth(New York:Free Press,1991),31,其后引此皆为 *OT*。非常感谢巴特莱特(Robert Bartlett)、鲍洛金(David Bolotin)、布鲁尔、伯恩斯、布采蒂(Eric Buzzetti)、福克纳(Robert Faulkner)、弗罗斯特和纳顿对本文初稿的意见。

我很高兴又一次看到,我们对于什么是真正的问题意见一致,这些问题如今在各方面不是被否认(存在主义)就是被轻视(马克思主义和托马斯主义)。此外,我很高兴终于有具有完备知识的人经过深思熟虑阐述了现代立场。(*OT* 243 – 244)

尽管如此,施特劳斯并未改变立场。他重申自己的立场。因此,在现代的发展和经验下,这两位哲人重新上演了古今之间的古老冲突。

为给施特劳斯辩护,我自然转向《重述色诺芬的〈希耶罗〉》,在这篇文章中,施特劳斯"逐条地"处理科耶夫的异议(*OT* vii),他在捍卫古典立场的同时把现代的矛头转向了现代自身。抛开标题,仍然很有必要解释这篇文章。在请求科耶夫评论自己的原创研究时,施特劳斯给过一条有用的忠告,"我是那种人:如果可以从锁眼进去,就拒绝走敞开的门"(*OT* 236)。这句话很好地抓住了《论僭政》一书的主旨,它是一个非常详细甚至"微观"的解释,揭开了有关人之为人的重大问题。[1]《论僭政》的目的之一就是训练年轻一代解读色诺芬著作这类作品的技艺(*OT* 28)。因此,施特劳斯给予年轻人他们所需的帮助,其形式往往是散布在文本细节中的石破天惊的声明。《重述》则属另类,它在一种道德论调中来处理最一般的问题,某些地方几乎是"维多利亚式"的风格。在这里,施特劳斯变身为一位同时从锁眼和大门走进去的魔术师。宏大的主题与感染力无处不在,尽管[121]它们几乎总是伴随着一些奇怪的表述,这些表述很难理解,反倒因为庞大的图景似乎已足够清晰而容易被忽略。在施特劳斯给科耶夫的回信中,可以发现一条关于施特劳斯修辞目

---

[1] Christopher Nadon,"Philosophic Politics and Theology:Strauss's 'Restatement'",in *Leo Strauss's Defense of the Philosophic Life*:*Reading* "*What Is Political Philosophy?*",ed. Rafael Major(Chicago:University of Chicago Press,2013),80.

的的线索,施特劳斯在信中允诺,自己会对科耶夫的批评"公开做出最彻底和最果断的讨论"(*OT* 243,强调为笔者所加)。施特劳斯希望在公众面前捍卫自己的立场。同时,他希望"最彻底和最果断地"回应科耶夫,他视科耶夫为这个世界上"能够充分理解我的意图"的三个人之一(*OT* 236, 239)。现在,这两个目标间的张力容易影响信息的传递,从而可能导致科耶夫未能理解施特劳斯批评的全部威力。虽然施特劳斯的要求很迫切,科耶夫却从未公开做出回应。他的确写了封信(*OT* 255-256),信的内容却让施特劳斯疑惑不已,"我是否在各方面理解了你,或你是否在各方面理解了我"(*OT* 257)。不过,施特劳斯的修辞并不是产生误解的唯一原因。这类论争会危及人的整个存在,即便在理解力很强的人之间,灵魂也存在差异,这些差异会妨碍长着羽翼的言辞驮着奇珍异宝,最终将之囚禁在纸页中,任其悲哀地扇动着翅膀。

对乌托邦的辩护

色诺芬的对话讲述了诗人西蒙尼德与叙拉古的希耶罗之间的交谈。在交谈中,西蒙尼德有能力向僭主建言如何改良僭政,但色诺芬的文本暗示,希耶罗不会采纳诗人的建议。科耶夫批评西蒙尼德没有提供有效建议。他认为,乌托邦观念和积极的革命性的观念不同,乌托邦观念把人带到一种事务的理想状态,却不考虑现存事实或僭主的"当前的事",这是所有乌托邦观念的缺陷,这或许证明乌托邦的观念"与为实行智慧者的建议所采取的某些手段并不相容"(*OT* 137)。由于没有展示希耶罗如何施行其建议,因此,西蒙尼德的举动就像一个典型的"知识分子":

> 从一个在话语的宇宙中构建起来的"理想"出发,批评他生活于其中的现实世界,这一"理想"被赋予"永恒的"[122]价

值,这主要是因为它现在不存在,过去也从未存在。(*OT* 137)

施特劳斯回复道:"但如果希耶罗真的渴望变成好僭主,他就会询问西蒙尼德第一步怎么做。"科耶夫的批评忽视了主动向僭主提出忠告的不明智(impolitic)和危险。一位智慧者最可能做的是给僭主提供素材,以使僭主提出合适的问题。施特劳斯承认,这个辩护并不充分,因为希耶罗确实提了一个问题(他是否应当保留雇佣军),而西蒙尼德给出的改进方案(他应当保留雇佣军,同时武装公民)"面对着一个几乎无法克服的困难"。施特劳斯坚持认为:西蒙尼德"并不相信僭政的改进方案是可行的,他把好僭政看作乌托邦,或者把僭政斥为没有希望的坏政制"(*OT* 187),从而捍卫西蒙尼德作为一个智慧者的名誉。现在,科耶夫把与此类似的观点归给色诺芬,但却否认西蒙尼德会有此看法。倘若如此,他也会否认这是对西蒙尼德的辩护,因为这暗示,西蒙尼德"教育希耶罗的努力纯属徒劳,智慧者不会做徒劳之事"(*OT* 187)。

在施特劳斯看来,这种批评暴露出了科耶夫"没有充分领会乌托邦的价值"。乌托邦描绘了"纯粹好的社会秩序","最好的僭政的乌托邦"描绘了与僭政秩序相容的最大程度的改善(*OT* 187)。西蒙尼德的乌托邦为判定每一种现实僭政及对之提出的每一种修正提供了标准。科耶夫暗示,积极的革命观念和乌托邦式的观念一样以此为目的,但积极的革命观念还有额外的优势,它能展示"此时此地如何着手改变既有的现实状况,以便使之将来符合所提出的理想"(*OT* 138)。但对实现这种理想社会的根本关切会让那种理想变得模糊。正如施特劳斯之见,想要"找到能够担保最佳社会秩序实现的东西",这一欲望让现代哲人"降低人的目标",这种降低可以有很多形式。尽管乌托邦"提供了一个用以评判任何现实秩序的稳固标准",现代解决方案"最终摧毁的正是这一观念,即存在一个独立于现实状况之外标准"(*OT* 210-211)。[123]施特劳斯也间接提到乌托邦的另一用途。他的讨论从对乌托邦的"最严格意义上"的理解,巧妙地转到对其更宽松意义上的理解。一个严格意义上的乌托邦是纯粹好的社会秩序。一个宽松意义上的乌托邦是可能的最佳社会秩序。如果一种乌托邦的教诲教导人说"纯粹好的社会秩序"不可能,那么它就有价值。这一知识可能会妨碍人们严肃地进行不可能的改革,它可以让人满足于小小的政治改革,或让人充分利用一个有着可能的最佳秩序的乌托邦。

在这一语境中,施特劳斯提到的这个小小的改进是西蒙尼德的建议,即希耶罗不应该再参加奥林匹亚竞技会和皮托竞技会。如果希耶罗施行这一改革,他"在臣民间乃至世间的名声会改善,而且他会间接使臣民受益"(*OT* 188)。在施特劳斯看来,"像西蒙尼德这样理智的人会认为,如果能引导僭主在一个小范围中人道地或理性地行事,他就很对得起自己的同胞",但我们不会严肃对待这种小打小闹,因为"我们习惯于期望太多"。这个"我们"包括科耶夫。因为科耶夫宣称西蒙尼德的改革全部已由现代僭政实行,他在总结这些改革时省略了现在所说的这个例子,即便这个例子本可以支持他的观点。现代哲学的现实主义解决方案在培养对革命化社会(revolutionizing society)的期待时,也可以导致对微小却可能的改进的某种漠视。它会滋生做白日梦的恶习。

现在科耶夫对这种改革的忽视就可以理解了,因为它的重要性并不清楚:"色诺芬让读者运用自己的理智,把这个特定的例子替换为读者基于个人特定的经验认为更切题的其他例子。"(*OT* 188)这一改革确实在合理性上是个小小的提升。希耶罗的臣民本不用非得为他的战车买单;他不会让自己因为可能的失败受到嘲笑,他可以把注意力更多地集中于发生在政治舞台上的有价值的竞争上。但施特劳斯也说,希耶罗参加这些竞赛是"不人道的",这听起来有些苛刻,尤其考虑到僭主往往还容易做其他事情。但"不人道"并不必然意味着残忍。奥林匹亚竞技会和皮托竞技会是宗教节日,在其中获胜就等于[124]受到宙斯或阿波罗的赞许。诸神对人类生活的作用,在品达赞美希耶罗的凯歌中格外明显。在《论僭政》中,施特劳斯写道:"这诱使我们认为,《希耶罗》代表了色诺芬对西蒙尼德与品达之间的竞赛的解释。"(*OT* 118n76, 109n13)

西蒙尼德提议的改革相当于一场小小的启蒙,比起武装自己的臣民来教导他们自力更生,西蒙尼德的改革并不激进。在另一部作品中(*OT* 109n13),色诺芬表扬阿格西劳斯没有参加这些比赛,还表扬他说服了妹妹饲养拉战车的马匹,这可以让人从她的胜利中看到,决定这些比赛的是财富而非功绩。

在施特劳斯最初的研究中,反对在运动会中竞争的建议"或许是西蒙尼德开始与希耶罗谈话的唯一目的"(*OT* 63)。这似乎是唯一直接关系到西蒙尼德本人幸福的问题。在《重述》中,施特劳斯把这个特殊事件联系到一个重要的一般问题上:智慧者在向僭主进言时应当考虑谁的利益?在向希耶罗进言时,西蒙尼德考虑的是希耶罗、他的同胞(尤其是僭主的臣民)以及他自己的利益。但人们或许会对考虑顺序的重要性感到疑惑:"总体的教诲大意是,如果智慧者碰巧有机会影响僭主,他应利用自己的影响裨益于同胞。"(*OT* 188)

施特劳斯似乎暗示,智慧者会更关心其同胞的利益而非僭主的利益。正因如此而非别的理由,他的事业"危机四伏"。现在,施特劳斯抛出竞技会,意在引导读者假设,这是一条希耶罗实际上遵循了的建议。但施特劳斯从没说过希耶罗确实遵循了,我们也知道希耶罗没有遵循。我们有诗人巴库基里德斯(Bacchylides)为证:希耶罗于去世前一年在奥林匹亚竞技会中获胜。在施特劳斯看来,如果希耶罗遵循西蒙尼德的建议,他在"世间"的名声就会改善,但他在古希腊人中的名声并未改善,因此希耶罗可能选择了坚持自己过去的做法。不过,西蒙尼德失败的证据也同样证明了他的成功。巴库基里德斯是西蒙尼德的侄子,他取代了品达在希耶罗宫廷中的位置,在评注者看来,西蒙尼德与品达的衰落有关。

[125]要理解所有这些内容,我们得转到施特劳斯关于对话的解释上,从中我们看到,西蒙尼德的乌托邦教诲对希耶罗而言是有用的:

> 西蒙尼德赞美有益的僭政,因而就不仅是为了安慰希耶罗(希耶罗肯定远不像他的发言诱使轻信的读者相信的那样需要安慰),而首先是为了教导希耶罗,即,僭主应当以什么形象出现在自己的臣民面前。这绝不是对有美德的僭主的幼稚信念的幼稚表达,而毋宁是审慎地呈现的关于政治审慎的教诲。西蒙尼德在这一语境中甚至回避"僭主"一词。(*OT* 62)

施特劳斯发现,在对话结尾,希耶罗问了唯一一个关于施行僭政的问题,而且在讲自己的问题时,他"不再说'僭主',而改说'统治者'"(*OT* 63)。这场对话并非徒劳,因为希耶罗从西蒙尼德那里学到了一些非常重要的东西。科耶夫似乎对此感到困惑:希耶罗的举止更像一个自由的政治家而非一位僭主,他任由"西蒙尼德平和地言说并离去"(*OT* 138)。但西蒙尼德并没有离开。科耶夫没有看到,对话的结尾是智慧的诗人和受了些教育的僭主之间的联盟的开始。

古典理论的充足性

科耶夫否认现代僭政能在西蒙尼德的分析中得到理解。理解所有僭政(现代的与古代的)的正确理论无疑是一种人类欲望,即想让自己杰出的人之真实性和尊严得到他人的承认。这个理论是科耶夫所谓的主人的态度与奴隶或劳动者态度的综合,后者"是'犹太-基督徒'甚至是布尔乔亚",但西蒙尼德对僭政的描述,完全来自主人的狭隘的"异教的"视野,后者把荣誉视作人的最高目标,是真男人(real man)的目标。

[126]西蒙尼德之所以为僭主的生活辩护,是因为这种生活产生了很多荣誉,而"看上去没有哪种属人的快乐比关于荣誉的欢乐更接近神圣了"(*OT* 15)。希耶罗反对僭主依靠恐惧而获得荣誉,真正的荣誉必须被自由地给予,它出于对这个人的爱,出于对他的公共美德与仁慈的感激。鉴于此,西蒙尼德回复说,希耶罗能够赢得人民的爱戴,因此能通过仁爱其民而获得真正的荣誉。科耶夫坚持认为,以上的分析并未充分理解希耶罗的困难。僭主确实不满于由恐惧而得的荣誉,这不是因为那些赞扬他的人不爱戴他,而是因为他不承认那些人的价值。作为真男人,他认为为了荣誉甘冒生命危险的人有价值,而服从他的人们从这一根本事实来看并未达到他的标准。僭主的一生是悲剧的,因为他要被迫杀死那些他渴望得到其承认的人。要解决这个问题,必须用"'奴隶'的态度"补充"异教的"和"贵族的"态度。

在这里,科耶夫通过把目光集中在劳动的乐趣上,重新解释了这种态度(他在关于黑格尔的课程中没有处理这一主题)。尽管奴隶被迫为别人的利益而劳动,但对他而言,劳动本身最终成为一种价值,此外,投身于劳动中,使他解脱了最初对死亡的恐惧:"来自劳作本身的快乐、成功完成一项事业的欲望,本身就能够促使一个人从事痛苦而危险的劳作。"(*OT* 140)与荣誉的快乐不同,劳动的快乐不必是社会性的,正如"小孩独自在海滩上堆砌沙堡"的快乐,或画家"用画覆盖某座荒岛上的悬崖"的快乐(*OT* 140)。在这里,科耶夫把目光集中在劳动的快乐上,因为它给僭政提供了一个新的动机,即实行一项意识形态任务的种种快乐。现代僭主对意识形态的关切不只是新瓶装旧酒。对荣誉的爱,或许可以解释一个无所事事的贵族偶然的流血冲突,比如曾与劳伦斯(T. E. Lawerence)并肩作战的奥达阿布塔伊(Auda abu Tay),但并不能解释列宁(Lenin)不知疲倦的劳动。更重要的是,这两种观点的综合使僭主满足于臣民的承认,使他对荣誉的这种欲望(可被理解为对承认的欲望)成为把僭政改造成非僭政政制的动机。要满足他自己的欲望,[127]僭主的目标就不仅是把帝国扩张到全世界,还要提升其治下的民众素质,这样他们才是自由的,从而也就有能力承认他。

　　施特劳斯否认古典哲学受制于主人视角的狭隘性:"科耶夫忽略了限定词 dokei[似乎]('似乎没有哪种属人的快乐比关于荣誉的欢乐更接近神圣了')。"(OT 203)在西蒙尼德看来,对荣誉的欲望是真男人而非普通人的主导性激情。但是"在色诺芬看来,因而也在西蒙尼德看来,anēr[男人]绝不是最高类型的人。最高类型的人是智慧者"(OT 170)。① 科耶夫的主人认为,那些没受荣誉激发的人低人一等,在这方面,科耶夫的主人未能领会人类本质上的统一性。但施特劳斯发现,西蒙尼德明里为主人道德辩护,暗中则承认所有人都追求快乐,相比宁死也不愿服务别人的主人,这条真理更容易从奴隶身上看到。在苏格拉底看来,有男子气概的君子更偏爱农人而非工匠的生活,因为与土地结合的农人最有可能用自己的生命来守护它。然而,苏格拉底不是农人。"异教的主人"或许高估了勇敢,但不能这么说苏格拉底:色诺芬"两次列举苏格拉底的美德时均未提到男子气概"(OT 190)。

　　施特劳斯进一步认为,古典对主人道德的修正要比科耶夫对奴隶或劳动者态度的描述更合理,后者对提供非功利性快乐的工作的性质保持沉默。"这项工作是有罪还是清白,是纯粹闹着玩还是严肃的等等"都会有差别。在施特劳斯看来,"科耶夫所谓源于干好

---

① 施特劳斯跳跃的逻辑(色诺芬 = 西蒙尼德)迫使读者重新审视与之相反的陈述。尽管西蒙尼德"被认为是真男人"(OT 55),他并非真的是真男人:西蒙尼德只是希望希耶罗把他看成一个真男人。"爱荣誉似乎是那些与僭主交谈的智慧者们的特征",但似乎不等于真的如此(OT 124n43)。没有一个爱荣誉者或真男人希望与僭主同行,也就是被僭主统治。

自己的工作或实现自己的规划[128]或理想的快乐,是古人称之为源于有美德的或高贵的行为的快乐"(*OT* 190)。对这一活动的分析使他们得出一个惊人的结论:哲学思考及其所包含的持续不断的质疑与回答就是"高贵的劳作"本身,施特劳斯戏称之为"古人实现的一种综合,它介于不工作的高贵与不高贵的工作这两者的道德之间"(*OT* 191)。

阐明并捍卫古典理论后,施特劳斯写道:"西蒙尼德因此有理由说,对荣誉的欲望是那些追求僭政权力者的最高动机。"(*OT* 191,强调为笔者所加)施特劳斯已经证明西蒙尼德的主张是正确的,因为我们现在能看到他的主张并不是赞美僭政。但从真实描述这类人的最高动机的意义上来说,它是否合理呢?既然科耶夫认为,对荣誉的欲望服务于意识形态的任务,那么,他实际上否认了僭主的最高动机是对荣誉的欲望。更具体来说,他认为执行意识形态任务的快乐,会把对荣誉的私欲转化为对事业的奉献。施特劳斯否认了这一可能,因为僭主选择的意识形态的任务会涉及卑鄙行径。科耶夫本人把工作的快乐同道德考量分开。这就是他大力强调劳动的快乐可以在社会环境之外存在的意义之所在。但是,一个人无法通过结合两种不道德的态度来获得道德动机。施特劳斯认为,意识形态任务的吸引力可能源于道德关切,源于"一种想要施益于同胞的受误导的欲望"。虽然他没有排除爱对于同胞的作用(说荣誉是最高动机,并不是说它是唯一动机),但施特劳斯认为,这种爱已经被对荣誉或声望的欲望改造了。[1] 为什么一个想要裨益于自己同胞的人,却以他的同胞通常视之为卑鄙的行为为乐?

---

[1] 施特劳斯起初认为,在科耶夫看来,"西蒙尼德认为荣誉是僭主的最高目标或唯一目标"(*OT* 189)。但施特劳斯在以自己的名义捍卫西蒙尼德时,只把荣誉看作"追求僭政权力者的最高动机"(*OT* 191)。

> 最宽厚的回答[这个回答与爱相兼容,和他的灵魂中的任何一种动机一样]是,对荣誉或名声的欲望遮蔽了他的眼睛。(*OT* 191)

[129]我想,不那么宽厚的回答是,他以伤害他人为乐。科耶夫承认,在政治竞争的维度上,荣誉而非对意识形态的忠诚才是决定性因素。在科耶夫看来,政治家,尤其是那些渴望僭政的政治家"一个人清除对手,是因为不想让目标被另一个人达到、工作被另一个人完成,即便另一个人可以做得同样好"(*OT* 141)。科耶夫在叙述这一行为时并没有谴责它,可能因为他假定在统治领域中,对意识形态的忠诚才是决定性因素。但是,如果意识形态的任务的吸引力依赖于对荣誉或声望的欲望,这种欲望就容易干扰对这一任务的解释。僭主灵魂里的黏液(gunk)难道不会妨碍"最高级别的'客观'任务"的表现吗?

在科耶夫看来,黑格尔的思想建立在一个比古典思想更丰富全面的理论框架之上。施特劳斯上来先用了一连串反讽来消除这种印象:

> 综合带来奇迹。科耶夫或黑格尔综合古典道德与圣经道德,由此带来的奇迹是:在两种严格要求自制的道德中,产生出一种松弛得令人吃惊的道德。(*OT* 191)

综合是将两种相反立场的要素结合在一起,同时刨除每一方的其他要素。科耶夫从主人和奴隶的道德中刨除了明显的道德要素:美德高于荣誉并服务于更高存在者。因此,一种在道德上低于其组成要素的学说,可以假装比它的两个组成要素都更道德。另一方面,科耶夫的综合也是一种歪曲。尽管科耶夫给人的印象是,黑格尔的学说是古典道德与圣经道德的综合,但他实际上认为,犹太-基督徒只是奴隶或劳动者态度的体现。在怀疑论者、廊下派以及罗马的小市民身上已经体现了这一态度,而且这种态度甚至体现在古希腊赫拉克勒斯的神话中。在讨论科耶夫的道德教诲时,施特劳斯的语气渐渐从讽刺变成道德指责:

> 圣经道德或古典道德都不鼓励我们单纯为了自己的晋升或荣耀而把那些同我们一样干好指定工作的人从职位上赶下去[130](思索亚里士多德,《政治学》1271a10 - 19)。圣经道德或古典道德都不鼓励任何政治家为了实现普遍的承认而在所有人面前树立权威。(OT 191)

有人可能会反对说,科耶夫并未建议,人应该单纯为了自己的晋升或荣耀而把别人从其职位上赶下去。他只是叙述事实。但不去质疑就宣扬这种可疑的行为,就是在鼓励这种行为。与之相反,亚里士多德反对莱库古,因为其所立之法并未限制野心。施特劳斯既不赞成科耶夫松弛的道德教诲,也不赞成其判断的合理性,这种批评是道德谴责的前奏:"科耶夫用言辞鼓励他人采取他绝对不会屈尊践行的行动,这似乎不明智。"(OT 191)科耶夫高于其道德学说,但正因如此,科耶夫不完备。随后,施特劳斯告诫科耶夫要看到他立场的真正基础:

> 如果科耶夫不曾压制自己更好的知识,他本会看到……黑格尔延续了解放激情,因而也解放了"竞争"的现代传统,并在某个方面使之更为激进。(OT 191 - 192)

结果,"黑格尔的道德教诲或政治教诲实际是一种综合,它综合了苏格拉底与马基雅维利或霍布斯的政治学"(OT 192)。在这种综合中,霍布斯的因素压制着苏格拉底的因素。这种综合包含了两种与道德教诲相反的政治教诲。黑格尔将哲人的统治与平等主义政治秩序相结合,后者通过解放的激情的力量而产生。至于他的道德教诲,作为其政治教诲的基础,则纯粹起源于现代:"黑格尔关于主人和奴隶的基本教诲基于霍布斯的自然状态学说。"(OT 192)霍布斯把自然人分成两类,一类追求荣誉,另一类追求自我保存,但这两类人在追求自己的欲望时都没有"意识到神圣的约束"。这是对人的理论建构,而不是对有血有肉的、活生生的人的描述,因此并不能充分作为理解人类的基础。黑格尔认为,人是一种"只受承认的欲望支配的存在",这一教诲同样有局限性。施特劳斯之前指出,科耶夫认为"黑格尔的教诲真正地综合了苏格拉底和马基雅维利(或霍布斯)的[131]政治学"。而本段开头所引的施特劳斯的这段话重复了这一提法,但省略了形容词"真正",①还去掉了"或霍布斯"的括号。因此,区分马基雅维利和霍布斯后,施特劳斯专注于黑格尔思想的霍布斯基础,从而暗示,人不可能靠霍布斯的方式而达到苏格拉底的目标,不可能靠无视人对道德的自然关切而达到哲学(或充分的自我意识)的巅峰。

在对科耶夫进行道德批评之前,施特劳斯首先批评僭主,施特劳斯认为,僭主不知道每一个教养得宜的孩子都知道的东西,因为他被激情蒙蔽了。这一语境引发两个相关问题:什么激情让科耶夫压抑了自己更好的知识,而相信黑格尔的学说是圣经道德和古典道德的综合?什么激情让科耶夫的道德受蒙蔽,使他鼓励别人成为世界的统治者?抛开科耶夫的教诲,科耶夫本人似乎并没有被对荣誉和声望的欲望支配。倘若他真的被支配了,那么他凭强大的能力,就不会成为"进步主义知识分子中不为人知的强者"。② 他的灵魂属于天使般的主人中较低的那种档次,他也乐在其中。在我看来,导致这些错误的原因似乎是希望拥有全部智慧。科耶夫一点也不

---

① Nadon,"Philosophic Politics and Theology",94n7.
② Aimé Patri, quoted in Alexandre Kojève, *Introduction to the Reading of Hegel*, trans. James H. Nichols, Jr. (New York:London,1969),vii. 强调为笔者所加。

想统治世界。不过,他鼓励别人将之作为抱负,因为他相信实现普遍的、无阶级的国家是实现智慧的条件。①

在临近《重述》开篇的部分,施特劳斯讲到,"我对色诺芬《希耶罗》的研究面对的主要反驳"是,古典取向已因"圣经取向的胜利而废止"(OT 177 - 178)。虽然他的批评直指沃格林和科耶夫,但现在我们看到,[132]对科耶夫的批评是用来转移注意力的:黑格尔的学说不是古典道德与圣经道德的综合。但施特劳斯并非这么轻松就驳倒沃格林的观点,沃格林认为马基雅维利的统治者作为武装先知的概念部分源自圣经。实际上,他回复沃格林的结尾如下:

> 在充分理解由马基雅维利造成的划时代变革之前,不可能说这一变革多大程度上是由于圣经传统的间接影响。(OT 185)

最后一句暗示,沃格林还没有充分理解马基雅维利的思想。现在,如果黑格尔的思想建立在现代哲学的基础上,而现代哲学又发端于马基雅维利而非霍布斯,那么依照施特劳斯的逻辑,就可以对黑格尔进行包含某些圣经因素的解读。

智慧与统治的关系

由于哲学不是智慧,科耶夫认为"哲学必然涉及并非唯一真理的'主观确定性',即偏见"(OT 155)。用真理替代偏见的唯一方法是用主体间(inter - subjective)的确定性来代替主观确定性,而要保

---

① 我用"无阶级的"代替"同质的",在引用施特劳斯时除外,因为除了乳制品行业外,没有一个英语国家的人会赞同普遍同质国家这一说法。非常感谢凯利(Christopher Kelly)证实这一点,即"同质的"在法国的政治论述中通常具有实证性的隐含义。

证这些确定性不是社会某一部分人的偏见,只有把社会当成一个整体对待。因此,哲人必须效仿苏格拉底,后者选择在市场上生活,或"在街上"和街溜子一起生活。然而,古典思想并未效仿苏格拉底这方面的生活,而是试图通过效仿苏格拉底与其哲学上的朋友之间的关系来解决主观确定性的缺陷,而这种友谊正是哲学学派(伊壁鸠鲁的花园是科耶夫首选的例子)的起源,这些学派将其成员和更广阔的社会隔离开来。但是,建立在共同偏见基础上的友谊没有消除偏见,反而加强了这些偏见。

现在,科耶夫对哲学的刻画具有鲜明的现代特征。这种哲学首先阐明了关于世界的清晰一致的观念,其清晰一致性造成了认为这些观念肯定正确的主观信念;如果人们能证明这些观念和世界一致,那么这些观念就可以是客观的。然而,哲学这个词的原初意义并非始于[133]偏见,即并不始于主观确定性。哲学始于意见,或始于对某些意见成问题的品质的认识。哲学建立在一个客观事实上,即人们并不知道根本、整全的问题的答案。这种事实是对哲学的辩护,因为它使寻求这些问题的解决方法成为必要。施特劳斯认为这是哲学"唯一可能的正当性",这暗示了科耶夫所期望的正当性(普遍共识)是无法企及的。只要智慧不可得,

> 所有解决方案的证据必然比这些问题的证据渺小。因此,当某一解决方案的"主观确定性"强过哲人对这一方案存在的问题的意识时,哲人就不再是哲人。这时,宗派分子就产生了。(*OT* 196)

苏格拉底"从不属于某个宗派,也从未创建一个宗派",这表明"哲人并不必然屈服于这种危险"(*OT* 196,强调为笔者所加)。但苏格拉底的生活似乎也支持科耶夫的批评,即批评哲学思考从更广阔的社会中退出:

如果苏格拉底是哲学生活的卓越代表,哲人就不可能满足于一群哲学上的朋友,他不得不走到市场上去。(*OT* 196)

虽然苏格拉底的生活主要是在雅典(市场)的中心,他也正义地对待他的城邦——他服兵役可证实这一点(*OT* 191),但施特劳斯认为,说到底,苏格拉底并不是雅典的公民。因为在苏格拉底看来,城邦和家庭之间没有本质区别,施特劳斯通过提及苏格拉底与克姗蒂佩的婚姻,充分阐明苏格拉底对雅典的依系的本性。苏格拉底深深依系于他的朋友,但他对妻子和孩子的依系却如此脆弱,"色诺芬甚至根本没有把克姗蒂佩的丈夫算作已婚男人"(*OT* 196)。柏拉图说苏格拉底要求其妻儿离开监狱,这样他就能和朋友们度过最后一天,从而证实了这一点(*OT* 200)。如果"苏格拉底是哲学生活的卓越代表",那他与家庭和政治共同体的分离并非个人的失败或癖好,而是哲学生活本身的一种表现。

哲人寻求理解,政治家寻求统治,但这些欲望与人的本性更深层的根源交织在一起。[134]在色诺芬(和施特劳斯)看来,

哲学生活的动机在于对受到极少数人推崇或崇拜的欲望,并最终在于对"自我崇拜"的欲望,而政治生活的动机在于对爱的欲望,也就是被各种人爱,不管这些人品质如何。(*OT* 196-197)

色诺芬把对荣誉的渴望置于爱之上(正如人们通常的体验那样),因为对荣誉的渴望是追求卓越之欲望的自然基础,而爱可能涉及对不能或不愿完善自我之人的依系。科耶夫同意这种说法,黑格尔也一样,他为了对承认之渴望的辩证法放弃了早期的爱的辩证法(*OT* 125n59),因为以爱为基础的历史进步是不可能的。但他们对爱在政治中的作用看法不一。在科耶夫看来,"爱蓬勃生长于家庭中"(*OT* 156)。一个人爱另一个人,不是因为他的行动,而是因为

他的存在。但政治必须与行动有关,政治由承认人的行动之卓越性的欲望驱动。政治家和哲人一样都在追求自我完善,政治家并不满足于无能之人的无端崇拜。因此,他试图扩大其有能力的崇拜者的范围,即试图教育其同胞。科耶夫也不同意施特劳斯的这一暗示,即哲人最终只关心自我崇拜。施特劳斯认为,哲人关心的是对其卓越的肯定,而非被其他人承认的快乐。但科耶夫认为(尽管这是基督教的伪善),后一种快乐并无过错,而且也没有充分理由否认苏格拉底实际上是从别人那里获得崇拜才感到高兴的。哲人也应该扩大其崇拜者的范围,而限制这个人数的只是一种贵族式的偏见。此外,在施特劳斯的解释中,哲人为什么会把自己的思想(即便是口头的)传达给别人,这一点并不清楚。总而言之,统治者比施特劳斯和古典哲人所说的那样更像哲人,哲人也比施特劳斯和古典哲人所说的那样更像统治者。

(A)施特劳斯的回应分为三步,他从对哲人脱离(detachment)于人的解释开始。与科耶夫不同,施特劳斯注意到,哲人与统治者在不同活动中发现幸福。科耶夫拒绝从人类追求幸福的角度来理解政治与哲学,因为他认为在这些活动中的成功[135]与个人幸福之间没有必然联系(*OT* 142-143)。但这不足以成为他忽视幸福的正当理由。无法获得充分的幸福并不意味着不追求幸福,也不意味着不能从幸福的角度来衡量可以得到的东西。现在,哲人在追求真理的过程中发现,他的幸福源于"关于永恒秩序、永恒原因或有关整全的原因的知识"。但在永恒的角度,所有人和人类制度"都无足轻重且短暂易逝——没人能从自己认为无足轻重且短暂易逝的东西中找到稳固的幸福"(*OT* 198)。正如哲人所理解的那样,对永恒的关切使他甚至脱离了自己在非哲人看来最重要的某些方面:

> 哲人主要关注永恒的存在……他尽可能不关心具体的有死的人,因此也不关心他自己的"个体性"和身体,以及所有具

体的人的总和及其"历史"进程。

几乎可以肯定,施特劳斯使用的个体性是指黑格尔人生中的一段时期,科耶夫在他的黑格尔讲座中也强调过这一时期。年轻的黑格尔对永恒的思考与直觉导致了他五年的彻底压抑,这让他完全泄气了,因为"绝对知识的观念要求对个体性,即人性的必然放弃,这一点他不能接受"。[1] 通过接受这种对个体性(或死亡的必然性)的抛弃,黑格尔最终克服了压抑的情绪,于是,科耶夫认为黑格尔成了一名智慧者。

但施特劳斯认为,这种脱离与政治家的幸福并不相容,政治家的主导激情是统治的欲望。"如果政治家不赋予人和属人事物以绝对重要性,他就无法全心全意或毫无保留地投身于自己的工作。"(*OT* 198)因此,政治家对统治的欲望归根结底是对人、属人事物的依系。统治他人似乎与为他人服务相对立,但统治必然意味着要关注他人的事务,而且不管愿不愿意,统治都涉及为他人的需要服务。

但是"一个人依系于某些东西,而这些东西促使他为它们服务,这种依系就可以称为对它们的爱"(*OT* 198)。政治家的爱包含了对个体性的某种忽视,不是对个人本身个体性的忽视,而是对[136]他所爱对象的个体性的忽视,因为他"被爱欲吞噬,不是为了此人或彼人,或为了一少部分人,而是为了大多数人,为了民众,而且原则上是为了所有人"(*OT* 198)。政治家对其臣民的个体性的漠视非常有限,他漠视了可能会缺乏好而高贵的品质这一事实,这实际上增加了他对人的依系。尽管政治家的特征在于他渴望"得到所有人的爱,无论他们的品质如何",但在这里施特劳斯暗示,这种渴望来源于政治家对他们的爱,爱欲求互惠。

论证完统治者的特征在于爱后,施特劳斯展开的推理脉络在 C

---

[1] Kojève, *Introduction to the Reading of Hegel*, 168.

小节浮出水面,正是在这一部分中,他表明政治家的爱不是真正的爱。统治者(由于他个人关切的衰弱)似乎介于家庭里的人和哲人之间,但事实上他更接近母亲而非哲人:

> 在普遍国家来临以前,统治者会关切和爱护自己的臣民,而不是其他统治者的臣民,正如母亲会关切和爱护自己的孩子,而不是其他母亲的孩子。关切或爱护自己的东西,就是"爱"通常的含义。(*OT* 199)①

施特劳斯的措辞表明,我们常说的爱并非唯一一种爱,他把爱放在引号里,首先就让我们怀疑它是否值得被称为爱。特别是他用"关切或爱护"替换掉"关切和爱护",使人怀疑这种爱是否通向对被爱者真正的爱护。虽然爱会自然地削弱对一个人自身个体性的关切和爱护,对互惠性的爱的渴望却倾向于恢复这种关切和爱护。当爱以关切自身的形式出现时,个体性就胜利了,被爱者(不管是一个人还是一群人)就变成一个人的"私人财产或专有财产"(*OT* 199)。这一困难促使施特劳斯表明自己[137]与科耶夫有关爱的学说的分歧:"在科耶夫看来,我们爱某个人是'因为他之所是,无关乎他做了什么'。"现在,科耶夫对爱的描述和施特劳斯对政治家的描述类似,即政治家爱"所有人,无论他们的品质如何"。

施特劳斯通过质疑科耶夫关于爱的学说,质疑了政治家之爱的真实性(truthfulness)。在施特劳斯看来,一个人的行为揭示了他或她的品质,而这些品质的表露要么促进爱,要么毁灭爱。科耶夫举例回答,"母亲会爱自己的儿子,不管儿子犯了多少过错"。施特劳

---

① 把政治置于哲学和家庭这两极之间就能消除科耶夫的异议,即施特劳斯对统治者的描述只适用于民主的或蛊惑人心的统治者,他们希望赢得所有人崇拜。因为从这个角度来看,寡头统治者似乎并不完全是政治的,因为他们仍然主要关心其家庭或阶级的利益。

斯回复道:"重复一遍,母亲爱自己的儿子,不是因为他之所是,而是因为他属于她,或说因为他有属于她的品质。"(*OT* 199)有人可能会说,这位母亲太爱自己的儿子了,远远超出儿子应得的;或许还会有人说母亲根本不爱儿子,因为她所爱的儿子的品质并不是他本来就有的。科耶夫认为,一个人的爱没有理由,这种主张保护了平凡的爱,同时也有损其合理性。因此,这反映了他和那种爱缺乏必要的距离(见 *OT* 230)。相反,很让人不解的是,如果苏格拉底不知道那种不经常被称为爱的东西,不知道那种缺少与爱通常相关的标志的东西,但他却知道可以被称作真正的爱的东西,因为这种东西被对于可爱品质的知觉滋养着,因为它对被爱之人的关心并不会被没有爱心的情感(unloving sentiments)玷污,那么,苏格拉底本能够保持他必要的距离。

(B)在科耶夫看来,如果哲人最终只关心自我崇拜,那么他就没有理由和别人交流自己的思想。在回应这一点时,施特劳斯解释说,哲人完全脱离于人,和某种特定的依系相容,这种依系促使他发展、交流自己的一些思想。他区分哲人对一般公众和对其朋友的依系。哲人依系于前者,是因为他仍然是一个具体的人。他需要吃饭,哲学不会给他盛饭。哲人需要生活在一个有劳动分工的社会中,如果他被指责为小偷或骗子,他就无法与别人和睦相处。作为哲人,他们能摆在桌子上的是政治哲学,一种全面的、能够知道合理政治行动的政治教诲。但施特劳斯坚称,这里有比计算互利更重要的东西在起作用。劳动分工的根源在于两性的分工,在[138]人身上,性的吸引力预设了对人类更普遍的关心和爱护。因此,施特劳斯说道:"这种人对人的自然依系优先于任何对相互利益的算计。"(*OT* 199-200)哲人脱离于人并不会破坏这种自然依系,尽管在某一方面会削弱这种依系(哲人在爱其他人时并没有得到满足),但他也保护这种依系不受侵蚀。与科耶夫不同,这位古典哲人认识到所有人类制度都易腐朽,这一认识使他不再期望"从建立绝对最好的社会秩序中得到的拯救或满足",因而也不会成为革命者。因此,这位哲人的政治学说由他对保护自己活动的关心和避免伤害他人的普遍仁爱所驱动。

虽然哲人的政治教诲随他脱离于其他人所受的限制而定,但他的这一极大脱离却产生对某些人的强烈依系:现实的或潜在的哲人。这些都是他的朋友。他们对哲人很重要,因为他们弥补了"主观确定性"的不足,但施特劳斯指出,苏格拉底除了从朋友那里得到好处,还从朋友那里得到快乐。为了向非哲人解释哲人的经历,施特劳斯"以一种通俗的因而非正统的方式"继续推进。在这里,"非正统"可能意味着与正确的或正统的观念(已经确立自身为正确的观念)相反。针对哲人对朋友的依系,施特劳斯或者倾向于说些显白的假话,或者倾向于用一些可以但不必要用通俗的方式加以解释的表达,来暗示真话。① 我倾向于将施特劳斯理解成后一种,因为他的解释确实和坚持灵魂不朽的正统学说相悖。

施特劳斯认为,我们通向永恒秩序的唯一途径是通过易腐朽的事物。因为如果不参照单个或多个永恒原因,就不能充分理解一个有始有终的存在,所以每一个有朽的存在无论多么模糊,都会反映[139]永恒秩序。但人的灵魂是唯一具有关于永恒的思想的有朽存在,因此可以说与永恒相似。出于同样的原因,灵魂是上升到永恒秩序的得天独厚的起点。因此,哲人脱离于人群(他专注于永恒),产生了一种对人类灵魂的新兴趣。关于永恒秩序的观念并不是平等的,因为有些观念更接近真理。哲人"已经瞥见过永恒秩序",他能区分这些观念和与之对应的灵魂。在某种程度上,哲人对永恒秩序的洞见会改变并加强美对他的自然吸引力。哲人通过对话发现,许多人对最重要的事物、对涉及他们对永恒事物之意见的事情看法各异,而且不少人都是自吹自擂,因为他们或委婉或明确地自称知

---

① Nadon,"Philosophic Politics and Theology",92.

道重要的事情,但实际上并不知道。一个自夸者的灵魂充满不一致的观念,可以说是一团乱麻。自夸者的灵魂也是丑陋的,哲人对这种丑陋格外敏感。混乱和丑陋是疾病的标志。哲人避开这些病态的灵魂,同时不冒犯他们。

与自夸者相反,有一种人知道自己不知道的事情,因为他们热切地关注着一致性(consistency)。因此,我们可以把这种灵魂描述为有序的,甚至"良序的"(well-ordered)。通过对永恒秩序的惊鸿一瞥,哲人可以看到,良序的灵魂比混乱的灵魂更能反映或理解永恒秩序。在其他哲人的灵魂中,哲人得以管窥永恒。这种境界会让他禁不住大喜,"而这与他自己的需要和利益无关"。因此,他"渴望与这样的人始终'在一起'。他倾慕这样的人,不是因为他们可以为他提供什么服务,而仅仅因为他们是其所是"(OT 201)。

针对施特劳斯关于哲人对朋友的依系的解释,我们已经给过一个简单的说明,即人的灵魂之所以与永恒秩序相似,只是因为人类能够思考这一秩序。但我们也以一种不那么独断的方式重复了这个独断论式的主张,这一主张使得施特劳斯推翻了自己:"我们是不是暗中用智慧者替换了哲人?"(OT 201)混乱的灵魂的不一致性如何证明其关于永恒秩序的意见比[140]良序的灵魂的意见离真理更远,这一点尚不清楚。在以哲人对无知的知识为基础论证哲人的优越性后,施特劳斯认为"这类洞察并不能证明这样的假设,比如:非常有序的灵魂比混乱的灵魂更接近永恒秩序,或更接近永恒的原因或关于整全的原因"(OT 201)。此外,施特劳斯似乎暗示,上述叙述预设哲人已经"对永恒秩序有过惊鸿一瞥",这种秩序支持一种特定的宇宙论,这种宇宙论不仅区别于非哲学的意见,也区别于一些可能的哲学意见:自然被理解为原子相互随机碰撞,或被理解为一种需要被制伏的敌对力量。施特劳斯似乎在暗示,人可以自由地拒绝前面提到的假设,而支持这样的方案:

> 如果不做上述假设,我们似乎将被迫这样来解释哲人为什么渴望交流其思想:因为哲人需要弥补"主观确定性"的缺陷,或因为哲人渴望被承认,或因为哲人的人情味(humankindness)。(OT 201–202)

因此,科耶夫所说的哲人交流的原因是可能的,而且不一定比不上施特劳斯所说的。如果不相信整全由神圣意志所支配的人,那么便似乎会更偏向科耶夫的解释而非柏拉图式的解释。

不过,施特劳斯向我们展示了一条解决这个问题的途径:

> 关于哲人见到一个良序的灵魂时立即体验到的快乐,或我们观察到人性高贵的标志时立即体验到的快乐,我们能否不用被迫做专门的(ad hoc)假设就做出解释?我们必须对此存而不论。(OT 202)

通过观察哪种对自然的理解能解释这些人类经验,这个关于宇宙论的争论可以得到解决。施特劳斯暗示,各种流派的哲人都能从别的哲人那里获得一种直接的快乐。施特劳斯谈到,非哲人观察到人性的高贵时立即体验到快乐,他还指出,这种体验不必预设对"永恒秩序"的真实知觉,因为哲人"自己就知道什么是健康的或良序的灵魂"(OT 201)。那么,"良序的灵魂比混乱的灵魂更接近永恒秩序,或更接近永恒的原因或关于整全的原因"这一假设就会有两个不同意思:哲人比非哲人能更好地理解永恒秩序[141](宇宙论命题),或说不管如何理解高贵,比起卑劣,高贵和永恒秩序更和谐(道德心理学命题)。后者可能属于那种本质为爱欲的人之本性的意见。古今之争涉及人性上的分歧。

关于人之爱欲本性的论题,不仅解释了为什么苏格拉底会参与他无法从中受益的对话,也揭示出他能从中受益的对话的性质。它表明,一位哲人的教育活动如何能弥补主观确定性的不足。首先,这个有争议的论题只有通过与人接触才能得到证实。其次，对人的古典理解，为把自然作为整全的这种更好或更坚实的理解打开了一扇门。如果一个人对高贵的体验和他对永恒秩序的思考相联系，那么对高贵的认识就是走向对自然的认识的必经之路。一个人对高贵的理解受到他对美德的理解的影响（见道德与高贵活动之间的相互作用，*OT* 190 - 191），古典的方式是一种对恰切理解道德问题的新刺激（incentive）。现在，和这些被关于整全的非哲学意见吸引的潜在哲人（而非现实中的哲人）对话，特别有助于证实古典假设的真理性，即人的本质与作为整全的自然有密切关系。因此，我们就开始明白，为何这些引起哲人与政治当权者冲突的对话对哲人而言如此重要，或者说，如果哲人非常有幸认识哲学同行，为什么他不满足于与其同行对话："哲人必须到市场上去，是为了在那里钓到潜在的哲人。"（*OT* 205）

（C）在解释了哲人迫切地渴望教育他人后，施特劳斯思考了一位已得到启蒙的（enlightened）统治者的教育活动。他承认，"所有人类事业的徒劳"这个洞见不是对哲人的保护，如果这一洞见不伴随一种对永恒事物的真正依系，那么它"容易倾向于萎缩，或蜕变为无生命的狭隘"。它容易倾向于萎缩，因为它抑制了政治家对其任务的热忱。但也许这个任务可以被重新解释：政治统治可能变成获取财物和权力的手段，[142]从而服务于统治者短暂的自我利益。施特劳斯把这种生活描述为"无生命的狭隘"，这样的生活没有吸引力，人们可能根本不关心它的可行性，但这个问题是根本的，因为它决定了政治启蒙是否可能，即能否基于"人类事业的徒劳"这一真理建立政治生活。施特劳斯认为不可能存在这种生活："统治者也试图教育人，也为某种爱所促动。"（*OT* 202）他接着认为，在色诺芬看来，统治者的爱是通过他对老居鲁士的描述而传达的，老居鲁士"天性冷淡（无生命）或无爱欲（狭隘）"。虽然这一论断没有道理——一种不能爱的本性怎么能解释统治者的爱呢？——但它的优点在于引导读者充分理解居鲁士无爱欲(unerotic)的生活,可以从天性的角度看到这种生活。尽管有人可能认为,他们的国王居鲁士有一种无爱欲的本性,但施特劳斯或色诺芬不能也不会持有这种看法。根据古典的说法,正如施特劳斯所理解的那样,爱欲是人的本质。①

至于居鲁士,施特劳斯把他描绘为一个不敢注视美的人,尤其是美丽的潘西亚(Panthea)。他能感受到美的吸引力,但却只能通过回避来抗拒美(OT 125 - 26n60)。如何正确评判这样一个人?在《论僭政》中,施特劳斯认为居鲁士不如苏格拉底(苏格拉底既能抗拒美的魅惑,又能欣赏它),但比其他所有统治者和非哲人都更胜一筹。他是"色诺芬笔下最完美的统治者",一个"节欲的"人(OT 125 - 26n60)。但在《重述》中,施特劳斯正在考虑政治美德的地位,在对居鲁士更真实的评判上,他给自己留出了空间。在这里,他"第一眼看上去"就是很伟大的统治者,但作为一个人,他就更糟。居鲁士远非完美之人,施特劳斯用比喻暗示居鲁士是一个阉人:

> 统治者知道政治美德,没有什么能阻止他受到政治美德的吸引;但政治美德或说非哲人的美德是一个残缺不全的东西;因此,它引出的只能是真正的爱的影子或模仿。(OT 202,强调为笔者所加)

哲人因为具有关于"良序灵魂"的知识[143]而不会受到政治美德的吸引,但统治者缺乏这种知识,并且由于他爱欲的本性,他不得不依系于人,被一种对他们有用的美德吸引。施特劳斯把统治者的爱的缺陷,追溯到他所爱的对象的缺陷:

---

① Leo Strauss, *On Plato's Symposium*, ed. Seth Benardete (Chicago: University of Chicago Press, 2001), 152.

实际上，支配统治者的是基于通常意义上的"需要"的爱，或说功利的爱；因为，"所有人天生都相信，他们爱那些他们相信能够给自己带来益处的东西"(《治家者》20.29)。用科耶夫的话说，统治者关心人是因为关心得到人的承认。(*OT* 202)

不过，施特劳斯之前是将统治者渴望被所有人爱的欲望，追溯到统治者最开始对他们的爱，但在这里他颠倒了因果顺序。对统治者而言，人类是有用的工具，但一个人不可能爱上有用的东西。爱一个人就是为了这个人的缘故去关心他。统治者对政治美德和人类的爱真诚却不真心，因为他们只相信，他们所爱的是他们认为能从中受益的东西。这种通俗的错觉，似乎给自私和爱（及其吸引力）提供了优势，通过更仔细的审视，这一错觉使人丧失了爱和自私的果实。统治者关心众人，但并不是真正关心。他以一种无爱之爱来爱他们，他认为这才是真正的爱，正是这种爱指引着他对教育的努力。因此，统治者对教育的努力，和不被政治美德所吸引的哲人不可能具有同样的特征。

这两种教育努力在其范围上也不同。统治者被迫教育其所有臣民，而哲人"没有被迫与任何人交谈，除了那些他想与之交谈的人"(*OT* 203)。但施特劳斯在捍卫他对哲人的看法之前，质疑风头不减的启蒙运动的根本可能性。在科耶夫看来，"我们并不清楚，为什么哲人的入门者或门徒的数目必然要受限，或说因此必然要比政治人有能力的崇拜者的人数要少"(*OT* 157)。

施特劳斯发现，[144]科耶夫不愿为一个强有力的观点辩护，即哲人的有能力的崇拜者的人数没有受限，"他仅限于认为，具有哲学能力的人不少于具有政治能力的人"(*OT* 203)。科耶夫的措辞甚至暗示，他质疑是否所有人都能在政治事务上成为有能力的法官。施特劳斯还发现，科耶夫的第五个注释（实际上是科耶夫所发表的书评的第六个注释）和他的观点相矛盾，因为该注释认为政治行动的成功可以通过其"客观"结果来衡量（一场胜仗、一个繁荣富强的国家）。成为一个有能力审判哲人的法官更困难，这不仅因为哲学问题更困难，也因为这种能力需要摆脱"自然魅惑"，这种"自然魅惑""在于无条件地依系于属人事物"。为了阐明施特劳斯的观点，一个小人物并非不可能发现洛克很卑鄙，因为他的哲学并没有充分支持这种依系。由于人对属人事物的依系是自然的，施特劳斯认为，不可能指望永远消除这种反对的根源："无论人如何拼命用干草叉子驱赶自然，自然总是会回来。"（OT 203）值得注意的是，科耶夫写道，一位把自己的读者限制在少数人之内的哲人的立场好像是"先验的、毫无经验根据的"（OT 157），似乎对启蒙运动的反对并未支持这一看法。施特劳斯回答说，如果哲人只对少数人说话，哲人就"是在遵循所有时代、所有国家恒久不变的经验，无疑还有科耶夫自己的经验"。在这个问题上，施特劳斯认为科耶夫的思维已经混乱了，甚至忽视了自己的经验。

在上述离题话之后，施特劳斯回到了他的论点，即哲人不是被迫教育每个人。哲人的朋友足以弥补"主观确定性"的缺陷，而且"求助于完全没有能力的人并不能弥补哲人朋友的不足"。哲人不会出于这种对承认的欲望而强行教育每个人，也不会仅因为他没有这种欲望就出于一种抱负而强行教育每个人。尽管施特劳斯坚持认为荣誉是哲人的特征，[145]也是统治者的爱的特征，但最终，哲人根本不会被对荣誉或承认的欲望打动。对荣誉的欲望是哲人的特征，因为他对有关获得卓越这一方面的荣誉很敏感。但在他身上，对卓越的欲望最终战胜对荣誉的欲望，因为人类卓越所包含的东西最终和对荣誉的渴望矛盾。因此，施特劳斯认为，如果哲人渴望荣誉，他的视野便会模糊不清，如果哲人开始关心被别人承认，"他就不再是哲人。按照古人严格的观点，这样的哲人就变为智术师"，对智慧感兴趣，却不相信追求智慧是人类可以企及的最大的善。

施特劳斯的论点并非基于对诸哲人内心的洞察,他的论点的基础仅仅在于:被他人承认和追求有关永恒秩序的知识之间没有必然联系,而被他人承认和统治他人之间才有必然联系。科耶夫反对说,未伴随他人崇拜的自我崇拜无异于精神错乱。但施特劳斯提醒我们,苏格拉底有时在和政治家的对话中获得了智慧上的进步,这些对话并未达成共识,但会增加哲人的自我崇拜,同时也激起政治家的憎恨。这些对话证实了哲人对自己的评价,因为他们"一再观察到对话者陷入自相矛盾,或无法对他们成问题的主张做任何解释,而且对话者自己也被迫承认这一点"(*OT* 204)。这句话纠正了施特劳斯早期的论点,即"求助于完全没有能力的人并不能弥补哲人朋友的不足"。完全没能力的人能够通过被迫承认自己自相矛盾纠正那些缺点,而不是通过赞同哲人的观点。至于现在所说的缺点,他们不需提到完美能力的缺乏。苏格拉底有色诺芬和柏拉图这样的朋友,但还是会进行上述对话。现在所讨论的缺点通常属于那些分享自己观点的朋友。因此我们能更充分地理解,"哲人必须到市场上去,是为了在那里钓到潜在的哲人"(*OT* 205,强调为笔者所加)。

哲人的政治行动

[146]科耶夫和施特劳斯一致认为,哲人的教育活动和政治当权者的教育活动相冲突,哲人因而不得不采取政治行动。但他们在哲人行动的范围和性质上存在分歧。科耶夫认为,要为哲学辩护,哲人需要转变"公共事务的总体方向"。这种方法的原理很简单。如果哲人想要和别人和睦相处,他们需要让别人更像他们自己。施特劳斯认为保护哲学教育不需要这种激进的干预,而需要:

> 使城邦满意地相信,哲人不是无神论者,他们不会亵渎对城邦来说神圣的任何事物,他们敬城邦之所敬,他们不是颠覆

者，简言之，他们不是不负责任的冒险家，而是好公民。(*OT* 205-206)

换言之，目标是使其他人相信，哲人比他们所意识到的更像他们。施特劳斯捍卫古典的方式是坚守这一点：

> 哲人必须采取的哲学的政治与建立最佳政制的努力并无必然联系，哲人可能做出，也可能不做出这种努力。(*OT* 205)

为哲学辩护不需要建立最佳政制，因为"在种种或多或少不完美的政制中，哲学和哲学教育都是可能的"(*OT* 205)。不过，施特劳斯用来说明这个想法的例子(柏拉图偏爱斯巴达胜过雅典)也表明，哲学在斯巴达这样一个完全有序的政制中是不可能的。对良序和对保护哲学的关注不能分开，它们并非不相干，而在某些方面相互矛盾。现在，人们可能会认为施特劳斯所谓的"哲学的政治"非常不稳定，容易在哲人和公民的真正接触中瓦解。不过，这种预期却与经验相悖。施特劳斯指的是，柏拉图对哲学的辩护取得了"极大成功"，因为他的教诲和行为(包括其典范性的生活)为他人树立了榜样：

> 柏拉图**在**希腊城邦中并**为**希腊城邦做的事情，就是西塞罗**在**罗马并**为**罗马做的事情，西塞罗为了哲学采取的政治行动与他反对[147]喀提林和支持庞培的行动毫无共同之处。此外还有法拉比**在**伊斯兰世界并**为**伊斯兰世界做的事情，迈蒙尼德**在**犹太教中并**为**犹太教做的事情。与科耶夫似乎要表明的看法相反，哲人为了哲学采取的政治行动取得了全面的成功。我们有时惊奇，这一行动是不是太过成功了。(*OT* 206，强调为笔者所加)

尽管施特劳斯区分了哲学的政治与哲人为建立最佳政制可能采取的行动，但他一再使用"在……为了……"，以表明哲学的政治不能脱离对改良现实秩序的关心：因此，施特劳斯自相矛盾。一方面，西塞罗"为了哲学采取的行动和他为了罗马采取的行动毫无共同之处"；另一方面，就像那些行动一样，这也是为了罗马的利益。施特劳斯证实了这一点，他在重复自己的观点时添了一个新的短语："我说过，科耶夫未能区分哲学的政治与哲人为建立最佳政制或改进现实秩序可能采取的政治行动。"（*OT* 206，强调为笔者所加）我们的结论是，在施特劳斯的判断中，哲学的政治并不被一种改良现实秩序的欲望驱动，而是属于哲学的政治的本质，只是表现得好像被这种欲望驱动。

现在，施特劳斯的措辞暗示，法拉比和迈蒙尼德成功使哲学在公众的眼中变得值得尊敬。不过，施特劳斯知道这是假的，尽管他确实认为，"哲学在犹太教和伊斯兰教中处于岌岌可危的地位，不过，对哲学而言，这也不能算是彻头彻尾的不幸"。① 至于西塞罗，施特劳斯私下承认，西塞罗未能拯救罗马共和国，这确实对智性自由造成了不良后果，这也可以解释为什么要严肃对待马基雅维利对传统的打破。② 哲学的[148]政治通过早期现代哲人的著述实现圆满成功。这些哲人并未简单地拒绝柏拉图式哲学的政治传统（见《哲人孟德斯鸠》的引言，*OT* 206），但他们试图用一种前现代哲人不会完全反对的方式来改造现存社会，以此补充柏拉图的传统（见 *OT* 184，马基雅维利与迈蒙尼德和法拉比的相似性），正是这种结合

---

① Leo Strauss, *Persecution and the Art of Writing* (Chicago: University of Chicago Press, 1952), 21.

② 施特劳斯提到西塞罗"反对喀提林支持庞培"的行动，这会给不知情者一种印象：他支持庞培的行动是反喀提林的行动。施特劳斯在回复沃格林时给人的印象是古典哲人会支持凯撒，而在这里，他表明了自己同意马基雅维利，后者曾说，要想知道作家"如果自由了会怎样评价凯撒，应该看看他们怎么评价喀提林"（*Discourses* I. 10）。布鲁图斯、卡西乌斯和西塞罗未能拯救共和国，这足以让我们怀疑古典哲学在腐败时期是否能提供充分指导。

让哲学受到现时代公众的全然尊敬。然而,施特劳斯对这一成功的讨论却有些矛盾。一方面,很难相信施特劳斯不欣赏从宗教僭政中的解放和西方政治自由的复兴;另一方面,施特劳斯说他有时怀疑哲学的政治是否"太成功了"。他没有在此解释这一暗示,但在《论僭政》开头,施特劳斯谈到这一问题时引用了麦考利(Macaulay)的话,因为这位辉格党历史学家承认,英国的新闻自由导致了对新闻的社会控制的加码。

施特劳斯对早期现代思想家成就的矛盾心理,丝毫不能证明他对科耶夫的批评就够格,科耶夫不加掩饰的无神论背离了早期现代思想家对柏拉图哲学的政治的接受。此外,早期现代哲人的成功也意味着科耶夫的普遍的、无阶级的国家对于保护哲学并非必要。最终,科耶夫和黑格尔相信,哲学的政治必然需要改造政治社会,这造成了他们对古典思想和前现代社会哲人处境的误解,哲人被分成了两半:一是哲人一直想要进行哲学活动的欲望,一是耗费一生时间的政治行动的必要性。于是,他们认为哲人的生活是悲剧性的。但是,在施特劳斯看来,"古人并不认为哲学与城邦的冲突是悲剧性的"。色诺芬"似乎通过苏格拉底与克姗蒂佩的关系来看待这一冲突",这一婚姻是喜剧性的。施特劳斯用另一个隐喻来解释对苏格拉底婚姻的[149]隐喻:"就此而言,色诺芬与帕斯卡有某种一致之处。"在帕斯卡看来,柏拉图和亚里士多德漫不经心地将政治描写成:

> 像给疯人院提供规则。如果他们假装把它当作重要的东西,那是因为他们知道和自己交谈的疯子们认为他们是国王和皇帝。他们纵容疯子的妄想,以便抑制他们的疯狂,使其尽可能表现为温和的形式。①

---

① Blaise Pascal, *Pensées and Other Writings*, trans. Honor Levi (Oxford: Oxford University Press, 1995), 457.

一个神志清醒的人被一个疯子杀害可能很荒唐,但不是悲剧。苏格拉底之死也不是悲剧,因为这是可以避免的,而且柏拉图哲学的政治和他的后来者很大程度上避免了这种死亡。

最佳社会秩序

科耶夫认为,改造社会之所以能将哲学从悲剧中拯救出来,不仅因为这使哲人摆脱政治行动与哲学活动之间的撕扯,还因为它促进哲学目标的实现:智慧。只要哲人生活在一个充满冲突的世界中,他的思想是否符合现实就是存疑的。但是,普遍的、无阶级的国家将结束人与人、人与自然之间的冲突,人的思想有可能与现实完全和解。普遍的、无阶级的国家的实现与哲学向智慧的转变一致。

因此,最终的争论涉及科耶夫关于最佳秩序的概念的合理性。施特劳斯否认普遍的、无阶级的国家是最好的或最终的社会秩序。即便是一种理性秩序,也不能保证充满激情的人不会反抗一个靠激情起家的国家。而且,我们有充分的理由对这种国家感到不满。科耶夫承认,只有国家元首是"真正满足的"。其他人仅仅是"潜在地满足",因为他们有权试图成为国家元首。因为"没什么能保证现任的国家首脑[150]比其他人更胜任这个职位"(*OT* 208),某些被统治者的潜在满足能转变为现实满足,这种现实满足把普遍的君主政体转变为贵族政体。在给施特劳斯的信中,科耶夫回复道,这种理想国家"是'好的',仅仅因为它是最后的(因为无法想象这个国家里有战争和革命——仅仅'不满足'是不够的,它还会拿起武器!)"(*OT* 255)。但是,这种国家能否持久则意义重大,要么因为它解决了所有根本冲突,要么因为如科耶夫有时所暗示的,它已经压制了冲突。如果是后者,科耶夫又怎能相信这个国家是永恒的呢?他允许以暴力手段推翻国家元首,但究竟什么会阻止这种宫廷政变改变政府形式?

这种不满的原因不只是为取得统治权的常见斗争的原因，它还有更深的根源。在科耶夫看来，人类区别于动物的地方在于，他们不是单纯接受这个世界。他们纠正或否定世界，劳动和斗争构成人类生活的本质。但在普遍的、无阶级的国家中没有劳动和斗争。科耶夫承认，在历史终结时会有动物性的人，但没有一个人的生活是真男人的生活。施特劳斯认为，如果有人承认这一点，他就必须以不同于科耶夫的方式来理解历史的教训。历史并没解决人类的问题，而只是证明了人类生活的悲剧性，因为它表明，人类征服自然以服务于人的企图，最终却导致人性的枯萎。然而，只要人类的本性没有被完全征服，历史的终结就不是必要的。历史或许使劳动和斗争不再必要，但它没有摧毁人类对高贵的行动和伟大的功绩的关切，施特劳斯暗示，这些属于人类本性："如果一个国家不再可能有高贵的行动和伟大的功绩，那么总会有一些人（andres）起身反抗这个国家。"（OT 209，强调为笔者所加）针对普遍的、无阶级的国家，即使这些人没有备选方案，仅仅是虚无主义的反抗也是合理的，因为它是代表人性的唯一可能的行动，也因为它是可能的，它将发挥作用，至少在一段时间内带来新的生命周期（OT 209）。科耶夫对历史终结的描述使施特劳斯想起尼采的"末人"，他加入尼采的积极抗议。他甚至写了几行反共宣言：[151]"所有国家的战士和劳动者们，团结起来，趁着还有时间，去阻止'自由王国'的到来。"（OT 209）

现在，有人或许会否认科耶夫对人性本质的显白理解，即坚持"既不是战争也不是劳动，而是思考"构成了人之人性，以此来捍卫科耶夫的理想国家。对那些拥有更坚实的快乐源泉的哲人而言，高贵行动和伟大功绩的消失并不是什么损失。通过征服自然，普遍的、无阶级的国家将人类从繁重的劳作中解放出来，使他们得以沉思不变的真理。但如果古人是对的，如果大多数人都不能成为哲人，那么科耶夫的哲学乌托邦的实现，就是以所有非哲人的人性为代价。于是，哲人就有可能与非哲人尤其是"真男人"发生冲突。

古人认为只有少数人才能做哲学，施特劳斯发现，科耶夫在强烈反对这一点时面临着避免这种可能性存在的压力，这种压力解释了他在这一问题上的思想混乱。即便是施特劳斯的批评也无法让科耶夫明白这一问题。在给施特劳斯的一封信中，科耶夫解释说，在历史的终结处将会有两种动物性的人：神（选择沉思真理的哲人或智慧者）以及自动机（他们把时间花在毫无人性意义的体育、艺术、性事上，他们如果不能在这些活动中找到快乐，就把时间花在监狱或疯人院里）(OT 255)。他暗示，大多数人没有实现他们成为哲人的潜能。但如果有些人在没有外部障碍时，也没有实现他们成为神的潜能，这难道不等于否认他们有这种潜能吗？

政治与哲学问题的现代解决方案涉及以哲学原则为基础的社会建构。施特劳斯坚持认为这是不可能的。因为并非每个人都有成为哲学家的潜能，并非每个人都会在一个由哲学原则统治的社会里感到快乐。此外，施特劳斯认为，在科耶夫的方案中，哲人拿着一手要输掉的牌。普遍的、无阶级的国家的首脑不会是一位智慧者，因为没有哲人会想要这种工作。这位首脑主持的政治秩序建立在一种施特劳斯已证明其有问题的意识形态之上。这位首脑尤其"禁止所有这样的教诲、所有这样的暗示：人与人之间存在着自然[152]差异，这些差异在政治上相当重要，不断进步的科学技术无法消除这一差异或使之失效"(OT 211)。我们补充说，施特劳斯不会容忍科耶夫将其社会中的非哲人描述成自动机，更别说他把国家首脑描述成"一个由自动机为自动机制造的'机器'中的齿轮"(OT 255)。哲人被迫转入地下，使用明显符合同时又间接质疑统治者命令的显白的言辞。在"启蒙运动"终结之处，我们又回到启蒙运动之前的哲学处境。但这次，哲人把一根将会绞死自己的绳子给了非哲人。哲学使普遍国家成为可能，从普遍国家无法逃到邻国。哲学使征服自然成为可能，而这种征服是侵犯隐私的技术的产物，它给普世的僭主提供几乎无限的方式来搜查不认可自己命令的思想。最后，哲学把这个新的僭主变成一个完美的刽子手。哲学对法律和道德的批评已经消除了僭主在使用怀疑和恐怖时的羞耻感。科耶夫的政制到来之际,将是哲学在世上终结之时,这并不是因为智慧将取代对智慧的追求,而是因为对智慧的追求将被成功压制。

虽然施特劳斯对普遍的、无阶级的国家的批评令人惊骇,但在我看来,它并未破坏所有在哲学原则基础上重建社会的现代尝试。这说明,施特劳斯将自己对最佳社会秩序的讨论分开,一方面在一个引人注目的地方批判科耶夫的理想,另一方面在《重述》的真正中心为被指责为伪装的僭政的古典贵族制做出辩护。在辩护的最后,他主张:"自由民主或宪政民主比当今时代可行的其他备选方案更接近古人的要求。"(*OT* 194)但我们不得不问,自由民主制是否就优越(从哲人和非哲人的利益角度来看)于古典贵族制(以奴隶制为标志)。在这里,施特劳斯并未回答这个复杂的问题。他只是尝试着为最佳政制的古典概念辩护:古典立场"并不像现在普遍认为的那样容易撤销"(*OT* 194)。

结　语

[153]施特劳斯收到科耶夫的书评后,承诺自己会进行"最彻底和最果断的"讨论(*OT* 243)。我们的分析表明,他确实做到了。我们一开始假设这场论争是两位巨人之间的论争,但实际上施特劳斯更多地把科耶夫看成一位学者,和自己并不平等。例如,他在批评科耶夫之前,对科耶夫的赞扬本身就带有一些反讽意味。施特劳斯写道:"科耶夫是位哲人而非知识分子。"(*OT* 186)但我们已经看到,科耶夫认为的哲人的动机,以严格意义的古典观点来看,具有智术师的特征。施特劳斯写道:

由于科耶夫是哲人,他知道哲人原则上比其他人更有能力

统治，因而会被像希耶罗这样的僭主视为僭政统治最危险的竞争者。(*OT* 186)

施特劳斯前半句和后半句相互矛盾，因为这句话暗示，一个人不必像科耶夫那样，必须要成为哲人才相信哲人比其他人更有能力统治国家。施特劳斯写道："科耶夫从不会想到将希耶罗与西蒙尼德的关系与格奥尔格(Stefan George)或托马斯·曼(Thomas Mann)与希特勒的关系做比较。"(*OT* 186)但我们已经看到，科耶夫最终误解了西蒙尼德，他认为西蒙尼德"仅仅是个诗人"和"知识分子"，而且他确实一度暗示道，"希特勒在色诺芬的意义上是一位好的僭主"，我们也看到，科耶夫在一生大部分的时间里，都在想象哲人与僭主的结盟，而希特勒比希耶罗更像僭主。① 在《重述》法文版的结尾段里，施特劳斯比较了科耶夫和海德格尔，他批评海德格尔缺乏面对僭政问题的勇气，而对科耶夫颇为赞扬。这种赞扬非常反讽。海德格尔或许没有面对僭政问题，因为他仅仅谈论存在，但如果施特劳斯对普遍的、无阶级的国家的批评是对的，那么科耶夫虽然在谈论僭政，却没有面对僭政的后果。施特劳斯对科耶夫勇气的反讽式赞扬原本意在[154]激励科耶夫面对僭政的后果继续斗争，但没有起作用。哲人有时不得不编造自己的朋友，以便日后或许会有真正的朋友(参见尼采《人性的，太人性的》前言)。

或许古典立场中最令人不安的一面是哲人对人的疏离。但这种疏离却伴随人性的普遍仁慈，甚至是对哲人和潜在哲人的爱，或更宽泛来说，对品格高尚者的爱。此外，政治家的爱既混乱，又唯利是图，他在深深依系于他人的同时，却把他人仅仅当作满足自己的手段。哲学的政治化使哲人有染上政治家恶习的危险。在我看

---

① Emmanuel Patard, "'Restatement', by Leo Strauss", *Interpretation* 36 (no. 1 2008):45n147.

来,科耶夫未能避免这种危险。起初,他声称,一旦自己的理想国家实现,"斗争并且劳动将消失,[但是]其余的一切都无限地继续存在下去:艺术、爱情、游戏,等等;总之,能使人幸福的一切东西"。①在他讲座第二版的一个注释中,他纠正了这一观点:

> 如果有人宣称"人仍作为动物活着",并且明确指出"消失的东西,就是本义上的人",那么他就不能说,"其余的一切能无限地继续存在下去;艺术、爱情、游戏,等等"。如果人重新成为动物,那么人的艺术、人的爱情、人的游戏必然也重新成为"自然的"。

值得注意的是,这种纠正并未改变对最后的国家之价值的评价。然而,我们发现科耶夫做着最后的挣扎,他还是有一点不太让人满意。他似乎很高兴,因为在一次日本之行中他发现,在后历史时代,人性("自然"或"动物"的对立面)有可能以形式化的自以为是(formalized snobbery)生存下去,这种自以为是背后的价值"完全不再具有'历史'意义上的'人'的内容",且再也不是"独属于贵族和富人的特权"。② 当科耶夫的目光转向历史的终结时,我们的目光凝聚在这位历史终结论"爱智术者"(philo-sophist)身上,同时沉思着这个杰出头脑的命运。

但是,并非所有哲人对社会进行政治改造的尝试,都遭遇了困扰科耶夫哲学的种种困难。《重述》也是对沃格林的回复,[155]这"构成了整个《重述》的基本一环",对沃格林的回复也处理了这类主张:马基雅维利对政治的理解优于色诺芬。③ 在回复沃格林时,

---

① Kojève, *Introduction to the Reading of Hegel*, 159n.
② Kojève, *Introduction to the Reading of Hegel*, 161-162n.
③ Leo Strauss and Eric Voegelin, *Faith and Political Philosophy: The Correspondence Between Leo Strauss and Eric Voegelin*, 1934-1964, trans. and eds. Peter Emberley and Barry Cooper(University Park: Pennsylvania State University,1993),69.

施特劳斯甚至并未试图驳倒马基雅维利，马基雅维利作为一位思想家，在政治的审慎、言辞的微妙和对古典立场的知识上远超科耶夫。① 他并未试图要驳倒马基雅维利，因为他说自己并没有充分理解马基雅维利。实际上，他对色诺芬的《希耶罗》的研究对最终理解马基雅维利来说注定有用，或者对"揭示现代政治思想最深的根源"有用（*OT* 24）。施特劳斯甚至坦白，自己受惠于马基雅维利，因为他把马基雅维利藏在最显眼的地方，即他的研究题目《论僭政》，这是马基雅维利为色诺芬的《希耶罗》所编的题目。这并不是要说，施特劳斯并没有深刻质疑马基雅维利事业的合理性，而只是说他对马基雅维利印象很深，而且他深知面对哲学时的困难，所以即便是在这次交流中，古人与今人之间的问题仍然对他"完全开放"（*OT* 254）。

贝纳加（Nasser Behnegar），波士顿学院政治科学系副教授和研究生项目主任。在芝加哥大学获经济学硕士学位，在社会思想委员会获博士学位。著有《施特劳斯、韦伯与科学的政治研究》（*Leo Strauss, Max Weber, and the Scientific Study of Politics*, University of Chicago Press, 2003），发表数篇关于莎士比亚、洛克和施特劳斯的论文。目前正在撰写洛克的自由主义研究专著。

---

① 思考下面这句话："如果足够专注地研究马基雅维利的著作，将会得出这一结论：《君主论》中最令人震惊的语句浸淫着马基雅维利对色诺芬的主要的育人术（pedagogic lesson）的透彻理解。对此我并不会惊讶。"（*OT* 56）

谁赢了这场论争？
——施特劳斯-科耶夫论争中为科耶夫辩护

弗罗斯特（Bryan‐Paul Frost）

[157]梅尔泽（Arthur M. Melzer）在解读卢梭政治哲学的作品前言中坦白道：

> 我不是一位卢梭主义者，也不认识任何这样的人。在今天，人们可以发现笃诚的康德主义者、功利主义者、马克思主义者、各式各样的尼采主义者，或许还有一两个托马斯主义者，但事实上没有人称自己为"卢梭主义者"。卢梭的思想过于复杂和矛盾，过于极端和危险（无论是从左翼还是右翼的观点看），以及最终，过于奇怪，从而不可能作为有关人类事务的终极真理被信奉和铭记。不过，即便他的思想无法引发信仰，但却特别适于引发反思，这似乎可以解释为什么这位哲学家虽然没有门徒，却一直拥有如此之多以及如此热情的读者。①

对于科耶夫也可以做出非常类似的评论：在我们今天的大学校园里，尽管仍然有一两个黑格尔主义者，但很难找到一个公开表态

---

① Arthur M. Melzer, *The Natural Goodness of Man: On the System of Rousseau's Thought* (Chicago: University of Chicago Press, 1990), ix. [译按]中译参梅尔泽，《人的自然善好》，任崇彬译，上海：上海人民出版社，2020，页1。

的科耶夫主义者。① 右派人士可能会声称，真正的人类繁荣只能出现在一个独立、特定的政治共同体中，在这个共同体中，人们（经济、宗教或家庭）之间的差异被接受和承认；相反，左派人士则认为，科耶夫为承认而进行的斗争（或为了纯粹的声名而斗争）产生了一种与进步、解放观念格格不入的恐怖主义的甚至是法西斯主义的历史观。② 但是，不论对于左派还是右派，[159]科耶夫的许多主要主张

---

① 将使用如下缩写方式：*EPD* = Alexandre Kojève, *Esquisse d'une phénoménologie du droit* (Paris: Gallimard, 1981); *HMC* = Alexandre Kojève, "Hegel, Marx et le christianisme", *Critique* 3-4 (1946): 339-366; *ILH* = Alexandre Kojève, *Introduction a la lecture de Hegel*, 2nd ed., ed. Raymond Queneau (Paris: Gallimard, 1968); 以及 *OT* = Leo Strauss, *On Tyranny*, corrected and expanded edition, including the Strauss-Kojève correspondence, eds. and trans. Victor Gourevitch and Michael S. Roth (Chicago: University of Chicago Press, 2013)。除非另有说明，所有强调内容均属原文。

② 关于这一点，参见最著名的（或最臭名昭著的）Shadia B. Drury, *Alexandre Kojeve: The Roots of Postmodern Politics* (New York: St. Martin's Press, 1994), 37, 78。德鲁里（Drury）声称，科耶夫相信，"恐惧不仅仅是达到目的的一种手段，它构成了目的本身，也就是通过'自'愿而没有任何'动物性的必要'选择去死，从而超越对死亡的恐惧，接受人之终有一死。简言之，从达到目的的必要手段来说，恐惧并非必要，它构成了目的本身"。这充其量是一家之言。任何熟悉科耶夫的人都不会否认，他把注意力集中于暴力在人类历史的中心地位上，必须始终记住他为什么这么做以及他认为历史上的暴力所实现的最终目的。在科耶夫看来，战争和革命有助于推翻旧的、不义的政治秩序，也有助于建立新的、更好的政治秩序，暴力使人类逐步进步得到启蒙：越来越多的人摆脱了奴隶身份，越来越多的人被认为拥有权利，越来越多的人能够过上收获满满、有尊严的生活。由于当权者不太可能自愿放弃其权力，那么为了创造平等的社会秩序，暴力有时是必要的。与德鲁里暗示的正相反，科耶夫从不提倡为暴力而暴力。归根结底，为了承认以及随后翻身做主所进行的斗争是正当的，因为奴隶生来就要征服、利用自然力量，消灭战争和革命，让绝对智慧有可能出现。人们当然可以不认同科耶夫的历史主义，但根据科耶夫对人类状况和历史的理解，将其定性为恐怖分子或法西斯主义者似乎非常不准确（*ILH* 28, 30-31, 54-56, 175, 179, 502, 507-508; *EPD* 242, 586）。

都让人大受震撼,十分荒谬,甚至危险,不能被看成智慧的大全,这些主张有:在拿破仑在耶拿战役中获胜后,历史已经终结;普遍同质国家是最后的,因此也是最好的、唯一完全正义的政治秩序;对承认的欲望(正如在主奴辩证法中所描述的)是根本的,因此也是每个人,尤其是僭主和哲人的基本动机;黑格尔(或者经科耶夫修正与更新后的黑格尔)已经阐述了关于人类的终极教诲。尽管科耶夫被合理地视为20世纪最有影响力的思想家之一(相对不受待见),但人们一般是因其博学、敏锐和历史意义而研究他,也就是说,他没有任何门徒。

但不能这样来说施特劳斯。不管是好是坏,有意无意,他的"名字已经成为一种'主义':施特劳斯主义"。① 施特劳斯的信徒毫不掩饰地宣扬他们的施派渊源与遗产,热忱地捍卫施特劳斯的一生、遗产和学问;别的崇拜者则本着真正尊重与拥护的精神来看待施特劳斯的思想,即便他们不愿自称施派,不完全认同他所写的一切;当然,也有一些诋毁者将"施派"一词当作谴责的标签贴在对手身上,这只能表示他们思想的愚蠢或恶意,抑或他们只是为了结束争论,而把谈话转到一个更体面的层次上。因此,施特劳斯在《论僭政》一书中所持的立场可能比科耶夫更让人赞同,这一点并不奇怪——至少在回顾过去半个世纪以来对这场论争本身最具思想性的主要学术评论时,人们往往会有这种印象。

[160]这并不是说这些研究对科耶夫有偏见,或者偏向施特劳斯:到头来,或许施特劳斯的立场只是比科耶夫的立场更令人信服、更前后一致。不过,这个结论也不算完全出乎意料。一方面,我们有理由假设,比起科耶夫,加入施特劳斯与科耶夫之争的大多数学者对施特劳斯更熟悉,他们希望通过了解施特劳斯如何回应其杰出的对

---

① Steven B. Smith, "Introduction: Leo Strauss Today", in *The Cambridge Companion to Leo Strauss*, ed. Steven B. Smith (Cambridge: Cambridge University Press, 2009), 1.

话者来进一步明确施特劳斯的立场。另一方面,科耶夫的主要作品大多是在其晚年或逝世之后出版:《权威的概念》直到 2004 年才出版,其三卷本大作《异教哲学理性史》(*Essai d'une histoire raisonnée de la philosophie païenne*)至今仍无英译。① 因此,科耶夫立场的丰富性和复杂性并非总是显而易见,更不必说俯拾即是了。

　　本文旨在增强科耶夫论述的优势,同时一瞥施特劳斯的反驳的主要特征,以及他在何种程度上(或者是否)回应了科耶夫的异议。毫无疑问,鉴于论争的非凡深度和毫不妥协的严肃性,在这里不可能公正地对待整个论争,也不可能决定谁实际上"赢"了这场论争:声称要做这两件事中的任何一件,就等于宣称自己拥有比施特劳斯和科耶夫加起来还要广博的学识。

　　但是,论争中可能存在被忽视的方面或维度,把注意力集中在此,我们自然就能从一个更好的视角看到,为何许多人理所当然地认为,这场论争是 20 世纪最重要的此类论争之一。不过,至少还有另一个重要原因可以解释为什么本文的做法值得尝试。施特劳斯和科耶夫都强烈暗示,他们对哲学的理解是仅有的两种站得住脚的哲学理解,其余的要么相互矛盾,要么从属于他们二人的理解。在他们的书信交流中,科耶夫承认,如果"有某种类似于'人的自然'的东西,那么肯定你一切都对";同样,施特劳斯也说,"在我们的时代,没人能像你那样出色地为现代思想辩护"(*OT* 261, 236;参见 243 – 244, 256;*ILH* 290)。[161]因此,专注于科耶夫整个哲学理解的优势,或许帮助我们从自己的政治原则中淘尽历史的沉淀,以一种无与伦比的原初的清明来看待这些原则。实际上,我们在这方面

---

① Alexandre Kojève, *Essai d'une histoire raisonnée de la philosophie paienne*, 3 vols. (Paris: Gallimard, 1968 – 1973), 以及 *La notion de l'autorité* (Paris: Gallimard, 2004), recently translated by Hager Weslati, *The Notion of Authority* (London: Verso, 2014)。

甚至可以更进一步。用一位当代学者的话说,科耶夫的政治哲学可能是某些现代性核心主题"最充分、纯粹的表达",如果这话没错,那么,即便在大多数人看来,科耶夫那明显怪诞而危险的宣言或许还是乱花渐欲迷人眼,但他可能已经准确地洞悉并揭示了现代政治与哲学必经的轨迹。① 如果这一评价正确,那么或许科耶夫值得有一众自己的门徒,甚至有他自己的"主义"——如果现代性在最关键的方面确实优于古代。

论争的特征与共同基础

一个人无论是第一次还是第十次接触施特劳斯与科耶夫之争,都很容易被这场论争的不同寻常打动。② 施特劳斯对色诺芬的对话进行了精心的逐行(甚至逐字)文本解读(有厚厚的、详细的注释和交叉引用,读起来几乎像法律评论里的期刊文章),但科耶夫似乎不大看重他的解读。科耶夫以一种礼貌但近乎傲慢的方式暗示,施特劳斯要做的事情,远不只给读者呈现一段解放陈腐古文的渊博说辞:

> 这本书充满才气和热情,但伪装成冷静客观的学术著作,施特劳斯在书中解释了色诺芬的一部对话:一位僭主与一位智慧者讨论施行僭政的利弊。施特劳斯向我们表明,对一部著作的解释与[162]简单的注疏或分析有着怎样的区别。经过他的解释,色诺芬不再是我们所知的那位有些沉闷和乏味的作者,

---

① Thomas L. Pangle, *The Ennobling of Democracy: The Challenge of the Postmodern Age* (Baltimore: Johns Hopkins University Press, 1992), 20.

② 为说明这场论争的起源,笔者广泛参考了施特劳斯文集和科耶夫全宗,见 Emmanuel Patard, "'Restatement', by Leo Strauss (Critical Edition)", *Interpretation* 36(no. 1, 2008): 3–27。

而是一位天才而敏锐的作者,一位颇具创见的深邃的思想家。施特劳斯通过解释这部被人遗忘的对话,还揭露了我们仍旧面临的道德和政治问题……不过,施特劳斯的解释是否不可反驳,倒是其次,因为,施特劳斯此书的重要性远远超出色诺芬真实的、也许不为人知的思想。它的重要性源于它提出并讨论的问题的重要性。(OT 135 – 136)

尽管科耶夫显然进入了施特劳斯的文本解读中,但随着科耶夫的推进,色诺芬的对话逐渐淡去,以至于在《僭政与智慧》结束时,科耶夫谈到的更多是亚历山大大帝、圣保罗和埃及法老易克纳顿(Ikhnaton),而不是色诺芬、希耶罗和西蒙尼德!科耶夫的评论不像典型的学术互动。然而,尽管施特劳斯可以理直气壮地抱怨科耶夫的评论离题了,但他并没有这样做:事实上,在《重述》和他们的书信交流中,施特劳斯的做法恰恰相反(如 OT 178,185 – 186,243 – 244)。其实,施特劳斯的《重述》与科耶夫的《僭政与智慧》有明显的亲缘关系,因为在施特劳斯最充分地解释自己的立场时,对色诺芬对话的文本解读似乎也逐渐淡去了。施特劳斯对《希耶罗》的解读,最终引发施特劳斯和科耶夫之间一场更大的论争,论争的焦点是:古人(以苏格拉底为代表)或今人(以黑格尔为代表)是否正确理解了哲学和政治、人性和历史。[1]

---

[1] 尽管格兰特在 Technology and Empire (Toronto:House of Anansi Press,1969),84 一开始似乎夸大了自己的观点,但他抓住了前面提到的很多观念,他在书中这样写道:"科耶夫从未与施特劳斯就其对色诺芬的解释争论过。科耶夫不断地使用色诺芬 - 施特劳斯一词,这清晰地表明施特劳斯正确地解释了色诺芬的学说。他还同意施特劳斯的这一观点,即当代社会科学没有理解僭政,特别是僭政与哲学之间的关系。不过,科耶夫拒绝古典解决方案对僭政的界定;实际上他从总体上拒绝古典政治科学。在这一点上,他肯定黑格尔政治理论的真理性,认为黑格尔能正确地描述僭政和所有政治理论的主要问题。"他还说:"施特劳斯并未质疑科耶夫是否正确地解释了黑格尔。"

[163]这是否会让我们感到意外呢？在《论僭政》开篇(24 - 25)，施特劳斯作出以下观察：

> 对《希耶罗》的分析会得出结论说，这部对话的教诲达到了任何苏格拉底门徒的教诲能够接近于《君主论》的最大程度。通过对照《希耶罗》传达的教诲与《君主论》的教诲，我们能够最清楚地把握苏格拉底式政治科学与马基雅维利式政治科学最细微同时也是决定性的差异。如果所有前现代的政治科学确实基于苏格拉底奠定的根基，而所有特定的现代政治科学确实基于马基雅维利奠定的根基，我们就还可以说，《希耶罗》标志着前现代政治科学与现代政治科学之间最紧密的连接点。

如果《希耶罗》确实是古典政治哲学与现代政治哲学之间最紧密的连接点，那么这一对话给施特劳斯和科耶夫之争提供了理想的机缘或公开讨论的机会，也就不足为奇了。但是，这里有某种困难：在他们的论争中，施特劳斯和科耶夫并不总是站在对方的立场去论述来证明对方的缺点，反而是站在各自立场理解这一问题，把两者并列在一起展现自己立场的优势。比如，科耶夫声称"色诺芬的文本不如黑格尔的文本精确"，这使得色诺芬的行文"混淆"了几个关键术语；因此，科耶夫轻松地抛弃了色诺芬的术语转而支持黑格尔：

> 因此，黑格尔精确的表述更为可取：不是指向"爱戴"或"幸福"，而是指向"承认"和来自"承认"的"满足"。(OT 142 – 143)

从科耶夫的视角来看，这一变化丝毫没有问题。作为一个彻底的黑格尔主义者，他相信现在能比过去更好地理解过去本身。改动色诺芬的话来适应黑格尔，只不过是让[164]色诺芬更容易被理解，从而更容易被黑格尔以后的世界定位和理解。施特劳斯不会这样做,他认为在证明现在的优越性之前(如果能做到的话),必须像作者自己那样理解过去的思想。因此,施特劳斯坚持保留色诺芬的原文,他指出对话中的其他细微差别很重要,而科耶夫对这些差别要么忽略、摒弃,要么否定(*OT* 189 - 190,198 - 199)。但这并不意味着施特劳斯没有犯同样的错误。施特劳斯也直言不讳地提出了许多(但似乎未经证实)主张,比如他声称,"至于抱负,作为哲人,他已摆脱了抱负",以及"不必非要窥探某个哲人的内心,我们就能知道,一旦哲人由于肉身的弱点变得关心他人的承认,他就不再是哲人",而变为"智术师"(*OT* 204)。可惜的是,对于施特劳斯,科耶夫明确否认他自己有这样的心思(就此而言,也否认任何人有这样的心思)(参见 *OT* 191)。所有这一切只是为了强调,论争有时是两个互相排斥的方案之间的较量,而非总以一方的视角去证明或否定。读者的任务要重得多,因为我们必须仔细考虑每一种方案,并自己去比较它们。① 因此,这种非典型的论争是一场不同寻常的高水平论争。

　　值得注意的是,这场论争并置了关于哲学、历史和僭政的两种对立观点,而两位作者之间并没有明显的敌意。当然,由于施特劳斯和科耶夫一生中大部分的时间都是亲密好友(从他们的通信中可以看出,尤其是在 20 世纪 30 年代和 40 年代),没人希望他们表现出任何怨恨,即便他们在激烈的论争中毫不妥协。不过,这场论争之所以彬彬有礼,另一个可能的原因是,他们共同接受了色诺芬(以及其他古典哲人)关于僭政(以及所有政制,无论是基于法律、选举还是其他)(潜在)合法性的基本教诲,还[165]接受了其所暗含之意。在《论僭政》中间部分,施特

---

① 正如当施特劳斯请求科耶夫写一篇对《重述》的反驳时,科耶夫给施特劳斯写道:"自然地,我有很多话想说,但必须给读者留下一些东西:读者应该继续他自己的思考。"(*OT* 255)

劳斯非常恳切地写道：

> 色诺芬笔下的苏格拉底清楚地表明，只有一种资格对于统治而言是充分的：使一个人成为王或统治者的，只是知识，而不是力量、欺骗、选举，或许也不是继承。如果的确是这样，"宪政的"（constitutional）统治，亦即尤其源于选举的统治，本质上并不比源于力量或欺骗的僭主统治更正当。僭主统治以及"宪政的"统治在多大程度上会是正当的，在于僭主或"僭政的"统治者在多大程度上会倾听那些"善思"因而"善言"的人的建议。不管怎样，僭主通过力量和欺骗上台之后，或说在犯下众多罪行之后，如果能倾听有理智的人的建议，他的统治本质上就比那些拒绝倾听这类建议的、选举产生的官员的统治更正当，也就是说，比选举产生的官员本身的统治更正当。色诺芬笔下的苏格拉底毫不热衷于"立宪主义"的事业，他甚至把劝谏僭主的理智之人称作僭主的"同盟"。这就是说，苏格拉底以几乎与西蒙尼德相同的方式来看待智慧者与僭主的关系。（OT 74–75）

古人的教诲认可这一观点，即宪政民主和大众统治没有明确的理论正当性，智慧才是统治唯一正当的头衔。坦率来说，不明智的（unwise）僭主和不明智的大多数人区别只在于程度，他们实际上是一种人（参见 OT 91）。但施特劳斯也认为，理论上的正确和实践上的可能这两者之间存在着关键和决定性的区别。施特劳斯在上述引文后立即补充道：

> 色诺芬似乎相信，仁慈的僭政，或一位听从智慧者劝谏的僭主的统治，原则上比法的统治更可取，或比选举产生的官员的统治更可取。但他似乎认为，最好状态下的僭政几乎不可能[166]实现……"僭政的"教诲——这一教诲阐发了这样的观点：我们可以提出论据支持仁慈的僭政，甚至是最初通过力量

或欺骗建立的仁慈的僭政——因而具有一种纯粹理论性的意义。(*OT* 75 - 76)

虽然科耶夫直接否认理论和实践的严格区分(而它们实际上彼此有教益),但施特劳斯的上述言论或许有助于解释他对科耶夫在《僭政与智慧》中最可怕、看上去最无情(骇人听闻)的一些主张的反应(或是缺乏反应)。科耶夫直言不讳,"对于色诺芬而言或许是乌托邦的东西现在已经成了近乎平常的现实"。现代僭主常常"分配各种'奖赏',尤其荣誉性的奖赏,以便在他的国家的农业、工业和商业领域建立'斯塔汉诺夫式的'(Stakhanovite)竞争";他们用"国家警察"和"强制性的军役"的"常备军"代替"雇佣兵"作卫队;而且,他们"让臣民更幸福,让他们把'父邦看成自己的财产,把公民看成自己的同伴',就会获得臣民的'爱戴'"。简言之,由于色诺芬的视野有限,他不能想象:

[僭政]服务于真正革命性的政治、社会或经济观念(亦即服务于与既有一切完全不同的目标),而且这种"僭政"具有国家的、种族的、帝国的或人文主义的基础……个人而言,我不接受施特劳斯在这个问题上的立场,因为我认为西蒙尼德 - 色诺芬式的乌托邦已经被现代"僭政"(比如萨拉查[Salazar])实现了。(*OT* 138 - 139)①

---

① 科耶夫的斯大林主义问题太复杂,在这里无法处理。虽然科耶夫知道斯大林的冷酷无情,虽然科耶夫在俄国革命初期被捕,而且差点被处死,但他仍然是某种意义上的共产主义者;他仍然钦佩斯大林超凡的天赋——斯大林认为有必要通过建立一个现代的、工业化的斯拉夫 - 苏联(Slavic - Soviet)帝国,将俄罗斯带入 20 世纪;而且,科耶夫仍然自称是斯大林的良心,据报道,他因斯大林之死极受触动(参见 *OT* 138 - 139,255,262)。至于最近对身为法国高级公务员科耶夫实际上是一名苏联间谍的指控,见 James H. Nichols, Jr. , *Alexandre Kojeve*: *Wisdom at the End of History* (Lanham, MD: Rowman & Littlefield,

[167]科耶夫说这些话的缘故显而易见:他从不回避,实际上完全接受他历史主义的全部含义。尽管他从不为暴力本身而颂扬暴力,但他认为暴力带来了必要而有益的变化。因此,在科耶夫看来,上述那些说法并不可耻,至少这些说法承认,存在在时间中创造自身,而且历史会判定真理是否有效,因此真理是首位的。不过,对于这些说法,施特劳斯从未抄起道德义愤的棍棒。至于萨拉查,尽管施特劳斯从未去过葡萄牙,"从关于这个国家的听闻来看,我倾向于相信科耶夫是正确的……不过,一燕不成夏,我们绝不否认好僭政在非常有利的条件下是可能的";至于斯大林,施特劳斯简短地,甚至相当谨慎地评论称:

> ["斯塔汉诺夫式的竞争"会符合]西蒙尼德的标准,如果同时大量减少使用内务人民委员会(NKVD)或"劳改"营……科耶夫会不会进而放言,生活在"铁幕"(Iron Curtain)之后的所有人都是斯大林的盟友,或者说,斯大林把苏俄的所有公民及其他"人民民主政制"都看作同志?(*OT* 188 - 189)

施特劳斯接受了色诺芬的僭政学说,这或许让他能够从一个高得多的视野或远景来判断任一乃至所有政制的价值(理论上的和实践上的)。比起其他任何政制,施特劳斯可能更喜欢生活在 20 世纪的自由民主制下,但他不是这种政制的纯粹拥趸,他认为它有缺陷:自由民主制可能会遭遇和僭政同样的理论局限,甚至和所有其他不

2007),133 - 137。尼古拉斯收集了现有证据,并谨慎地试图弄懂它。在一封给沃格林的信中(1949 年 4 月 15 日),施特劳斯评论道:"科耶夫把自己说成斯大林分子,但很快就在苏联遭到枪击。"见 *Faith and Political Philosophy*: *The Correspondence Between Leo Strauss and Eric Voegelin*, 1934 - 1964, trans. and eds. Peter Emberley and Barry Cooper(University Park: Pennsylvania State University Press, 1993), 61。

基于智慧的政制的理论局限一样。尽管科耶夫会从这些发现中得出截然不同的结论，但两人都缺乏我们所谓的对当代政制的一种热烈的(或血气的)因而狭隘的爱国情怀，尽管他们可能倾向于当代政制之一。①

[168]如果说有谁确实受到来自道德义愤或道德厌恶的棍棒重击，那肯定是海德格尔，施特劳斯在《重述》的最后一页不太避讳地提到他：

> 在我们的讨论中，几乎没有提及这两个相对立的基本预设之间的冲突，也就是存在是否永远与其自身相同，还是在时间和历史中不断变化。但我们一直都想着它。因为我俩都明显从存在转向了僭政，因为我们已经看到，那些缺少勇气面对僭政问题的人，那些因此 et humiliter serviebant et superbe dominiabantur[卑贱地臣服，又高傲地统治]的人，被迫也回避存在问题，这正是因为他们什么也没做，只是谈论存在。(OT 213)

海德格尔(静悄悄地)出现在施特劳斯与科耶夫的论争中，还出现在他们整体的政治思想中，关于这一点可以讲很多，但尽管如此，施特劳斯的评论揭示出他自己和科耶夫之间的相似，他们都反

---

① 相反，柯瓦雷发现，施特劳斯在《重述》中对科耶夫的批评"太过温和"。在给施特劳斯的信中(1954年4月17日)，柯瓦雷写道："在我看来，科耶夫的文章纯粹是诡辩，甚至是很坏的诡辩。它坏就坏在展示了'人对人的承认'这一著名口号的虚伪，这句口号的结果是所有人都承认了僭主。诡辩就诡辩在它否认明显的事物，并一直指出完全不同的事物。这也是相当不诚实的。"
施特劳斯回答说："至于我对科耶夫的批评，我想自己看得很清楚，科耶夫立场中有玩世不恭的成分，也有(资产阶级的)势利成分。然而，我感谢他没有把我的建议当成一派胡言拒绝掉。我的意思是，我很感激他在20世纪中叶愿意真诚地讨论这一看法，即色诺芬可能知道了我们的僭政的所有要害。"见Patard,"'Restatement', by Leo Strauss", 17-18；亦见 OT 257。

对海德格尔:转向僭政的问题是转向政治,而且这是对政治哲学的首要地位的承认。用《论僭政》一书的编者的话来说:

> 我们毫无理由怀疑,对海德格尔政治生涯的反映仅仅使他以及科耶夫确信,对自身居首要之位的东西或对存在的思考,必须始终与对我们而言居首要之位的东西——政治生活——连接在一起。[1]

尽管科耶夫[169]和施特劳斯确实出于不同的理由相信,政治哲学是"第一哲学"(对科耶夫而言,这是因为政治的舞台是决定思想真伪的地方[OT 157,163-164,167,173-176],但对施特劳斯来说,这是因为"政治哲学是社会科学、人类科学和人类事务的合法女王"),不过对政治哲学地位的这一认同延伸到我们可称之为哲人和政治人的外在特征上。[2] 科耶夫强调,"僭主""未入门者"与哲人之间存在三个区别。首先,哲人擅长"辩证法"或"辩论",因此能够看到未入门者论证的缺陷;第二,辩证法的技艺使哲人摆脱了特定历史时期的统治"偏见";最后,哲人在其思想和实践的建议上比前者更"具体",不那么抽象。[3] "这三个特征就是哲人在统治问题上

---

[1] Victor Gourevitch and Michael S. Roth,"Introduction",xxii.

[2] Leo Strauss,*The City and Man*(Chicago:Rand McNally,1964),1;参见 20;*OT* 200-201。

[3] 关于科耶夫对"具体"和"抽象"之间所做的有些特殊而陌生的区分,见 *OT* 148n2。科耶夫也将这一区分运用到艺术上,尤其是其叔叔康定斯基的绘画上。科耶夫(可能是打趣地)称,所有前康定斯基的具象绘画都是"抽象的""主观的"(因为画家自己必须对其希望在画布上表现的实际对象进行抽象),而所有现代的抽象绘画都是"具体的""客观的"(因为这幅画除了自己什么也不代表,它是一个完整统一的整体)见 Alexandre Kojève,"Les peintures concrètes de Kandinsky",*Revue de Métaphysique et de Morale* 90(no.2, 1985):149-171。

原则上享有的对于'未入门者'的巨大优势。"(*OT* 148)施特劳斯从不反对这种对哲人统治能力的刻画,他坦率地承认,哲人比政治人或僭主更有能力统治(*OT* 186)。事实上,施特劳斯似乎也承认,在某一方面,科耶夫认为僭主或政治人的特征在于寻求普遍的承认,这也是正确的(即便他并不总是使用和科耶夫相同的语言):"政治人的特征在于,关心得到所有人的爱,无论他们的品质如何。"(*OT* 198以下)但是,如果这两种观点都是正确的,那么在这场辩论中,施特劳斯不是已经输掉百分之九十九了吗?如果施特劳斯和科耶夫同意我们所说的哲人和政治人的外在特征,那么[170]这两类人的区别是什么,为什么会有施特劳斯与科耶夫之争?

一切似乎取决于那百分之一。虽然这太陈词滥调了,但那个百分之一是哲人的内在动机:尽管科耶夫认同哲人比僭主(或比其他任何人)更有能力统治,但更重要的是,他从根本上瓦解了哲人、僭主之间的区别(实际上也是所有人之间的区别)。哲学和政治的目的是同一个,二者的事业都不可能完全脱离对方而实现。

> 因为我认为,在自己杰出的人性实在和尊严上得到(那些自己反过来也"承认"的人的)有效"承认"的欲望,实际上是人与人之间所有竞争的最终动机,因此也是所有政治斗争——包括导致僭政的斗争——的最终动机。通过自己的行动满足了这一欲望的人仅凭这一事实就实际上得到了"满足",不管他是否幸福或被爱。(*OT* 143;参见156,158)

如果施特劳斯能够证明这一举足轻重的主张误入歧途、不够充分或完全错误,那么科耶夫的整个哲学体系将岌岌可危,因为这表明对承认的欲望不是人类本身的特征,或者至少不是最高人类的特征;哲人不需要为了避免主观确定性的陷阱而说服其他所有人相信自己观点的真实性;哲人的教育活动不是一个历史的发动机,历史本身也不一定是动态的、进步的过程。① 这场论争中的几乎所有事情[171]都取决于对哲学和哲人的正确理解,甚至这样说也不夸张:即便是存在的问题(或至少是我们了解或接触这一问题的唯一或主要途径)可能也取决于恰当理解这样一类个体的内在动因:对这类人而言,存在问题是最根本的关切。②

主观确定性与承认,哲学与对真理的探寻

科耶夫的《僭政与智慧》大致可分为三部分。在第一部分中(*OT* 136 - 147),科耶夫最直接地处理了施特劳斯对《希耶罗》的解释,他声称,在黑格尔主奴辩证法的大框架中展示这一对话,便能更好或最好地理解它,尤其是理解色诺芬的乌托邦和有神论的预设。在第二部分(*OT* 147 - 167),科耶夫讨论了哲人的教育活动,将其追溯至哲人验证自己想法的需要、克服主观确定性问题的需要,以及渴望从任何和所有可能的对话者那里获得普遍承认和满足的需要。

---

① 对施特劳斯而言,哲学的最高重要性在于人们最猜不到的地方,也就是在他对普遍同质国家的描述中。在指出一连串的危险后,施特劳斯在结尾段落集中讨论了这种国家对哲学和哲人造成的灾难性威胁。"普遍的和最后的僭主"(施特劳斯调侃他)很可能会无情地"搜查"独立的思想家,而那些思想家将无处可逃,无处可藏。"科耶夫这样说似乎是对的,尽管基于错误的理由:普遍同质国家的来临将是哲学在世上的终结。"(*OT* 211 - 212)

② 不应忽视施特劳斯和科耶夫之间的最后一点共识,因为它将科耶夫与许多现代的施特劳斯评论家区分开来:科耶夫完全认同施特劳斯的观点,即哲人都在隐微写作。在为施特劳斯的《文集》写的文章中("The Emperor Julian and His Art of Writing", in *Ancients and Moderns*: *Essays on the Tradition of Political Philosophy in Honor of Leo Strauss*, ed. Joseph Cropsey, trans. James H. Nichols, Jr. [New York: Basic Books, 1964], 95),科耶夫写道:"施特劳斯已经提醒我们自 19 世纪就容易被忘记的东西,即人们不应该从字面上理解早期伟大作家所写的一切,也不应该相信,他们在自己的作品中明确表达了想要表达的一切。"参见 *OT* 148 - 150, 162 - 167, 174 - 176, 186, 206 - 207, 269 - 274, 294 - 304。

在第三部分中(OT 167-176),科耶夫勾画出哲人与僭主之间的历史关联,展示了这种辩证的相互作用最终如何导向普遍同质国家的建立,这种国家是最后的也是最好的,进而也是经过人类斗争和劳动检验的唯一正义的政治秩序。

我们先看中间的部分,因为它似乎把第一部分和第三部分套在一起:对承认的欲望是理解黑格尔《精神现象学》的关键,而主观确定性的问题[172]需要哲人登上政治舞台并给出建言,主观确定性(经知识分子正确调整后)将在历史上变成一种强有力的进步的力量。① 主观确定性的问题(及其包含或引申的所有问题)也是施特劳斯不断返回的那类主题:如果观察书中施特劳斯第一次提主观确定性和最后一次提主观确定性的位置(OT 196,208),那么就会发现主观确定性占了整个《重述》超过三分之一的篇幅,施特劳斯还用近一半的篇幅专门讲述他对科耶夫的具体回应。这场论争在许多方面都以这个问题及其巨大后果为中心。

让我们先勾勒出科耶夫对哲学和智慧的一般特征的描述。在科耶夫看来,人类历史研究揭示了真理,判断政治现象的标准是历史而非自然的成功。错误地求助于自然的哲人假设:

> 存在自身本质上是不变的,永远与自身同一,存在在一种从一开始就完美的理智中并通过这种理智永久地彻底揭示出来;对于存在的无时间性整体,这一充分的揭示就是真理。人

---

① 科耶夫注意到,哲人为使其"政治-哲学的建议"应用到当下的历史现实,常常得对之修正和调整。把哲人的理论性建议和当下国家事务"融合"起来,属于形形色色的"知识分子"的任务(OT 175)。用西瑟(James W. Ceaser)的话来说比较恰当,"科耶夫提出了一种相当于历史运动中的无形之手的东西,它协调观念制造者(哲人)、中间人(知识分子)和消耗者(僭主和政治家)之间的活动"。James W. Ceaser, *Reconstructing America: The Symbol of America in Modern Thought* (New Haven, CT: Yale University Press, 1997), 217.

(哲人)能够在任何时刻参与这一真理,不论是作为源于真理本身的一种行动("神圣启示")的结果,还是通过他自己个人的进行理解的努力(柏拉图式的"理智直觉"),这一努力的唯一条件就是做出这一努力者的内在"天分",而无关乎他在空间(国家)或时间(历史)中碰巧所处的位置。(*OT* 151—152)

不幸的是,对这类哲人来说,黑格尔已经决定性地证明,这种"有神论"的真理概念是错误的:无论[173]自然是什么,都不是存在或真理所在的地方。存在创造自身,它通过人类的历史发展并在这一发展中被推论性地(discursively)揭示出来,除非哲人想被真理给甩了,否则他必须完全依系并深深眷恋政治的世界。超越"社会的和历史的验证"的东西,"都永远要归入意见(doxa)之域",只有转向并充分理解历史辩证法的哲人才会发现,他对智慧的不懈追求最终已达到智慧本身(*OT* 152,161,167-169)。智慧者或圣人是完全自觉从而无所不知的人,这种神样的状态原则上对任何花时间阅读科耶夫有关黑格尔的著作的人都是开放的。哲人沉湎于"一个充满问题的世界",徒劳地"寻求解决问题",圣人则对政治和政治哲学中最紧迫的问题给出了明确的答案(*OT* 167,147)。

这种对哲学(和智慧)的黑格尔式理解让科耶夫得出结论,哲人与政治家的动机之间没有本质区别:"两者都寻求承认,两者的行动都是为了配得上这一承认。"尽管爱指向一个人之所是,承认指向一个人的所作所为,但在科耶夫看来,哲人和政治人一样,都希望自己的行为(而非其存在)得到赞赏或承认(*OT* 156-158)。事实上,擅思或擅言之人可能比行动的人更需要崇拜。行动者不论别人如何看待其事业,只要他在事业上取得成功,就会受到人们的崇拜;哲人或知识分子的成功完全取决于别人对其学说或著作的看法(*OT* 162n6)。只想被(或相信自己只会被)拣选出的少数人承认的哲人在一种未经证实的偏见基础上行事,这种偏见"至多在某些社会条件下、在某个特定历史时刻有效"。能够尊敬哲人的人数和能够尊敬政治家的人数原则上没有差别,哲人也没有理由对能够尊敬或承认他的人数"施加先验的限制"。在科耶夫看来,根本没有办法证明施特劳斯的观点,即哲人进行哲学活动是出于哲学活动的内在乐趣,而非为得到别人的尊敬:"我们有什么理由声称他并不[174]寻求这一'承认',既然他事实上必然发现了这一'承认'?"因为哲人在向别人传授学说时,实际上是被承认和崇拜的,所以人们无法知道他是否对这种崇拜漠不关心,而只在乎自己的自我崇拜或自我提升(OT 157 - 162)。

但科耶夫指出,哲人对得到他人的承认之所以感兴趣还有另一个原因,这个原因有助于我们看到,科耶夫如何理解哲人与国家、哲人与公民社会之间的关系。即便有人承认存在和真理的"有神论概念",科耶夫也会问,哲人如何才能知道自己的思想在客观上是正确的,也就是说,哲人对某一具体观念之真实的主观确定性是否实际上符合存在或真理的客观标准(OT 152 - 153)。现在,一个从未传递其知识的哲人,不能确定自己的观念在原则上和一个疯子的观念有什么不同;因此,哲人会发现有必要同他人交流,并说服他们相信他知道的东西。但是,尽管哲学上的朋友或门徒的存在消除了疯狂的问题,但这并不能解决主观确定性的问题:尽管他们意见一致,这一有限的哲人群体可能会在不知不觉中拥有类似的偏见。因此,一个真正的哲人会离开其与世隔绝的朋友圈,和越来越多的人交流,为他们写作。从与世隔绝的生活转向更公开的活动是必要的,因为哲人要客观地(即历史地)证明自己的观念具有真理性,唯一方式就是成功地说服别人接受自己的理论(OT 153 - 155,162 - 163)。哲人不能仅仅满足于谈论观念:为确保他们已经正确理解自己所处历史时代的优劣,他们必须提出一种改进、超越或否定当前政治现实的政治方案。换言之,所有理论或哲学观念的真理性需要在实践上或政治上得到证明,一个局限于理论层面的哲人永远无法克服主观确定性的问题。正如一位哲人想要以一种在教育上有效的方式来展现其学说,那么他必然成为历史进步和自我意识的发展中不可或缺的主体。

[175]简言之,如果哲人完全不给予政治家任何政治"建议",也就是说,从他们的观念不能(直接或间接)引申出任何政治教诲,那就不会有历史的进步,因此也就不会有严格意义上的历史。但是,如果政治家没有通过他们日常的政治行动最终实现基于哲学的"建议",那么也就不会有哲学的进步(朝向智慧或真理),因此也就不会有严格意义上的哲学。(*OT* 174 - 175)

所有哲人要么写过有关政府和国家的论文从而提出建言,要么像柏拉图之于狄奥尼索斯、亚里士多德之于亚历山大、斯宾诺莎之于德维特(De Witt)那样,亲自干预政治事务(*OT* 157,163 - 164,167,173 - 176)。

施特劳斯对哲学的刻画明显不同于科耶夫,这一点不足为怪。对施特劳斯而言,哲学既非一种学说,也非一种方法,而是一种生活方式:哲学是对人类所面临的真正问题的认识,而非对解决这些问题的知识的认识。哲人想知道整全或永恒秩序的本质和原因,因此,他会相当轻视人类事务以及人的历史进程。施特劳斯承认,在哲人的研究过程中,针对一个根本问题,他可能"倾向于一种解决方案";但现在,他更确信的是某一问题的某种解决方案,而非该方案的疑点,结果哲人成了一位宗派分子(*OT* 196 - 199,201 - 202)。正如施特劳斯在别处所言:"由于整全的不确定性,开始或问题比结尾或答案保留了更多的证据;回归到开始永远必要。"[①]尽管施特劳斯

---

① Leo Strauss,*The City and Man*,21.

认为哲学是最好的生活方式,但他不相信所有人都能进行哲学活动:许多人不仅缺乏进行哲学活动的自然能力(比如进行论证的分析能力,记起之前步骤的好记性,以及坚持到底的勇气),而且过度依系于日常生活中的具体关切和爱护,而不愿思考"永恒的存在或'理念'"(*OT* 199)。[176]事实上,正是科耶夫"存在在历史进程中创造自身"的"预设"才创造并培育了这种存在主义倾向:"对人之关切的无条件依系成了哲学理解的来源:人必须完全安居于大地之上,必须是大地的公民。"而施特劳斯认为,"有一个永恒且不变的秩序,历史就在其中发生,但这一秩序绝不会受历史影响"。哲人力求成为这一秩序或整全的"公民",因此他将永远不会感到很舒心或安于这个世界,而可能会满足于在世间做一个陌生人。将历史而非自然作为判断政治现象的标准,就会掉进半真半假、未经检验的意见之沼(*OT* 212–213)。

施特劳斯由此发现,哲人的真正动机和目的与科耶夫所认同的完全相反。施特劳斯得出结论道:一个人若真正意识到,他对最重要的事情一无所知,他就会意识到最重要的任务是寻找有关这些终极事物的知识。换言之,一个人自称知道自己不知道的事情时,他的灵魂就是"丑陋的或畸形的",因而一位潜在的哲人会转向哲学,试图使自己的灵魂井然有序(*OT* 201–203)。这种想要知道永恒秩序的热切追求,将哲人与政治人区分开来,政治人深深依系于对这个世界的关切和爱护。政治人有一种压不住的欲望——得到所有人的爱,"无论他们的品质如何",而且他必须使自己,特别是以教育者或立法者的职责致力于所有臣民。与此相反,哲人则投身于一小群有能力的朋友中,并对培养特定类型的人即潜在的哲人(*OT* 198–200, 203–204;参见 88–89, 97)感兴趣。这并非"在原则上"否认哲人比政治人更有能力统治,也不是否认"远大的抱负"是一位潜在哲人常有的特征。但施特劳斯坚持认为,只要潜在的哲人关心得到他人的承认,并且只要他的抱负没有完全转变为"完全投身于追求智慧",那么这位潜在的"哲人"充其量不过是个智术师。与政治家不同,真正的哲人的自我满足或自我崇拜[177]不依赖于他人的崇拜,况且想被他人承认的欲望和追求知识之间并无必然联系(OT 201-205)。施特劳斯认为,政治德性和那种激励政治人的爱欲,只不过是哲学德性和苏格拉底式的爱欲(eros)的"残缺"版或"影子",哲人和政治人之间的这种差异,意味着哲人将是两者中更幸福的人(OT 203,191,197-199)。

虽然我们已经注意到,施特劳斯和科耶夫都认为政治哲学是第一哲学,但施特劳斯明确反对,政治舞台是证明某一观念之真理性的场所。尽管施特劳斯欣然承认主观确定性和宗派主义的问题(OT 195-197),但他认为,哲人不必因此尽可能说服更多的人相信自己观念的真理性。如果哲人一再观察到,和他交谈的许多非哲人陷入自相矛盾或愤而离席,那么,他就可以在哲学上合理地肯定自己的进步。因此,当哲人向一小群有能力的朋友讲话时,他并非基于偏见,而是根据所有真正哲人的经验行事(OT 204-205)。由于哲人不需要为解决主观确定性问题而在政治上变得活跃,其哲学的政治学或教育学就和科耶夫所描述的不同。哲人关心的是在城邦面前捍卫哲学,说服公民哲学并不危险,哲学不是要颠覆,而是有益于并支持现存法律和制度(OT 206-207)。在某种程度上,哲人是政治的,其政治活动也几乎不会像科耶夫所认为的那样有革命性,而是有更温和的目的,比如就一位哲人力所能及而言,不伤害他人或减轻某些罪恶(OT 200-201)。事实上,对施特劳斯而言,政治哲学这个术语不仅描述了被研究的主题,而且也可能主要表明了哲人进行哲学活动的"政治"方式。① 哲学与政治之间存在着不可调和

---

① 见 Leo Strauss, *An Introduction to Political Philosophy: Ten Essays by Leo Strauss*, ed. Hilail Gildin(Detroit: Wayne State University Press, 1989),3-4,77-78。

的差异,[178]认为其中一方服务于另一方,就是通过引入意识形态而导致哲学的毁灭和政治的激进化(*OT* 205-207)。

为更充分地评价施特劳斯的回应是否够格,我们来审查《重述》中的以下两则关键段落:

> 哲人当然不会被迫努力争取普遍承认,无论是出于弥补"主观确定性"的缺陷的需要,还是出于抱负。仅哲人的朋友们就足以弥补那一缺陷,而且,求助于完全没有能力的人并不能弥补哲人朋友们的不足。(*OT* 204)

> 如果哲人为了努力弥补"主观确定性"的缺陷而与他人进行交谈,并一再观察到对话者陷入自相矛盾,或无法对他们成问题的主张做任何解释,而且对话者自己也被迫承认这一点,这人对自己的评价就将得到合理的确认,无需一定要找到某个崇拜他的灵魂(思索柏拉图,《苏格拉底的申辩》21d1-3)。就此而言,哲人的自我崇拜类似于同样不需要他人确认的"好良心"(the good conscience)。(*OT* 205)

施特劳斯完全同意科耶夫的观点,即主观确定性是一个严肃的问题,哲人意识到并试图处理这一点(*OT* 195-196)。施特劳斯与科耶夫的争论点在于,如何以及在何种程度上减轻主观确定性的问题。虽然哲人必须尝试检验其观念,尤其是哲学是最好的生活方式的观念,但这些观念的真理性本身,并不依赖于其他人的承认。如果在谈话中,对话者一再陷入自相矛盾,或无法充分地解释他们的意见和行动,而他哲学上的朋友在反复讨论这些观点和问题时或也继续得出类似的结论,那么哲人就可以合理地确信自己的观点。此外,考虑到哲人和绝大多数人之间的根本区别,不必奇怪[179]只有少数人会同意甚至崇拜哲人,这完全说得过去。即便施特劳斯同意科耶夫的观点,即真理在言辞中揭示真实,但真理本身并不需要别人的口头同意才能取得真理的地位。对于哲人,使一些最聪明的朋友认为自己的论证有说服力,从而向潜在哲人展示哲学生活方式的优越性,也许就足矣。因此,只要哲人在同其对话者交谈时,后者表现出困惑与无知或愤而离席,同时他有能与他交流的朋友,也有他曾帮助其转向哲学的生活方式的朋友,那么,他就可以对自我评价相当自信。对施特劳斯而言,主观确定性问题可能是一个长期存在的问题,一个人观念的真理性不可能有百分之百的确定性。但施特劳斯认为,在减轻主观确定性上,古希腊和现代欧洲哲人都能做到这一点,而且不需要许多人同意或承认他们。

相比之下,科耶夫的立场可能说起来"更开放":如果哲人要减轻或克服主观确定性问题必须求助于至少一人,那么没有任何根本的理由能说明,为什么他要人为地限制那些自己能说服、相信他观念的真理性的人数(*OT* 162)。与施特劳斯相反,科耶夫并不认为"大众"是完全无能的法官,他认为大众和其他人一样有能力判定哲人观念的真伪(*OT* 157 – 158)。这并不是说每个人都能成为哲人或圣人,或者每个人都有相同的智识水准;而是说在历史终结之时,公民将认识到,普遍国家的基本结构和原则赞扬并确保每一特定个体的人格尊严。哲人或圣人的政治智慧体现在最后的国家的制度和法律中,每一代公民都将重新学习这种智慧的基本原则。因此,一旦大量个体认识到最后的国家实际上是最好的或最公正的政治秩序,他们将提供必要的内部支持和凝聚力,以保持国家的稳定和强大。这个国家将承认[180]或确保把个体的自我确定性作为整体的基本要素;而个人看到国家不排斥或不敌视其自身特定利益的实现,就会支持并因此确信最后的国家的正义。有人可能会说,科耶夫完全同意霍布斯对亚里士多德及其他这种"自负"哲人的控诉:认为人就其天性而言并不平等的这种看法是一种偏见,所有人都有同样的能力谨慎处理自己的事情而非受他人统治(《利维坦》13:1 – 2,15:21;《论公民》1:3,3:13)。科耶夫一定会问施特劳斯,如果他还声称哲学是对智慧的追求而非智慧本身,那么他怎么知道大众是完全没有能力的法官。事实上,科耶夫可能会问施特劳斯一个更大的问题,他怎么知道他著作中的许多他似乎知道的事情:如果哲学是对那些问题的真正意识,而非那些问题的解决方案,那么为什么施特劳斯如此确信,比如,哲学是最好的生活方式,或哲人并不渴望得到承认,或存在本身并非在历史中创造自身(*OT* 212 – 213)? 归根结底,施特劳斯对科耶夫政治哲学的全部异议,或多或少有点问题;倘若如此,那么施特劳斯自己的立场,即古典政治哲人已经正确理解政治和哲学的本质以及两者之间的关系,又为何不会退化为某种希望甚至信念? 科耶夫的立场似乎有些极端,但它确实有一个优点,即提供了一个可验证的、客观的标准,通过这一标准可以判断一个观念的真伪。在科耶夫看来,除非主观确定性的问题能够完全被解决,否则哲人注定要持有那些永不能明确被证明或证伪的观点。如果哲学本身最终达不到智慧,那么它就是徒劳的,哲人所能采取的唯一可能的态度就是信仰,或者怀疑主义加虚无主义,这两种态度都将使真理的观念和对真理的追求变得毫无意义(*OT* 152;*ILH* 485n1,504n1;*HMC* 347)。

施特劳斯否认这一结论。哲学既不是教条的、怀疑的,也不是决定论的,而是"狂热的"(即"源初意义上的怀疑论者"[*OT* 197])。在施特劳斯看来,哲学即便是追求真理而非占有真理,也并不是"徒劳"的:

> 对一个基本问题的真知灼见,胜过对它的视而不见或漠不关心,[181]不管这种漠视或无视是否伴随着对大量次要或短暂的问题的答案的了解。①

此外,施特劳斯肯定会质疑科耶夫的主张,即真正的哲学知识

---

① Leo Strauss, *An Introduction to Political Philosophy*, 5.

和公众意见在历史终结处一致。施特劳斯很可能怀疑现代哲学或哲人从未相信过他们自己的高贵的谎言;换言之,他怀疑自马基雅维利以降,哲人为改良政治、救济人类财产而从事的哲学教育(或宣传)是否从未被视作纯粹、单一的真理。现代哲人不断努力在政治上发挥更积极的作用,这是否使他们忘记自己公开的或有教益的学说与真正的哲学真理之间的区别?最后的国家真的能体现和表达真理吗?抑或哲学早已世俗化了,以至于到了把最后的国家的原则和宣传误认为是真理的地步(参见 *OT* 206)?当然,科耶夫不会理睬这些异议:人,且只有人,才能决定什么是正确的;尽管就什么是正确的达成一致可能需要几个世纪,既然在原则上历史已经终结,那么每个人都能看到并明白,黑格尔的哲学体系(或经过科耶夫修改的黑格尔)的原则现在或将来会显现于普遍同质国家中。简而言之,科耶夫"对人类之关切的无条件的依系"可以追溯到这些问题上(*OT* 213)。

在这一点上,这场论争似乎在某种程度上以僵局告终,科耶夫和施特劳斯只是在主观确定性和承认的问题上持有对哲学和哲人的不同理解。但是,回到前面提到的关于现代人的问题,科耶夫也许会想:施特劳斯给他提出的同样的问题,是否也可以反过来反驳施特劳斯对古人的理解。在讨论人类灵魂如何最接近永恒秩序以及哲人如何"压抑不住热爱良序的灵魂"时,施特劳斯单独说明如下:

> [182]尽管如此,这类洞察并不能证明这样的假设,比如:良序的灵魂比混乱的灵魂更接近永恒秩序,或更接近永恒的原因或关于整全的原因。而且,要成为哲人,我们并没有必要做这样的假设,正如德谟克利特和其他前苏格拉底哲人所表明的,更不用说现代哲人了。如果不做上述假设,我们似乎将被迫这样来解释哲人为什么渴望交流其思想:因为哲人需要弥补

"主观确定性"的缺陷,或因为哲人渴望被承认,或因为哲人的人情味(human kindness)。(*OT* 202)

在这段掷地有声之语中,施特劳斯或多或少承认,前苏格拉底哲学和现代哲学都能靠科耶夫自己的术语得到充分理解。或许正因此,在整个《重述》中,施特劳斯指的几乎总是"严格和古典"意义上的哲学(*OT* 212),而且他用来反驳科耶夫的几乎所有的例子和引文都来自苏格拉底;实际上,施特劳斯赞许地引用的唯一一位现代人似乎是"哲人孟德斯鸠"(*OT* 206)。科耶夫很容易叫屈说,施特劳斯对自己的哲学理解施加了不必要的限制,他那一套狭隘的例子对整个历史记载几乎毫无公正可而言。事实上,科耶夫可以更进一步,认为施特劳斯对古典思想的理解甚至无法充分公正地对待古人。色诺芬(正如在《远征记》和其他地方所揭示的)对建立"新模式和新秩序"所带来的承认和荣耀完全不感兴趣,这一点全然清楚吗?如何充分解释柏拉图多次前往叙拉古,以及亚里士多德在马其顿宫廷的所作所为?如何解释阿里斯托芬的例子?施特劳斯可是视阿里斯托芬为一流思想家。阿里斯托芬极强的诗性(因此包括公开的、政治的)活动显示了他对承认或荣誉的强烈渴望,还显示了他热切渴望成为雅典公民的老师,渴望说服雅典人相信自己的建议多么英明。苏格拉底这个例外①证明了施特劳斯的原则,又或仅仅是一个例外?或许还有其他符合施特劳斯所言的哲人,但是,如果他们从未将自己的学说传给别人,或从未出现在别人笔下,那么正如科耶夫正确指出的那样,我们永远不会知道他们(参见 *OT* 140 – 141,158 – 161)。

---

① 雅典人和阿里斯托芬的例子或许也可以用来质疑施特劳斯的另一个论点,即多少人有能力判断一项哲学成就,而不是一项政治成就(*OT* 203 – 204)。雅典人似乎更善于判断谐剧和肃剧(从而也有其中蕴含的智慧),而非各种政治人的政策建言(伯罗奔半岛战争的过程和结果充分证明了这一点)。

让我们从另一个角度来探讨这些看法。在区分政治人和哲人时,施特劳斯认为,哲人"彻底疏离了作为人的人",且就其本身而言,他努力"让赴死和对所有属人事物寂然心死成为自己唯一的事"。当然,施特劳斯还必须要解释哲人如何、为何总是待在市场上,或者说,他对属人事物的疏离和关切如何与对属人事物的依系相容(OT 200)。但似乎施特劳斯的许多解释和主张都颇成问题。例如,哲人为何会对以任何方式减轻"与人的处境相伴随的恶"感兴趣(OT 201)？哲人为何不像苏格拉底构想的城邦之船(《理想国》488a – 489d)上真正的舵手那样,在水手相互争吵(通常很激烈)、与船长争论谁应该来驾驶这艘航船时,尽力不被人注意？或者,为何施特劳斯所讲的哲人必然关切培养潜在的哲人(OT 201 – 202)？难道这位潜在的哲人,不论他何时何地出生,都不能独自走出洞穴吗(《理想国》518c)？最重要的是,施特劳斯对彻底的疏离的描述,和他反复强调的政治哲学是第一哲学的主张如何一致？色诺芬、柏拉图和亚里士多德(更不必说现代人)的作品和主题似乎都倾向于反对这种看法,即哲人对属人事物而言已经死去并且没有丝毫抱负。事实似乎正好相反。

哲人"必须不能完全安居于大地之上,必须是整全的公民",或是永恒[184]不变秩序的公民。从施特劳斯的这一论述出发,我们或多或少会得出相似的结论(OT 213,201 – 202)。但是姑且不谈施特劳斯怎么知道整全是永恒的还是有序的。寓居于整全之中到底意味着什么,为什么不要像科耶夫所主张的那样在家里,或做人世的公民？除非在某种意义上,整全能够表现出关怀从而显示神意(科耶夫术语中的"有神论"),否则在一个既不承认,也不知道人类最深处的需要和希望的宇宙中,在一个冷酷无情甚至可能充满敌意的宇宙中,我们怎能安家？在地上建一座尽可能贴近人类世俗欲望和观念的大厦,使其成为人类理解和知识的主要和基本源泉,这样做难道不是更有意义:正如苏格拉底在《斐德若》230d 中的著名宣言,只有雅典人可以教育他,而动物和植物却不能。到头来,施特劳斯似乎把灵魂在动机上的纯粹归于哲人,他自己承认,灵魂在动机上的纯粹对现代哲人和前苏格拉底哲人来说未必真实,在古典作品中也并未清楚地展示出来。这并不是默认科耶夫在这个问题上获胜:这两种立场都不可能是正确的,或说它们可能在特定时期对某些哲人而言部分正确。然而,科耶夫肯定会要求,如果施特劳斯对哲学的描述有说服力,它必须更加坚实和精确地建立于历史的基础上。①

普遍同质国家的可能性与可欲性

[185]施特劳斯在《重述》结尾猛烈抨击了科耶夫所理解的最后的国家(主要基于科耶夫在《导论》中对它的描述)。施特劳斯以

---

① 最后一个问题关乎主观确定性和哲人的政治教育。如前所述,施特劳斯坚称:"哲人的自我崇拜类似于同样不需要他人确认的'好良心'(the good conscience)。"让我们把这句话用到施特劳斯主义自身:科耶夫估计,施特劳斯主义显然是一个宗派;尽管它被接种了疯病疫苗,但它仍然会掉进伊壁鸠鲁的和封闭的花园的所有陷阱中(*OT* 150 以下)。现在,施派显然认为,他们对哲学文本的解读胜过别人,而且认为自己是本着"好良心"来解读这些文本,不论整个学术界是否认同他们的结论。但是,难道任何宗派都不可能(cannot),而且也没有(butnot)像施特劳斯派那样宣称,自己的行为为本着"好良心"吗?如果各方以及所有宗派都声称自己是本着"好良心"行事,即使其他宗派说他们没本着良心,我们又如何知道哪种解释正确?在施特劳斯主义的例子中,这个问题被放大:施特劳斯主义不仅是诸多宗派之一,而且内部还分东海岸、西海岸甚至中西部派,他们都声称在解释施特劳斯思想时是本着"好良心"行事的(关于施特劳斯主义的不同类别或面貌,见 Catherine and Michael Zuckert, *The Truth About Leo Strauss: Political Philosophy and American Democracy* [Chicago: University of Chicago Press, 2006], 228-259)。科耶夫断言道,要确定谁真正本着"好良心"行事,唯一的办法是看哪一方在历史上最终获得成功,而这意味着要求施派各路都公开其发现。当然,颇为讽刺的是,反历史主义者施特劳斯比历史主义者科耶夫在历史上更具影响力,施特劳斯已经产生一些宗派,而科耶夫则没有!

东方专制主义的幽灵开头,以哲学的毁灭收尾,强烈抨击科耶夫的这一主张:普遍同质国家是"唯一从根本上正义的国家"(*OT* 192)。事实上,施特劳斯在其批判性的分析中走得太远,他设想、赞同甚至鼓励真男人起来反抗这种国家:即使这种"虚无主义的否定""可能注定要失败"(因为如果科耶夫是对的,那这场革命要是成功了的话,无非是开始了历史进程的重复,把我们带到革命的同一起点),比起施特劳斯所说的那种最后的国家的"非人的终结",这种革命似乎更为可欲(*OT* 210)。施特劳斯这些话当中最让人咂舌的,是他在这里呼唤那些他在解读《希耶罗》(*OT* 90 - 91)时批判过的极端好战分子!为了搞清楚施特劳斯的异议和科耶夫的回应的庐山真面目,让我们再(如前一节所述)概述一下他们相反的看法。

科耶夫认为,历史是一个辩证的(因而是理性的、有目的的)过程,在这一过程中,人类自我意识中的矛盾逐渐显露出来,然后得到解决,最终形成终极的政治秩序。人知道这一过程已经终结,因为他可以讲述那表明所有可能的"生存态度"都已被穷尽的过去,即人不再可能也没有必要通过劳动和斗争来积极地否定其周围的自然和社会环境(*OT* 140 以下)。为使这一[186]论点"有理有据",科耶夫在这里很有意思,他把注意力从直接解释黑格尔的主奴辩证法(正如他在《导论》和《纲要》中那样),转移到解释亚历山大和圣保罗的行动与理想上。异教统治者亚历山大试图建立一个真正的普世帝国,一个摒弃先前建立的或以其他方式确立的民族、种族和地理疆界的帝国;基督的仆从圣保罗引入了所有信徒在上帝面前"根本平等"的信念,从而消除了阶级和其他社会经济差别。把"历史这两个伟大的政治主题"综合在一起,就形成了一个完全一致、令人满意的历史现实:从亚历山大开始,就保留了在我们生活的陆地上建立一个普遍国家的想法,而不是像圣保罗所想象的在某个超越一切的彼岸去建立;从圣保罗开始,我们保留了所有人根本平等的观念,摒弃了异教徒的理解,即每个人都有不同的天性或本质。由于人已经尝试过前两种形式的自我意识并发现其存在缺陷,想保留或回到这两种自我意识——或回到任何其他历史时期——的渴望或希冀,无非是想要回到一种有缺陷或不合理的历史状态。科耶夫认为,历史是一种进步的和解,或是"实然"与"应然"之间的相互渗透,这意味着历史上成功的东西比失败的东西更有意义,也更合理。人通过自己的努力一直在稳步前进,现在准备进入普遍同质国家,这种国家之所以无法(也不再需要)被克服或否定,正是因为它是最后的(因此是完全合理的)政治秩序(*OT* 167-176)。正如科耶夫所言:

> 无可否认,仅当这一积极的"对话"、这一历史辩证法完成的时候,真理才会从中出现。也就是说,仅当历史在普遍同质国家中并通过普遍同质国家到达它的最后阶段,真理才会从中出现:由于普遍同质国家意味着公民的"满足",所以它排除了否定性行动的任何可能,因此也排除了一般而言的否定的任何可能,以及对已确立之物进行任何新的"讨论"的可能。(*OT* 168)

[187]相比之下,对于历史是不是一个有意义的进程且是否会终结于一种最后的、完全合理的政治秩序,施特劳斯表示怀疑。他一开始就声称,科耶夫回避了一个问题:科耶夫没有提前默示他要证明的是什么(即历史已经终结,最后的国家的实现就在眼前),他如何能证明历史就要终结,或历史正逐步走向最后的国家之实现(*OT* 208)?从更实质的层面来看,施特劳斯否认,科耶夫或科耶夫的黑格尔已经充分或准确地理解了异教的或基督教的思想。科耶夫歪曲了色诺芬的意思,科耶夫声称,最高类型的人渴望荣誉或承认,而黑格尔式的"满足"可以更精确地呈现古人对"幸福"的理解:"圣经道德或古典道德都不鼓励任何政治家为了实现普遍的承认而把他们的权威扩展到所有人。"因此,科耶夫所谓的异教道德和基督教道德的综合既具有误导性,又带来奇迹般的结果,"从两种对自制有非常严格要求的道

德中,制造出一种松弛得令人吃惊的道德"(OT 189 - 191,197 - 199, 211 - 212)。施特劳斯继续指出,历史的合理性和最后的国家的终结将最终取决于智慧者的绝对统治:

> 普遍国家要求就根本问题达成普遍的一致,而这种一致只有基于真正的知识或智慧才可能达成。

但是,由于智慧者可能不想统治,而不智慧者可能也不会强迫他们统治,所以最后的国家十有八九由不智慧者统治(OT 194,211 - 212,238)。在施特劳斯看来,知识的普遍传播和技术的无限发展都不足以使这些不明智的统治者变得明智。当真正的知识传播开来,它总是"转变成意见、偏见或仅仅是信念";由于不智慧者不知道如何明智地使用技术,所以提倡技术的无限发展(如果只是为了确保不智慧者有适宜自学的物质条件)就充满了危险(OT 194 - 195,208 - 209)。施特劳斯认为,政治在某种程度上总是非理性的(因为这种不明智的统治),它不可避免地包含着机运或不义的因素(因为很少有人足够幸运地拥有接受适当教育的天赋和物质条件)。在政治上,"实然"与"应然"将永远不会一致,[188]这意味着历史不可能是科耶夫所说的有目的的过程。

但即使我们理所当然地认为最后的国家即将来临,科耶夫和施特劳斯对这样做是否可欲也有异议。科耶夫一开始就提出,对承认的欲求是一切政治斗争的动机:只有这一欲求得到充分满足,战争和革命才能被永远消灭。科耶夫称,只有所有人都承认并被其他所有人承认是一个自主的人,即所有人都靠自己"杰出的人性实在和尊严"得到承认时,想要被承认的欲望才能得到充分满足。为了得到更大范围的人民的承认,政治家必然力求扩展其在国内外的权威。换言之,政治家将力求扩大"有能力,因此也配得上"(OT 145)给出和受到这种承认的人数,由此产生的动力是整个人类的普遍进步。

为了使通过他们真正的"承认"得到"满足"变得可能,他[政治统治者]往往要"释放"奴隶,"解放"女人,尽可能早地提前"法定成年"的年龄来降低家庭对孩子的权威,减少罪犯和各种"失衡者"的数量,并提高所有社会阶层的"文化"水平(显然取决于经济水平)至可能达到的最高程度。(*OT* 146)

这种动力最终产生的政治秩序将是一个普遍同质国家,因为只有在这里,几乎所有人才会承认,并被其他所有人承认在根本上自由和平等。由于血腥的战争和革命斗争的根源在最后的国家中会被消灭,这个无阶级的社会——"人类的最高政治理想"——将不再受残暴的统治,而是受公正的统治。在科耶夫看来,当一群公民利用其权威、力量或恐怖来统治另一群人时,僭政就发生了,至于统治集团是多数人、少数人还是单个人,都没有区别:古人所谓的"最佳政制"[189]从根本上是不义的、压迫人的(*OT* 143 - 147,172,192)。为了给最后的国家带来必要财富,现代科学和技术将得到解放,并转向征服、利用自然。科学和技术不是被用作压迫的工具,而是最终能帮我们克服自然的贫乏的方式,从而使所有人有机会过上富足(productive)而有尊严的生活。由于历史已经随着普遍同质国家的出现(在原则上或理论上)而终结,智慧即"充分的自我意识"最终触手可及,这就保证了人能明智地运用技术。不仅哲人(和其他所有人)有机会变得完全智慧,而且哲学和哲人再也不会受到非哲人的威胁。因为最后的国家是完全合理的,在哲人对智慧的追求与社会所珍视或秉承之物间不再会有张力:在最后的国家中,将不再需要高贵的谎言、立法神话、宗教教条或任何类型的谎言,这些东西曾被认为是任何健康社会必要的黏合剂或基础,是哲人在追求真理的过程中必然会遇到的挑战。总之,最后的国家在政治和哲学上来说都是好的(*OT* 146 - 147,168 - 169,174 - 175)。

然而,施特劳斯称,有许多理由去相信最后的国家绝不会是完全令人满意的政治秩序。首先,即便科耶夫的这一想法正确,即每个人应该(should be)在最后的国家中感到满足,但这并不意味着他们就会(would be)感到满足。在施特劳斯看来,人无法通过历史性的行动来创造出自己的满足,因为人不总是合理地行动(*OT* 201, 208, 211–221, 237)。

其次,正如科耶夫所承认的,在历史终结时没什么可做的,既没有真正的劳动,也不会有血腥的斗争,最后的国家将与人性的终结相一致,这种国家的公民就是尼采所谓的"末人"的状态。由于高贵、伟大的行动不再可能,有德性的"真男人"肯定不会得到满足,他们中许多人可能会掀起对这种情况的反抗,即使这种反抗是"虚无主义的","也不受任何积极目标的指引":

> 一旦普遍同质国家变得不可避免,这一虚无主义的革命或许就是唯一为了人之人性而采取的行动,唯一[190]可能的伟大而高贵的功绩,虽然它可能注定要失败。(*OT* 209–210)

第三,即使在最后的国家里,智慧的地位也模糊不清:哲人是否会变得智慧(而没有什么别的能满足他们)这一点并不清楚,其他人是否有能力变得智慧(这决定了他们是否有能力满足自己最深的渴望),这一点也不明显(*OT* 208–212, 238–239, 291)。无论如何,真实情况是,只有少数人会变得智慧,而且如果智慧者不想统治,那么这个普遍同质国家很可能会被不明智的僭主统治。一个不明智的僭主的统治,不仅会使统治者与被统治者之间的专制的、不义的对立延续下去,而且这种僭主很可能会消除真正哲学思考的条件。在施特劳斯看来,普遍同质国家的可怕后果实际上支持并证实了古典政治哲人的真理性,他们认为无限的技术发展和哲学普及化可能最终会是"人性的败坏"(*OT* 178, 192–195, 211–212;参见 27)。

现在重要的是,对于上述总结的施特劳斯对最后国家的批判,要看到,施特劳斯严格来说从未否认过它最终会,乃至无法避免地会出现在世上——或更确切来讲,虽然施特劳斯并未否认普遍国家存在的可能性,但他严重怀疑它一直同质的可能性。从他对东方专制主义的开场白(OT 208)来看,施特劳斯强调的是,智慧缺席时就没有健全、完整或合理的同质性,因此普遍性岌岌可危:这一点在《重述》的倒数第二段尤其明显,在那里施特劳斯主要谈到"普遍的和最后的僭主",而不是普遍同质国家。科耶夫意义上的同质性已经完全不存在于此。施特劳斯认为,由于个体之间内在的或自然的能力不同,也由于科耶夫自己对哲人的性情或本质的理解,所以科耶夫所设想的同质性永远不会出现。统治者与被统治者之间、智慧者与不智慧者之间、真男人与其他人之间总会有差异。因此,无阶级国家作为一种历史可能性,会被必然王国或人性本身抵消。并且,[191]正是这种同质性的必然缺失,加剧了施特劳斯对普遍性的恐惧,而这种恐惧无论如何都不会被自然或必然性抵消。施特劳斯承认,所有政制都容易堕落为恶毒的僭政,即便是最佳政制,"因为有生必有灭"(OT 201),但至少迄今所知的所有恶毒的僭政都是局部的、特殊的,因此有逃往别的政制的可能(诚然,通常很难)。那条道路从此在科耶夫的乌托邦计划中消失了。《论僭政》的大多数当代读者在读到这些言论时,可能会联想到奥威尔(George Orwell)的《1984》,施特劳则可能会立刻想到吉本(Edward Gibbon)对罗马帝国的猛烈抨击:

> 欧洲分裂为许多独立的国家,相互之间因宗教、语言和生活习俗大致相同而产生联系,结果反而对人类的自由有很大的助益。近代的暴君尽管率性妄为,无所忌惮,也会因对手的环伺、舆论的指责、盟邦的忠告和外敌的忧患,稍微约束自己的行为。对暴君不满的本乡本土人可以逃离疆域狭小的边境,很容易在较为祥和的环境中得到安全的庇护。他们的才华可以得到新的发展,也可以自由抱怨所受的迫害,甚至可以诉诸报复

的手段。但居于巅峰的罗马帝国则不然,其偌大的疆域都处在严密的控制之下,要是大权落入一个独夫手中,那么对他的仇敌而言,整个世界将变成坚固而恐怖的监狱。帝国专制统治下的奴隶,不管是拖曳着镀金的锁链在罗马的元老院受到判决,还是被终身放逐于塞里法斯岛的荒岩或多瑙河冰冻的沿岸,都只有在绝望中静待最终命运的降临。反抗只是自寻死路,没有任何地方可以逃亡。帝国四周被一片汪洋大海和广阔的陆地包围,横越之际就会被发现并且捉回,到最后还是被解送到愤怒的主子面前。即使逃离了帝国的边界,其焦急的目光能看到的除了辽阔的海洋、荒芜的沙漠和带着敌意的土著,完全一无所有。化外之地的蛮族不但[192]态度粗暴而且言语不通,他们的国君愿意牺牲讨厌的逃犯以换取皇帝的好感和保护。所以西塞罗对遭到放逐的马塞卢斯说道:"不管你在哪里,记住,你始终是在罗马暴君的势力范围之内。"①

施特劳斯对这种专制主义的前景不寒而栗。科耶夫却觉得没什么。

要理解为什么科耶夫同时接受普遍性和同质性,我们必须看他自己对僭政的定义:

> 事实上,僭政(在此词的道德中立意义上)产生于这一状况:一部分公民(多数还是少数并不重要)将自己的观念和行动强加于所有其他公民,这些观念和行动由一个权威指引,这部分公民自觉承认这一权威,但并没有成功地使其他人承认它。当这部分公民把这一权威强加于其他人时,并不与他们"和解",并不试图与他们达成某种"妥协",也不考虑他们的观

---

① [译按]中译文参考吉本,《罗马帝国衰亡史》,席代岳译,长春:吉林出版集团股份有限公司,2016,页93-94,有改动。

念和欲望(受他们自觉承认的另一个权威决定)。显然,这部分公民能够这么做,只是依靠"强力"或"恐怖",最终是依靠它强加给其他人的对暴死的恐惧。在这一状况中,或许可以说其他人是"受奴役的",因为他们实际上表现得像不遗余力求生的奴隶。我们的某些同时代人就是为这种状况贴上了贬义的僭政的标签。(*OT* 145)

这一对僭政的定义可以从很多方面解读成色诺芬的僭主教诲的反面(或实际上是全部含义):如果智慧是统治的唯一合法头衔,那么所有不明智的政制都不义,因此或多或少都是僭政。在科耶夫看来,当今没有合法的政制,因为所有的政制都饱受僭政之苦:当今的政制在程度上而非在种类上不同。尽管所有的政治都容易受到僭政的影响[193]从而经受风险,科耶夫认为普遍同质国家值得冒这样的风险,因为它满足了我们对正义最深层、最合理的渴望:没有同质性的普遍性(反之亦然)只是聊胜于无,随着时间的推移,人们总会受不了这种二缺一。异质性使得基于家庭、阶级、种族和性别(类似过去的贵族偏见)的任意区分成为可能,尤其是,异质性不仅使国家间的战争成为可能,还使资源分配、财富、机会等方面的差异成为可能。

因此,当施特劳斯集中关注科耶夫《导论》中的特定段落(见 *OT* 208 – 209),从而证明科耶夫本人承认最后的国家将是一种僭政时,我们必须谨慎,留心施特劳斯是否夸大其辞。且不论那本书中的独特之处(《导论》是一系列在多地的讲课笔记,并不是一篇一气呵成的论文[*OT* 234]),施特劳斯的引用必须放在科耶夫在此的总体立场的脉络及其许多其他著作中考虑。在历史终结时不可能有这种僭政的区别。要是没有普遍同质国家,一切都会持续地腹背受敌。唯有普遍同质国家才能实现真正的、确实正义且合理的世界主义,在其中,所有人作为整个地球的公民,都能成为这个唯一重要的整全的正式成员。施特劳斯可能会谴责这一结果,但人类会支持它——况且怎么可能不支持呢?正如格兰特(George Grant)所认为的,倘若普遍同质国家真的"仍然是我们的当代社会在活动中寻求意义的主流伦理'理想'"——以此方式"我们的社会自己使自己正当化"——而且根据施特劳斯的观点,倘若"自由民主或宪政民主"真的"比当今时代可行的其他备选方案更接近古人的要求"(*OT* 194-195),那么什么会妨碍科耶夫(和人类)的理想政治秩序的逐步实现呢?①

最后还要提两个问题,它们都与施特劳斯对最后的国家之可欲性而非可能性的批判有关。施特劳斯在几个场合谈及与"无限的技术发展"有关的"可怕危险"(如 *OT* 194)。在 20 世纪 40、50 年代,没有人能无视施特劳斯的[194]关切。但施特劳斯是否对此问题给出了一个合理的备选方案或解决方案,抑或他只是不切实际地怀旧?如何才能把这个"精灵收回瓶中",从而只收获科学的好处,而摒弃其缺点呢?是否存在某种迄今尚未预见到的中间地带,使得科学受到监督的同时仍然不断进步?的确,对一个生活在穷国、承受着令人精神崩溃的困窘压力的人来说,施特劳斯的可怕警告不会显得相当虚伪吗?尤其因为他是他所谴责的这种技术的诸多好处的接受者?在科耶夫看来,战争和革命中对技术的不当使用和滥用仅仅由于存在独立的国家,这些国家中的人们无法充分参与该国家的政治和司法生活(*EPD* 586)。普遍同质国家将消除战争的根源,并在这一过程中向所有人共有的共同人道揭示这一根源。

对施特劳斯的这一主张也可做类似评论,即最后的国家将不过是尼采的"末人"状态(*OT* 209)。我们无需成为托克维尔(Alexis de Tocqueville)的学生就能认识到,许多现代民主党人通常无趣、粗俗、心胸狭隘,但这是否意味着施特劳斯想把时钟拨回到另一个时代?

---

① George Grant,*Technology and Empire*,88-89.

如果世界上的战争不断地退居幕后，以致战场上的勇气不再是一种必要的或公认的美德，这样的世界错在哪儿呢？在资产阶级社会中，所有人都有机会根据自己的利益追求属己的目标，这种生活方式有何过错？当普遍同质国家提供和平、繁荣和安全的前景时，人们为何想要重新开启历史呢？即便按施特劳斯自己的说法，享受这些东西真的这么可怕吗，它们不能物有所值吗？施特劳斯在这里的评论似乎又听起来很空洞，尤其对科耶夫所设想的非常自由民主的理想，许多人显然希望成为其中一分子。除非施特劳斯有一个可行的备选方案，否则，有人猜想，科耶夫会把这些异议最终看作"妖魔鬼怪"，当然，慎重考虑很重要，但不是决定性的。坦而言之，只有当你已经享受到科学和"末人"的真正的，从而是实实在在的利益时，你才能批评它们。

结 论

[195]归根结底，重要的是，谁是施特劳斯与科耶夫之争的赢家？以上的讨论应该很有力地表明了施特劳斯根本没有赢得这场论争，科耶夫也根本没有输。至于会不会有人认为科耶夫本人取得了这场论争的绝对胜利，如果说只有时间（＝历史＝存在＝真理）才知道，是否会太过草率？[①]

弗罗斯特（Bryan‑Paul Frost），路易斯安那大学拉斐特分校政治科学系教授（Elias "Bo" Ackal, Jr./BORSF 授予），与迈海尔（Jeremy J. Mhire）合编《阿里斯托芬的政治理论：探索诗的智慧》（*The Political*

---

① 感谢贝塞特、伯恩斯、汉考克（Ralph Hancock）、豪斯（Robert Howse）和卢茨对本文早期版本的意见。

Theory of Aristophanes：Explorations in Poetic Wisdom，State University of New York Press，2014），与马奥尼（Daniel J. Mahoney）一起撰写、翻译并合编了《意识形态时代的政治理性：雷蒙·阿隆纪念文集》（*Political Reason in the Age of Ideology：Essays in Honor of Raymond Aron*，Transaction，2007），与斯肯戈（Jeffrey Sikkenga）合写并合编了《美国政治思想史》（*History of American Political Thought*，Lexington，2003），编有与豪斯（Robert Howse）合译的科耶夫的《法权现象学纲要》（*Outline of a Phenomenology of Right*，Rowman & Littlefield，2000）。上述之外，弗罗斯特还发表过数篇关于亚里士多德、小卡图（Cato the younger）、西塞罗、罗马公民教育、卢梭、托克维尔和爱默生（Emerson）的论文。

施特劳斯与科耶夫的通信

卢茨(Mark. J. Lutz)

[197]阅读一个哲人公开发表的言论和作品对于了解这位哲人而言具有难以替代的作用,不过我们还是可以来看看,从施特劳斯和科耶夫丰富的私人通信中能否有所收获。本文的灵感来自若干问题:哪些问题贯穿在他们的通信中,并且也是他们争论的一部分?信中的这些问题在何种程度上得到进一步阐明?或许更有趣的是,未参与论争的书信里有哪些问题,为何这些问题被排除在外且仍旧不公开?最后,如何从整体意义上来理解他们的通信,尤其是20世纪50年代中后期的通信?

施特劳斯在其《重述》结尾段的开头写道,他与科耶夫的论争留下一个至关重要且尚未解决的问题(212 – 213)。[①] 他说,自己已经表明"哲学的观念需要"色诺芬"关于僭政与智慧的关系"的论点,从而捍卫了这一论点,[198]但施特劳斯的论证"相当少",因为他的论证假定了哲学的正当性。他说,哲学在"严格意义和古典意义上",是"对永恒秩序或永恒原因或所有事物的原因的追求"。施特劳斯表示,对古典哲学的全面辩护会提供证据,来证明存在这种永恒的秩序或原因,之后,施特劳斯从几个方面描述了古典哲学所依赖的预设。起初,他说哲学预设"有一个永恒且不变的秩序,历史

[①] Leo Strauss, *On Tyranny: Corrected and Expanded Edition*, eds. and trans. Victor Gourevitch and Michael S. Roth(Chicago:University of Chicago Press, 2013). 除非另外标注,文中所引皆按此版本。

就在其中发生,但这一秩序绝不会受历史影响"。他接着说,哲学预设"自由王国"在"必然王国"中运行,并受制于"必然王国"。最后,他说哲学基于存在"是不可变的,且与自身永远同一"这一预设,而非基于科耶夫的预设,即历史影响存在,或存在只不过是"历史的整一性"。施特劳斯的考虑似乎是这样:这种预设是必要的,因为哲学寻求关于所有事物的原因的知识(见《斐多》9a)。如果智慧要求我们知晓,为何每件事都必须如其所是,不能是别的样子,那么明智起见,我们就需要知道事物不变以及不可变的原因(如《理想国》479a,484b,500c)。整全不得不服从于永恒的、可理解的必然性,必然性不会被偶然改变,甚或不会被神意改变。如果事物的原因可变,或若无潜在的必然王国,那么哲学就无法实现其最终目标,我们也无法充分断定哲学是对人类最大的好(《申辩》38a)。

施特劳斯在末段总结道,虽然他和科耶夫"几乎没有提及这两个相对立的基本预设之间的冲突",但他们"一直都想着它"。我们开始好奇,他们对这一问题的持续关注如何塑造了其作品,而施特劳斯认为,他们渴望解决存在问题,这使得他们首先回到僭政的主题上:

> 因为我俩都明显从存在转向了僭政,因为我们已经看到,那些缺少勇气面对僭政问题的人,那些因此 et humiliter serviebant et superbe dominabantur[既卑贱地臣服,又高傲地统治]的人,被迫也回避[199]存在问题,这正是因为他们什么也没做,只是谈论存在。(213)

施特劳斯在这一段批评了海德格尔缺乏面对僭政问题的勇气,但他并未讲清楚,海德格尔未能处理僭政问题,怎么就迫使他回避存在问题,他也没解释自己对僭政的研究如何能阐明存在问题。他并未说明在古典意义或严格意义上,《论僭政》如何有助于捍卫哲学。

为了更细致地了解施特劳斯和科耶夫在《论僭政》中关于存在问题说到了什么，尽管他们是蜻蜓点水，细心的读者仍会在重读此书时尤其注意该问题。为补充他们在书中所言，读者可能会查阅两人在长久的友谊中往来的书信。毕竟，他们似乎对彼此有着不同寻常的评价：科耶夫把施特劳斯看作近乎完美的解释者、古代哲学传统的拥护者，施特劳斯则把科耶夫称作"哲人"(186)。如果他们彼此相熟相敬，那或许他们在私信交流中比在公开写作中更坦率地探讨了一些重要问题，包括僭政问题和存在问题。

两人公开的信件横跨四十载。写于战前的信，往往包含着对彼此的敬重和善意的简洁而热诚的表达。虽然这些信并未非常深入地发掘出二人的理论思考，但确实表达了两位作者对保全生计之地没有把握：它们是好友间的书信。施特劳斯最重要的一封信写于1934年6月，信中他详细讲述了自己对霍布斯的研究，并概述了自己对霍布斯思想发展的发现。他在1935年5月的信中说，自己欣闻科耶夫的来信，尤其是科耶夫在信中表示对巴黎"哲学家"(philosophes)的不屑。他称赞科耶夫是巴黎知识分子中最聪明的，但同时也友好地警告科耶夫不够用功。施特劳斯把他们共同的朋友克莱因视为努力的榜样，称赞他完成了一部一流的[200]柏拉图和亚里士多德的数学哲学的著作。他痛惜道，科耶夫"自然"没读克莱因的书，因为科耶夫喜欢比他该冒的智识风险更舒服的"情欲冒险"。他鼓励科耶夫进行"实验性的转变，如果你不想陷入巴黎人的生活，你终有一天得下定决心"。在1936年11月2日的信中，科耶夫感谢施特劳斯提供了一份《霍布斯的政治哲学》的复印本，并说自己完全同意施特劳斯对霍布斯的解释。之后，对于霍布斯在历史发展中的地位，科耶夫给出了自己黑格尔式的论述，最后，他说很遗憾不能再同施特劳斯聊天。他将他们的分离归咎于自己的懒散，但他写道，自己在"为人"和"哲学"上都很珍视施特劳斯。

法文版《论僭政》的由来

战后的通信中,两人继续交换各自作品的复印件,汇报各自事业的进展。1946年,科耶夫在信中感谢施特劳斯提供《法拉比的柏拉图》的复印件,反复讲自己会同他愉快交谈。他还说自己正在撰写一本书,即将以《黑格尔导读》为名出版。1947年4月8日,科耶夫在信中写道,他想和施特劳斯当面聊聊,因为写信确实差点儿意思,文章和著作更不能令人满意。

1948年8月22日,施特劳斯在信中高度称赞科耶夫研究黑格尔的新作。他说,除了海德格尔,他们同时代的人都没能写出一本全面而智慧的书。事实上,他说这是为现代性辩护的最杰出的尝试。施特劳斯预料到科耶夫的著作会大受欢迎,他说科耶夫这部作品有助于理解黑格尔的《精神现象学》,自己不是唯一受惠者。在给予盛赞的同时,施特劳斯请科耶夫在一本法语期刊上评论《论僭政》的原版,理由是除了他和克莱因,没人会理解施特劳斯在书中想表达什么。施特劳斯进一步解释道,较之克莱因,自己更愿意让现在更努力、更出色的科耶夫来评论这本书,因为克莱因"永远是那么[201]懒散"。施特劳斯顺着这一请求,对科耶夫在新作中对黑格尔的分析提出疑问。首先,施特劳斯问科耶夫,他如何能在放弃黑格尔的自然哲学的同时又坚称黑格尔的哲学是绝对的智慧(从而黑格尔的哲学全面且一以贯之)。因为倘若自然不是被导向一种可理解的目的,也非依据历史得到安排,那么历史本身就是完全偶然的。①

---

① Peter A. Lawler, "History and Nature", *Perspectives on Political Science* 25 (no. 3, 1996):136 称,这种偶然性不该困扰科耶夫,因为人性的根本偶然性是从根本上区分自然与历史的结果……虽然历史的出现是偶然的,与自然相悖,但可以证明它已是并将是一个有序或理性的、人性的整全。古热维奇和罗兹

其次，施特劳斯挑战了科耶夫的黑格尔式观点，即人对受崇拜的欲望似乎不光涉及让自己为人所知的欲望，以此为基础，人受到"承认"的欲望驱使。最后，他反对科耶夫的方案，因为它会造成尼采所描述的"末人"的精神空虚与自我满足（237－239）。

1949年5月26日，科耶夫在信中感谢施特劳斯的评价，说自己有很多回应的话要说，但没有写下来。尽管如此，科耶夫提议他们共同出版一本新的法文版《论僭政》，其中不仅包括《希耶罗》和施特劳斯评注的翻译，还包括科耶夫自己对色诺芬-施特劳斯对僭政与哲学的论述的评论。一个月后，施特劳斯对科耶夫的提议表示欢迎，并请求科耶夫试图单独发表这篇评论，或许因为这篇评论是"对这本书的宣传"（249）。

1949年9月4日，施特劳斯在信中一再感谢科耶夫在题为《僭政与智慧》的文章中对色诺芬作品的评论。施特劳斯说道，科耶夫对色诺芬的作品倾注的关注是自己所得到的最大赞誉。他说自己想"公开地"回复，并建议重新发行关于色诺芬的作品，其中不仅包括科耶夫的[202]《僭政与智慧》，还有施特劳斯对科耶夫的回应，以及科耶夫对施特劳斯的进一步回应（243－245）。

在完成这本书的同时，施特劳斯和科耶夫再次表示他们想当面聊聊。1949年10月10日，科耶夫接受了施特劳斯让他前来芝加哥的邀约，这在"哲学上也极度刺激"。1949年12月26日，科耶夫说道，自己很遗憾未能和施特劳斯会面，也没能进行哲学讨论。三周后，施特劳斯回信说，没人能和自己讨论"最伟大和最美的事"，五个月后，他又哀叹道没人能和自己讨论"本原和开端"（248, 251）。但他并未讲自己想要哲学的刺激。他汇报自己开了一系列讲座，

在《论僭政》(xix－xx)的序言中指出，如果历史在某种程度上依赖于一种偶然性，那么就不可能产生构成智慧的"确定的、全面的和条理的论述"，这是科耶夫在历史终结时所允诺的。

它们构成了《自然正当与历史》的基础,并说自己在"历史主义"的研究上取得了进展,他解释道,或说是靠海德格尔取得了这一进展。他评论道,"我相信我看到了一线光明"(251)。

1950年9月14日的信中,施特劳斯要科耶夫回应自己的《重述》,并说自己认为"这个问题"是"完全开放的"。施特劳斯想让科耶夫写一篇回应,阐明黑格尔书中出现的一些困难。他说自己对科耶夫的"攻击"(在《重述》中)意在促使科耶夫阐明那些问题(254)。而科耶夫在1950年9月19日的信中写道,自己并不想回应。他说自己自然有很多话想说,但必须给读者留下一些东西,让读者自己来充分思考。结果,增订版的《论僭政》出版后出现这样一种理解:作者不会把僭政问题和存在问题毫无保留地都讲出来。

存在问题

在1950年9月19日的信中,科耶夫说自己完全同意施特劳斯《重述》的结论,但他补充道,也许可以更清楚地说,两人之间的根本分歧既是"真理标准问题",也是"善恶"问题(255)。科耶夫说,施特劳斯[203]诉诸"道德良心"来反驳自己的论证,但施特劳斯并未明确《重述》的哪一部分或哪些部分运用了"道德良心"。科耶夫可能会想,施特劳斯在回复他时怎么会以此开头,即施特劳斯说现代政治科学明显有缺陷,因为它谈到僭政时不能像现代医学谈到癌症时那么有信心(177)。施特劳斯补充道,古典哲人预见到整个现代方案,而且早就拒绝了它:他们预见到一种科学的可能性,这种可能性产生于征服自然时以及哲学或科学大众化时,但他们"将其斥为'不自然',也就是会毁灭人性"(178)。之后不久,施特劳斯拒绝了科耶夫的尝试,即用黑格尔的主奴辩证法和尼采的主奴道德来解释《希耶罗》的论证和行动。施特劳斯接着评论道,黑格尔对古典道德和基督教道德的综合,制造出一种"松弛得令人吃惊"的道德。

施特劳斯注意到,黑格尔的道德会允许某些人仅仅为得到承认而凌驾于他人之上,他说科耶夫自己绝不会到遵循这样的道德的地步(191)。在《重述》中,施特劳斯仅提过一次良心,他认为当苏格拉底反驳其对话者时,

> [他]对自己的评价就将得到合理的确认,无需一定要找到某个崇拜他的灵魂(思索柏拉图,《苏格拉底的申辩》21d1-3)。就此而言,哲人的自我崇拜类似于同样不需要他人确认的"好良心"(the good conscience)。(205)

必须注意的是,在这一讨论中,施特劳斯并未声称苏格拉底被良心驱使,而是说他的关切和那些有"好良心"的人的关切同样独立、个人化。

施特劳斯诉诸道德,科耶夫为了还击,引用了西班牙宗教裁判所的托克曼德(Torquemada)和赤色恐怖的捷尔仁斯基(Felix Dzerzhinsky),他质问这些人是否有"良心愧疚",这暗示出,此类例子表明,道德是相对于历史条件的。施特劳斯批评黑格尔式的方案只能让"末人"满意,针对这一批评,科耶夫承认,[204]普遍同质国家中他称之为"动物"或"自动机"的大多数人,将很容易满足于简单的东西,比如运动、艺术和性事。他暗示,当历史走到尽头时,构成这段历史的精神也会走到尽头。科耶夫补充道,那些不满足于此类无目的活动的人将成为哲人,如果他们思考充分,他们将获得智慧并成为"神"。另一方面,渴望被承认的僭主将成为由自动机为自己而制造的"机器"的管理者(255-256)。

至于真理标准的问题,科耶夫说正是这一问题将他引向黑格尔。他说对于真理的问题有三种不同的解决方案,第一种是柏拉图或胡塞尔的"本质直观"。但科耶夫不相信这种直观,他说人必须"相信它"就意味着本质直观并非基于任何客观洞见,而是基于信念。第二种方案是相对主义,他说无法忍受这种立场。第三种是科

耶夫偏爱的方案，即"黑格尔和'循环论'"。科耶夫解释说，如果我们假设循环论是包括"道德"在内的真理的唯一标准，那么"其他一切事物将自动跟随"。① 他最后总结说，施特劳斯的《重述》"既睿智又有用"，并重申自己宁愿让读者来推断他将如何回应施特劳斯（255 - 256）。

1950 年 9 月 28 日，施特劳斯给科耶夫回信。他并没有谈到科耶夫的具体论点，而是说自己知道科耶夫的一些评论是显白的（exoteric），自己也就显白地（exoterically）回应。施特劳斯表示，在写《重述》时，自己并未把心中的一切都表达出来，[205] 他说问题依旧是他和科耶夫是否一直相互理解。他说自己认为科耶夫在最后一封信中的反对意见不是很充分，但他也无法说得更多，因为自己忙于下学期芝加哥大学开学的事。

在施特劳斯拒绝与科耶夫就二人之间的分歧进行严肃的对话后，两人似乎曾有两年不给对方写信。1953 年，科耶夫给施特劳斯写了一封关于柏拉图的长信试图恢复对话，施特劳斯没读，而是寄给了克莱因（1957 年 4 月 22 日）。可惜的是，这封信似乎丢了。科耶夫想知道施特劳斯是否在 1953 年 10 月 29 日收到了那一封信，于是又给施特劳斯寄去另一封信询问。在这封信中，科耶夫首先说自己阅读了《自然正当与历史》，而且他只能不断地重复，如果有某种类似于"人的自然"的东西，那么施特劳斯一切都对。但他说，从

---

① G. W. F. Hegel, "Encyclopedia of the Philosophical Sciences", in *Hegel's Logic*, trans. William Wallace（Oxford：Clarendon Press，1975），§15："哲学的每一部分都是一个哲学全体，一个自身完整的圆圈。但哲学的理念在每一部分里只表达出一个特殊的规定性或因素。每个单一的圆圈，因它自身也是整体，就要打破它的特殊因素所给它的限制，从而建立一个较大的圆圈。因此全体便有如许多圆圈所构成的大圆圈。这里面每一圆圈都是一个必然的环节，这些特殊因素的体系构成了整个理念，理念也同样表现在每一个别环节之中。"[译按]中译参黑格尔，《小逻辑》，贺麟译，北京：商务印书馆，2011，页 55 - 56。

前提推导出这样一种自然和证明这些前提不是一回事。不能因为自己赞同这些前提产生的结果而预设一组前提有效,因为可能存在更长远、有害的后果,目前尚未意识到。科耶夫认为,"哲学的任务是解决与'人的自然'相关的基本问题"。他注意到问题出现在:

> 一方面谈论"伦理"和"应当",另一方面谈论一种"被给定的"或"固有的"人的自然,这两者是否并不矛盾。因为,动物们无疑拥有这种自然,但它们并没有道德意义上的"善"或"恶",至多有健康或疾病、野性或驯化。(262)

如果拥有一种自然意味着受制于必要性,那么拥有一种人的自然就意味着受到我们不可控制的力量的支配,就像其他动物无法自由改变自己的思想或行动一样。把那些能成功遵循必然性的、活生生的自然存在视为健康的存在还能说得通。但我们不可能认为这些动物在道德上有责任感,也不可能称赞它们在道德上是善的,或指责它们在道德上是恶的。因此,科耶夫认为,[206]"自然正当"这一术语是一种矛盾修辞,因为它似乎模糊了何为正义与何为必然的根本区别,对于必然之事,施特劳斯后期将在《城邦与人》修昔底德一章中讨论。①

在科耶夫看来,唯一避免陷入道德相对主义的方式,是转向黑格尔有关历史发展的洞见。他说,道德可以从历史的运动和完成中产生:

> 如果假定人在某个时候回到他的开始(通过他说话这一纯粹事实,推论出他所说的东西),那便实际上存在一种"伦理",它责令人做导向这一目的(=智慧)的任何事情,并谴责妨碍

---

① Leo Strauss, *The City and Man*, Chicago: University of Chicago Press, 1964.

这一目的的任何事情——在朝向"普遍同质国家"前进的政治领域里也是如此。(262)

在此意义上,我们说话这个事实,即我们的理性,本身就指向智慧,并以智慧为目的,因此,凡为达此目的而做的事都是"正当"的。同样,只要我们所有的政治愿望都指向普遍同质国家,以之为目的,那么这种国家无论带来什么都正义。

1957年4月,在读完施特劳斯当时尚未发表的关于柏拉图《游叙弗伦》的讲稿后,科耶夫又给施特劳斯写了一封长信。他说自己对柏拉图的解释与施特劳斯的一致,并且尤其同意柏拉图的这一观点,即如果我们想要了解整全,就需要对正义有一个满意的解释:

"无知识的正义"(以游绪弗伦的方式)与"无正义的知识"(以"泰勒斯"的方式,也就是一般意义上的"博学者"或者"理论家",像泰阿泰德、欧多克索斯[Eudoxus]甚至还有亚里士多德这样的人;不知道邻居是谁,不知道邻居如何生活,这样的人自然不能够实行正义;但在那个有关泰勒斯段落的结尾处,苏格拉底说任何事物都依赖于正义)一样是可反驳的或非哲学的。因为哲学是"认识的正义"(knowing justice)或者"正义的认识"(just knowing)。[也就是说,只有说明对与错之间"显然的"[207]和"直接的"区别的哲学才能是真实的;智术师(赫拉克利特)和亚里士多德都不这样做,因为他们的划分法(diairesis)中存在中间概念(the middle terms),对此柏拉图的划分法把A与一个稳固的非A对立起来,因此把与道德无关的as-well-as(既……又……)和neither-nor(既不……也不……)排除在外。](266)

科耶夫说,哲学必须解释对与错之间明显的和直接的区别,此时他勾勒出了柏拉图式的、对正义及其与理性言辞之间的关系。在科耶夫看来,柏拉图认为我们通过良心能直观地明了正义,但若我们落于言辞,智术师可能说服我们放弃对正义的直观。苏格拉底用理性的言辞来治疗那些深受智术师推理之害的人,由此拯救了正义。从这一点中,我们或许可以得出结论:理性的言辞在道德上具有腐蚀性。但柏拉图非常严肃地写道,厌辩症(misology)是最糟糕的。因此,我们必须谈论正义,纵使因此必须冒着掉进智术师的错误里并且不再相信正义的风险。在概述柏拉图《阿尔喀比亚德前篇》里的行动时,科耶夫评论道,回忆(anamnesis,柏拉图的学说:所有知识都是对我们出生前已知事物的回忆)是对"良心"这一心理学事实的解释,也就是说,是对善恶之"直接的""内在的""神话"解释(267)。

在信的最后,科耶夫讨论了柏拉图在《帕默尼德》《智术师》和《政治家》中对理念的处理。科耶夫显然在暗示自己在早先的那封长信中的说法,他提到,柏拉图写《帕默尼德》是为了反驳亚里士多德对他的理念论和他对划分法(diaeresis,一种通过将大类分成小类进行定义的方法)的运用的批评。

1957年4月22日,施特劳斯讨论了柏拉图对正义的思考,以此来回复科耶夫论柏拉图的第二封信。他并未回应科耶夫在前一封信中的主张,即两人不仅在存在问题上有分歧,在正义问题上也有分歧。施特劳斯并未排除这样一种可能性:对正义的研究就和对僭政的研究一样,在对存在的研究中发挥着重要作用。

施特劳斯在信中一开始就说,他认同哲学是正义的,但"基于柏拉图",他犹豫是否要把正义等同于道德。他不认同科耶夫的观点,即柏拉图认为[208]那些像克利同那样不爱讲理性言辞的人是正派的人。施特劳斯断言,柏拉图并不认为良心是自然的。施特劳斯并未在信中详细阐述自己的想法,而是提醒科耶夫注意柏拉图《理想国》中的玻勒马库斯,以及他在《自然正当与历史》中写的长段脚注。① 根据该注,玻勒马库斯是个"公民道德"分子,这种道德将正义等同于助友损敌。施特劳斯还引用了柏拉图的《克莱托丰》(Cleitophon),克莱托丰是《理想国》中忒拉叙马霍斯的追随者,他说正义的这一定义是苏格拉底向他提出的唯一一个定义。在《自然正当与历史》脚注中,施特劳斯仍将公民道德看作一个"阶段",但他并未将其意指为世界历史中的阶段。他解释道,苏格拉底对何为正义的理解,亦即对"正义问题的全部复杂性的理解"很感兴趣,这和他鼓吹正义的兴趣一样大。要理解何为正义,哲人必须曾在自己的教育中严肃对待公民道德形式的正义。此外,施特劳斯强调,绝不能"匆忙穿越"这一阶段:哲人必须尽力理解并仔细思考公民道德本身,并且抵制如下欲望,即通过将其现象简化为隐藏、潜在的原因来看透公民道德。他并未否认科耶夫的主张,即倘若人类受制于自然必然性,那就不可能要求其对自己的所思所为负道德责任。施特劳斯可能相信,通过研究正义,哲人才能觉察到哲学所依赖的"必然王国"(213)。他此处要说的是,那些急于研究公民道德的人,即那些把所有道德现象立即归于诸如模糊的心理冲动,或未被承认的历史力量等非道德原因的人,既不能理解公民道德,也不能在思考中超越它。

在这个脚注中,施特劳斯并未详细阐述柏拉图对公民道德的理解,这种理解使柏拉图认为,公民道德只是正义的一个"阶段",或精确点说,公民道德就是正义的"全部复杂性"的问题之所在。但他确实在脚注的最后一部分讲道,"这段粗略描述的论证的结论"可[209]表述如下:没有神意就没有"真正的正义"可言。施特劳斯解释道,如果人类总是只为了生存而相互斗争,那么就不能指望人

---

① Leo Strauss, *Natural Right and History* (Chicago: University of Chicago Press, 1953), 150n24.

类惯常就是正义的,因此,诸神必须保证和平与富足,"真正的正义才能存在"。① 在粗略勾勒柏拉图对正义的描述时,施特劳斯指出了柏拉图对正义的探究中产生的一些最重要的东西。根据这一观点,公民道德要求我们助友损敌,从而对我们提出很高要求。那些惯常如此的人将自己暴露于危险之中,尤其在物资匮乏或战争时期。同时,施特劳斯认为,正义并未要求我们为它而消灭我们自己。正义承诺有益于整个城邦及城邦的每一员。② 因此,困难出现了,公民道德承诺要对那些正义或有德性之人有极高的要求,但也承诺要对他们非常有益。由于公民道德无法独自解决这一难题,道德上严肃的公民求助于天神,以让其提供过上好日子所必需的安全与繁荣。诸神提供这些好处似乎解决了正义问题,并带来了"真正的正义"。然而,施特劳斯并未进一步说,柏拉图相信这些神已经完全解决了正义的全部复杂性问题。倘若施特劳斯遵循柏拉图的观点,认为诸神完全支持公民道德,从而建立起真正的正义,那么他大概不会把公民道德描述为哲人前进的必经阶段,经过这一阶段,哲人才能理解正义问题的全部复杂性。无论在脚注还是信中,施特劳斯都未详细阐述这位古典哲人如何完成他对公民道德的审查,但该脚注表明,柏拉图对公民道德的探究必然使之探究何为诸神,进而探究这一问题:是否存在一种永恒秩序或必然王国,或是否存在一种可以随意改变主流秩序的统治智慧。通过指出正义问题与诸神问题的联系,施特劳斯的脚注表明为何他在关注"善恶"问题的[210]同时,也关注"存在问题"和"真理标准的问题"(255)。

这封信的起笔大胆宣称哲学是正义的,但并不必然是道德的,而且柏拉图否认良心是自然的。施特劳斯并未详细阐述他如何得

---

① Leo Strauss, *Natural Right and History* (Chicago: University of Chicago Press, 1953), 150n24.

② Leo Strauss, *The City and Man*, 83.

此结论,但他将科耶夫引到《自然正当与历史》的一个脚注上,并把这个脚注留给科耶夫,让他来彻底想清楚这个论证。我们或许期望施特劳斯对一位他称之为哲人的朋友能更坦率些。反过来说,通过把柏拉图论证的结果交给科耶夫,并向他指出自己得此论证所遵循的路径,施特劳斯可能把哲人需要和想要的所有指导给了科耶夫。

施特劳斯在信中提到这个脚注,说自己同意科耶夫的观点,即柏拉图把厌辩症看作"最坏的"。但施特劳斯不同意科耶夫的这一观点,即柏拉图认为有德之人应该对正义进行推理,尽管这种推理会使他陷入诡辩之中,并危及其道德。施特劳斯认为,柏拉图并不像科耶夫所设想的那样敌视智术师或其影响。在施特劳斯看来,柏拉图认为"仅仅可敬之人并不具有相对于智术师的优越性(与康德相反),或相对于阿尔喀比亚德的优越性"(275)。施特劳斯将科耶夫的注意力引到他在《自然正当与历史》中讲的道德德性和智性德性的关系上,他推断,如果追求永恒真理的知识是人的终极目的,那么正义和道德只在为达成这一终极目的所必需的程度上完全正当。① 比起哲人,非哲人必然表现为残缺不全的人,在讲完这一点后,施特劳斯又补充道,非哲人的有德之人或正义之人是否单单比"爱欲"者(eroticman)更优越? 这是个问题。除此之外,这封信证实,施特劳斯在《自然正当与历史》中提到的"爱欲"者,是指道德上有问题的非哲人,并且可能是僭主式的阿尔喀比亚德(见《阿尔喀比亚德前篇》124b)。施特劳斯提出一种可能性,即道德本身并没有把有德之人提升到阿尔喀比亚德这种人之上,之后他总结说道德有两个根源,[211]第一个是"庸俗的"或"政治的"德性;第二个在哲人用道德知识取代道德意见时,或道德知识超越了政治上相关意义的道德时才会显现出来。虽然施特劳斯在信的开头声明哲学是正义的而非道德的,但在《自然正当与历史》这一段中,他只是认为

---

① Leo Strauss, *Natural Right and History*, 151.

哲学使道德完成。①

一个月后,1957 年 5 月 28 日,施特劳斯给科耶夫寄去第二封讨论柏拉图的信,这一次他集中于柏拉图对知识与理念的论述。他开篇就反对科耶夫对柏拉图的解读方式,即从不同对话中搜罗个别论证并将其拼凑在一起,而非遵循柏拉图在每一篇单独对话中的微妙细节。施特劳斯还告诫科耶夫,不要假设亚里士多德和柏拉图在任何严肃问题上有分歧,尤其在关于理念的问题上。亚里士多德对柏拉图的"善的理念"的批判,在《理想国》和"在意见"中就有。两位哲人之间明显的实质分歧点在于亚里士多德为何选择写论文而非对话。施特劳斯说道,要写一篇论文便要预设智慧是可能的。通过采取这种表现方式,亚里士多德处理柏拉图的对话论证时就不用考虑场景或发言人,好像它们也是在一篇论文中提出的。在施特劳斯看来,亚里士多德选择写论文,

> 无疑是因为他相信,智慧而不仅仅只有哲学是可获得的。在我看来,这正是柏拉图与亚里士多德的根本差异,这个差异预设两者都接受理念说,这一学说即:整全的特征既不是理智的同质性(显白的《帕默尼德》和所有"数学的"哲学),也不是感觉的异质性(四元素等等),而是理智的异质性。(277)

接着,施特劳斯在信中简要阐明了理智的异质性,他对比了柏拉图的哲学和阿那克萨戈拉(Anaxagoras)对努斯的描述,后者给出了"所有事物完全理性的说明[212],包括无理性的、无意义的事物"。但由于我们无法获得这种知识,阿那克萨戈拉的思想就不是哲学,而是"神学 - 目的论"或"虔敬"。哲学必须"逃进逻各斯",这里他参考了苏格拉底对自己的描述,即他从关于理念的日常言辞中

---

① Leo Strauss, *Natural Right and History*, 151 - 152.

努力研究所有事物(见《斐多》96-101)。之后,施特劳斯在信中讲道,在《帕默尼德》中,道德的对立面是"理想的目的",后者"必然超越人们达到的成就"(278),就这一点而言,"理念被描绘成与可感事物相分离",而苏格拉底接受了这种"对立面"的分离,特别是"道德的对立面"的分离。由于公民道德提出我们无法完全满足的要求,我们可以在思想中知道它所指向的生活方式,但无法通过体验知道。

施特劳斯接着讲道,柏拉图对阿那克萨戈拉的主要纠正是说,如果哲学是对整全知识的探求且整全必须参照理念来理解,那么必定存在着每一事物的理念(279)。他解释道,由于必定存在着每一事物的理念,因此人就必须做出如下转向:

> 转向理念或 Eidos 的原初意义,即作为种类,作为一个整体,它由于一种特别的性质而是一个整体,对于活物而言,这种性质同时是目的,因为个体属于种类,并在此意义上超越了诸个体(动物对繁殖或对种类的存续的支配性欲望)。(279)

每个存在都是一个"类",我们通过其成员共有的特征来识别它。活物的类的特征之一是朝向目标或目的的种种欲望,这些目的在一整类中被发现,在此程度上,可以说这些目的超越其单个成员。施特劳斯说:

> 对人来说,目的是复杂的,因为人既是整体的一部分(像狮子或虫子),又是整体中唯一向整体开放的部分。(只有人的灵魂在出生之前看到过理念。)因此,人的形式和目的以这种方式得到清晰说明,以至于正义能够临时显现为纯然超验之物,而绝非"人的完善"。(279)

[213]科耶夫在1953年10月29日的信中提到,人类受制于自

然的必然性,但至少在两方面不同于受制于必然性的动物:我们似乎有一种对正义或道德的自发关切,还有一种了解整全的欲望,就像是施特劳斯在《自然正当与历史》中所讲的一种了解永恒真理的欲望。对正义的关切似乎是我们的全部目的,但不能使我们完善,这要么是因为它不必然伴随关于整全的智慧,要么是因为我们对正义的关切可能抑制我们了解关于整全的真理的欲望。

概述完对理念的这一描述后,施特劳斯讨论了这种描述难免会涉及的一些问题。他说,由于有一个理念的领域,就必须也有一套等级制度或组织原则,他将其定义为善的理念。由于它是最高的原则,所以它必须是理念和明智之事的依据。这样一来,善(the good)的理念就是"善"(Good)。但理念与善之间的关系仍然模糊不清。施特劳斯说:

> 划分法的问题就是理念之域的组织问题,特别是这一组织的可知性问题。如果智慧不可得而只有哲学可得,那么划分法作为从一(the One)到所有理念的下降也不可得。我们在派生物中生活和思考,并上升到一定程度,但不会上升到万物的本源。现实的划分以其开端的任意性反映了这一点。(279)

当施特劳斯说我们可以在派生物中思考和生活,并上升到一定程度时,他似乎意指古典哲人能够了解每种思想的特点,其方式不仅是检验它们如何显现在日常言辞("逻各斯")中,还有比较并考虑它们彼此之间如何联系。正如施特劳斯在上封信中所阐明的,柏拉图发现,道德上严肃的公民对正义的理解有问题或不完整。他知道正义本身可以表现为我们的超越性目的,但它并不是。柏拉图虽然可能会发现"人"的理念在某些方面有问题(278),但他认为一个[214]人的目的或完善需要有关整全的智慧。他知道,并非只有正义之人或有德之人才能获得这种智慧。此外,正如施特劳斯在《自然正当与历史》的脚注中所言,柏拉图认识到,道德上严肃的公民希望诸神支持他们所理解的正义。倘若柏拉图发现这些公民关于正义的信念并不充分,他或许也能觉察到他们关于诸神的信念也成问题。但无论柏拉图对正义或对城邦的守护神有何发现,他都无法明确知道整全的秩序和本源。他并非完全确切地知道所有存在者的原因。没有这种知识,柏拉图就无法排除这样一种可能,比如一个迄今都不为人所知的神将秘密地改变整全的秩序。正如施特劳斯七年后所写:"只有对部分而没有对整全的知识,那就只有部分的认识,从而即便是最智慧的人也无法超越这个观念的范围。"①

施特劳斯补充道,一种成功的关于整全的知识将假定一种"理性的生物学",但他说,柏拉图的《蒂迈欧》向我们表明这是不可能的,但没有细说。对柏拉图而言,剩下的是一种二元论的"假设性的数学物理学"以及一种对"人类灵魂非假设性的理解",前者把人理解为受制于自然必然性的存在,后者将人类灵魂大致理解为在日常生活中向我们显现的现象。不过,施特劳斯说,"在亚里士多德看来"这种二元对立被克服了,因为亚里士多德"相信作为关于非生命的知识与关于人的知识之间的中介的那种生物学是可得到的,或者说,亚里士多德相信可获得一种普遍的目的论,即便不是《斐多》96 中勾画的那种简单的目的论"(279)。继柏拉图对理念的思考后,亚里士多德的生物学著作表明,我们可以认为生物受自然支配而仍说它们有目标或目的,比如营养、繁殖和移动。这种目的论隐含在显现给我们的生物中,但它并未试图对各物种在宇宙中的位置或宇宙本身作更宏大的断言。

[215]施特劳斯称,自己的要点在于,科耶夫既未遵循他自己的假设,也不承认柏拉图认为智慧是不可得的。他说:"如果一个人像他必须的那样认真对待这一点,那么,对由划分调解的——善(One-Good)的视野,以及划分本身,就是不可得的。"施特劳斯得出结论

---

① Leo Strauss, *The City and Man*, 20.

说,他确信"理念的联结(community)"是"绝对必要的",但他"此刻没有时间来细究"(280)。

1957年7月1日,科耶夫在信中写道,想和施特劳斯谈谈,身旁没有人可以同自己做有意义的讨论。不过,他对施特劳斯所说的种的联结(koinonia to genon)感到失望。他说,如果"概念"(理念)是永恒的或"空间的"而非"时间的",那么种的联结要么纯粹是废话,要么是归谬法,如果柏拉图相信这种联结,那么他就不是一位古人,施特劳斯也错判了柏拉图及其理念(281)。科耶夫推断,柏拉图相信知识等于永恒的、不变的且存在于言辞及其意义之外的事物。因此,知识在其严格意义上由关于永恒存在的知识构成。关于何为时间性的存在,我们只有意见,如果意见与其对象相一致,那就有可能是正确的。但正确的意见本身仍然是时间性的、可改变的。他说,在永恒存在与时间性的存在之间不可能有任何联结,柏拉图尝试谈论这种联结是一种强调理念之分离的间接方式(282-283)。无论如何,他说联结的问题太根本,无法在通信中解决。

1957年9月11日,施特劳斯回信道,他们已经"南辕北辙"(291)。他说,分歧的根源在于科耶夫认定黑格尔和马克思是正确的,而他自己不相信这一点。他重申十年前对科耶夫的黑格尔主义的两个批评:他说科耶夫从未回应这一指控——他的方案会产生末人,他也从未讲过抛弃黑格尔自然哲学的后果。施特劳斯不停地抱怨科耶夫并未足够仔细地阅读柏拉图,并指出科耶夫假定理念是概念,还假定柏拉图感兴趣的只是概念而非灵魂。施特劳斯同意,"理念是分离的"这一看法并不充分,但《智术师》和《治邦者》中讨论的"纽带"方案也[216]不充分。施特劳斯说,在每篇对话里,柏拉图的抽象都从一些至关重要之事开始,但他无法确定,在这些对话中关于划分法的讨论或实践的部分,柏拉图省略了什么。这就是施特劳斯致科耶夫的最后一封现存的、具有哲学意义的信。在早期的信中,施特劳斯似乎希望科耶夫能采纳他在《自然正当与历史》中提出的有关研究正义问题的建议,也希望科耶夫在思考理念问题及其他问题时,能采取他阅读柏拉图对话的方式。但在读完科耶夫1957年的几封信后,施特劳斯显然得出这样的结论:科耶夫太过执着于现代哲学,以至于无法充分认识到古典哲学所处理的问题及其试图解决这些问题的方式。施特劳斯或许认为科耶夫是一位哲人,但他似乎并不认为科耶夫会接受"在严格和古典意义上"的哲学追求存在问题的方式。

书信与哲学的理念

施特劳斯和科耶夫都不能说服对方相信自己观点的正确性,也无法说服对方相信这种观点的潜在假设。不过,这些书信至少能为施特劳斯在《重述》里关于"必然王国"的存在的主张之一提供一些证据。

在《重述》结尾,施特劳斯说他"几乎没有"提到可能让古典哲人获得关于整全的知识的永恒秩序(或永恒原因、所有事物的原因)是否存在的问题。他的早期文章中许多内容表明,这种秩序存在的证据寥寥无几。他并未挑战科耶夫的这一主张:古典哲人的知识是主观的。他承认,古人知晓"单个人心灵的根本缺陷"(194)。在第196页,施特劳斯提醒我们"哲学的原初意义不过是关于人无知的知识"。但他在再次提到苏格拉底的无知的知识时补充道,这种无知是对"最重要事物的无知",而且它必然伴随对最重要事物的知识(201)。施特劳斯说,"对我们"最重要的东西,是对关于最重要事物的知识的追求。施特劳斯借钦定版[217]圣经(同样见尼采《人性的,太人性的》486)的一句老话,称这一追求是"唯一必要之事"。施特劳斯一开始就摆明其观点:我们都知道自夸者的灵魂何其丑陋,或者说,我们都知道那些言胜于行的灵魂是畸形或不健康的。同时,不自夸的哲人知道,他有一个良序的灵魂。但施特劳斯说,这类洞察并未证明,良序的灵魂比混乱的灵魂更接近永恒秩序,或更接近永恒原因与所有事物的原因(201)。

哲人可能知道自己的灵魂是良序的,但即使能够知道永恒秩序、原因或所有事物的原因的灵魂真的存在,哲人也不知道这是哪种灵魂。因为,即使存在可以帮助一个人获得关于"什么是"的知识的灵魂,哲人也不知道这是哪种灵魂,哪种灵魂能够通向关于永恒秩序的智慧,或通向人类本性的实现与完善。他无法确知是否存在永恒秩序或人类本性。根据这一论证,哲人无论宣称现代方案是非自然,还是探求永恒真理,都依赖一种没有根据的假设:他有能力知道永恒秩序。

这一让步似乎使施特劳斯对哲学的依系变得武断,他在两页后又提到哲学。他在此处说道,如果哲人和一撮有能力评判哲学论证的"少数人"交谈,他是在遵循"所有时代、所有国家恒久不变的经验,无疑还有科耶夫自己的经验"。借用贺拉斯的一行诗,施特劳斯发现"无论人如何拼命用干草叉子驱赶自然,自然总是会回来"(203)。① 在《僭政与智慧》中,科耶夫说,哲人倾向于和志同道合的人交谈,所以倾向于生活在孤立的、孤芳自赏的党派中,也倾向于"被事件甩在后面"(155,158)。当哲人试图与其党派之外的人论争时,他们的冲突从未得到解决,他们的真理也从未得到证实。在科耶夫看来,[218]哲人要为其"学说"的真理性找到"客观"标准,唯一方式是当老师,把门徒聚集起来。并且,不想"人为地或不适当地限制其教育活动的范围"的哲人会想跻身于政府,这样,他的哲学教育就"既可以实现又有效"(163)。最后,哲学的真理只有通过特定学说在政治历史的发展中的成功,才能得到证明(152 – 155,163,176)。但科耶夫的书信表明,一种尤其想和施特劳斯对话的持久心

---

① 施特劳斯也引用过这一行,*Natural Right and History*,201,and in "A Note on the Plan of Nietzsche's *Beyond Good and Evil*",in *Studies in Platonic Political Philosophy* (Chicago:University of Chicago Press,1983),183;亦见 Horace,*Epistles*,I. X. 24,and Nietzsche,*Beyond Good and Evil*,264。

愿驱动着他，这不是因为在他看来施特劳斯是个大有前途的学者，而是因为施特劳斯以哲学性的严谨与洞见检验其论点（234，235，245，247，265，308）。来自许多不同年代、文化和党派的哲人渴望彼此交谈，他们的对话有别于他们向大量非哲人传达的教诲，认识到这一点后，施特劳斯得出结论：哲人对哲学交流的渴望反映出一种激励着所有哲人的需要或必要。和他之前所讲一致（201），施特劳斯并未声称这一发现构成了对永恒秩序的洞见，但想和其他哲人交谈的愿望是自然的，它作为哲学生活的一种自发、反复与持久的特征出现在人们的视野中。施特劳斯通过阅读色诺芬的对话，反思他同科耶夫的多次交流，并以亲身体会来思考，他觉察到了超历史的"哲学的观念"（212）。尽管这种对哲学本性或对哲人之本性的洞见并未向施特劳斯提供关于永恒的整全的完备知识，但确实给他提供了证据，以反对科耶夫的主张：哲学和每种形式的精神性（spirituality）一样，都寻求最广泛形式上的承认。它还表明，古典哲人能够认识到一些持续的、明显自然的事物，尽管科耶夫认为存在只是历史的整一性。

卢茨（Mark J. Lutz），内华达大学拉斯维加斯分校政治科学系副教授，希腊政治思想协会北美分会主任。获芝加哥大学荣誉学士学位，多伦多大学硕士、博士学位。他研究古典、近代早期和当代政治哲学，主要关注政治和宗教问题以及现代自由民主的理论基础问题。著有《苏格拉底德性教育》（Socrates' Education to Virtue, State University of New York Press, 1998）、《柏拉图〈法义〉中的神圣法与政治哲学》（Divine Law and Political Philosophy in Plato's Laws, Northern Illinois, 2012）。除了许多政治理论丛书中出版的章节外，他还在《美国政治科学期刊》（American Journal of Political Science）、《政治学期刊》（Journal of Politics）、《政体》（Polity）等期刊中发表过论文。

科耶夫的、黑格尔的和施特劳斯的黑格尔
——僭政与极权主义之争的中间道路

纽厄尔(Waller R. Newell)

[219]在这一章中,我将探索施特劳斯和科耶夫关于僭政的对话里困惑我多年的一个层面。① 我忽然发现,[220]对于理解僭政这种现象及其不可欲性,施特劳斯的立场中相对缺少一个可以被称为中间等级(middle range)的东西作为这一理解的基础,这种中间等级在于《论僭政》的僭政特征和智慧特征间的巨大差异。我认为,施特劳斯的这一缺失与如下事实如影随形:施特劳斯的说法有时像是在主张,只有哲学生活的独立活动不存在时,科耶夫的立场

---

① 全文所用引文缩写如下:*OT* = Leo Strauss, *On Tyranny* (Ithaca, NY: Cornell University Press, 1968); *SA* = Leo Strauss, *Socrates and Aristophanes* (Chicago: University of Chicago Press, 1980); *CPR* = Leo Strauss, *The Rebirth of Classical Political Rationalism*, ed. Thomas L. Pangle(Chicago: University of Chicago Press, 1989); *NRH* = Leo Strauss, *Natural Right and History* (Chicago: University of Chicago Press, 1970); *WPP* = Leo Strauss, *What Is Political Philosophy?* (Westport, CT: Greenwood Press, 1959); *UM* = Martin Heidegger, *Uberwindung der Metaphysik*, in *Vortrage und Aufsatze* (Pfullingen: Gunter Neske, 1954); *PPP* = Leo Strauss, *Studies in Platonic Political Philosophy*, ed. Thomas L Pangle (Chicago: University of Chicago Press, 1983); *POS* = G. W. F. Hegel, *Phenomenology of Spirit*, trans. A. V. Miller(Oxford: Oxford University Press, 1980); *IRH* = Alexandre Kojève, *Introduction to the Reading of Hegel*, trans. James H. Nichols, Jr. (New York: Basic Books, 1969); *BT* = Martin Heidegger, *Being and Time*, trans. John Macquarrie and Edward Robinson(New York: Harper and Row, 1962).

才可能正确,也就是说,若缺少哲人正当的"自我崇拜"(*OT* 218),理性确实会崩解成为历史,成为普遍同质国家的实现。换言之,哲学生活的独立性是对抗僭政,尤其是现代版的僭政的唯一可靠的保障,正如科耶夫所言,现代版的僭政声称已实现了古代思想自身的普遍教诲。

和科耶夫的思路一致,施特劳斯有时似乎也承认,理性对古人和现代人而言是一样的,这似乎符合科耶夫的如下看法:色诺芬的《希耶罗》以及柏拉图和其他古代思想家的乌托邦已经成为一份有待在不断进步中实现的蓝图,其实现的方式便是人在追求普遍的自由和承认时否定自然。然后,在这些节点上,施特劳斯似乎再一次认为,在普遍同质国家中,只有哲学的独立地位以及哲人对承认之需要的免除,才会妨碍那种让古代智慧完全实现的方案,科耶夫声称,这项方案直到20世纪才充分显明自身。

在探索施特劳斯思想的这些倾向时,我有几个相关的问题。首先,施特劳斯是否真的接受我归之于他的上述观点?我认为,对他思想的全面表述不会仅限于《论僭政》一书,他全面的思想也更难理解、更微妙。这涉及我们对其他几个问题的思考。第一,施特劳斯难道没有看到古代思想和现代思想之间不可调和的重大分歧?他难道没有在别的地方提供一条理解僭政的中间道路,也就是我发现在他和科耶夫的对话中相对缺少的进路?事实上,难道施特劳斯即便在黑格尔那里,也没有发现这块中间领域的迹象以及一种和古典思想的亲缘性?[221]尽管这并不等同于真正赞同古典或要恢复古典,但这种亲缘性让施特劳斯觉得黑格尔远在其同时代人之上,这种对于黑格尔的赞赏,也要从根本上区分施特劳斯与科耶夫对黑格尔的不同理解。

最后,我认为,对僭政之理解的中间道路不仅在于哲学和政治行动之间的冲突,而且还是人类心理学的一个变形,尽管不敬神,但中间道路这一问题如何阐明20世纪极权主义自身的现象和对这种现象的解释？极权主义黑暗的背景时不时充溢于两位思想家令人不安的、艰难的遭遇中。我的结论是：他们不同的哲学立场影响了两人作为公民对各自身边的僭政不同的态度。①

僭政、智慧和《论僭政》中缺失的中道

我们从《论僭政》的几段入手，这些文段阐述了我所认为的施特劳斯的倾向，在这些段落中，施特劳斯倾向于把古代智慧等同于现代智慧，把哲学生活的独立性看成首要之事——如果不是实现普遍同质国家的唯一阻碍。

施特劳斯在《论僭政》一书中回应沃格林时，持这样一种看法：当今僭政不同于古代僭政，因为现代［僭政］基于"有赖现代科学而得以可能的'征服自然'过程中无限制的进步，也基于哲学或科学的大众化"。但他接着声称"古人对这两种可能性了然于心"，他们很慎重，没有发动对自然的征服，因为他们知道这是"荒谬的"，也会"毁灭人性"(*OT* 190)。换言之，施特劳斯似乎在此暗示，智慧的内容在古代和现代的情境下一样，区别仅仅在于古人审慎地避免了现代方案。［222］施特劳斯用同样的语气评论道，马基雅维利的《君主论》"很接近"色诺芬的《希耶罗》，因为《希耶罗》和其他古典作品不同，它"相对接近一种脱离了节制的智慧"(*OT* 197)。对古人和现代人而言，智慧的内容显然又一样，现代人和色诺芬分道扬镳之处是他们将智慧从节制的束缚中解放出来。但有人可能会问：智慧作为一种持久的品质，如果可以从节制中分离出来，这是否意味着，哲学或对智慧的追求本身并不包含表面上被认为是节制的道

---

① 为进一步思考施特劳斯和科耶夫之间的论争，以及这场论争对僭政问题作为政治思想史的一个主题的影响，参 Waller R. Newell, *Tyranny: A New Interpretation* (Cambridge: Cambridge University Press, 2013)。

德德性，就像柏拉图所认为的那样，以及施特劳斯自己在别处所认为的那样？既然节制和古典智慧不可分，从节制中"分离"出来的古典智慧真的会是古典智慧？像现代智慧这种脱离节制的智慧，不也是一种基于对自然的征服（而非像古人总是劝导的自然指导我们）的智慧吗？

施特劳斯表述了科耶夫对色诺芬《希耶罗》的论述，据施特劳斯所言，西蒙尼德理解的只是古典的主人道德，而非"来自圣经的奴隶道德或劳动者道德"（*OT* 202）。施特劳斯本人是否会接受，把古典立场说成主人道德的同义词？这似乎不太可能。古典立场肯定会抛弃其权威仅仅来自习俗的"主人"，转向古人所坚持的天生的主人或"贤人"（如亚里士多德），这一立场当然可以归给马克思，可能也可以归给黑格尔，但绝对不能归给施特劳斯。更耐人寻味的是，施特劳斯在《论僭政》中声称，霍布斯和黑格尔的学说都始于和战争有关的自然状态。二者都"从一个不正确的假设出发来建构人类社会，这一假设是：人之为人被设想成缺乏对神圣约束的意识的存在，或只是受对承认的欲望指引的存在"（*OT* 205）。

正如下文将讨论的，这一假设并非严格遵照黑格尔的观点。但在整个《论僭政》中，施特劳斯反复讲到所谓黑格尔的观点，并将其定性为"科耶夫的或黑格尔的"或"科耶夫-黑格尔"的。换言之，科耶夫-黑格尔并不必然就是黑格尔。这一部分也简单点到了我所讲的一种中间道路，用以揭示僭政的不可取之处，即在批评人"就其本性而言缺乏对神圣约束的意识"这一看法时，[223]施特劳斯意指这样一种意识：虔敬地反对某种私利，这种私利在欲求奴役他人并获得他人承认的极端情况下达到顶峰。这可能是批判僭政的非哲学途径。我们将看到，黑格尔自己解释了这些神圣约束意识的原因，施特劳斯也承认黑格尔思想的这种特征，这就是另一个把黑格尔的黑格尔、施特劳斯的黑格尔和科耶夫的黑格尔做对比的理由。但总体来说，在《论僭政》中，施特劳斯对僭政的批评仍旧倾向于认为,唯有哲人特有的独立性实打实地质疑了如下主张:智慧已经在普遍同质国家中实现,因为施特劳斯就相当于"普遍的和最后的僭主"。

在讨论"智慧与统治或僭政的关系"时,施特劳斯讲到古典立场:"哲人就是把整个生命都用来追求智慧的人,所以他没时间参加任何政治活动——哲人不可能渴望统治。"(OT 207)这意味着即便政治哲学是可能的,从古典视野来看,智慧在普遍同质国家中也不可能实现,因为它可能意味着作为对智慧之探寻的哲学的终结:

> 哲学本身不是别的,而是真正意识到某些问题……思考这些问题,不可能不变得倾向于一种解决方案……然而,如果没有智慧而仅仅有对智慧的探寻,所有解决方案的证据必然渺小于这些问题的证据。(OT 210)

更何况,哲人对真理的"即对永恒秩序的欲求"是一种"主导性激情",相比之下,"所有属人事物和人的所有关切都无足轻重"(OT 211),对有关整全之智慧的哲学爱欲,使所有纯粹的政治满足感都失去吸引力。这似乎清楚地证实了施特劳斯的立场,即只有古人所设想的哲学生活,才会阻止普遍同质国家所假定的(putative)智慧之实现:哲人永远不会加入其中。此外,和《论僭政》的其他地方相比,在这里,施特劳斯对古典哲学和现代主张的区分显得绝对,古典哲学是无法完全满足的对永恒秩序之知识的欲求,根本上是一种沉思性活动,现代的主张始于马基雅维利,他声称人能够掌控[224]自然,并对自然施加合理的控制,这是一种黑格尔式否定辩证法的前身。古典哲学阻止智慧得到公认的实现,施特劳斯则放大了古典哲学的独特作用,他评论道,"只有通过从事哲学,人的灵魂才能变得良序"(OT 216),这直接呼应了苏格拉底在《理想国》第六卷和第七卷的主张:学习善的理念是所有审慎之源(484a - 484e;533b - 533d),尽管苏格拉底随后回避这一主张的激进主义色彩而恢复了讨论。

他们"参与"讨论了对构成第三卷和第四卷的公民教育的真正"正确的观念",而第五卷给出对良序灵魂的描述,即一个良序的灵魂至多和哲学活动有间接的联系,并且在全体公民中或在"贤人"中,应该作为一种独立的心理免疫来源,以抵抗施行僭政的诱惑。

施特劳斯的这句话证实了他早期持有的观点,即古代智慧的内容和现代智慧的内容有所不同,只不过是因为古人审慎地为智慧加上了节制。显然,古人认为在哲学活动中追求智慧必然需要节制。然而,这种模糊性依然存在。比如,在总结科耶夫的观点时,施特劳斯写道:"世界的整部政治史除了是一场朝向普遍同质国家的运动,还能是什么?……古典哲学创造了普遍国家的观念。"(*OT* 221) 施特劳斯在这篇有关其立场的长篇总结中,几乎和科耶夫融为一体。当然,施特劳斯也有可能认同,古代哲学对普遍国家的观念(亚历山大、罗马、拿破仑)做出了关键的甚至决定性的历史贡献,而不像科耶夫那样因此崩解成为历史主义。

施特劳斯继续以强势的方式,把古代哲学描述为一种独特自主的生活方式:哲人的"自我崇拜""要变得合理","并不必然需要他人的崇拜来确认"(*OT* 218)。换言之,唯独哲人不需要普遍的承认,因此也就反驳了普遍同质国家的普世性主张。与之相反,科耶夫[认为],只要不能证实古人对哲学生活的描述,就不能说智慧已经通过政治行动实现。施特劳斯认为自己和科耶夫观点一致,即哲人必须在坚决捍卫哲学事业的同时,积极参与政治活动:[225]"他因而必须影响城邦或统治者。"但在施特劳斯看来,这并不意味着哲人真的一定想要统治:

> 与科耶夫明显暗示的观点相反,在我们看来,哲人必须采取的哲学的政治与建立最佳政制的努力并无必然联系,哲人可能做,也可能不做这一努力。

换言之,在政治上捍卫哲学,然也;实现智慧,非也(*OT* 219–220)。

随后(*OT* 220),施特劳斯简短地反驳了这种看法,即不从事哲学的人甚至也会满足于普遍同质国家所提供的承认:"科耶夫难道不理解激情的力量?"我认为,一般而言,施特劳斯在《论僭政》中并未提及批判僭政的中间道路的简要证据,即就算常人也会有欲望、激情和野心,这些都会驳斥这一主张,即智慧会在最后的世界秩序中实现。并非每个人都总能得到满足。然而,通常来说,在整个《论僭政》中,施特劳斯似乎把科耶夫所有的政治野心都归结为对承认的欲望,而不像柏拉图的《会饮》把爱欲归结为追求永恒的善(immortally good)。施特劳斯没有直接反对科耶夫关于政治野心的简单论调,相反,他主要反驳这一点:科耶夫讲的政治野心不可能带来普遍的满足,因为只有哲人才能真正得到满足,唯独哲人不需要别人的承认,就能过"自我崇拜"的生活。施特劳斯在《论僭政》中最突出的主题是,如果哲学独立的满足仍未被同化,那么普遍同质国家就不可能实现:

> 我们现在理解科耶夫为何如此迫切地反驳古典的观点了,因为这种观点认为,只有少数人有能力追求智慧。如果古人是对的,在普遍同质国家中只有少数人会真正幸福,因此也只有少数人能在普遍同质国家中且通过普遍同质国家得到满足。(*OT* 225)

倘若只有哲人是真正幸福的,那么普遍同质国家假定的普遍性即便不是洗脑,也不过是另一种强制的意识形态。

"如果古人是对的",对普遍同质国家的支持者来说,唯一的选择就是最终消灭哲学("对智慧的探询")本身。在以前,哲人可以逃避僭政统治,去往更自由的城邦,"但在普遍的僭主统治下,[226]无处可逃"。古典观点是,"只要人的天性未被完全征服,也就是说,只要太阳和人仍旧生养人",对高贵的欲求将总会奋起反抗僭政(*OT* 223)。但"这一次",随着普遍的僭主的出现,"哲学的事业从一开始就失败了",继而根本上失败的是反抗僭政的高贵天性的能力。"由于对自然的征服,由于毫无羞耻地用怀疑和恐惧取代了法律,普遍的和最后的僭主实际上有无数的手段"导致"哲学在世上的终结"(*OT* 226)。普遍同质国家将会是探寻真理的敌人,而远非最真实的政制。

在这里,施特劳斯是否充分思考了科耶夫的理论最终必然导致的后果,而这一后果是科耶夫本人未曾深思的?或者,在施特劳斯写作的那个极权主义政制渐渐显山露水的世界里,这是他关于不断扩张的普遍同质国家的预言?在此情况下,它留下了几个未解之谜。施特劳斯认可哲学是探寻永恒真理这一古典理解,如果这一理解是对的,那么还能真正征服自然吗?如果宇宙具有一种"永恒的秩序",那么人类征服宇宙本身既不可能,也无法想象。人若试图征服宇宙,必有待于两项并蒂的事业:一是征服命运,二是启动新的反目的论的物理学,后者使自然成为重塑人类的无目的养料。

从古典视野来看,这两项事业不过是把一种受僭政式的恶习和狂妄驱动的伪理性的修辞强加于自然现实,而且它们注定要失败,并且将无休止地作出新的努力去压制自然和人的天性,而这些努力就是作为"人类灵魂工程师"的极权主义的根源。此外,如果古人是对的,那么在古典意义上,对智慧的欲求作为一种对有关整全的永恒秩序之知识的爱欲("主导性激情"[*OT* 211])、作为人性在自然秩序中的最高实现,一定是不可磨灭的,无论普遍的僭主的爪牙伸得有多长、多厉害。倘若一位僭主确实会导致"哲学在世上的终结",那么在古典意义上,哲学在世上的终结首先是否可能存在呢?最后,从[227]古典视野来看,有一种可能性虽然非常之小,但仍然真实而永恒,即普遍的僭主可能通过一种"缘分"来终结城邦的痼疾,这种"缘分"发生在统治者的本性与一位"真正充分从事哲学"(正如柏拉图在《理想国》第五卷中所言)之人的本性之间。施特劳斯的结尾段有点玄乎,似乎隐藏了一个对科耶夫所设想的普遍同质国家的权力及其不可避免性的奇怪让步,并在调侃哲学可能真的会"在地上"终结的观念时,透露了这一观念的某些千禧年主义品质。

施特劳斯与其他作品里的中道

我认为,施特劳斯在《论僭政》中(a)主要倾向于认为,除非没有独立的哲学生活,否则科耶夫不可能是对的,科耶夫认为理性会崩解成为历史和普遍同质国家,施特劳斯的看法则意味着哲学生活是反对僭政唯一可靠的保障;(b)施特劳斯有时似乎也会接受这种看法,即理性对古人和现代人来说是一回事,这与科耶夫的观点相一致,后者认为《希耶罗》和其他古典作品是实现普遍同质国家的蓝图(即便古人由于普遍同质国家可预见的有害影响而通常否认这种可能),这又意味着如果不是因为哲人合理的"自我崇拜",理性确实会崩解成为这幅蓝图。现在我们已经看到一些证明我主张的证据,让我们看看,施特劳斯的其他一些作品能否缓和这些争论。

我认为,施特劳斯确实总体上倾向于把激情和想象的领域交给启示的领域,而启示与理性相对立。因此,施特劳斯认为,阿里斯托芬的喜剧诗承认"城邦承认的诸神"[①](*SA* 23)以及一种神圣意识,这与苏格拉底的怀疑论相对立。《耶路撒冷和雅典》(*Jerusalem and Athens*)的倒数第二段也富有特色,它把苏格拉底的活动和《弥迦书》6:8 中描述的好人做对比,在这里,哲人的正义是对智慧的纯粹追求的"副产品",而神的仆人将(如《圣经》所言)"好怜悯,存谦卑的心,与上帝同行"。[②] 但情况并非总是[228]如此。有时,施特劳斯的确以心理学为核心来捍卫古典哲学。换言之,严格按照哲学生

---

① [译按]中译文参考施特劳斯,《苏格拉底与阿里斯托芬》,李小均译,华夏出版社,2011,页 22,有改动。

② [译按]中译文参考施特劳斯,《耶路撒冷与雅典:一些初步的反思》,何子建译,选自《经典与解释的张力》,上海三联书店,2003,页 295,有改动。

活来看,他并不总把哲学生活呈现为自明地令人信服,而是可能需要激励。比如,在一篇简明有力地批判海德格尔的文章中,施特劳斯问道:为什么海德格尔把畏(anxiety)作为人性的基本经验是合理的?为什么不是爱呢?如果上帝之爱和智慧之爱都是人性的基本经验,那么哲学就可能更易于导向柏拉图式的方向,即对整全的知识的爱欲(CPR 38),而非导向存在主义的方向。因此,在这种情况下,施特劳斯开头并没有对海德格尔的存在观念直接进行哲学讨论,将之作为自己批判的起点,而是从人类心理学的一般观点出发。

这个心理学的起点是我在本章开头的中间道路的一个例子,施特劳斯唤起哲学,将之作为对"基本问题"的一种反思,其中也可以清楚地看到这一心理学起点(NRH 35)。施特劳斯暗示,在系统的哲学思考之前,一组前哲学的人类关切反复出现:神圣、正义和其他德性的"问题"。在已经得到充分阐明、彼此有别,甚至不可调和(比如柏拉图对尼采)的哲学中,可能会有对这些反复出现的问题的探索,但潜在的问题一直都在。此外,尽管只有极少数真正的哲人才会把这些对基本问题的思考提升至伟大思想的层面,但大多数人在某种程度上也意识到了它们。正如施特劳斯将之明确对应到《会饮》中第俄提玛(Diotima)的爱的阶梯,人是一种"居间"的存在,总是介于非人(subhuman)与超人(transhuman)、"野兽与神之间"(NRH 152)。他在别处[①]写道(WPP 39-40),"我们"拥有的知识总是被束缚在过度同质化(以数学为代表)与过度异质化(治国之能与教育领域)的魔咒之间。"关于整全的知识似乎不得不结合某种最高意义的政治知识和异质性知识。这一结合并不受我们支配。"因此,"人类"很容易走向这个极端或那个极端。唯独哲学,"蒙恩于自然的眷顾",引导我们拒绝"屈从于任何一种魅力"。

---

① [译按]中译文参考施特劳斯,《什么是政治哲学》,李世祥等译,华夏出版社,2011,页30,有改动。

[229]在这些语境中,施特劳斯对哲学的捍卫具有极大的包容性——人类彼此有共同的关切,也需要彼此的帮助。这就好像喜欢奥斯汀(Jane Austen)胜过陀思妥耶夫斯基(Dostoevsky),就连一个人性格中根深蒂固的文学品味也可能激起一种偏爱,喜欢色诺芬胜过其他思想家,非哲学驱动了某种哲学。那么这也表明,施特劳斯欣赏这条介于严重对立的僭政与智慧之间的中间道路更符合《论僭政》的特点。在《进步还是回归?》中(Progress or Return? CPR 227 - 270),施特劳斯认为,理性和启示在正义问题上有着共同的追求知识的前哲学动机,分歧在于理性的追求超出了启示有关上帝的信念,启示坚决认为上帝从无(exnihilo)中创造,而古典(因此是真实的)哲学持有对可见宇宙的永恒信念。如果正义是基本问题之一,那么它就可能是已经内化于人类经验中的僭政的诱惑,对此可能的回答是:僭政不虔敬,或不合理,或既不虔敬也不合理。正如格林所写,施特劳斯对启示和理性之间的"第三条道路"深恶痛绝:二者之间持续存在的张力是西方的思想"神经"。① 因此,施特劳斯确实在许多地方把非哲学的心理学,即人类对有序灵魂的普遍需要,看作通向哲学本身或激励哲学的途径。

现在,让我们转到这一问题上来:施特劳斯是否认为古代智慧等于现代智慧减去节制? 这意味着,如果不是为了哲学生活不可或缺的独立性,那么智慧就可能作为普遍同质国家而实现,或用施特劳斯的话来说,作为"最后的和普遍的僭主"而实现。如果有根据在《论僭政》中指出这种方法的优势,那么就会出现几个令人费解的谜团:古典政治哲学及其政制等级的有效性是什么? 如果没有哲学的生活,那么贵族制这样较好的政制,与民主制、僭主制这样较坏

---

① Kenneth Hart Green, *Jew and Philosopher: The Return to Maimonides in the Jewish Thought of Leo Strauss* (Albany: State University of New York Press, 1993), 135 - 136.

的政制之间的区别不就崩解成为人通过否定自然朝向普遍同质国家的历史进步？[230]如果只有哲学生活拒斥僭政，那么那些更好和更糟的非哲学政制之间的区别还重要吗？因为柏拉图在《理想国》第八卷讲的是诸政制的等级，而非它们接近智慧的程度（虽然它们按一种极速衰退的顺序排列），那么如果只有哲学生活拒斥僭政，诸政制的专断似乎显得没有区别，它们在本质上已经是僭政的，不论它们如何粉饰正义。此外，如果哲学生活的"自我崇拜"之基础完全脱离政治（politike）在古代意义上作为一种建筑技艺（architectonic art）的实用政治科学，所有政制及其公民都受益其中，那么哲学生活本身又关乎什么呢？如果哲学生活除了纯粹不受束缚、不直接关心政治，除了哲学的政治辩护，就只有科耶夫实现智慧的这项事业，那么哲学生活本身又有什么内容呢？难道我们面对的不是极端的二元对立吗？其中一方是政治，即一种僭政的驱动力，它在历史终结、普遍同质国家到达其顶峰时得到全面认定；另一方是其真正的敌人，作为一种神秘的、超脱的、自立的生活方式，或如阿多（Pierre Hadot）描述的哲学——纯粹的个体或个体的操练（askesis），它们没有像柏拉图笔下的苏格拉底所宣称的那样凌驾于治国之能和启示之上（也就是"诗"）的、至高无上的角色。① 施特劳斯在《论僭政》中所描述的哲人能预见后现代主义吗？

我认为，施特劳斯在别处并不接受哲学和政治行动之间严重的二元对立，前者作为一种满足个人的生活方式完全独立于政治，后者被等同于科耶夫的普遍同质国家的实现，所以，我们或许可以在《论僭政》中推出一些这种二元对立盛行的原因。首先，施特劳斯和科耶夫论争的潜台词的确是对色诺芬《希耶罗》的解读。在苏格拉底的弟子中，相较于柏拉图，色诺芬本人所展现的哲学生活与城邦之间的分歧要尖锐得多。色诺芬笔下的苏格拉底不像柏拉图笔

---

① Pierre Hadot, *Philosophy as a Way of Life* (London: Wiley-Blackwell, 1993).

下的苏格拉底那么像"公民"(civic)哲人。他对善(Good)的思考不像柏拉图那样走向一个小的道德共和国,而是走向一个普遍的、多民族的理性专制主义(《居鲁士的教育》),其中,哲人的统治没有直接作用。[231]因此,哲人和公民德性与公民心理学的中间道路之间的二元对立,在色诺芬这里比在其他古人处更加尖锐。城邦对合理性的要求越弱,哲人的独立自主性就越明显。色诺芬相对忽视城邦(polis),支持世界性的帝国,这一点与上述张力或许适当地反映在《论僭政》本身的争论中,也反映在哲人的"自我崇拜"与普遍同质国家之间的二元对立中,政治共同体(koinonia politike)随之出局。

依我之见,另一个支持二元对立的理由在于施特劳斯和科耶夫之争中海德格尔沉默的在场(unspoken presence)。在《论僭政》中,我认为施特劳斯在调侃科耶夫的普遍同质国家的可信度时,也调侃了海德格尔的观点:技术现代性的展开是返回柏拉图的"形而上学"的"出路"(working out)。施特劳斯认为,全球性技术是理念对其他存在施行僭政的顶峰。恰恰由于古代哲学在这条推理的道路上确实达到了普遍同质国家的顶峰,如果哲学并不独立于历史行动,那么施特劳斯可能会尤其关注建构哲学的自主性,它可能会根植于哲人对整全知识的爱欲。这种爱欲的渴望永远不能被归为政治行动或对理念之合理性的真实(literal)应用以改造其余的存在。

这种对哲学生活的理解,也和之前提到的施特劳斯的看法相一致,即认为海德格尔武断地将畏堇于爱欲之上。如果哲学从根本上是一种永远无法完成的对智慧的追求,那么苏格拉底式的或柏拉图式的爱欲就永远不可能像海德格尔所认为的那样,成为"形而上学"的起源,认为"出路就是技术"(*UM* 71,72-77)。这种爱欲不可能拥有关于智慧的确定性,或不可能愿意把沉思的闲暇和愉快置之一边,而把理性强加给别的存在。如果这个观点确实属于施特劳斯,那么这将是一个很有吸引力的论题。但不知何故,人们仍旧渴望一种基于古典公民心理学的补充性解释(如《理想国》第二到五卷的相关部分),这种解释将降低僭政对全体公民的吸引力,也不能证明哲人的生活是唯一真正的替代方案。

[232]在《论僭政》的论争中,科耶夫把自己的黑格尔主义和海德格尔的思想综合起来——后者只是暂时的,这一点构成了海德格尔沉默的在场的另一维度。现在,只消说科耶夫认同海德格尔的观点便足矣,后者认为存在的历史出现在全球技术中,这是海德格尔在1935年的名言,"从形而上学的角度来说,美国和俄罗斯一样",据说这是科耶夫最喜欢的语录之一。但科耶夫却将存在的历史接受为普遍同质国家,而海德格尔认为,存在的历史要么推动德国反对全球技术从而回归自己的天命,要么消除所有人类事物的威胁。① 或许在《论僭政》中,施特劳斯倾向于把古代理性等同于现代理性,以此作为这场与科耶夫以及他思想中潜在的和海德格尔类似的一面的争论的目的。

最后,《论僭政》倾向于把哲学的生活和通过普遍同质国家来历史地实现智慧对立起来,这可能和施特劳斯在1941年关于国家社会主义的未发表的讲稿中发出的警告相呼应。② 他认为,庸俗的国家社会主义不应使我们忽视其植根于一项更为深刻的哲学事业,这受到一位未透露其名的思想家的启发,施特劳斯认为这位思想家的声音定属海德格尔,他旨在让年轻人参与一项革命性的事业,即至少从四百年前就把现代性的根子挖掉。施特劳斯评判国家社会主义革命的吸引力:由于现代性已经几乎等同于功利主义、工具理

---

① 见 Tom Darby, "On Spiritual Crisis, Globalization, and Planetary Rule", in *Faith, Reason, and Political Life Today*, eds. Peter Augustine Lawler and Dale McConkey(Lanham, MD:Lexington Books, 2001), 43。

② Leo Strauss, "German Nihilism", eds. David Janssens and Daniel Tanguay, *Interpretation* 26(no. 3, Spring 1990):353-378.

性和乏味的自私,这些被英雄主义、献身与荣誉驱动着的年轻德国人,受到年长的本体论花衣魔笛手(Pied Piper)的怂恿,认定这些德性是非理性或存在主义式的。

这场危机将德性与灵魂的理性解释分开,而灵魂由哲学的生活加冕,其对永恒秩序的知识的追求正是古典的核心。面对这场危机,施特劳斯认为,只有毫不妥协地坚持[233]对永恒秩序、永恒真理的柏拉图式追求,而非追求历史化的真理,才能把文明与虚无主义的塞壬之歌分隔开来。此外,他认为,历史主义的所有形式——不仅包括尼采和海德格尔这种毫无节制的早期革命性历史主义,而且包括像黑格尔那种相对有益的目的论的、在政治上温和的历史主义——都滑向了海德格尔的存在主义及相关的国家社会主义。实际上,德国残留着比较可靠的老一辈黑格尔主义者,他们和年轻一代渐行渐远了,因为后者认为,这种温和的历史进步学说是老年派和保守派控制年轻人和狂热分子的正当理由。总之,海德格尔将现代性和全球性技术等同于柏拉图的形而上学"出路",如果这一点被反驳,那么古典哲学必须捍卫自己,作为针对任何形式的历史主义思想的唯一可靠的灵药,坚称自己作为一种自立的生活方式能独立于历史的影响,甚至独立于自己的历史影响。历史主义只能在黑格尔温和却令人沮丧的相对主义中达到顶峰,或者在强烈反对海德格尔呼唤狂热的革命行动中达到顶峰。这是否与施特劳斯在《论僭政》中的评论相呼应,即对普遍同质国家的唯一抵抗,可能采取"一种虚无主义革命"的形式,"……不受任何积极目标指引","一旦普遍同质国家变得不可避免,这一虚无主义的革命或许就是唯一可能的伟大而高贵的功绩"(*OT* 224)?

施特劳斯论古今智慧

在《论僭政》中,施特劳斯把古今智慧等同起来,从而表明,只有哲学生活坚实地反对将智慧从节制中抽离,反对科耶夫以普遍同质国家作为智慧的实现。换言之,也就是认为施特劳斯出于同科耶夫对话的目的,将古今智慧等同起来。倘若如此,那么还须立即补充一点,即施特劳斯在其他地方指出古代和现代的理论与实践意义之间存在一个非常尖锐的分歧,我认为,这种分歧[234]在他整个作品中极具代表性。让我们举几个值得关注的例子。

这个分歧很明显,有些人可能会认为,甚至在法文版《论僭政》的结尾段中——此段在随后的英文版被省略(可能是有意如此)——施特劳斯清楚地阐述了作为对"永恒秩序的追求"的古典哲学与科耶夫所认为的"存在在历史进程中创造自身"之间的区别,虽然施特劳斯也承认,他在此前的争论中"几乎没有提及"自己和科耶夫之间的区别。① 此外,施特劳斯在这里重申了自己的阐述:哲学从根本上需要脱离人类关切。因此,只有哲学才能防止智慧崩解成为历史和普遍同质国家。

所以,如果施特劳斯在法文版的结尾最终明确区分了古典路径与科耶夫路径之间的差别,那么他仍然在很大程度上堵住了古典政治的中间领域。换言之,历史主义和古典视野下独立自主的哲学生活之间形成了鲜明的对比,而"二者之间"的领域在很大程度上仍然缺失(用他自己在《自然正当与历史》[152]中的术语来说)。施特劳斯在这里宣称,他和科耶夫都"从存在转向僭政",不同于"那些缺少勇气面对僭政问题的人……因为他们什么都没做,仅仅谈论存在"(显然指海德格尔),这一论调似乎说施特劳斯和科耶夫都有对真实政治之中间领域的关切,而非像海德格尔痴迷于存在,后者牺牲了对政治生活的研究,最终也因此"回避"存在。尽管施特劳斯努力复兴古典政治学(politike)以反驳海德格尔的虚无主义,但经

---

① 见 Leo Strauss, *On Tyranny*, eds. Victor Gourevitch and Michael S. Roth (Chicago:University of Chicago Press,2000),212。

科耶夫修改过的黑格尔主义实际上已经接受海德格尔的这一观点：将整个存在的历史等同于"技术"，这种形式的僭政（the tyranny of the Forms）发端于柏拉图，接受这一点正是普遍同质国家的必然后果。由于科耶夫对民族（das Volk）不感兴趣，所以他毫不掩饰地接受了海德格尔一直深恶痛绝的全球化进程的观点。无论如何，本册是为纪念[235]《论僭政》英文本五十周年而作，我们多数人都受到这个版本的影响，而且施特劳斯选择省略法文版的结尾段，因而我们有理由不进一步考虑它，因为我们注意到，正如我在本章所讨论的，它并没有从根本上偏离《论僭政》中论争的主线，尽管施特劳斯在很大程度上省略掉了一种心理学基础，而它比起哲学的生活更能拓宽对僭政的评价，以证明不受约束的哲学生活的优越性，但惊人的是，他谴责海德格尔未能处理僭政问题是由于缺少勇气。

如前所示，在《进步还是回归？》中，施特劳斯认为，在可见宇宙的永恒性与从无中创世的对立问题上，哲学和宗教分道扬镳。显然，施特劳斯在这里写到的哲学意指古代哲学，因为现代哲学将自然视为自发运动。和从无（ex nihilo）中创世的观念不同，现代哲学就是一种认为宇宙生成于无因之因的宇宙观，它是启示的近亲，而亚里士多德也认为这种宇宙观很荒谬，它在古人中唯一的先祖是反目的论的前苏格拉底学派以及卢克莱修（Lucretius）。想必施特劳斯也会认为，古典哲学相当于对整全知识的爱欲，在现代思想中并没有对应物。

诚然，海德格尔对施特劳斯而言是20世纪最伟大的哲人，他从整全的根源（"一切根据的真正根据，也就是根本深渊"[PPP 30]）来给自己"定向"，而不是从理念或在一的引导下朝向可见完善（visible completion）的发展里给自己定向。这也许和施特劳斯的这一看法一致：海德格尔唤起的前哲学人类经验把畏置于爱欲之上。在施特劳斯看来，现代思想从根本上是关于起源的，而古代思想从根本上关乎诸目的。在现代思想中，"根源或动力因取代目的或目标"(NRH 7-8)。施特劳斯对古人与今人之间的尖锐分歧还有许多其他表述,比如马基雅维利如何将治国之能置于自利的"低而坚实的基础"之上,而和古代对美德的强调形成对比。这种对比不只说明了(如在《论僭政》中)马基雅维利试图向大众传播智慧时去掉了节制,还说明了古今智慧各自不同的本质内容,包括有序宇宙与任意的、偶发的自然之间的对比,马基雅维利称后者为[236]命运。

最后,我们要思考古今智慧在施特劳斯的整个反思中究竟有怎样的区别,也同时必须思考启示与理性的关系在古今理性之间发生了怎样的转变。鉴于可见宇宙的永恒性与上帝从无中(ex nihilo)创造世界彼此对立,古典哲学最终与启示不相容,历史主义在某种程度上模糊了这一区别。其原因在于,柏拉图式的神(如在《蒂迈欧》中)是不变的、超时间的(transtemporal),而亚伯拉罕的上帝则历史地在时间中展现,改变着自然和人性。在历史主义那里,世界本身表现为通过人的化身实现的暂时性变化,它改变着自然和人性,有时(如黑格尔)历史主义也明确地将上帝的意志同化为世界的自我创生(self-origination),即"上帝在历史中的自我实现"。总而言之,黑格尔将存在(existence)描述为"许许多多自我创生着的(self-originating)的形式(shapes)",这在本体论上与那位"是其所是"的上帝有相似之处。

此外,鉴于早期现代思想将理性简化为工具理性和自利,历史主义为自我与他人的统一提供了一个新的基础,即历史共同体,它作为一种有机统一体,其基础是历史起源的动力而非永恒地给定的目的(telos)。这种将存在等同于起源(因而约等于启示)的观点,通过尼采和海德格尔延续下来,施特劳斯清楚地证明了这一点,他评论《善恶的彼岸》时说,对尼采而言,"哲学与宗教似乎是归属在一起的——较之哲学与城邦更为密切地归属在一起"(PPP 176)。此外,施特劳斯在给科耶夫的信中有关黑格尔自然哲学的部分非常清晰地表明,自己对黑格尔无神论哲学的解释与科耶夫不同,在我看来,这意味着在《论僭政》中,施特劳斯将黑格尔等同于科耶夫式的黑格尔,这是出于那场特定论争的目的,换言之,施特劳斯是在说,就目前的讨论而言,不妨假设科耶夫的理解是黑格尔的理解。①不过,施特劳斯也批评科耶夫抛弃了黑格尔的大量自然哲学,理由是,如果自然并非[237]有目的地(尽管仍然是历史地)演进,那么在人类改造自然的过程中,就没有任何先于人类的东西来支撑人类的行动,这使这些行动变得完全武断。此外,如果自然没有以这种方式有目的地演进,并最终在历史终结时实现智慧,我们如何知道没有,或将来不会有无数其他的世界呢?智慧不会是一(one)。因此,"如果自然哲学必不可少,那就不得不拒绝无神论"。所以,对施特劳斯而言,黑格尔的哲学并不像科耶夫所说的那样是无神论。它与启示的关系问题至少还是开放的。我认为,施特劳斯在这里指出,黑格尔的历史主义和其他各种历史主义及其对存在的最初描述,与启示对从无中创造的上帝的关切在本体论上有一种亲缘相似性。双方的世界都只从无中出现一次。

在此基础上,我们必须更明确地转向科耶夫对黑格尔的解释问题,以及基于《论僭政》以外的其他作品,施特劳斯是否接受这一解释。

科耶夫的黑格尔和黑格尔的黑格尔

要理解科耶夫对黑格尔的解释如何背离了其原初含义,出发点在于理解他给主奴辩证法赋予了中心地位,这使主奴辩证法成为人在追求自由的过程中否定自然、改造自然的起点。事实上,这种巧合(encounter)在《精神现象学》中只占短短几页,黑格尔并不觉得它有核心重要性,而且可以说,主奴辩证法并不比书中结尾部分的

---

① Leo Strauss, *On Tyranny* (Gourevitch and Roth edition), 237–238.

苦恼意识更重要——它们最多同等重要。的确，我认为，苦恼意识中主奴遭遇的内在化，即上帝（真正的主人）对人的内在召唤，对黑格尔来说是自我意识的深化与升华，超越了主奴之间单纯的外在斗争。此外，黑格尔在《精神现象学》的这一部分，仍在很大程度上从"意识"的观点内部出发，也就是说，从个体优先的现代笛卡尔式的自我视角出发来呈现整个"形式"（shapes）序列——主人、奴隶、廊下派、怀疑主义、苦恼意识。后来，当[238]历史的全貌随着精神的出现而闪现时，黑格尔带我们回到了同样的顺序，但现在它是在古代城邦的大背景下，在罗马帝国晚期达到顶峰。他明确指出，对这个顺序的第二种描述更为全面，因为与早期顺序对立的自我现在被彻底置于政治共同体和"习俗存在"（伦理[Sittlichkeit]）的范围内：

> 此前，我们看到纯粹思想的斯多亚式的独立性经历了怀疑主义，在苦恼意识中找到其真理……如果这种知识只是作为意识的一种片面意识出现，那么这个观点实际上的真理性就变得显而易见。（*POS* sec. 483）①

在黑格尔的层层展示中，"主人"从未被认为是一个个体，而是作为最初一股共同的历史力量从古希腊的宗教、冥府（chthonic）和奥林匹亚中涌现出来。

此外，正如科耶夫所说，历史通过奴隶而发展这一点丝毫不清楚：和主人的纯粹"独立"相反，"自由"首次在历史中出现并不是跟随奴隶，而是在许多方面以贵族道德的形式跟随廊下派出现。最

---

① 亦见 Waller R. Newell, "Origins of Enchantment: Conceptual Continuities in the Ontology of Political Wholeness", in *Logos and Eros: Essays Honoring Stanley Rosen*, ed. Nalin Ranasinghe (South Bend, IN: St. Augustine's Press, 2006), 176 – 189, and "Redeeming Modernity: The Ascent of Eros and Wisdom in Hegel's Phenomenology", *Interpretation* 37 (no. 1, Fall 2009): 3 – 28。

后，对黑格尔而言，现代人并不像科耶夫所认为的只是一个布尔乔亚那样的主奴综合体，而是综合了整个"形式的财富"，包括主人、奴隶、廊下派、怀疑论者和苦恼意识，这些都在 19 世纪的科学与浪漫主义之间，或说在康德（雅各宾主义的内在化）与歌德或与席勒（美丽的灵魂）间的文化斗争中得到结晶，一旦升华，它将随着上帝在历史中的重现引人走向一个相互宽恕的新时代。当然，要替科耶夫说句公道话，他从未像黑格尔解释自己那样来解释黑格尔，但他为改变了的历史条件提出了一种新的解读，摘下精神的神秘面纱，并用人类的历史行动来取而代之，这可能会使黑格尔的哲学更贴合自身。这是一种看似合理的重读，但显然是一种"黑格尔左派式的"或马克思主义式的重读。我认为，科耶夫[239]将会第一个承认，他的《黑格尔导读》不应被作为原文的注本。

在科耶夫笔下，人仿佛只是历史中的"虚无主义者（nihilator）"，而非精神。"精神"是黑格尔对整全的命名，它作为"否定性的劳动"，在自身之中包含着通过其人类化身来实现历史创造的变革性和毁灭性力量。我们或许可以说，科耶夫将马克思的还原论的唯物主义与黑格尔的历史文化广度相结合。科耶夫认为，纯粹的"虚无"是人类持存的本质（*IRH* 48），而对黑格尔而言，历史中积累起来的"形式的财富"已经通过教化在目的论上充实了我们。事实上，科耶夫借用了海德格尔的此在（Dasin）概念的"虚无"，此在是一切存在者最内在的性质唯一直接触及的东西：它不是任何固定之物，而是无或有限。但海德格尔用这个概念是认为，此在在其深不可测的虚无中，永远不能"填满"像黑格尔这种历史进步的积极学说（*BT* sec. 285, 374），科耶夫坚持认为这种最内在的虚无就是历史进步本身的发动机。

对科耶夫而言，历史的进步纯粹以人类为中心，正如我所说，科耶夫借用了海德格尔的此在之虚无，但将其从与存在（或与黑格尔的精神）更大的关联中拔除。对海德格尔而言，此在之"无"（notness），就是存在自身触及人类生存之处，它通过此在与存在的相遇而辐射到历史的"开显"(clearing)之中。然而,科耶夫将此在仅仅当成一个人类主体,这个主体通过征服自然的外在和表面来填补其内心的空虚。同样,在黑格尔看来,精神的不确定性(indeterminateness)是我们在追求自由时能够否定自然的根源。但实际上,否定的劳动不是人的劳动,而是主观精神("主体和实体的统一",也就是关于整全的"真理"[POS sec. 17])通过其人类化身逐步把世界改造成精神自己自我实现的奥德赛。相比之下,科耶夫则认为,人类是单凭自己去否定自然的纯惰性饲料(inert fodder)。科耶夫将人等同于"自我意识"(IRH 3),一种个体的人类主体。人类,最初是奴隶,他们创造了历史、艺术和文化,包括像黑格尔的精神这种意识形态(IRH 49,138)。但在黑格尔看来,只有精神是真正的自我意识,[240]随着历史具有目的性地展开而进步——本质上,我作为人所意识到的自我,就是精神通过我而运作着的自我意识。而在黑格尔看来,精神渴望调和(实体)和否定自然(主体),这些相继通过人类来运行,随着历史演进,带来更大的自由与和谐,对科耶夫而言,历史完全是一种外在的、积极的、进取的和独特的人类转化。实际上,我认为科耶夫最大的哲学亲缘根本不是黑格尔,而是费希特(Fichte),他是人类将任意征服并改造自然的说法的终极拥护者,他认为人与自然没有本质联系,自然只不过是"我们道德责任的物质性使我们变得感性"。黑格尔相信,自己的本体论——主体和实体在精神中的统一——已经预见并阻止了这种唯意志的极端主义,后者也助长了现代政治中的雅各宾倾向,即通过直接行动和革命意志把一种理性的模式强加于人性,而不管先例和传统的限制。我们或许可以说,费希特之于雅各宾主义,就是科耶夫之于斯大林主义。

从先前的角度来看,施特劳斯所承认的科耶夫的黑格尔与黑格尔的尖锐分歧关乎启示的地位,这一点就不足为奇了。在黑格尔《精神现象学》序言里对精神的"概念"的表述中,位于"主体"一极之下的是征服自然、现代科学和政治自由主义的现代事业,"主体"

最终以康德的个体道德自主的伦理为顶峰。在"实体"一极之下，则是一种相反的渴望，是对人与人、人与世界之间的和解、爱、美、共同体与和谐的渴望，它具有古典思想的特征，但也包括宗教启示，并在斯宾诺莎那里达到顶峰。主体和实体的范围也各自结晶为"道德"(morality,以卢梭的公意和康德的绝对命令为代表)和"共同存在"或伦理，这始于希腊城邦的冥府和奥林匹亚诸神。希腊悲剧中，诸神的神圣律法与迅速增长的哲学之合理性与普遍性的"伦理"法之间的冲突，是主体与实体相互作用的第一次历史实现。旧的家宅宗教(hearth religion)与"死者共同体"的神圣律法，则是"生命"从纯粹自然到神圣律法的涌出与演进，这一点支持了施特劳斯对[241]科耶夫的批评，后者未能意识到黑格尔所说的"生命"远远不只是纯粹自然——它更像是斯宾诺莎的生活-世界(life-world)。生命的涌出作为先祖最早的地下宗教(chthonic religion)，持续地从自然向文明演进。不过，对科耶夫而言，神圣律法和家庭生活的领域只不过是"动物性"的存在，与通过否定自然而出现的历史进步的理性主义相对立(IRH 61-62)。对黑格尔而言，精神既表现为神圣律法，也表现为伦理法。对科耶夫而言，理性作为对自然的否定而实现，它只站在否定自然一边。

虽然无法确定黑格尔是哪种信徒，但可以肯定地说，科耶夫担保自己的哲学是无神论的，但根本没有任何证据可以证明，就像没有人可以完全肯定地这么说斯宾诺莎。尽管黑格尔的基督教可能是一种自然神论或泛神论，不符合任何对启示宗教的传统理解，但鉴于他关于宗教的著作颇丰(以及德国路德教会对其作品的认可)，没有理由认为他不把宗教当回事。黑格尔的宗教信仰可能不是传统的启示，但也不是科耶夫所声称的那样，"在黑格尔看来——使用马克思的术语——宗教只是一种意识形态的上层建筑，它的产生和存在只和真正的上层建筑相关"(IRH 32)，即一种对追求权力的纯粹意识形态上的辩解。正如我们之前所发现的，可以说苦恼意识之于人类发展比主奴相遇更重要,而且《精神现象学》作为一个整体在始于最遥远的过去并延伸到现在的宗教谱系中达到顶峰。换言之,前进的路就是后退的路——"上帝显现"在历史中(POS sec. 671)。科耶夫的马克思主义还原论之路,将生活的领域还原成动物性和物理性的东西,在此再明显不过。

施特劳斯的黑格尔

对施特劳斯而言,科耶夫的黑格尔在多大程度上不必然是黑格尔的黑格尔?要了解这一点,我们只需思考他在《论僭政》之外对黑格尔的几处描述。尽管在施特劳斯[242]看来,历史主义的"回归起源"最终导致它与古典理性主义的决裂——这一决裂比它和近代早期理性主义还原论之间的决裂更大,但是施特劳斯意识到了黑格尔在"这场巨大复杂的反向运动(counter-movement)"中所扮演的角色:黑格尔从笛卡尔的近代早期理性主义"返回"到"柏拉图和亚里士多德的'更高生命力(highervitality)'"(WPP 50),即便"共产主义的种种幻象"最终是黑格尔的幻象(WPP 54)。他还认为,黑格尔洞察到古代思想如何直接从"自然意识"的丰富性(richness)——包括对神圣的开放性(an openness to the sacred)——中产生,而现代思想则始于"现成的抽象形式"(他引用黑格尔的话)。我不知道施特劳斯还在哪个地方把这么一种古代思想家与自然相遇的清新之感(freshness)的深刻意识归于一位现代思想家(WPP 75)。施特劳斯把黑格尔描述为"19世纪杰出的哲人"(WPP 58),而我们必须记住,施特劳斯只把这个称呼留给了少数几个世界历史人物。在他看来,20世纪只有一位,即海德格尔。与黑格尔不同,没有一个人可被说成与海德格尔水平相当。黑格尔有一些竞争者,但不多。

我们已经提出,这一整章在针对僭政问题探寻一条中间道路——一种介于纯粹智慧与纯粹权力之间的心理学路径——施特劳斯认为启示是对"正义问题"(*NRH* 150)连同古典哲学的另一种原初唤起——因此,与之相对的是僭政问题。正如古人所见,僭政可能是非理性的、心理畸形的;它也可能是不虔敬的,最终违反"神圣约束的意识"。对施特劳斯而言,黑格尔无疑是现代哲学进入这一讨论最重要的门径之一。我们已经考察过施特劳斯对科耶夫的批评,后者没有看到黑格尔自然哲学的宗教意蕴。施特劳斯的其他评论甚至更为明确:"正由于黑格尔",宗教在现代世界中才不再被认为只是"对古玩的追求",而是"哲学必需的一部分"(*WPP* 221)。最后,根据施特劳斯的说法,《精神现象学》在关于宗教的结论部分达到高潮,"阿里斯托芬在现代最深刻的学生是黑格尔",施特劳斯继续说,对黑格尔而言,阿里斯托芬的喜剧结晶为[243]古希腊的"艺术宗教",而"(黑格尔)视之为启示宗教之外可能的最高宗教"(*WPP* 115-116,强调为笔者所加)。不同于科耶夫的黑格尔,施特劳斯的黑格尔对启示及其与理性的关系问题有深刻见解。

最后,值得注意的是我对施特劳斯关于黑格尔的解释以及这种解释如何不同于科耶夫对黑格尔的解释,施特劳斯的"遗稿"可证实我的解释。1958年,施特劳斯在一门关于黑格尔的课上,首先确立黑格尔与斯宾诺莎的重要关联,"大多数人(不包括黑格尔)认为,把斯宾诺莎看作泛神论者也不失公允"。施特劳斯认为,对斯宾诺莎而言,

> 世界源于上帝……不,上帝就是世界……在德国唯心论中,下述内容采取了一种非斯宾诺莎式的形式;上帝在世界中,但尤其在人类的历史行动中。①

---

① Leo Strauss, the Leo Strauss Center, University of Chicago, transcript of seminar in political theory: Hegel's *Philosophy of History*, autumn quarter 1958, first session.

我认为,这一评价完美地反映了黑格尔本人对斯宾诺莎的描述,他认为斯宾诺莎是《精神现象学》中"主体与实体的统一"的"实体"维度的顶峰。黑格尔进入斯宾诺莎的生活-世界中,进而从自然不断涌向上帝的诸方面,反驳霍布斯和笛卡尔的二元论,黑格尔引入进步的历史改造好斗的一面,将"否定的劳动"引入谢林寂静主义的、受到斯宾诺莎激发的"绝对者"(Absolute)中。最后,施特劳斯提及了为什么把科耶夫的黑格尔完全拒之门外,对黑格尔而言,历史最终不是在城邦中,而是在民族中终结,后者是各种各样的现代民族国家的历史道路。我认为,施特劳斯的观点是将古典对城邦以及政制(politiea)的强调,与黑格尔对民族的历史道路的强调做对比。但倘若黑格尔修改了古典定向,他的观点与普遍同质国家的世界国家就无丝毫相似之处。现代民族国家而非普遍同质国家才是历史的终结。科耶夫拒绝黑格尔关于现代民族国家不能再约分的多样性(irreducible plurality)的学说,转而支持普遍同质国家所设想的全球社会,这是他的黑格尔左派式解读的另一个明显迹象。

[244]在这一章中,我认为施特劳斯从心理学和宗教等不同角度处理正义和僭政问题,弱化了他和科耶夫的对话有时给人造成的严重二元对立的印象,即作为普遍同质国家的无节制的事业而被释放出来的理性与哲人的"自我崇拜"之间的对立,后者是反对已为所有人建立了普遍承认这一说法的唯一保障。这驱使我们考察施特劳斯的其他路线,包括他自己如何评价黑格尔,尤其是黑格尔与宗教的关系,以及其何以如此明显地不同于科耶夫的黑格尔。思考完施特劳斯对黑格尔的整体评价之后,我们不再可能接受他在人类社会起源上将黑格尔等同于霍布斯的说法,"人之为人,可以被认为是一个缺乏神圣约束意识的存在",或被认为是"只受被任何事物承认的欲望的引导"的存在,这不过是对科耶夫的黑格尔的回应。从施特劳斯的其他著作中可以清楚看到,他认为,就思考这些"神圣

的约束"而言,黑格尔的哲学在现代思想家中非常开放。因此,我认为,可以合理地得出结论:施特劳斯之所以愿意采用科耶夫所提出的黑格尔的非常片面的描述,是出于那场特定争论的目的。而且很可能在施特劳斯看来,无论黑格尔多么想在其历史哲学中赋予柏拉图式的思想和宗教启示以应得的崇高地位,无论黑格尔有多承认这种努力是应该的,黑格尔的体系可以说确实最终有助于产生"共产主义的妄想"——以及普遍同质国家的妄想,但为了充分且公平地考虑这种可能,我们必须遵循施特劳斯在《论僭政》之外的指导,并采用黑格尔的黑格尔,而非科耶夫的黑格尔。

《论僭政》与极权主义

总之,让我们记住先前的讨论并回想:施特劳斯和科耶夫在《论僭政》中的对话,产生自一个受真正的极权主义僭政威胁的世界。极权主义[245]的斗争始于雅各宾派,它企图通过革命的暴力来创造一个社会,在这个社会中,在这个朴素无私的集体中,每个人的任何物品都可以与其他人交换。阶级敌人或种族敌人一旦(资产阶级、富农、犹太人)挡住这条千禧年的涅槃之路就会被消灭,全人类将永远和平、和谐地生活。实际上,由于人性永远不会脱离与家庭、信仰、国家、财产和自由的每一丝联系,所以极权主义国家重建人类灵魂的事业,就是对自己的人民永无休止的恐吓的过程。①

我对极权主义的理解,受到我研究黑格尔对法国大革命之评价的影响,也受到索尔仁尼琴(Solzhenitsyn)和塔尔蒙(Talmon)、康奎斯特(Conquest)、莱特斯(Leites)等人杰出的冷战研究的影响。但我最初的灵感源于《论僭政》本身,在我本科时,我认为我所勾勒的极权主义蓝图隐含在这本书中,科耶夫说它是普遍同质国家,而施特劳斯则

---

① 见 Newell, *Tyranny: A New Interpretation*。

谴责它是最后的、普遍的僭主。尽管这场论争通常来说是哲学的,但它明显有提到并影射苏联和第三帝国。施特劳斯提到斯达汉诺夫主义、内务人民委员会、劳改营,尤其是他用这个术语"一体化"(Gleichschaltung)来描述现代僭政的"集体化思想",这是关键的纳粹术语,指国家之下的完全集体化和社会同质化(*OT* 27, 202)。

尽管如此,我仍然对《论僭政》中关于极权主义的各种看法之间的鸿沟感到震惊。可以肯定的是,最终的蓝图就在那里,也许人们不该贪得无厌。尽管施特劳斯在《论僭政》之外,比如在关于国家社会主义的文章中精辟地给出了这种纳粹主义吸引力的心理学诊断,然而,正如我所指出的,书中未提及千禧年式的激情,是对英雄主义的扭曲的渴望,是青年人理想主义的变态形式。几个主要的极权主义运动独特的乌托邦愿景也未提及。所有人都梦想即将到来的集体,这一集体在整体上对个体彻底消灭[246]和淹没,而布尔什维克和纳粹意识形态的具体轮廓,以及他们各自的幻想怎么指使实现这些幻想所需的杀戮行径,书中并未提及。这也许是海德格尔这条暗涌的另一迹象,正如我所指出的,它影响了科耶夫的黑格尔,也影响了施特劳斯为这场特定论争而参与其中的意愿。海德格尔把所有政治动机都吸收进"技术"中,与此相反,纳粹并未因为有了技术才进行大屠杀——他们发明技术就是为了实行大屠杀。人们必须考虑清楚原因。即便是以乌托邦式种族灭绝的奇怪意识形态的形式,政治上的目的和特定正义概念仍然很重要,对极权国家也是如此,无论其多么变态。而科耶夫的普遍同质国家像海德格尔的技术概念一样,把政治目的和正义概念吞噬掉了。

也就是说,正如我试图论证的那样,尽管施特劳斯在《论僭政》中和科耶夫争论时对现代僭政的理解缺少某种维度,但由于他对人类根深蒂固的"神圣约束"的赞赏以及对古人的深深敬重,当人们诉诸他的其他作品时,包括他和科耶夫相反的、对真实的黑格尔的理解,这些都不只是作为补充,而且施特劳斯永远不可能赞同普遍同质国家。此外,对哲人"自我崇拜"的辩护,可能并不足以支持我们这方反对普遍同质国家——施特劳斯在别处处理正义问题和批评僭政时承认一种中间道路,它以虔敬的命令和道德的心理满足为中心——尤其当结合这一点考虑时,它无疑是个难以克服的障碍。所以对我而言,施特劳斯对古今僭政的理解最终无疑胜过科耶夫的理解。

根据我们所考虑的一切,这一点并不奇怪:不只在《论僭政》中,在他们的所有作品中,科耶夫和施特劳斯各自对其所在时代的实际僭政的态度都不平衡,这种不平衡直接源于他们各自的哲学立场。简言之——但我相信这么说不会误导人——科耶夫是苏联共产主义的铁哥们儿,而施特劳斯是自由民主制的普通朋友。

[247]作为法国著名思想家和高级公务员,科耶夫毫不掩饰对共产主义、苏联和斯大林的同情。在斯大林恐怖期间,人民之父消灭掉成千上万个自己的同志,科耶夫仍然是一个严肃的斯大林主义者。私下里,他承认苏联统治的恐怖,告诉阿隆说只有"低能儿"才会相信苏联的统治。但当斯大林去世时,科耶夫感觉"他好像失去了一位父亲"。[①] 斯大林利用自己在政府的影响力,推动了苏联与欧洲一体化,以剪掉美国世界权力的羽翼。

科耶夫认为,朝向普遍同质国家的现代化是一个普遍的过程,与任何特定政权、公民道德、宗教伦理或民主制度并无本质关联。对他而言,这一过程无论由美国还是苏联推进,"历史的终结"无论由罗斯福还是斯大林提出,都没什么区别(因此,他酷爱海德格尔的这一看法:它们"在形而上学上是相同的")。依我之见,他倾向于斯大林主义一边,因为他把斯大林主义路线视作现代化所需要的更坦率直接的激进措施,更是不存在推进这一方案的理想主义幻想或

---

① 见 Keith Patchen, "Alexandre Kojeève: Moscow's Mandarin Mole in France", *National Observer* (no. 58, Spring 2003)。

怀旧病。在他的作品中,要寻找自由民主和现代性的任何高贵描述只会是徒劳。对他而言,美国民主和苏联一样由技术和经济的最大化驱动,唯一的区别在于苏联是后来才开始的,因此无法承受布尔乔亚式自利的教化人的记述所具有的奢迷。颇富反讽意味的是,技术和经济促使科耶夫幻想普遍同质国家,这是为了庆祝美国在冷战中的胜利和它为未来所承诺的自由民主的传播。对科耶夫而言,历史的终结与自由民主对共产主义的道德胜利毫无关系。在他看来,这两种"意识形态"都会在即将到来的路不拾遗(pedestrian gratifications)的同质化全球社会中消失,也会在一种对人人平等的被动"承认"[248]中消失,这种承认不需要任何政治参与或公民承诺——事实上,承认的政治完全符合全球专制君主。历史的终结并不意味着洛克赢了马克思,而是两者都消失了。

我相信,对施特劳斯而言,与他那一代的许多思想家明显相反,纳粹和布尔什维克极权主义的出现已经破坏了第一次世界大战前夕仍然普遍存在的仁慈信念,即认为人类正在积极迈向一个更自由、启蒙与和平的未来。我承认,施特劳斯对《希耶罗》的痴迷正是因为它比其他苏格拉底式作品更接近这样的观念:如果僭政能转变为一种稳固权威的工具,用道德和自治来换取繁荣与和平,那可能就用不着太谴责僭政。但最后,据施特劳斯之见,色诺芬拒绝全面支持西蒙尼德的改良僭政(乃至他笔下居鲁士的改良僭政)。尽管仁慈僭主的一生自豪而有威望,但与哲学的满足相比,甚至可能与一个拥有自治权的共和国里的富有公民精神的绅士相比,他还是相形见绌。那么,对施特劳斯而言,《希耶罗》和色诺芬的政治哲学作为一个整体,最终重申了古典政治哲学对正义与不义、更好与更糟、各种统治之间所作的核心区别,这一区别由哲人对整全的永恒秩序的知识的追求所指引着的政治学建立而来。这一重申则恰恰为色诺芬心血来潮地将解放僭政作为改革的动力所强化。相比之下,科耶夫毫无保留地赞同西蒙尼德关于仁慈独裁的蓝图,它已经在萨拉查的葡萄牙实现了。对他而言,事物的本质在僭政与智慧之间、正义与不义的征服之间没有任何永恒区别。历史已经成为一场主人和奴隶之间、统治者与被统治者之间以及为征服外在世界与人类本性,同时逐渐实现人类追求自由的斗争的战争。科耶夫对现代化的理解与海德格尔类似:将之吸收进"技术"。区别在于,尽管海德格尔拒绝这种以命定的、归属性的民族为代表的全球现代化的进程,但科耶夫却将之[249]视为不可避免的反乌托邦,它将实现人类长期以来的追求平等的愿望。对这两人而言,自由民主已经死透了。

相比之下,在我看来,施特劳斯认为像任何清醒的观察者一样,(丘吉尔曾说)民主是所有政府形式里最糟糕的。施特劳斯承认,人们可以区分更好和更糟的政制。这种区分不只是一种文化偏见,也不只是一种可能随时代改变的特定历史信仰。区分正义的和不义的政府的能力,就像区分美德与恶行一样,植根于人性,人类心灵永远可以接触到。人们捍卫自由民主,但它并不是人们所想的那样完美或永不失败——远非如此。但是,任何客观公正的观察者都不会相信,自由民主,连带其缺陷和过于频繁地偏离自身的正义标准,比不上一种恶毒的僭政,这种僭政不把做坏事看作过失,而是作为其唯一原则。

海德格尔和科耶夫将民主和极权主义等同,实际上很难想象还有什么比这在本质上更缺乏节制,海德格尔的理由是,现代性的技术动力已经吞噬掉更好和更糟政制之间的区别,并使这种区别变得幼稚。然而,自《论僭政》发表以来,围绕着有利于所谓的"全球化"趋势(无论是经济的还是社会的)的政制概念而进行的终结尝试,在我们的意见精英和高等教育中变得越来越根深蒂固。因此,施特劳斯对政制的中心地位的关注,比以往任何时候都更能提醒我们,在现代世界中,自由只能在拥有个体自由和代议制政制的现代民族国家中保持。所有声称能够创造"全球"和平与正义的政治运动顶多是天真之举,而在最坏情况下就会打开通向野心勃勃的普遍僭政的大门。简言之,和柏拉图笔下的苏格拉底一样,施特劳斯也是一位城邦哲人。他五十年前在回复科耶夫的信中第一行写道:"如果社会科学谈到僭政时不能像医学谈到癌症时那么有信心,它就无法理解社会现象的真实面目。这种社会科学因而就不是科学的。"(*OT* 189)在今天,他依然正确。

纽厄尔(Waller R. Newell),卡尔顿大学人文学院政治科学系与哲学系教授,内华达大学拉斯维加斯分校黑山学院人文研究中心访问学者(2014—2015),伦敦大学亚当斯(John Adams)研究员(1997),大英图书馆埃克尔斯中心研究员(1997),华盛顿特区威尔逊(Woodrow Wilson)国际学者中心研究员(1990—1991),北卡罗来纳州三角研究园国家人文中心研究员(1985—1986),多伦多大学梅西学院博士后(1974—1975)。曾获加拿大国家大学教师人文基金和加拿大人文与社会科学研究协会博士后奖学金。著有《僭主:一段权力、不义与恐怖的历史》(*Tyrants: A History of Power, Injustice and Terror*, Cambridge University Press,即出)、《僭政:一种新解释》(*Tyranny: A New Interpretation*, Cambridge University Press, 2013)、《统治者的灵魂:品格、信念和伟大政治的十大教训》(*The Soul of a Leader: Character, Conviction and Ten Lessons in Political Greatness*, Harper Collins, 2009)、《人性的密码:爱、勇敢、骄傲、家庭与国家》(*The Code of Man: Love, Courage, Pride, Family, Country*, Harper Collins, 2003)、《何为男人:三千年来关于男子德性之技艺的智慧》(*What Is A Man? 3000 Years of Wisdom on the Art of Manly Virtue*, Harper Collins, 2000)、《统御激情:柏拉图政治哲学中治邦术的爱欲》(*Ruling Passion: The Erotics of Statecraft in Platonic Political Philosophy*, Rowman & Littlefield, 2000),以及与彭伯里(Peter C. Emberley)合著的《破产的教育:加拿大自由教育的衰落》(Bankrupt

Education: The Decline of Liberal Education in Canada, University of Toronto Press, 1994)。在《美国政治科学评论》(*The American Political Science Review*)、《政治理论》(*Political Theory*)、《欧洲观念史》(*History of European Ideas*)等期刊上发表大量关于古典、文艺复兴和现代欧洲政治哲学与文学的文章。

历史、僭政与哲学的前提
——施特劳斯、科耶夫与海德格尔对谈

维克利(Richard L. Velkley)

哲学的观念

[251]针对科耶夫对《论僭政》的评论,施特劳斯以《重述》回复科耶夫,《重述》的出版史有一个让人疑惑的特点:美国版的《重述》(1959,1963)省略了1954年法文原版的结尾段。① 古热维奇和罗兹在1991和2000年版的《论僭政》中又加上了这一段。② 这一段[252]引入"哲学的观念"这一重大主题,提出"这个观念本身是否需要正当化"的问题,并将两个相对立的基本前提(一个由"严格和古典意义上的哲学"提出,另一个由科耶夫提出)概述为两种使哲学的观念正当化的方式。但此处需谨慎,"哲学的观念"与该段接下来的内容之间的关系并不完全清楚。"严格和古典意义上的哲学"("对永恒秩序或永恒原因或所有事物原因的追求")可能和哲

---

① 分别发表在 *What is Political Philosophy? and Other Studies* (Glencoe, IL:Free Press,1959)以及《论僭政》和科耶夫的评论(New York:Free Press, 1963)中,之后引用《什么是政治哲学》皆为 *WIPP*。

② 编者在翻译法文版时,缺少施特劳斯在1991年的原始英语文本。后来发现这个原始英文版,它出现在 Leo Strauss, *On Tyranny*, eds. Victor Gourevitch and Michael S. Roth(Chicago:University of Chicago Press,2000),之后引用皆为 *OT*。帕塔尔德已经写了《重述》的原始英文版之考订版,其中有介绍性的评论、补充和纠正,见 *Interpretation:A Journal of Political Philosophy* 36 (no.1,Fall 2008),之后引用皆为 *EP*。

学的观念不同。它或许是这种观念的一种可能形式。同样不清楚的是,科耶夫的预设是否支持哲学的观念,抑或其他完全不同的东西。

施特劳斯在讲完"在我们的讨论中,两个对立预设之间的冲突几乎没被提及",尽管"我们一直都在关注它"后,在最后的斜体部分引用了一个人:

> 我俩都明显从存在转向了僭政,因为我们已经看到,那些缺少勇气面对僭政问题的人,那些因此 *et humiliter serviebant et superbe dominabantur*[既卑贱地臣服,又高傲地统治]①的人,也被迫回避存在问题,这正是因为他们什么也没做,只是谈论存在。(*OT* 212)

我并不去推测为何美国版删掉这一整段,施特劳斯肯定会同意这一做法,我只是发现,结尾句包含思考这个难题的一个关键因素。对于1954年知情的法国读者来说,"那些缺少勇气面对僭政问题的人"和"除谈论存在之外什么也不做"的提法,无疑指向海德格尔及其追随者。但1959年到1963年的美国读者大抵不清楚这一点。不过,这并未妨碍施特劳斯[253]在同期美国的其他语境中广泛讨论海德格尔,在没指出施特劳斯所谓的"激进历史主义"其人之名时,这一点有时是对的。② 无论如何,如果施特劳斯怀疑结尾句不

---

① Livy, XXIV. 25. viii: "themselves obsequiously subservient while arrogantly lording over others".

② 施特劳斯的做法在 *Natural Right and History*(Chicago: University of Chicago Press, 1953)中很明显,之后引用皆为 *NRH*,但施特劳斯在赞扬里茨勒(Kurt Riezler)时,却点到海德格尔的名字,并详细讨论了他,本文发表于1956年,后在《什么是政治哲学》中重印。1963年之前,他不止一次公开讲演了海德格尔的思想。针对施特劳斯对海德格尔思想(发表与未发表的)的反思与讨论,见 Richard Velkley, *Heidegger, Strauss, and the Premises of Philosophy*: On Original Forgetting(Chicago: University of Chicago Press, 2011),之后引用皆为 *HSPP*。

适合美国听众,那么他显然会认为要抛弃这一整段,因为这一段论证与结尾句的含义紧密相关。① 只有充分理解对海德格尔的引用,才能解出这两个对立假设的全部意义,随即揭露出施特劳斯在结尾判断中反讽的一面。

从施特劳斯和科耶夫整个论争的语境看,这一段显示出施特劳斯、科耶夫、海德格尔之间四个复杂关联的层面。我把四个方面列举于下,视之为必须质疑的表象。

(1)施特劳斯和科耶夫好像拒绝反思存在。正如一位评论家所言,施特劳斯起初看似在庆幸自己和科耶夫从存在问题转向"政治的优先性",施特劳斯还认为正是海德格尔对"存在而非存在者的关切,才导致他对僭政的漠不关心"。② 但恰恰相反,施特劳斯写道,他和科耶夫"都明显从存在转向僭政"(强调为笔者所加)。他们"一直都想着"这两个相对立的基本预设之间的冲突,这个冲突关系到存在作为哲学探寻对象的本性。这段的第一个反讽是,施特劳斯和科耶夫在海德格尔的游戏中超过了海德格尔,可以说,因为海德格尔[254]忽视僭政问题(或者更一般来说,政治与哲学关系的问题),这迫使他"也回避存在问题"。

(2)海德格尔的思想好像对于现下讨论的僭政、政治和哲学不够重要。在《重述》的结尾,施特劳斯不是可以提及二十世纪思想中其他某个忽视僭政或忽视哲学与政治关系的一流哲学家的例子吗?《重述》伊始,他讲到当代政治科学在这方面的缺陷。至于《僭政与智慧》的"严肃主题",海德格尔思想与它的相关性看起来绝不

---

① 帕塔尔德引用加拿大哲人格兰特的评论:"也许这样暗示并不轻率,即施特劳斯没有带美国版的结尾句,是因为英语知识分子普遍缺乏对形而上学问题的兴趣。"(*EP* 24)

② Steven B. Smith, *Reading Leo Strauss: Politics, Philosophy, Judaism* (Chicago: University of Chicago Press, 2006), 130.

比政治科学之失职与它的相关性大,甚至更少。结尾句显得是事后才想起来的,就是随机批评一下施特劳斯和科耶夫都极为重视的一位思想家。但在这里,海德格尔的露面有没有可能表明他的思想在施特劳斯和科耶夫作品中,包括他们对哲学和政治的探讨中占据中心地位呢?这是该段的另一个反讽。

(3)在僭政问题上,科耶夫好像比海德格尔高明。在《重述》中,施特劳斯指出科耶夫对斯大林和苏联体系判断失误,而这些似乎在结尾句中被遗忘了。施特劳斯注意到,科耶夫"主张,当今所有的僭主都是色诺芬意义上的好僭主。他在暗指斯大林",而施特劳斯接着说,内务人民委员会或劳改营的运作说明,斯大林的统治不能符合西蒙尼德的标准(*OT* 188 – 189)。[①] 在结尾句中,施特劳斯是否有可能用玩笑的口气,颠覆性地指出海德格尔和科耶夫支持僭政的亲缘关系?科耶夫的僭政、政治与哲学概念中的困难,是否和海德格尔对他思想的深刻影响有关?倘若如此,我们会在这段发现另一个反讽因素。

(4)施特劳斯对预设的思考好像完全不同于科耶夫和海德格尔。施特劳斯所讲的古典哲学的预设,也就是"有一个永恒且不变的秩序,历史就在其中发生,但这一秩序绝不会受历史影响",换言之,"存在本身[255]在本质上是不变的、永远与自身同一",科耶夫拒绝这一预设,而认同"存在在历史过程中创造它自身"(科耶夫语,参见 *OT* 152),或"最高的存在是社会和历史"(施特劳斯语)。科耶夫的预设和海德格尔的思想之间有一种清晰的关联(下文会详谈)。施特劳斯自称对哲学的描述是基于他所谓的古典预设吗?他从来没有用一种类似于"科耶夫的预设"的说法讲过"我的预设",事实上,他说古典预设"并非自

[①] 科耶夫明确讲到萨拉查(*OT* 139)。

明"。① 他从未给出一个支持古典预设的理由,也没暗示会给出这个理由。古典预设在教义恼人的氛围中风雨飘摇。施特劳斯通常会用第一人称来讲自己和科耶夫的一些共同点:"我们一直都想着这两个相对立的基本预设之间的冲突。"

在别的地方,施特劳斯对哲学的描述没有预设存在的不变性。

> 原初的、苏格拉底意义上的哲学无需什么更多的东西来论证自己的合法性。哲学就是对于人的无知的知识,也就是说,哲学是关于人们不知道什么的知识,或者说是对于那些基本问题的意识,因而也就是对于那些与人类思想相生相伴的、为解决问题而作出的基本选择的意识。(*NRH* 32)

施特劳斯对这两个相对立的基本预设之间的冲突的思考,符合这一表述。施特劳斯对哲学预设的思考,是否并不像初看上去的那样,与科耶夫、海德格尔的预设相距甚远?这段话的另一反讽之处在于,尽管海德格尔的哲学有一些缺陷,而且这一点在他对僭政的懦弱态度中显而易见,但在某些本质层面上,施特劳斯对哲学预设的思考可能要归功于海德格尔。

不论我们会怎么回答这些问题,从结尾段能清楚看到,施特劳斯认为,[256]色诺芬的对话提出了关于自然和哲学的可能性的最基本的问题。他在这段一开始写道,色诺芬关于僭政与智慧的论点"不仅与哲学的观念相容,而且是哲学的观念所要求的"。科耶夫则说,施特劳斯的书之所以重要,不光是因为它旨在揭示色诺芬的思想,还"因为它提出并讨论的问题"至关重要(*OT* 135-136)。科

---

① 在英文原版中,施特劳斯在指"哲学在严格意义和古典意义上"时,写下"它预设……"。法文版翻译时,把"它预设"的相关部分翻译成了"我预设"。因此,古热维奇和罗兹在他们1991年版中(当时他们只有结尾段的法文版),把这些处理成"我假设"。在2000年版中已经纠正。

耶夫指出,施特劳斯在书中"并未把自己呈现一位拥有知识的智慧者,而是为一位寻求知识的哲人"。我们应该记得,科耶夫把哲人看作智慧者,甚至是历史终结时的神。①

存在与历史

我试着解释一下结尾段中的这些反讽的可能性意涵。也许可以从两位作者对海德格尔的重要性的声明开始。从 20 世纪 20 年代开始,两人都积极投身于对海德格尔思想的研究中,这也是他们通信中反复出现的话题(见 OT 236 - 238,243 - 244,249 - 250, 251 - 252,313 - 314)。施特劳斯说,"我们时代唯一伟大的思想家就是海德格尔",他"在数世纪以来第一次……使看到如其所是的传统根源得以可能","当然,没有人像海德格尔那样从根本上质疑哲学的前提",海德格尔的思想"迫使我们……认识到有必要不偏不倚地重新思考哲学预设的最基本的前提"。② 对施特劳斯而言,正是在哲学的预设问题上,海德格尔强有力地激发了对哲学预设的质疑,因此他有持久的价值。1948 年,施特劳斯在收到科耶夫[257]《黑格尔导读》的法文版后,他还指出科耶夫的探寻和海德格尔的探寻之间的关系。在给科耶夫的信中,他说:

> 这是一本极好的书……除了海德格尔,我们同时代的人里

---

① Alexandre Kojève, *Introduction to the Reading of Hegel*, ed. Allan Bloom, trans. James H. Nichols, Jr. (New York: Basic Books, 1969), 167, 之后引用皆为 *IRH*,以及 1950 年 9 月 19 日给施特劳斯的信(*OT* 255 - 256)。

② Leo Strauss, "Existentialism", *Interpretation: A Journal of Political Philosophy* 22(no. 3, Spring 1995): 305, hereafter cited as "Existentialism"; *Jewish Philosophy and the Crisis of Modernity*, ed. Kenneth Hart Green (Albany: State University of New York Press, 1997), 450, 之后引用皆为 *JPCM*; 及 *NRH* 31。

面可能没有谁能写出这么全面又智慧的书。换句话说,在我们的时代,没人能像你一样杰出地为现代思想申述。(OT 236)

施特劳斯在别的地方称,通过海德格尔,"现代思想在最彻底的历史主义中,也就是在明确谴责对永恒概念的遗忘中,达到其巅峰和最高的自我意识"(WIPP 55)。①

科耶夫在1934年至1935年的黑格尔《精神现象学》(IRH 169 - 259)课程中,表明自己受惠于海德格尔。他说,"黑格尔是第一个试图建立关于人的彻底无神论和有限论哲学的人",但"如果海德格尔不出版他的著作",即《存在与时间》(1927),"人们可能不会理解"他的哲学人类学。在我们的时代,海德格尔试图从形而上学层面完善黑格尔曾经从事却未能成功的事情(IRH 259n41)。② 就在这一课程的其他地方,科耶夫阐明了海德格尔的哲学如何处理黑格尔的"严重过错"——黑格尔试图发展一种自然哲学来展示辩证法在生物领域所发挥的作用,从而补充人类历史的辩证法。由此,海德格尔提出的二元本体论纠正了黑格尔追求的哲学一元论,这"足以证明海德格尔是一位伟大的哲人"(IRH 212 - 15n15;参见146)。③ 这些评论有助于凸显科耶夫在海德格尔和马克思的影响下,对黑格尔所进行的重大改造。

[258]在科耶夫看来,自希腊以来的所有哲学都倾向于一元论,

---

① 这一段没有点出海德格尔的名字。

② 科耶夫还宣称,《存在与时间》的人类学"根本没给《精神现象学》的人类学添加任何新的东西"。克莱恩伯格(Ethan Kleinberg)发现,科耶夫在巴黎关于黑格尔的课程是法国人对海德格尔的兴趣的主要源头,这种兴趣催生了萨特(Sartre)等人的"存在主义"。见 Generation Existential: Heidegger's Philosophy in France, 1927 - 1961 (Ithaca and London: Cornell University Press, 2005), 71 - 84。

③ 施特劳斯把科耶夫对黑格尔自然哲学的拒斥看作一个成问题的步骤,因为自然哲学对黑格尔的历史叙述而言"不可或缺"(OT 236 - 238)。

这种一元论无法解释人类的独特之处——人类有意识,自由,面向未来,还积极地否定作为尘世之人(temporal human)的空间对象的自然。不过,科耶夫承认,海德格尔更新了康德在二元论上取得的重大突破(IRH 215n15)。① 科耶夫把黑格尔视作人类历史真正的本体论的创造者,这种本体论的实质是劳动对既定自然的改造,他还提出一种马克思主义式的解读,把《精神现象学》的主奴辩证法中的欲望和劳动作为整个辩证法的关键。②

但科耶夫不是一位纯粹的马克思主义者。他拒绝马克思的唯物主义一元论,也拒绝黑格尔的暗示:逻辑在意识到自己处于时间中以前,是永恒的道(logos)。海德格尔认为人在根本上是短暂的,科耶夫在这一框架内,把人类辩证法看作存在者朝向死亡(烦、畏)的自由方案。不过,科耶夫彻底背离海德格尔的一点是,他把思想

---

① 见 OT 152 科耶夫的公式:"存在 = 真理 = 人 = 历史"。这似乎从存在中排除了非时间(也就是非人类的)的本性,同时又带着奇怪的暗示:不存在非人性的本体论。可以说,海德格尔的思想遇到一个与之相关的困难。帕塔尔德还注意到,科耶夫承认受惠于海德格尔,因为海德格尔从黑格尔的一元论中恢复了康德的二元论(EP 10)。

② 见马克思,"整个所谓的世界历史,不过是人通过人的劳动而创造的"。*Economic and Philosophical Manuscripts of* 1844, in Karl Marx, *Selected Writings*, ed. Lawrence H. Simon(Indianapolis:Hackett,1994),78. 关于科耶夫思想及其与黑格尔、马克思、海德格尔等人的关联,见 James H. Nichols, Jr., *Alexandre Kojève: Wisdom at the End of History* (Lanham, MD:Rowman & Littlefield,2007); Kleinberg, *Generation Existential*; Shadia B. Drury, *Alexandre Kojève*; *The Roots of Postmodern Politics* (New York:St. Martin's Press,1994); Michael S. Roth, *Knowing and History: Appropriations of Hegel in Twentieth–Century France* (Ithaca and London:Cornell University Press, 1988); Vincent Descombes, *Modern French Philosophy*, trans. L. Scott–Fox and J. M. Harding(Cambridge:Cambridge University Press, 1980)。关于施特劳斯和科耶夫的关系,必不可少的研究当属 Victor Gourevitch,"Philosophy and Politics", *Review of Metaphysics* 22 (nos. 1 – 2, September and December 1968):58–84,281–328。

看作否定自然的行动,这种立场的后果人尽皆知:如果思想/行动完成了其否定的事业,本质上否定自由的人性就会走向终结(*IRH* 167)。海德格尔[259]把技术化的世界社会的出现看作无家可归,这是世界的天命。尽管如此,海德格尔仍然称赞马克思把"体验疏远"看作"历史的一个基本维度",凭此,"马克思主义的历史观优于其他的历史叙述(史学)"。海德格尔特意提到萨特和存在主义,并说他们未能达到和马克思进行有效对话的水平。在1947年的《关于人道主义的书信》(Letter on "Humanism")中,海德格尔卷入一场与"人道主义者"的论战,他们要将他的思想变成受了科耶夫课程的启发,并在20世纪40年代末席卷法国的存在主义式的马克思主义。这篇文章间接地处理了科耶夫的思想,但在很大程度上对其持否定态度。① 无论如何,是科耶夫而不是海德格尔看到,历史终结于无神论的普遍同质国家的诞生和随后获得的智慧,而智慧的获得与黑格尔关于特定国家的持久重要性相矛盾,也与宗教和特定阶级的持续作用相矛盾。(人们可能会想,黑格尔的看法暗示了哲人的永久异化。)

在科耶夫对施特劳斯研究色诺芬的作品的回应中,有如下核心观点:认为思想与否定行动同一,认为思想受到对欲求的欲求或对承认的欲求驱使,它通过承认已经实现最后的行动强化了哲人完满的叙述:为统治者提供创造普遍同质国家的重要见解和建议。由于思想与行动之间没有实质区别,哲人与僭主之间也就没有实质区别。科耶夫拒绝色诺芬和其他古典哲人所讲的哲人与政治人之间的永久张力,认为这是一种部分地建立在哲人观念上的虚假的乌托邦主义:哲人就是通过对永恒秩序的沉思来寻求幸福(*OT* 151 - 153)。现代哲学提出僭政的新概念和关于哲人的新讲法,两者都建

---

① Martin Heidegger, *Brief über den 'Humanismus'*, in *Wegmarken* (Frankfurt am Main: Vittorio Klostermann Verlag, 1967), 170.

立在对劳动的普遍(或犹太－基督式的,或"奴隶"的)满足的基础上(OT 139－143)。僭主会被哲人说服,哲人也会满足于政治生活,因为他们有共同的满足来源。

[260]施特劳斯在科耶夫预设的基础上接着讲述,并在结尾段指出这种同质化的概念:"社会变化或命运会影响存在——如果它不等同于存在,因此也影响真理。"任何存在者都无法超越社会改变或行动的领域,因此,"对人的关切的无条件依系成了哲学理解的来源;人必须完全安居于大地之上,必须是大地上的公民"。值得注意的是,这种对科耶夫预设的讲法并不完全符合科耶夫的主张,即哲人在历史终结时获得智慧并成为神,超脱所有通常意义上的人类依系。①

无论如何,智慧者/神的满足似乎在于他对自己伟大成就的回忆,也就是对他的人类行动的回忆,因为历史终结时所有否定行动——人之荣誉——都停止了(IRH 165－167)。人和神的满足在种类上似乎没有区别,事实上,神的状态作为一种纯粹沉思性的状态,似乎次于人类的样子。用休谟的话来说,它在于只有这样一种观念,即只对印象进行回忆或模仿,而这种印象比不上原初的力量和活力。施特劳斯把科耶夫对人类关切的依系和基于古典预设而来的东西做对比:"哲学要求彻底脱离人的关切:人必须不能完全安居于大地之上,但必须是整全的公民。"从表面上看,这句话中的"要求"和两次"必须"暗示,它教条地表述了古典哲学以一种非教条的方式更真实地理解的东西。实际上,人们可能认为,施特劳斯只是在重述科耶夫关于哲学的古典表述与现代表述对立的观念,揭示出科耶夫对其他备选方案的看法的某种教条主义。

古典预设有一个永恒秩序(或这种秩序的根本观念),但出于

---

① 见 Nichols,*Alexandre Kojève*,42－43。

论证的目的,鉴于预设中的问题,比如海德格尔所暴露的问题,让我们假定正当化的哲学的观念作为对永恒秩序的追求尚且存疑。施特劳斯批评"激进的历史主义",后者"明确地使永恒的概念被人遗忘"(WIPP 55):

> 与整体的[261]可能原因或原因无关的最高原则本身,乃是"历史"的神秘领地,它属于且只属于人类,它远非永恒,而与人类历史同在。(NRH 176)①

然而,施特劳斯自己明确否认,人们可以获得有关整全和永恒的知识。"没有关于整全的知识,只有关于部分的知识,从而只有关于部分的部分知识,因此,就算是最有智慧的人,也无法完全超越意见的范围。"②与之相应,施特劳斯说哲学关心的基本问题"与人类思想相生相伴"(NRH 32)。施特劳斯写道:

> 所有的知识,无论其多么狭隘或多么"科学",都以一个视域、一种知识在其中成为可能的完备观点为先决条件。

他其实是在重述"激进历史主义的论点"。他暗示,这种视域或完备的观点本身不是知识的对象(NRH 125;参见 NRH 26, WIPP 38-39, JPCM 122-123)。施特劳斯和海德格尔的分歧点似乎在一定程度上在于,施特劳斯认为,人类理性必须对一种超越历史和

---

① 亦见 Timothy W. Burns,"Leo Strauss on the Origins of Hobbes's Natural Science", *Review of Metaphysics* 64(no. 4, June 2011):823-855,尤其是最后四页,讨论了施特劳斯对海德格尔和霍布斯的看法,施特劳斯认为这两人都忽视了永恒而"提高了人类及人类世界的地位"。对海德格尔而言,哲学的态度是一种焦虑的坚定(《存在与时间》)或憧憬的等待(他的后期思想),而不是古典哲学那种听任所有属人事物必有一死的平静。

② Leo Strauss, *The City and Man* (Chicago: Rand McNally, 1964), 20.

时间的领域之可能保持开放的态度,尽管人类理性无法企及这一领域。①

施特劳斯驳斥了海德格尔对于这些问题之潜在影响的解释,因为海德格尔认为,哲学本质上是对存在的反思,这种反思构成了人在世界上栖居的基础,或者说它揭示了人在世界上安家的真正模式,而这实际上要求建立一种新的宗教。在施特劳斯看来,海德格尔和尼采仍纠缠于神意传统中,他们都提出关于神意的新说法。即便如此,施特劳斯还是清楚地认为,海德格尔在后期作品中对新兴的全球性社会问题的理解要比科耶夫深刻得多。"[海德格尔]是唯一一个已略知[262]世界社会问题之维度的人。"("Existentialism"316 - 318)施特劳斯在给洛维特的信中写道:

> 海德格尔是当今在世的最有才智的人物……不得不说,海德格尔明确拒斥了我们这个世纪曾有过和仍然有着的一切。

这封信写于施特劳斯读完科耶夫的黑格尔讲稿之后。② 相较而言,科耶夫评论德尔佩(Alfred Delp)的一本书时,则对海德格尔在20世纪30年代中期的思想转向持负面评价,海德格尔从忙于果断行动的人转向了对人更具沉思性的记述。③ 海德格尔的转向还包括通过《存在与时间》来考察自己早期作品中对基督教神学起源概念的运用,施特劳斯对他的转向所涉及的自我批判的考量加以赞赏("Existentialism" 313)。此外,在施特劳斯看来,后期海德格尔在

---

① 见 Leo Strauss, "The Problem of Socrates", *Interpretation*: *A Journal of Political Philosophy* 22(no. 3, Spring 1995):329 - 330 及 *HSPP* 59 - 61。

② Leo Strauss, letter of 23 February 1950, in *Gesammelte Schriften*, vol. 3, ed. Heinrich Meier(Stuttgart: Metzler, 2008), 674.

③ Alexandre Kojève, *Recherches philosophiques* 5(1935 - 1936):415 - 419. 见 Roth, Knowing and History, 90 - 91.

神圣事物地位的问题上更接近科耶夫,这一评价与施特劳斯对黑格尔(可能错怪黑格尔了)和科耶夫的指责类似——施特劳斯认为他们遵循霍布斯的自然状态学说,

> 从一个不正确的假设出发来建构人类社会,这一假设是:人之为人被设想成一个缺乏对神圣约束的意识的存在,或一个只是受对承认的欲望指引的存在。(*OT* 192)

海德格尔虽然不像施特劳斯那样关注这种开放性和哲学质疑之间的张力,但他后期背离了《存在与时间》,把对神圣的开放看作人类栖居的本质。①

古典哲学在根本上超脱的立场是否也变得成问题了——它是不是一个问题?抑或行动领域的魅惑、快乐和安慰并非无法满足哲学的灵魂?② 事实上,[262]哲人成问题的立场难道不能具有一种否定性的特征吗——不是那种自然的否定性,而是发现人类信仰与习俗领域的必然和永久缺陷的否定性?值得注意的是,本段没有提及施特劳斯在其他地方提出的关于"哲学的观念"的重要主张,即"自然与习俗之间的区别……暗含于哲学的观念之中",这一区别对古典哲学尤为重要,对习俗论者和反习俗论者而言都是如此。然而,施特劳斯在这一段中写到色诺芬的论点是"哲学的观念所要求的"时指出,自然与习俗的区别在色诺芬对僭主生活和哲学生活的

---

① 在1930年1月7日致克吕格的信中,施特劳斯评论道,"从海德格尔对此在的诠释出发,才可能对圣经做出一种得体的无神论的诠释"。虽然《存在与时间》处理的是宗教体验的主要现象,比如良心,但这本书对这些现象的无神论的重新诠释,将海德格尔置于现代宗教批判者之列。

② 在许多地方,施特劳斯都认为,即便无法企及关于整全的知识,人类的知识也必须仍然是"无知的知识",但这并不意味着,作为人类行动范围的历史就是最高的主题和研究对象。

相对评价中很关键。①

总之,施特劳斯用教条主义的术语表述了古典哲学的另一种备选方案,尽管他认为这些术语有问题。可以说,他对永恒问题的思考在表面上更接近科耶夫和海德格尔的思想,而非他对古典哲学本质的真正思考。在《重述》中,施特劳斯的方法是以一种教条的形式来呈现古典思想,这种教条的形式与科耶夫和海德格尔对古典哲学的描述相一致(即作为"本体论神学"的柏拉图-亚里士多德式哲学),从而揭示他们的预设,并在这个真正的苏格拉底式的,或也可以说色诺芬式的进程中,间接地指出另一条苏格拉底式的道路。

维克利(Richard L. Velkley),杜兰大学哲学系威瑟海德(Celia Scott Weatherhead)讲席教授。著有《自由与理性的目的:论康德批判哲学的道德基础》(*Freedom and the End of Reason: On the Moral Foundation of Kant's Critical Philosophy*, Chicago, 1989)、《卢梭之后的存在:成问题的哲学与文化》(*Being after Rousseau: Philosophy and Culture in Question*, Chicago, 2002)、《海德格尔、施特劳斯和哲学的前提:论源初遗忘》(*Heidegger, Strauss and the Premises of Philosophy: On Original Forgetting*, Chicago, 2011)。编有亨利希(Dieter Henrich)的《统一理性:康德哲学文集》(*The Unity Reason: Essays on Kant's Philosophy*, Harvard, 1994)、《自由与人格:哲学与历史哲学研究》(*Freedom and the Human*

---

① 这一区别见 NRH 11。此外,在严格意义和古典意义上,施特劳斯在这一段中对哲学的论述并不包括"知识"一词。对比 WIPP 11:"它[哲学]试图用关于整全的知识来代替关于整全的意见。"最后,这一段没有直接提到施特劳斯对政治哲学的描述,"指以政治的或大众的方式来处理哲学,或者指对哲学的政治导引——尝试将有资格的公民,或更准确来说,将他们有资格的后代从政治生活引入哲学生活"(WIPP 93-94)。但哲学的这一内涵肯定与《希耶罗》的论证有关。感谢伯恩斯对本章提出的有益的批评意见。

Person. Studies in Philosophy and the History of Philosophy, vol. 48, Catholic University of America, 2007)。与谢尔(Susan Shell)合编《康德的"观察"与"评论":关键导读》(*Kant's "Observations" and "Remarks": A Critical Guide*, Cambridge, 2012),与沙洛(Frank Schalow)合著《康德思想的语言学维度:批判与历史文集》(*The Linguistic Dimension of Kant's Thought: Critical and Historical Essays*, Northwestern, 2014)。曾任《形而上学评论》(*The Review of Metaphysics*, 1997—2006)副主编,曾获国家人文基金、美国学术团体协会、布莱德利基金会和埃尔哈特基金会奖学金,并在多伦多大学、爱荷华大学和哈佛大学获得博士后奖学金。

历史终结观
——其哲学由来与晚近应用

小尼克斯(James H. Nichols, JR)

导 论

[265]对于历史会有一个明确终点的信念奠基于宗教信仰,它通过先知或得到适当解读的神圣文本向人们揭示,我们大多数人对它并不陌生。相较而言,仅凭人类理性就从哲学角度论证历史已经终结或即将终结,似乎有些奇怪。表面上看,其他三种历史观似乎更有道理:柏拉图和亚里士多德的作品(在马基雅维利作品中仍可看到)①中讲的历史循环观;进步论,即认为[266]人类正在完善他们自己——他们的艺术和科学、他们的道德和政治——而且永无终结;或是认为随意性或机运在所发生的事情中起到非常重要的作用,历史只是一个接一个的事件,不存在任何总体的模式、意义或终点。那么,人们为什么要为历史的终结寻找一个推论性质的理性的、哲学的理据?

---

① Niccolò Machiavelli, *Discourses on Livy*, trans. Harvey C. Mansfield and Nathan Tarcov (Chicago: University of Chicago Press, 1996),尤其在第二卷第一章。同样,当霍布斯提到未来世界可能"人口超负荷"时,他脑海里似乎也有这样一种循环观,而非一种历史的理性终结,到那时,"一切问题的最后解决方法就是战争;战争之下,每个人要么胜利,要么死亡"。*Leviathan*, ed. Richard Tuck (Cambridge: Cambridge University Press, 1996), Part II, chapter 30,结尾。诗哲卢克莱修设想的与其说是这个世界中的许多循环,毋宁说是整个无限宇宙中的无限多世界的产生和最终消亡。

历史终结的哲学背景:卢梭、康德、黑格尔、马克思

要试图给历史的终结作出哲学论证,其先决条件必得是这一判断:存在者的历史对理解这一存在者而言非常重要;或者换言之,不能把我们所讨论的存在者完全理解成在其本质上固定的东西,而必须把它理解成在本质上随着时间发展和变化的东西。卢梭在其《二论》(Second Discourse)中提过这种理解人类的方法。卢梭思考了那个隔开自然人和城邦人的"巨大空间",声称:正是"在缓慢而连续发展的事件中"①——也就是在从科学或哲学角度分析的历史中——人们会"发现那个可以解开哲人未能解决的许许多多伦理和政治问题的答案"。智慧者在社会中将只会看到"人造人和人为激情的聚集,这些激情是所有这些新关系的产物,并没有真正的自然基础"。② 诗哲卢克莱修早就描述过人类从早期的孤独生活到复杂社会的巨大变化,在复杂社会中,人们表现出强烈的激情和夸张的恐惧,持有非理性的意见。然而,哲学理解的中心和[267]基本对象仍是事物的本性(包括根据自然的基本原则所理解的人之本性),而非历史的发展。③ 卢梭认同卢克莱修关于人类原初状态的许多讲法,但他认为,正是对发展本身的理解而非仅仅对自然的理解,才是通向比哲人迄今为止所获得的人类智慧更大的智慧的关键。

卢梭调转了康德的观念,或者说把康德给"立"起来

---

① [译按]中译文参考卢梭,《论人与人之间不平等的起因和基础》,李平沤译,商务印书馆,2017,页87。

② Jean-Jacques Rousseau, *Second Discourse*, trans. Roger Masters and Judith Masters, in *The First and Second Discourses*(New York: St. Martin's Press, 1964), 178.

③ Lucretius, *De rerum natura*, Book V, vv. 925-1457. 伊壁鸠鲁学派诗人强调人类语言、火以及对神的信仰这三者都源于自然。(vv. 1028-1090, 1091-1104, and 1161-1240.)

了。① 康德声称,在人类理性所及范围之内,伦理学的基本问题已经解决。何为善良意志、道德律令、理性自由?对于所有的理性存在者,批判理性唯一能给出的充分答案确立并详述了一个绝对命令,即"依你力所能及的准则行事,同时意愿它成为一个普遍法则"。这个回答"不只把人当作一种手段,还总是把他同时当作自己的目的",因此其必然结果就是尊重另一个理性存在者的道德尊严。② 但人们如何在政治世界中切实践行这一道德准则呢——比如有人可能会问,如何在真正的历史舞台上将之践行呢?没错,虽然诚实好过任何权谋,但政治经验证明了这则具有教化意义的格言——诚实是最佳的权谋——的虚假,③实际的历史行动向来直接由人类的激情、野心、竞争、[268]贪婪和"非社会的社会性"④驱动,

---

① 康德的这一名论,从认为思辨推理是人类的最高可能性,转向认为人类的道德自由是最高的可能性,夏尔(Susan Shell)已经深入分析过这一评论,"Kant's Idea of History", in Arthur M. Melzer et al. , eds. , *History and the Idea of Progress*(Ithaca, NY:Cornell University Press,1995),73-96, esp. 80。

② Immanuel Kant, *Grounding for the Metaphysics of Morals*, trans. James W. Ellington(Indianapolis:Hackett,1981),30,39.

③ Immanuel Kant, *Perpetual Peace and Other Essays*, trans. Ted Humphrey (Indianapolis:Hackett,1983),127. 我在此给出的参引页码是这段文字本来应位于的位置;但实际上,由于抄写员跑行,这段文字有缺漏。贝克(L. W. Beck)对相关段落的翻译如下:"'诚实是最佳的权谋'这个命题包含一种理论,可惜是实践常常与之相矛盾的理论,不过,同样具有理论性的命题,即'诚实好过一切权谋'则无懈可击,实际上,它是权谋绕不过去的条件。"Immanuel Kant, *On History*, ed. L. W. Beck(Indianapolis:Bobbs-Merrill-Library of Liberal Arts, 1963),117. [译按]中译文参考康德,《康德政治哲学文集》,李秋零译,中国人民大学出版社,2016年,页241,后皆仿此,不再加注说明。

④ 这句话来自康德《关于一种世界公民观点的普遍历史的理念》的第四篇论文,*Perpetual Peace and Other Essays*,31-32。其论题是,"自然用来实现其所有禀赋之发展的手段,就是这些禀赋在社会中的对立(antagonism),只要这种对立最终会成为一种合乎法则的社会秩序的原因"。

而真正由道德动机驱动的历史行动就算存在过,也寥寥无几。但是,各种事件有可能受到某种潜在趋势的引导,而趋向一个更支持道德,更有利于人类尊严,更尊重人权的人类世界吗?康德认为,视历史为向着最后的国家趋近的过程,这和理性并不对立——事实上这是一种理性的希望,这个国家是人们基于道德理由而一定会希望实现的,它的最后成就将是一部完善的公民宪法,以及各国之间永久和平的合法状态。我们不确定这种目标是否必将实现,更不知道它何时能实现。事实上,康德认为人类所经历的只是最终实现自然之目标的循环的一"小部分"。[1] 然而,认为历史的进步有可能实现这一目标,并允许这种希望影响一个人的行动,这并非没有道理。[2]

按科耶夫的解释,[3]黑格尔认为历史的目标不在某个遥远的将来,历史实际上已经到达其理性的终结。理解人类的关键必得是人类的历史,而非仅仅是人类任何早期意义上的本性或事物的本性,因为自然并不能决定人的本质属性。人有消极因素,凭此,现[269]成的或既有之物——在自然世界、社会世界以及人自身中——可以被拒绝、否定和改造(人类本性不只是单纯同一性的,而是三重的,即同一性/消极性/整一性,我们可以用"正题/反题/作为一个新命题的合题"的著名模式对此进行思考)。在黑格尔的《精神现象学》

---

[1] *Perpetual Peace and Other Essays*, 36.(在命题八中,"人们在宏观上可以把人类的历史视为自然的一个隐秘计划的实施,为的是实现一种内部完善的,并且为此目的也是外部完善的国家宪政,作为自然在其中能够完全发展其在人类里面的一切禀赋的唯一状态"。)

[2] 《关于一种世界公民观点的普遍历史的理念》的命题九是,"按照自然的一项以人类中完全的公民联合为目标的计划来探讨普遍的世界历史,这样一种哲学尝试必须被视为可能的,甚至是有益于这个自然意图的"。*Perpetual Peace and Other Essays*, 38.

[3] 在本文的语境中,我只是按照我对科耶夫的理解来解释黑格尔;我并不试图评估科耶夫的解释相对其他解释而言的准确性,这一任务十分繁重。

中,人类起源于(那时原始人类第一次成为独特的人类)(未来的)主人与(未来的)奴隶之间的生死斗争,该斗争并非为了生死攸关的目的,而是为了获得承认的非动物性的目的。由此开始的辩证过程成为随后历史的推动力,直到最后,在一个普遍同质国家平等地承认公民的个人尊严这一合题中,主人和奴隶之间的一切对立完全被克服。① 耶拿战役后,黑格尔发表了《精神现象学》,在书中将理性的拿破仑式政治法律秩序看作本质现实的普遍同质国家。黑格尔的哲学之所以能够成为决定性的真理,只是因为历史现实本身已经达到其自身的完美。之后,最值得注意的是在《法权现象学纲要》中,黑格尔所看到的世界已经废除了拿破仑的秩序,因此他提出的政治学说似乎更支持普鲁士君主立宪制,而非普遍同质国家。马克思主义者和其他人已经指责过黑格尔,说他是某种卑鄙的通融主义(base accommodationism),但正如科耶夫所见(IRH 98),黑格尔确信其哲学体系(或者更确切来说,智慧的体系)作为整体足够充分,这就必然得考虑被他视为历史终结的现实,因此他得相应调整自己政治法律学说的某些具体细节。② 而在科耶夫看来,黑格尔的主张没错,黑格尔认为自己已经讲明了最后的哲学,或更准确地说,他已经把哲学即智慧之爱[270]改造成现实智慧,并在一个完整的系统中把它表达出来,这是整全的知识的刚需。

黑格尔如果要维护那些关于人类事务的真正知识并令人信服,他就不得不坚持历史的终结。人类展现否定性的元素,这种否定性元素是彻底自由的基础——这种自由不只是给定的诸多备选方案

---

① 针对黑格尔《精神现象学》第四章第一节中的主奴辩证法,科耶夫在第一章《导论的位置》中给出一个更详细的解读,*Introduction to the Reading of Hegel*, trans. James H. Nichols, Jr. (New York: Basic Books, 1969), 3 - 30, 之后引此皆为 IRH。这一解释最初发表为 "Autonomie et dépendance de la Conscience - de - soi: Maîtrise et Servitude", *Mesures* (14 January 1939)。

② 科耶夫指出,事实上黑格尔"厌恶"普鲁士王国的某些方面。

之一,还是在世界及其自身中创造新现实的能力。从对给定事物的否定中产生的东西并不是预先就确定的(除了至少在某个方面它不会是如此);因此,一种否定的过程并不是预先就确定的或已经注定的,在此过程中,存在者随时间推移而发展,所以无法提前预测或推断,它不是先验判断;它只能在发生后被理解,所以是后验判断。精神或人类历史包含这种否定,因此有一种自由、偶然过程的形式。①它只能在事后真正被理解;正如黑格尔在其《法哲学原理》前言结尾所写,密涅瓦的猫头鹰只在黄昏起飞。

如何才能证明历史已经终结? 在科耶夫看来,黑格尔思想的一个伟大原创发现是,循环是确定最终真理的标准(IRH 93)。绝对智慧是一系列的问题和回答,始于(例如)自我意识的基本问题——"我是谁?"(或始于通过一系列问答层层推进所面对的某个其他问题)。从基本问题开始,通过逻辑上必要的一系列问答,人们最终才被引向原初的问题。就像科耶夫所言,结果是,

很明显所有可能的问题 - 回答都已用尽;或者换句话说,已经得到一个完整的回答:一个循环知识的每一个部分都回答这种知识的整体,而这种知识——循环的——是[271]任何知识的整体。(IRH 94)②

循环性必须在对历史现实的现象学描述中,以及在对历史发展过程中形成的所有严肃哲学论证的推论性表述中阐释自身;也就是

---

① 科耶夫在分析黑格尔《精神现象学》最后一章(《绝对知识》)时,十分清晰地坚持了黑格尔的历史主义哲学的这一方面。在翻译黑格尔的过程中,他写道,精神"以一种自由、偶然过程的形式表现其成为精神的过程"(IRH 152)。换言之,历史的过程不能由一种先验判断来理性地推断,而只能事后被一种后验判断理性地理解。

② 科耶夫身后出版的作品极其详细地把整个知识系统的概念讲成是循环的,尤其是《概念、时间和语言》(见下文注)。

说,循环论必须在这两个领域表明,在历史发展的过程中,所有的可能性都已经穷尽(*IRH* 94 - 99)。黑格尔的《精神现象学》表明,从主奴到普遍同质国家的自由公民,这一人类的发展进程已经有了结论;黑格尔的整个百科全书式知识体系表明,所有先前的哲学论证在最终的系统性智慧那里找到了其必要位置,这一智慧给哲学的进化提供了充分解释,哲学的进化也因此而结束。

黑格尔的这些论证有说服力吗?在科耶夫看来,许多思想家拒绝黑格尔的结论,但迄今还没有(在他看来也不会有)任何确实新颖、真正具有哲学意义的后黑格尔论证。[①] 显然,其中最著名的"反黑格尔的"黑格尔主义者是马克思。在科耶夫看来,马克思是一位知识分子,他致力于通过又一个同时也是最后的革命时刻,使社会现实与[272]黑格尔的历史终结更为充分地对应起来。[②] 马克思无

[①] 严肃的后黑格尔哲学家头号选手可能是尼采和海德格尔。科耶夫并没有详细而明确地解释为什么尼采不是真正哲学家或不是真正的后黑格尔主义者。我推测,在科耶夫看来,尼采不满意科耶夫所采用的严格的康德哲学和后康德哲学的定义,因为尼采对自己理性的话语的根基并没有提供一个充足的理由(或说,那种话语归根结底不是完全理性的)。在海德格尔的例子中,科耶夫解释说,海德格尔的《存在与时间》详细阐述了一种黑格尔的现象学的人类学;他确实承认,正是海德格尔的书使他第一次理解了黑格尔的《精神现象学》。Alexandre Kojève, *Le Concept, le Temps et le Discours* (Paris : Éditions Gallimard, 1990), 32 - 33. Alexandre Kojève, *The Concept, Time and Discourse*, trans. Robert B. Williamson[South Bend, IN : St. Augustine's Press, forthcoming])。但在科耶夫看来,海德格尔后期无法接受这一令人不快的事实:新颖的、真正哲学的突破是不可能的,它最终会碰一鼻子灰,从哲学转向其他东西,最终变成诗意的碎片。Alexandre Kojève, *Essai d'une histoire raisonnée de la philosophie païenne*, Tome I : *Les Présocratiques*(Paris : Éditions Gallimard, 1968), 165 - 166.

[②] 《僭政与智慧》展现了马克思的这一观点。马克思调节了哲人的(黑格尔的)理解和僭主的(李维的、斯大林的)政治行动。Leo Strauss, *On Tyranny*, revised and expanded edition, including the Strauss - Kojève correspondence, eds. Victor Gourevitch and Michael S. Roth(Chicago : University of Chicago Press, 2000), 173 - 174.

疑相信,他的唯物主义胜过黑格尔的唯心主义。不过在科耶夫看来,马克思的唯物主义不是一种严肃的、站得住脚的哲学学说,因为一种决定论的唯物主义无法给出对其自身哲学话语可能性的描述;与马克思对黑格尔的批评相反,黑格尔所谓的唯心主义就其自身而言是完全现实主义的,①甚至是无神论的。马克思主义自称是一种"科学的社会主义",它知道无产阶级必须进行暴力革命,这是政治宣传,而非严肃的哲学论证。马克思认为历史的终结是一个自由王国,这一点没错;但历史的发展(马克思在《共产党宣言》中称之为人的史前时期)不能被完全理解成一个必然王国。

科耶夫论历史的终结

科耶夫如何理解黑格尔主张的历史的终结?他无疑将之视为黑格尔哲学的基本元素——确实,可以很公道地说科耶夫看重历史的终结,他还消除了黑格尔作品中可能存在的歧义,从而支持历史已经结束的论断(他还支持将黑格尔的体系整体上看作无神论)。辩证发展的循环必须在两个层面上完成:作为人类生存的历史现实层面;以及哲学话语的层面,它试图条理清楚地谈论人们所生存和谈论的世界。

如果就像科耶夫解释黑格尔那样,声称历史的终结就是普遍同质国家,那么人们还能合理地声称这一目标已经实现了吗?至少在1946年之前,科耶夫都站在和马克思类似的立场:要在事实上真正实现那种国家,仍[273]要靠未来。1946年发表的一篇题为《黑格尔、马克思和基督教》(Hegel, Marx, and Christianity)的文章对此作出了最清晰的阐述。关键段落如下:

---

① 尤其见《黑格尔关于实在事物的辩证法和现象学方法》一章(*IRH* 169 - 259)。

如果说从一开始就有黑格尔左派(Left)和右派(Right)[之分],也同样可以说**一切**都是从黑格尔开始的。因为,如果有人概述过去的残余——黑格尔知道且描述了它们(包括自由主义)……那么他就会发现,严格来说没有任何东西处在黑格尔主义之外(不管是否意识到),不管是在历史实在自身的层面上,还是在作为历史反映的思想或话语的层面上。

在我们这个时代,一如在马克思的时代,黑格尔哲学不是严格意义上的真理:它不是恰当的对实在的论证性揭示,而是理念或理想,也就是说,是"计划",它有待通过行动来实现,从而证明其为正确。

因此可以说,每一种对黑格尔的解释——只要它不是闲谈——无非都是对斗争和工作的规划(这些规划之一叫作**马克思主义**)。这意味着,黑格尔解释者的工作具有某种政治宣传工作的含义……事实上情况可能是这样的:世界的未来——从而也就是现在的意义和过去的意义——说到底,取决于如今解释黑格尔的方式。①

这一表述相当清楚,且与科耶夫在去年的黑格尔课程(1938—1939)上所讲一致,在《哲学与智慧》两讲中的第二讲里,普遍同质国家尚未成为现实,因此,黑格尔的哲学就不再是真理。但这并不算错误,而是具有理想或计划的品质,这种理想或计划可以通过人的行动变成真理,而人的行动又依照这种理想改造现实(*IRH* 97 - 98)。因此,科耶夫[274]似乎主张哲人应该扮演比黑格尔更积极

---

① *Critique*(nos. 3 - 4, 1946) : 339 - 366. An English translation by Hilail Gilden appeared in *Interpretation*: *A Journal of Political Philosophy* 1(no. 1, Summer 1970) :21 -42.

的角色。①

接着,科耶夫审查黑格尔的知识体系或智慧在历史终结之时是否达到了循环性(circularity)的标准,他说这"重要得多"。

> 在第一种情况下,历史的终结,完善的国家,是对一个事实,即某种本质上不确定的东西的确认。在第二种情况下,循环性是关于一种逻辑的、理性的分析,在这种分析中,任何意见分歧都是不可能的。(*IRH* 98)②

考虑到有关建立历史事实的质料的不确定性,科耶夫改变他对历史是否已经结束的看法也就不足为奇。在他去世前不久的一次采访中,他简洁而诙谐地描述了他对历史终结的思考历程。③ 初读《精神现象学》时,他说自己认为历史终结的概念很荒谬;但当他渐渐理解这本书时,他将之看作天才的哲学洞见。那时,他认为黑格尔的历史终结说早了150年:历史的终结不是黑格尔所理解的拿破仑,而是科耶夫所理解的斯大林——即便科耶夫无法看到斯大林骑着马从他的窗前走过。④ 不过后来,他改变了自己对这一关键事实的看法:他认为黑格尔说历史终结于1806年是对的。他在《黑格尔导读》第二版中添加了一个著名的长 [275] 脚注,脚注提到他在

---

① 从某一角度看,科耶夫比马克思更激进。虽然马克思敦促知识分子站到无产阶级一边,但他也坚持无产阶级革命无论如何都必须发生(这对他的意义是科学的而非空想的社会主义)。由于科耶夫坚持认为历史是一个自由、偶然的过程,所以他为哲人在政治行动领域留下了一个明显不可或缺的角色。

② 科耶夫一定是在说,在原则上不存在意见的分歧;事实上,每个人都知道,黑格尔的体系是很难理解的,学者们不仅在其完整性上存在分歧,而且在很多其他方面也存在分歧。

③ *La Quinzaine littéraire* 53(1 - 15 July 1968):18 - 20 对拉普居(Gilles Lapouge)的采访:"我对哲学不感兴趣,我找的是智慧者。"

④ 就像黑格尔在耶拿看到拿破仑骑着马从他的窗前走过一样。

1948年的发现使他理解这一点:

> 历史的黑格尔－马克思式的终结还没有到来,但在此时此地已经在场。当我观察我周围发生的事情和思考自耶拿战役以来世界发生的事情时,我理解,黑格尔在耶拿战役中看到本义上的历史的终结是有理由的。在这个战役中和通过这个战役,人类的先驱者已经潜在地到达了终点和目的,即人的历史发展过程的终结。从此以后,发生的事件只不过是在法国由罗伯斯庇尔－拿破仑实现的普遍革命力量在空间上的延伸。

他继续解释道,随后发生的所有战争和革命,只不过是把"边缘省份的落后文明"带到最先进的"欧洲史的位置"。他还说,在欧洲扩张的北美地区,清除大革命前的过去的后遗症的进程,比在欧洲本土更快(*IRH* 160－161)。因此,科耶夫后来的立场似乎更加坚定了对黑格尔学说的坚持,他认为黑格尔的学说是哲学史最终的、真正的结果。

但事情要更复杂些,因为科耶夫在《哲学与智慧》同一讲中又添了一个脚注,他在这一讲中提出历史终结的问题,并要求审查黑格尔的体系是否达到循环性的标准:

> 不仅《精神现象学》是循环的,《逻辑学》(或《哲学全书》)也必然是循环的;在《精神现象学》和《哲学全书》的整体中的体系也是循环的,而且这一点更为重要。然而,正是在这里,黑格尔的体系的非循环性是非常明显的。但我在这里只能顺便说一下,而不是给出证明。(*IRH* 98)

在其他地方,科耶夫指出了他与黑格尔体系的一些非常重要的分歧。最重要的是,黑格尔持有一元论的[276]本体论(其中,辩证的同一性/否定性/总体性的存在模式被应用到自然和人类世界),

科耶夫则持有二元论的立场:他相信黑格尔的辩证的本体论绝对正确,因此就人类世界而言,哲学是完整的,但它不能应用到自然中(尤见 *IRH* 212 - 15n15)。他拒绝黑格尔的整个自然哲学,称他的物理学"神奇"(*IRH* 147n36)。① 科耶夫曾一度认为,一个完全令人满意的哲学体系,可能需要黑格尔式辩证法的本体论(在人类、历史和世界方面)、柏拉图的理解(在宇宙几何结构方面)、亚里士多德的理解(在其生物领域),以及康德的理解(在其世界物理结构或动态结构方面)(*IRH* 147n36)。② 随后,在给施特劳斯的信中,他写道,自己曾经如何相信古典同一性的标准能应用于自然,但他现在意识到,人类的自然科学不是推论性的,而是算法的,也就是一种在数学中表达的沉默。③ 尽管如此,科耶夫仍坚持认为,黑格尔将哲学改造成知识体系,从而终结了哲学的演进。不过,这一体系显然需要更新,而在战后,科耶夫把他的哲学闲暇都用在产出这一更新上。④

① 关于科耶夫对物理学的讨论,见 James H. Nichols, Jr., *Alexandre Kojève: Wisdom at the End of History*(Lanham, MD: Rowman & Littlefield, 2009), 16 - 19 and 101 - 105。

② 科耶夫在打印稿继续写道:"但我得承认,我不知道如何把这些似乎相互排斥的概念结合起来。" Emmanuel Patard, "Remarks on the Strauss - Kojève Debate and its Presuppositions", in *Modernity and What Has Been Lost: Considerations on the Legacy of Leo Strauss*, eds. Pawel Armada and Arkadiusz Górnisiewicz(South Bend, IN: St. Augustine's Press, 2011), 118. 但该内容没出现在付印版中。

③ *On Tyranny*, 256. (科耶夫 1950 年 9 月 19 日的信。)

④ 新近的一本传记,Marco Filoni, *Le philosophe du dimanche: La vie et la pensée d'Alexandre Kojève*, traduit de l'italien par Gérard Larché(Paris: Gallimard, Bibliothèque des Idées, 2010)反映了战后的事实,科耶夫担任对外经济关系局的顾问,为法国经济部工作,这使他只能在周末搞哲学。缘此,科耶夫的一位小说家朋友格诺(Raymond Queneau)称他为"星期天的哲学家"。但星期天也让人想到在六天创造工作结束后的休息日,还让人想到科耶夫的黑格尔式

[277]科耶夫从未完成这一更新黑格尔知识体系的尝试。不过,他的确写了对黑格尔体系的广泛介绍,已有五卷。第一卷《概念、时间和语言》(Le Concept, le Temps et le Discours)有序言、对整个构思的全面介绍以及对黑格尔体系的前两部分导读《知识体系导读一:概念的心理学导读(亚里士多德之后)》,以及《知识体系导读二:时间的逻辑导读(柏拉图之后)》。① 接着是导读三,它讲述了从泰勒斯到黑格尔的大体的("理性")哲学史,本来有标题:《概念之为时间的历史导读,又时间之为概念的哲学导读(康德在哲学史上的地位和作用)》(Historical introduction of the concept into time as philosophical introduction of time into the concept [the situation and role of Kant in the history of Philosophy])。导读三的前半部分共三卷,标题是《论异教哲学思想史》(Essai d'une histoire raisonnée de la philosophie païenne),卷一《前苏格拉底哲学家》(Les Présocratiques)发表于科耶夫去世前一年,其余两卷在他去世后发表。导读三的后半部分显然没完成;已经发现并出版的是《论康德》的一卷。

卷一《前苏格拉底哲学家》的前半部分是对第三个导读的一篇总导言,科耶夫首先针对哲学立场的种种类型提出一种"编年式－逻辑图式"(chrono – logical schema),然后又提出一种"编年式－逻辑图式"(chrono – logical schema),以表明真正的历史哲人适用于前一图式。他在文中多处强调,他在导言中只是展示而非证明对于哲学话语的最终的和真正的描述;他的目的是帮读者进入接下来的导

观点,即历史的创造性工作已经完成。"星期天的哲学家"也让人联想到格诺的一本小说《生命的星期日》,其中科耶夫的作用尤为突出;书名来源于黑格尔讨论荷兰日常生活绘画的一段话:"正是生命的星期天让一切都平等,也驱除了所有邪恶的念头。这种好脾气的人如果全身心地投入到欢乐中去,就不会真的是坏的或可鄙的。"

① Kojève, Le Concept, le Temps et le Discours.

读三,也就是理性化的哲学史(reasoned history of philosophy),它本身可以证明,它正是科耶夫和黑格尔单凭[278]知识体系或智慧体系就声称它所是的东西。怀疑论科学主义认为所谓哲学不过是一堆胡说八道或误解(contre-sens)。只有推论性的智慧才能反驳怀疑论科学主义的观点,证明哲学有一个明确的含义。①

这一点似乎很奇怪:科耶夫认为黑格尔知识体系的大部分需要更新,其中的一些涉及非常根本的问题;他甚至仍然认为,黑格尔的思想是最终的和明确的哲学或知识体系。理由似乎是,他认为黑格尔体系的基础逻辑地、历史地完成了哲学的演进。就像在真实世界中他声称历史已经终结,尽管在一个真正的普遍同质国家成为现实之前,仍有庞大而详细的任务有待完成;所以在哲学话语的层面,他可能声称黑格尔体系在根本上是最终的,尽管这个体系仍有大量哲学工作有待完善。②

但正如哈斯纳(Pierre Hassner)已经提醒我们的那样,不应忘了科耶夫的玩笑、反讽,他以最似是而非的表述为乐,还喜欢装腔作势。③ 对于这些,人们如果心中有数,就会把科耶夫关于绝对智慧的主张看作一次否定苏格拉底式反讽的练习。苏格拉底自称只有关于自己无知的知识,而没有智慧。他把关于自然之整全的智慧看作某种超越人类的神圣的东西,而只把他自己无知的知识看成人类智慧的一种。科耶夫与黑格尔一样声称已经获得智慧,因此也从人类上升到神的地位。但科耶夫式的智慧不像黑格尔那

---

① Kojève, *Essai d'une histoire raisonnée: Les Présocratiques*, 56. 可引诸多类似表述。

② 考虑到阐述一种二元论本体论的工作,他认为康德开了一个头,而且只有自海德格尔以来才提出这一问题。"至于二元论本体论本身,它似乎是未来的主要哲学任务。现在几乎什么也没完成"(*IRH* 215)。

③ Pierre Hassner, "Le Phénomèn Kojève", *Commentaire* (no. 128, Hiver 2009 – 2010):877 – 879.

样,科耶夫式的智慧只应用于人类历史世界(包括自然科学的发展史);考虑到自然的整全本身,我们通过数学算法获得力量,但却没有推论性[279]的知识;①因此,在一种决定性的意义上,我们在整全中的位置对于我们而言仍是神秘的。科耶夫的主张不是严格的字面意思,他声称的绝对智慧或神圣智慧,也许应该被看作一种揭示哲学的终极目标必须所是的严格标准的诱人方式,来肯定其抵抗随意的相对主义的可能性,这种相对主义是二十世纪的典型特征。就此而论,人们会像施特劳斯那样,仍然把科耶夫视为一位哲人。②

朝向二十世纪末的历史的终结:福山

1989年夏,福山在《国家利益》(*The National Interest*)上发表《历史的终结?》一文。编辑哈里斯(Owen Harries)委托其他四位作家为这篇文章撰写评论,其中就有哈斯纳,他把自己对福山文章的回应讲成了滑稽评论的故事,说自己判断不了智识大众可能会有的反应。哈斯纳同意给《国家利益》投一份评论,但他认为,这种科耶夫式的观点不太可能激起美国读者多大兴趣。之后,这篇文章在美国引起轩然大波,《评论》(*Commentaire*)的编辑卡萨诺瓦(Jean-Claude Casanova)就在该杂志上发表这篇文章的法译版一事,征求哈斯纳的意见。哈斯纳认为,美国人觉得这个陌生的科耶夫式观点很有趣,这一点令人惊讶,但法国人在二三十年前已经就这些问题进行了长时间的争论,想必他们不太渴望重拾曾经的争论。然而,卡萨诺瓦还是继续发表了这篇译文,它在法国引发的讨论和争议与

---

① 科耶夫给施特劳斯写道,"关于自然,人们只能(数学地、审美地等)沉默"。*On Tyranny*, 255-256(letter of 19 September 1950).

② *On Tyranny*, 185-186.

在美国旗鼓相当。

我们如何理解《历史的终结?》激起的如此强烈的反响？这篇文章在哲学上并未有所突破,[280]但它把科耶夫对历史终结的肯定作为前提,这更像是一个政治学的假设,接着又审查这一点:世上的同时代的事件是否都能用这个假设来解释,从而支持这一假设可能的有效性。当时苏联及东欧即将崩溃,与自由民主和市场经济的成功形成了鲜明对比,福山提出了一个明确而有力的观点,即科耶夫的历史终结的轮廓现在已经清晰。西方民主在冷战中的胜利可以看成历史终结的实现;没有任何其他意识形态或政治-社会-经济组织的模式认为自身真的能与之抗衡。福山这一分析的语气带着必胜的信念,却又缓和而悲伤(有尼采的风格,但也可以在科耶夫的某些表达中发现),让生活变得令人兴奋、有趣或富有创造力的许多反思,在历史的终点不再有真正的位置。①

或许,我们应该把这篇文章出奇广泛而活跃的回应理解成两个因素的结果。第一,导致冷战结束的重大转折事件吸引了每一个深思熟虑之人的注意,并激起人们对其意义进行反思的强烈愿望。第二,文中的观点提出了一些基本的哲学问题,普通的政治争论和学术讨论通常会在缄默中忽略如下问题:[281]如何认识进步;历史是

---

① 福山观点的阐述篇幅长达一本书,因此名曰《历史的终结与最后的人》(New York:Free Press,1992)。关于《黑格尔导读》,施特劳斯在给科耶夫的信中提出了两点主要异议。第一点是,在黑格尔哲学体系中,如何弥补科耶夫抛弃黑格尔自然哲学所造成的裂痕。第二点是,最后的国家即普遍同质国家无法提供真正的人的满足。在讲了几点批评之后,施特劳斯总结说:"如果我有多些时间,我可以更充分,可能也会更清晰地陈述,为什么我不相信你所描述的终极国家是人类理性的或仅仅是事实上的满足。但为简单起见,我今天只向你提尼采的'末人'。"(*OT* 236-239)科耶夫的后期作品中有对格诺三篇小说(见上文注)的评论文章,以及另一篇关于萨根(Françoise Sagan)两部小说的评论,它们传达出一种缺乏特定人类的类型、缺乏历史的终结之经验的生动感觉,见 Nichols,*Alexandre Kojève*,87-89。

否有一种模式和意义;自由民主是不符合马克思的社会主义所要求的更公正的目标,还是基本上趋向同一个最后的国家,抑或实际上优于共产主义的方案。

大多数写有关福山文章的人都是为了对其表示反对。很容易区分三类异议。一、没有人能合理地声称知道历史的终结:谁知道未来会有什么新的运动或发现,比如使包括人类重要事物在内的各种事物发生变化的东西? 当然,这一异议很符合我们的常识,但它并未解释这一问题:有一种存在随着时间的推移而在其发展过程中发生根本性变化,人们如何能够拥有关于这种存在的知识。因此,这一异议相当于一种持怀疑态度的相对主义的主张,这种相对主义虽然比其他任何观点出现次数更多,但基本没有在哲学上肯定什么。二、很难说作为历史终结的自由民主制是真正的黑格尔式立场:黑格尔批评自由主义(和法国大革命学说)太抽象,不能全面阐释人类道德、家庭和公民生活。有人可能回应说这一异议并非根本;我们需要进一步探究黑格尔提出的政治学说的种种细节。正如我们所看到的,在《精神现象学》中,黑格尔把拿破仑的胜利看作历史终结的预告,历史的终结即将实现人权;随后的事件使黑格尔以更复杂的方式发展自己的政治学说(该学说的确批判了过于简单或抽象的自由主义)。三、许多人指出,福山对科耶夫学说的使用有讽刺意味亦或自我反驳的荒谬性,而科耶夫的学说赞赏马克思,甚至拥护斯大林的行为,却支持把自由民主制作为历史的目标。科耶夫之前肯定一种更具马克思主义色彩的历史终结,这一异议(但不等于反驳)似乎在反对这一版历史终结时有效。但正如我们所见,科耶夫后来认为,黑格尔说历史终结于1806年是正确的;自那以来,研究历史终结的细节及其具体路径的障碍是战争和政治问题,而不是世界历史层面上根本对立的备选方案之间的对抗。因此,科耶夫后来会[282]认为,美国已经比苏联更早一步实现历史的终结——

而且二十世纪最伟大的真正的马克思主义者是福特(Henry Ford)。①

福山在1992年出版的《历史的终结与最后的人》一书中全面阐述了他的观点。当然,在文章发表和书籍出版之间发生的事件,尤其是俄罗斯和东欧的事件,为福山的论点增添了合理性。和福山的文章一样,这本书一石激起千层浪。该书更充分地拓展了哲学和科学依据、经验证据,涉及更多论证,与之相对应,福山发表的许多意见深入探讨了关键的哲学问题:关于人性、历史、知识的来源和诸事件的意义。②

福山的文章基于科耶夫对历史终结的看法,这本书则采用更为复杂的方法。在历史中寻找模式时,这本书借鉴现代化理论,认为现代科学与经济学的结合最终构成了一种不断推动历史发展的机制。福山认为,这种机制不足以解释历史上的许多事件,尤其是自由民主运动,于是他引入了科耶夫-黑格尔关于主奴辩证法的动力观点,主奴辩证法的动力最初源于为承认而战,经过普遍同质国家(在实现自由民主时成真)所有人的平等和相互承认,最终走向理性人的满足。最后,该书补充(或淡化)了科耶夫的纯粹的历史主义观点,要求一种超历史标准——柏拉图式的人类灵魂的本质概念,根据这一概念,(现代科学和经济学的)机制由理性和欲望驱动,而为承认而战的独特[283]的道德层面由血气或激情驱动。因

---

① 前期主张见 *IRH* 212-215。后期主张是科耶夫在1957年的一次讲座中提出的:"Kolonialismus in europäischer Sicht", *Schmittiana*, vol. VI (Berlin: Duncker & Humboldt, 1998), 126-140. Translation by Erik De Vries, "Colonialism from a European Perspective", *Interpretation: A Journal of Political Philosophy* 29 (no. 1, Fall 2001)。

② 比如 *After History? Francis Fukuyama and His Critics*, ed. Timothy Burns (Lanham, MD: Rowman & Littlefield, 1994) 及 *History and the Idea of Progress*(见上文注)里的文章。

此,这本书的哲学基础是兼收并蓄的:柏拉图人性观与黑格尔历史观的结合。因此,福山这本书比他的文章更详细,更温和,作出的断言也更节制,更谨慎。这本书在探究的广度和开放性方面也让人印象深刻:对各种理论、哲学和社会科学的讨论不偏不倚;例举众多不同的史实;广泛而深入地调查当今世界各地发展。这本书引发了学界对许多哲学问题的严肃反思,特别是关于历史是什么、我们如何合理地思考历史的问题。

福山的论文现在看来与二十五年前一样有说服力。一方面,经济、信息和教育的全球化趋势仍在持续,正如他文章中所说。另一方面,宗教原教旨主义日益增强的政治力量(也许最值得注意的是伊斯兰哈里发的梦想)、专制的俄罗斯重振失落帝国的努力以及新生民主国家的缺点或失败似乎与之相反。但是,历史的终结已经到来或即将到来的说法,从来都不否认个人甚至社会将转向非理性行动。它只是意味着一个在理性上可以辩护的政治-道德-法律秩序已经存在,只是意味着不存在能用充分理由为自己辩护的本质上不同的替代方案。在这一点上,科耶夫历史终结的学说的真伪,似乎仍然和初次问世以来的情况一样。①

---

① 福山在 2014 年 6 月 6 日的《华尔街日报》上发表了一篇文章,题为《"历史终结之时"民主仍然存在》。他断言只有中国模式"将政府与部分市场经济以及高水平技术专家和技术能力结合在一起",中国从某种程度来看才是自由民主制说得过的竞争者。但通过一些对中国问题的有说服力的观察,福山坚持自己的立场,"如果有人问 50 年后美国和欧洲在政治上是否会更像中国,我会毫不犹豫地选择否"。舒尔斯基(Abram N. Shulsky)在"Liberalism's Beleaguered Victory: 'The End of History?' at 25"中,清楚地分析了过去两个世纪以来反对自由主义的几种意识形态。*The American Interest* X(no. 1, Autumn 2014):6 – 13.

结论：施特劳斯对科耶夫历史哲学的持久兴趣

[284]施特劳斯对科耶夫的黑格尔式哲学活动的兴趣，可以这样简单来讲：施特劳斯认为，应彻底摒弃西方哲学传统（最著名的是海德格尔）从而可以重新审视希腊根源，摆脱一系列学术教诲的束缚以及道德与宗教的纠葛；在进行这次重审时，施特劳斯确信苏格拉底式的理性主义的哲学生活是合理的，反对要取而代之的现代主张。施特劳斯试图解释其最经典的文本，同时表明，最伟大的现代思想家并未令人信服地驳倒或超越之前的方法，施特劳斯从而使苏格拉底－柏拉图式的哲学方案成为可能。在施特劳斯看来，科耶夫是一位罕见的、真正的哲人，他代表现代理性主义的最高级别。因此，施特劳斯出版（1948年）自己首部分析古希腊经典文本的著作，即解读色诺芬《希耶罗》的《论僭政》时，热切希望科耶夫参与论争。关于这项事业，施特劳斯和科耶夫的通信表明，施特劳斯对两人论争的渴望将阐明有关哲学与政治、古人与今人的基本问题。1950年，科耶夫在《评论》上发表了对施特劳斯作品的评论文章，文章名为《哲人的政治行动》（L'action politique des philosophes）。1954年，最终出版的《论僭政》收录了施特劳斯对科耶夫评论的回应。1950年9月14日，施特劳斯在给科耶夫的信中写道，他把自己的文章称为"重述，因为我认为问题是完全开放的——'后记'将给人一种显然是最终结论的印象——而且，最主要是因为我非常想让你来应答"。五天后，科耶夫回复道："我立刻抱着极大的兴趣读了你的信。我自然有很多话想说，但必须给读者留下一些东西：读者应该继续他自己的思考。"

在随后的通信中，科耶夫阐述了他对柏拉图对话的理解，这给人的印象是[285]施特劳斯觉得科耶夫的理解很不起眼，人们甚至可以想象施特劳斯对自己朋友的哲学作品没了兴趣。但最近又发现了一封施特劳斯致科耶夫的信,信的日期是1968年5月5日,①施特劳斯在信中感谢科耶夫给他寄书——《论异教哲学思想史》第一卷,附有"漂亮的献辞"。施特劳斯写道:"我一读这本书,就惊叹于你的辩证力……"他在结尾这样写道:"我现在研究《欧绪德谟》,这是对你书中基本主题的一种阿里斯托芬式的处理,也就是哲学的可能性和必要性。"写完这封信大概一个月后,有一些来克莱蒙特上课的研究生②来参加施特劳斯的柏拉图《欧绪德谟》研讨会。施特劳斯兴高采烈地向他们讲述了对话的主题:哲学如何可能?在没有充分智慧的情况下,如何区分哲学和诡辩?他说,科耶夫也在用自己的方式处理这个问题,后者认为,在历史终结时,可以拥有完整的黑格尔式的智慧。施特劳斯毕生致力于阐释和捍卫苏格拉底式的哲学生活,同时,对科耶夫理解并捍卫哲学的可能性和必要性的相反方式,他仍保持浓厚兴趣。

小尼克斯(James H. Nichols, Jr.),克莱蒙特麦肯纳学院政府系教授、人文主义与伦理学教授(Dr. Jules L. Whitehill资助),克莱蒙特研究生院艾弗里研究员。于耶鲁大学古典学和政治哲学获得硕士学位,于康奈尔大学政府学获得博士学位。他还任教于加拿大安大略省汉密尔顿市的麦克马斯特大学、纽约社会研究新学院研究生院和康涅狄格州的耶鲁大学。他在华盛顿国家人文基金会工作过一年,担任总项目部

---

① 发表于 Interpretation: A Journal of Political Philosophy 36 (no. 1, Fall 2008):91-92。《解释》的这整个主题都是专门讨论帕塔尔德这部价值斐然的施特劳斯考订版《重述》。其中包括介绍性的评论,这一评论详细介绍了施特劳斯和科耶夫之间的交流是如何发展和最终出版的,同时介绍了考订版本身以及补充资料(施特劳斯-科耶夫通信的附加说明、施特劳斯致科耶夫的最后一封至今未发表的信件,以及对已发表书信的大量更正)。

② 笔者是其中之一。

副主任。著有《伊壁鸠鲁的政治哲学：论卢克莱修的〈物性论〉》（*Epicurean Political Philosophy: On the De rerum natura of Lucretius*, Cornell, 1976），译有柏拉图的《高尔吉亚》和《斐德若》的导言和注疏（Cornell, 1998），以及关于实用主义、人权、古代对技术的理解、柏拉图的哲学教育观、自由主义、政治经济学和塔西陀的文章。最新的一部著作是《亚历山大·科耶夫：历史终结时的智慧》（*Alexandre Kojève: Wisdom at the End of History*, Rowman & Littlefield, 2007），最新的一篇文章是发表在《布里尔列奥·施特劳斯研究指南》（*Brill's Companion to Leo Strauss' Writings on Classical Political Thought*, Brill, 2015）的《论施特劳斯的〈评卢克莱修〉》（"On Leo Strauss' 'Notes on Lucretius'"）。

附录一

科耶夫《僭政与智慧》版本考

帕塔尔德(Emmanuel Patard)

[287]在施特劳斯的首部美版著作《论僭政》①出版之际,科耶夫撰写了《僭政与智慧》一文,详细讨论了施特劳斯的哲学观点。

施特劳斯和科耶夫都欣然认同,他们的论争比施特劳斯书中明确处理的问题有更深刻的目标。该书致力于细读色诺芬所撰的一篇关于僭政的晦涩的对话,尽管色诺芬在当代学术界并不受尊崇。②

科耶夫说他对黑格尔学说的重述不是简单的重复,而是一种修改,甚至是在澄清[288]黑格尔原初的哲学,③海德格尔在这一修订中起了决定性作用。在科耶夫看来,海德格尔真正完成的[任务]就是澄清黑格尔无神论的人类学,这是有待完成的哲学任务的一部分。④

---

① Leo Strauss, *On Tyranny* (New York: Political Science Classics, 1948).
② 施特劳斯1948年8月22日、1949年9月4日致科耶夫, Leo Strauss, *On Tyranny*, eds. Victor Gourevitch and Michael S. Roth (Chicago: University of Chicago Press, 2013), 236 and 244, 其后引此皆为 *OT*; 亦见施特劳斯《重述》的最后一段。
③ Cf. "Préface à la *Mise à Jour du Système hégélien du Savoir*", *Commentaire* 9 (Printemps 1980), 132.
④ Cf. Alexandre Kojève, *Introduction à la lecture de Hegel*, 2nd ed. (Paris: Gallimard, 1962), 338n1, 487n, 527n; "Introduction," *Histoire de la philosophie païenne*, vol. 1 (Paris: Gallimard, 1968), 165f.; "Note inédite sur Hegel et Heidegger," *Rue Descartes* 7 (juin 1993): esp. 37-38; 科耶夫在自己的海德格尔著作副本上做的笔记; Jean Wahl, "A propos de l'Introduction à la Phénoménologie de Hegel par A. Kojève", *Deucalion* 5 (1955): 85ff。

关键的是随之而来的问题：施特劳斯所展现的现代性最典型的智识要素，即历史主义，是否比主张存在永恒真理的前现代立场更可靠？

施特劳斯在这次讨论中的立场似乎更坚定，因为和通常的看法相反，他把自己限定在这一主张之内：核心问题仍然是开放的。科耶夫接受了施特劳斯的主张，却破坏了他自己的立场：如果核心问题必须保持开放，那么科耶夫在海德格尔的帮助下修改过的黑格尔的历史哲学似乎是一种随意的建构。施特劳斯和科耶夫随后关于柏拉图对话的通信详细展现了科耶夫辩证哲学史的可疑特征。科耶夫重申并完善了自己的想法，有这几点表现：他在随后几年多次试图回应施特劳斯的反对意见，他在施特劳斯的文章上做了大量笔记，他为自己导读附加了说明，以及他计划创作一部大作——《黑格尔认识体系更新》(Mise à jour du Systèmehégélien du Savoir)。

科耶夫通过连续的四版详细阐述了他的评论文章。他1949年2月13日至6月19日完成第一版（手写62页，用钢笔和红色铅笔修正），然后在1949年7月10日进行修订，删去大部分文本，将篇幅缩减至48页。这些删去的部分有大量脚注，包括科耶夫提出的具体要点，他还在脚注里把自己的论证与其他未发表的作品联系到一起，比如《权威的概念》(今见 Paris：Gallimard，2004)。

[289]应施特劳斯之邀，科耶夫打算在一份法国期刊上发表他的文章。[1] 当时，因其哲学和政治动机，梅洛－庞蒂经营的《现代》(Les Temps Modernes)拒收该文。[2] 最后，巴塔耶接收了这篇文章的

---

[1] 见1948年12月6日写给科耶夫的信，OT 239；1949年5月13日写给科耶夫的信，OT 240，以及科耶夫在1949年5月26日的回信，OT 241。
[2] 见梅洛－庞蒂写给韦伊的信，发表于 Interpretation：A Journal of Political Philosophy，36(no. 1，Fall 2008)：16 - 17，以及科耶夫在1950年4月9日给施特劳斯信中的描述，OT 250。

简版,将其登在《评论》(Critique)上。①《评论》的封底(no. 33, février 1949)这样介绍科耶夫的文章:"《评论》将在下期刊登……色诺芬和科耶夫的僭政。"

第二版手稿(66 页打印稿,用钢笔修订)于 1949 年 8 月 8 日完成。在科耶夫档案馆中还有一份未经修订的副本,连同《评论》首页的题头和第 64 至 67 页的五个注释在内共 67 页。这个未修订版与印刷版《僭政与智慧》文本很接近。为在《评论》上发表该文,巴塔耶再次缩减该版本,删去所有脚注。首次印刷版刊登在《评论》(vol. 6, 1950)上,标题为《哲人的政治行动》(第一节在 no. 41, 46 - 55, 其余三节在 no. 42, 138 - 155)。第二次印刷版《僭政与智慧》刊登在《论僭政》(Paris: Gallimard, 1954)第 215 至 280 页。经芝加哥大学出版社允许,在此使用科耶夫《僭政与智慧》(*OT* 135 - 176)一文的英译本。

在当前这版科耶夫的文章中,印刷版中删去的文本部分,以及在手稿上用红色铅笔划掉的部分,用括号表示如下:〈〉。

帕塔尔德(Emmanuel Patard),已经在《解释:政治哲学期刊》(36, no. 1, Fall 2008: 3 - 100)特刊上发表了施特劳斯《重述》的考订版(1950),还有与施特劳斯 - 科耶夫通信相关的各种未发表的材料。与人合编施特劳斯与沃格林的原始书信《信仰与智慧:1934 至 1964 年沃格林与施特劳斯通信集》(*Glaube und Wissen: Der Briefwechsel zwischen Eric Voegelin und Leo Strauss von 1934 bis 1964*, Fink, 2010)。他还备了一份施特劳斯在新学院期间(1938—1948)的文章、讲座和课程的考订版资料。

---

① 见科耶夫和巴塔耶之间的通信,引自 *Interpretation* 36 (no. 1, Fall 2008): 15n53。

附录二

僭政与智慧[*]

科耶夫(Alexandre Kojève)

[291]这本书充满才气和热情,但伪装成冷静客观的学术著作,施特劳斯在书中解释了色诺芬的一部对话:一位僭主与一位智慧者讨论了施行僭政的利弊。施特劳斯向我们表明,对一部著作的解释如何不同于简单的注疏或分析。经由他的解释,我们觉得色诺芬不再是我们所知的有些沉闷和乏味的作者,而是一位天才而精巧的作者,一位原创而深邃的思想家。此外,通过解释这部被人遗忘的对话,施特劳斯揭露了我们依旧面临的道德和政治问题。

施特劳斯进入对话的迷宫,探寻色诺芬教诲的真实含义。色诺芬被认为有意向俗众隐藏了自己的教诲。因此,施特劳斯不得不借助于侦探的方法:通过细致地解释显见的事实,最终找到罪犯……

说实在的,否认这一发现,最终是巨大的诱惑。的确,这部书不可能像侦探小说那样,结束于脱去面具的"罪犯的"忏悔。让读者评断吧……

[292]不过,施特劳斯的解释是否不可反驳,这倒还是次要,因为,施特劳斯此书的重要性远远超出色诺芬真实的、也许不为人知

---

[*] [译按]本篇基于芝加哥大学出版社2013年出版的《论僭政》(中译本:施特劳斯,《论僭政》,彭磊译,华夏出版社,2013年),译文直接采用彭磊译本。本书编者在芝加哥大学版本基础上,添加了没有出现在印刷版中的文字,以及在手稿上用红色铅笔划掉的部分,用"⟨ ⟩"表示。译者据编者的增订在彭译本基础上做了补充。文中脚注部分为科耶夫原始脚注和译者据彭译本增添的注释,其余未经说明者均为本书编者的尾注。

的思想。它的重要性源于它提出并讨论的问题的重要性。①

在我看来,在施特劳斯讨论色诺芬的这部书中,重要的不仅是色诺芬。不管施特劳斯怎么看,此书之所以的确重要,并非因为它旨在向我们揭示柏拉图的一位同时代人和同胞真实的、被误解的思想,而是因为它提出并讨论的问题。

按施特劳斯的解释,色诺芬的这篇对话使一位幻想破灭的僭主直面一位智慧者:僭主声称对他身为僭主的现状不满,远道而来的智慧者则建议僭主如何统治他的国家,以便僭主由施行僭政获得满足。〈(*)〉色诺芬让这两个人物言说,并在字里行间告诉我们如何思索他们说的话。施特劳斯充分阐述了色诺芬的思想,并在字里行间告诉我们如何思索色诺芬的思想。更准确地说,施特劳斯在书中不是把自己呈现为一位拥有知识的智慧者,而是呈现为一位寻求知识的哲人,他由此告诉我们的不是如何思索所有这些,而仅仅是,当谈论僭政或一般而言的统治与智慧或哲学之间的关系时要思索什么。换言之,他仅止于提出问题,但他提出问题是着眼于解决问题。

[293]我下面要谈的就是施特劳斯在书中明确或不明确提出的某些问题。

*

---

① 《批评》中的导言部分至此结束,它没有出现在《僭政与智慧》中,似乎是科耶夫手稿第二版打字本开头引言的总结版(可能是巴塔耶所作)。

* 可以说,智慧者来见僭主是给他提供施行僭政的相关建议,因为西蒙尼德在对话中采取主动,他最后才讲到这些建议从而引导整个对话。[不过,智慧者似乎并未一开始就说这建议有多重要,因为色诺芬提到,谈话的发生只是因为希耶罗和西蒙尼德都处于闲暇之中。如果对话开篇的这句表明作者的介入,那么只会意味着:僭主听到(听见而未必遵循)智慧者的建议,而智慧者只有当他们觉得自己没有更好的事情可做时才会(向僭主)建言;问题是要知道什么对他们来说是最好的及其真正的价值:施行统治而不向知道(或假装知道)的人征求建议;知道(或试图知道)而不向僭主(或任何人)提供建议?]

我们首先谈谈僭政的问题。①

我们注意到,希耶罗并没就如何施行僭政求问西蒙尼德的建议。西蒙尼德自动给予他建议。不过,事实是希耶罗倾听了这一建议(的确是在他闲暇之时)。听了之后,他什么也没说。这一沉默向我们表明,他没有什么要回应的。我们或许因此总结说,他认为——正如我们自己依据色诺芬和施特劳斯的看法所认为的——西蒙尼德的建议充满智慧。但是,由于他并没有这么说,也由于他没说自己会遵照这一建议,我们假定他不会做任何这类事。这很可能就是西蒙尼德自己的意见,因为依据色诺芬,他甚至没有问希耶罗是否想要实行他刚刚给出的建议。

面对这一状况,我们自然而然地倾向于感到震惊。当然,我们理解为什么希耶罗愿意专心倾听西蒙尼德的建议,因为,像他本人承认的那样,他不能靠自己以一种令人满意的方式施行僭政,即便只是让他自己满意。但是,如果我们"处在他的位置",一旦我们意识到我们的无能,我们会自动求问建议。我们甚至会在"很早之前"就这么做,不是等到闲暇之时,而是"抛下一切"。最重要的是,一旦我们认识到我们得到的建议多么好,我们就会大声地予以赞美,并尽我们所能实行。并且,我们会再次"抛下一切"这么做。

但在听从这一自然的冲动之先,我们相信我们应该反思。让我们首先问自己,"处在希耶罗的位置",我们是否真的能够"抛下一切"实行我们高贵的意图。希耶罗本人并不这么认为,因为他对西

---

① [这一段以及前面三段没有出现在《批评》中。取而代之的是如下文字:]

然而,了解这种解释是否无可辩驳只是次要的;施特劳斯这本书的重要性超过了色诺芬真正的、也许未被承认的思想。它的重要性在于所提出和讨论的问题。

色诺芬的对话反对叙拉古的僭主希耶罗,幻想破灭后,他对自己是僭主感到不满,一位智慧者西蒙尼德从远方而来,向他就如何统治国家建言,从而使他对施行僭政感到满意。

蒙尼德说(第7章结尾):"这正是僭政最悲惨的地方:因为摆脱僭政并不可能。"他或许是对的。因为僭主总有些"当前的事",不完成就不可能放下。这种事情的性质很可能是这样:为了实行智慧者的建议,或更准确地说,为了确立智慧者所建议的理想状态,[294]必须要采取某些手段,而关注这种事情与这些手段并不相容。亦有可能的是,结束"当前的事"需要比僭主一生还长的时间。倘若有些事需要几世纪的努力才能完全结束呢?

希耶罗引使西蒙尼德注意这一事实:为了获得权力,僭主必然要采取"不受欢迎的"手段(让我们姑且这么说;实际上,希耶罗认为这些手段是"罪恶的")。西蒙尼德未予否认,但他断定,僭主要维持自己的权力,可以不借助于暴力,只要采取适当手段实现"受欢迎"即可。但是,西蒙尼德并未言及,如何废除"不受欢迎的"手段却不会立即危及僭主的生命或权力(因此也危及僭主在智慧者的干预下准备引入的改革),甚至还有国家当前的存在。他也没说明,如何能够建立非暴力的"受欢迎的"政制却不用废除那些手段。

西蒙尼德显然应该向希耶罗说明这些,如果他真的想要希耶罗遵照他的建议。西蒙尼德没有这么做,由此他看上去表现得不那么像一个智慧者,而像一个典型的"知识分子":从一个在话语的宇宙中构建起来的"理想"出发批评他生活于其中的现实世界,这一"理想"被赋予"永恒的"价值,这主要是因为它现在不存在,过去也从未存在。事实上,西蒙尼德就把他的"理想"呈现为"乌托邦"的形式。因为,同一个理想可以呈现为"乌托邦"的形式,也可以呈现为"行动的"(革命的)观念,两者的不同恰恰在于:乌托邦不会向我们指出,此时此地如何着手改变既有的现实状况,以便使之将来符合所提出的理想。

因此,施特劳斯或许是对的。他告诉我们,西蒙尼德自认为是个智慧者,实际只是一个诗人。面对一个诗意的想象、一个梦、一个乌托邦,希耶罗的反应不像是一个"僭主",而就像是一个政治家,且是一个"自由的"政治家。为了不鼓励他的批评者,他不想公开宣称他认识到了西蒙尼德向他描绘的理想的"理论"价值。他不想这么做，不仅因为他知道他不能实现这一理想（在当前状况下），[295]更重要的是因为，没有人告诉他，走向这一理想所应该迈出的第一步。因此，就像一个好的自由主义者，他始终保持沉默：他不做什么，不决定什么，任由西蒙尼德平和地言说并离去。

根据施特劳斯，色诺芬完全清楚西蒙尼德给出的那类建议必然是乌托邦性的。色诺芬很可能认为，他让西蒙尼德描绘的"开明的""受欢迎的"僭政是不可实现的理想，他的对话的目的就是使我们相信：甚至在试图建立任何形式的僭政之前，最好就拒绝任何形式的僭政。由此看来，施特劳斯和色诺芬拒绝"僭政的"统治的观念。但这完全是另外一个问题，而且是一个极端困难的问题。反对僭政的建议与一个智慧者为了一种"理想的"僭政可能给予一个僭主的建议不再有任何关系。

为了估量这一新建议的意义和真实意旨，我们必须得知道，在某些特定情况下，拒绝"僭政"是否不等于完全拒绝统治，是否不会引起国家的毁灭，或放弃一个特殊的国家或全人类的任何真实的进步前景（至少在一个既定的历史时刻）。但在讨论这一问题之先，我们要看看希耶罗、西蒙尼德、色诺芬和施特劳斯的断言是否真的正确：西蒙尼德描画的"理想的"僭政是否仅仅是一个乌托邦？

西蒙尼德在对话的最后三章描绘了"理想的"僭政，当我们读这三章时，我们发现，色诺芬或许认为是乌托邦的东西现在已经成了近乎平常的现实。这三章所说的内容如下。首先，僭主应该分配各种"奖赏"，尤其荣誉性的奖赏，以便在他的国家的农业、工业和商业领域建立"斯塔汉诺夫式的"（Stakhanovite）竞争（第9章）。①

---

① ［彭译本注］斯塔汉诺夫是一位经常超额完成工作量的矿工，苏联于1935年开展了一场以斯塔汉诺夫命名的生产运动，旨在提高生产力，促进国民经济发展。

其次，僭主不再蓄养雇佣兵作卫队，而应该组建一支国家警察（"永远需要"），并组建一支常备军作为战时动员的军队的核心力量（第10章）。此外，僭主不应解除其臣民的武装，而应引入强制性的军役，必要时可以采取全民动员。最后，他应该把"个人"财产的一部分用于公共[296]福利，建造公共建筑而不是宫殿。泛言之，僭主只要让臣民更幸福，只要把"父邦看成他自己的财产，把公民们看成他自己的同伴"，就会获得臣民的"爱戴"（第11章）。

色诺芬把所有这些看成乌托邦情有可原。的确，他所知道的僭政只是那些为了一个已确立的社会阶层的利益，或为了个人的或家族的野心，或因为模模糊糊地想要比其他任何人都做得好（尽管其他任何人也想这样）而施行的僭政。他未曾看到服务于真正革命性的政治、社会或经济观念（亦即服务于与既有一切完全不同的目标）的"僭政"，而且这种"僭政"具有一个国家的、种族的、帝国的或人文主义的基础。但我们奇怪地发现，我们的同时代人施特劳斯显然也采取了这种看待事物的方式。〈他可能是他反历史主义"偏见"的受害者，这一点在他的书中导言部分清楚地体现出来。（*）

---

* 我允许自己谈论"偏见"，因为导言中出现的坚决反对"历史主义"或反对"现代"的态度在我看来显然自相矛盾。在第5页，施特劳斯说，19世纪历史主义的思想无法理解色诺芬的"修辞"，而他在第6页又认为，当前这代人在经历最近的"僭政"后（这些僭政本身受到19世纪历史主义的制约[参见第7页]），开始用不同的眼光阅读古典政治作品。因此，他似乎承认人类思想的历史性。但在第7页，他明确谴责历史主义，还说必须通过研究历史来对抗历史主义。他还在第4页说，"不言而喻"（对哲人来说有不言而喻之事吗？），他思想运行的"观念圈"并没有色诺芬的大。现在似乎很明显的是，施特劳斯不仅知道色诺芬的观念，还知道19世纪的和我们的观念，而色诺芬则对后两者一无所知。当然，无论是施特劳斯简短的导言还是我简明的批评意见，都没有穷尽"历史主义"的价值问题，这是新的"古今之争"的基础，而施特劳斯是其中的主要倡导者之一。不过这里涉及一个至关重要的问题，暂且没法在此讨论。

施特劳斯成功复活了色诺芬及其[297]伟大老师的世界,他意识到(这是一个无可争议的优点),在这个世界上,他们是对的。但是,由于施特劳斯拒绝(先验地?)这样一种看法:从那时起,地球上可能发生了一些必要的(不是错误)、非常新的事物(这等于否认了时间本身的根本特征),他无法承认,对色诺芬来说"正确"的东西对我们来说可能是"错的"(由此推论,恰切来说,真理,即它出现在世界上之后的所有时间里都是普遍的和有效的,它必须用其对我们而言的"错误"来暗示和解释对于色诺芬而言的所有"真理"的观念,并通过将它们插入过去的时间和思想的整体中来"综合""对立的"甚至矛盾的论断,这就是作为经验现实出现的概念本身)。施特劳斯尤其无法承认,乌托邦一词的正确含义(在某一给定历史时刻)还是能够(在另一个时刻)实现。色诺芬时代的"乌托邦"可以在后来实现,恰恰是因为时间流逝,而时间流逝是完成我在上文中提到的"当前事务"所需要的,在采取必要措施实现西蒙尼德所倡导的理想之前,人们应该完成这些事务。

[但我想再谈谈这篇导言。在第6页末段,施特劳斯谈到同时代的"僭政",并指出存在两种不同类型("粗暴无情"型和"缓慢温和"型)。这很罕见,因为在此情形中谈论"僭政"的人一般只考虑一种。不过一位哲人考虑到两者,也并不令人惊讶。令人惊讶的是这位哲人给人的印象:他谴责这两类"僭政"(除了他可能的个人偏好外,没对我们说任何别的)只是因为这两种情形都是"思想蓄意的集体化或协同化"的问题(第7页)。这之所以令人惊讶,是因为哲人应该明确区分真理和错误的情况。根据定义,真理为一,对于一个真正的思想,人们看到的不外乎"集体和协同"。相反,错误原则上是多样的,哲人必须反对将其中任何一个最终普遍化,因为真理正是从(口头的和行动的)这些多种错误的辩证法中产生。当然,施特劳斯这位柏拉图主义者深谙此理,他谴责两种现代"僭政"的"集体主义",只是因为他认为这两者都依赖错误的观念。不过我相信这样说可能是明智的,从而避免今天"教授们"中过于普遍的误解[特别是那些自称哲人的教授。]]

然而,施特劳斯给人的印象是,他之所以谴责僭政,是因为他和色诺芬一样认为西蒙尼德所说的"理想的"僭政只是一个乌托邦。)[298]个人而言,我不接受施特劳斯在这个问题上的立场,①因为我认为西蒙尼德-色诺芬的乌托邦已经被现代"僭政"(比如萨拉查[Salazar]②)实现了。色诺芬时代的乌托邦能够在后世实现,可能正是因为完成我所说的"当前的事"所需的时间已经过去;而且,或许必须在"当前的事"结束后,才能够采取为了实现西蒙尼德宣扬的理想所需要的手段。但这是否意味着,这些现代"僭政"由色诺芬的对话得到了(哲学上的)证成?我们是否要得出结论说,现代"僭主"无需借助于智慧者或哲人的建议就能实现僭政的"哲学"理想?还是我们必须承认,现代"僭主"能够这么做,仅仅因为一位西蒙尼德曾经建议过一位希耶罗?

我下面试图回答第二个问题。至于第一个问题,要回答它,我们必须进入问题的核心。③

在对话的最高潮(第7章),西蒙尼德向希耶罗解释说,他对僭政的抱怨不值一提,因为男人的至高目标和最终动机是荣誉,而在荣誉方面,僭主比其他任何人都强。

让我们简要地看看这项论证。带着清醒的自我意识,西蒙尼德采取了"异教的"甚或"贵族的"生存态度,黑格尔后来称之为"主人"的态度(对立于"奴隶"的态度,亦即"犹太人-基督徒"甚或"布尔乔亚"的态度)。西蒙尼德以一种极其极端的方式阐述这一观点。的确,当他说"荣誉是某种非凡之物,为了追求荣誉,人们历经

---

① [在手稿上,前面的文字如下:]就个人而言,我不同意施特劳斯的观点。

② [彭译本注]萨拉查(全名为António de Oliveira Salazar),1932—1968年担任葡萄牙总理,施行了长达36年的专制统治。

③ 这一段没有出现在《批评》中。

各种艰辛,忍受各种危险"时,他的意思并不就是说,人们的努力和辛劳只是为了荣誉的缘故。他走得更远,声称"真男人与其他动物的区别就在于对荣誉的追求"。⟨(*)⟩但像任何始终如一的"异教徒""贵族"或"主人"那样,西蒙尼德并不认为,对荣誉的追求是所有具有人形的创造物的鲜明特征。对荣誉的追求必然仅仅是天生的主人的专有特征,而且它不可弥补地在"奴役的"天性中阙如,正因为这一事实,这些"奴役的"天性不是真正的[299]人(因此应受到相应的对待)。"那些由于天性而产生对荣誉和赞美的爱的人,是已经远远超出畜群之上的人,他们被认为是真男人,而不再仅仅是[外表上的]人"。这些为荣誉而生的"真正的"人在某种程度上是"神圣的"存在,"因为没有哪种属人的快乐比关于荣誉的欢乐更接近神圣了"。⟨(**)⟩

这一"贵族的"和"异教的"信仰表白无疑震惊了那些曾经(或现在)生活在犹太-基督教世界的"布尔乔亚"。在这一世界里,哲人们没说过这样的话,甚至僭主也没有,他们使用其他论证来为僭政辩护。列举所有这些论证徒劳无益,因为在我看来,其中只有一个论证真正有效。但这一个论证值得我们全神贯注。我认为,如果附和西蒙尼德说只有"获得荣誉的欲望"和"来自荣誉的快乐"使一个人"忍受任何辛劳并冒一切危险",这是错误的。来自劳作本身的快乐、成功完成一项事业的欲望,自身就能够促使一个人从事痛苦而危险的劳作(正如赫拉克勒斯的古代神话已表明的)。一个人冒着生命危险努力工作,可能不为别的,只是为了体验他始终从施

---

* 与"公民"卢梭的论断比较:"构成人与动物之间具体区别的不是理解力,而是人作为自由能动者的品质。"

** 这个概念可能显得矛盾,因为正是"天性"在某些人身上化身为荣誉。但我们不能忘记,"异教"神也属于这同一宇宙,它决定了主人荣耀的"天性",主人在其怀抱中被一劳永逸地赋予一个确定的"位置"(topos)。

行他的计划中——亦即将他的"观念"甚至"理想"转变为由他自己的努力所塑造的现实——获得的快乐。一个小孩独自在海滩上,他堆砌沙堡,兴许不会给任何人看;一个画家用画覆盖某座荒岛上的悬崖,尽管他始终知道自己绝不会离开荒岛。这个例子有些极端,不过,一个"有责任心的""热情的"工人会追求他的劳动所需的充分条件,一个人也能够以同样的方式追求僭政。的确,一位"合法的"君主毫不费力地获得并保持权力,并不易受荣誉左右,他仍然会避免沉溺于快乐的生活,并积极投身于国家的治理。但是,这位君主,以及[300]原则上拒绝荣誉的一般意义上的"布尔乔亚"政治家,会从事他艰苦的政治"行业",只要他有一个"劳动者的"心态。而且他会想要证明他的僭政不是别的,只是他的"劳动"取得成功所需的必要条件。

在我看来,这种看待事物以及为僭政辩护的"布尔乔亚"方式(这种方式在某种程度上、在某些时候使生活在"犹太-基督教的"政治世界变得可能,在这一政治世界里,人们理论上被要求拒绝荣誉)必须用以补充西蒙尼德所代言的"贵族的"理论,这种贵族的理论仅仅说明了闲散的"贵族"的态度:为了胜利将会带给他的荣誉,贵族拿自己最宝贵的精力与其他人一起从事(有可能流血的)斗争。〈我这样说,是受到后基督教公民和哲人思想的启发,他们在继续为他人服务时,重新找到了根据荣誉而发动战争——内战或对外战争——的意义,"综合"了"对立的"主奴态度。〉

但①我们不应因为忘记或否定"贵族的"理论就将"布尔乔亚的"观点孤立起来。拿我们前面的例子来说,我们不应忘记,一旦小孩在大人或朋友们面前堆砌他的沙堡,一旦画家回到家并展示他的岩画的复制品,"获得荣誉的欲望"和产生于"荣誉"的快乐就开始起作用,并成为决定性的。一般而言,一旦人与人之间的竞争出现,

---

① [在手稿中,这一段的开头是:]但是,仍然遵循黑格尔,……

情况就会变成这样。竞争实际上从未消失，而且，据西蒙尼德所言（第9章），竞争对于农业、工业、商业的真正繁荣甚至是必不可少的。不过，若要把这一命题用于政治家，则必须要有为权力的斗争和权力运用上的竞争，亦即严格意义上的"斗争"和"竞争"。当然，在理论上，政治家可能清除对手而不会想到荣誉，正像一个劳动者着迷于他的工作并无视周边的东西，几乎无意识地清除打扰他劳动的那些对象。但事实上，一个人清除对手，是因为不想让目标被另一个人达到、工作被另一个人完成，即便这个人做得同样好。对那些追求"僭政"的人而言尤其是如此。只要一涉及"竞争"或"竞赛"，一个人实际就是为了荣誉而行动，而且，只是为了用"基督教的"或"布尔乔亚的"观点为自己辩护，一个人才相信或宣称，自己这么做只是因为[301]自己实际或者想象自己比其他人更"有能力"或"准备得更好"。

权当如此。希耶罗作为一位真正的"异教贵族"，毫无保留地接受了西蒙尼德的观点。不过，他拒绝认为西蒙尼德的论证是对僭政的辩护，他承认人的最高目标是荣誉，但他认为僭主从未达到这一目标。

〈因此，"黑格尔式"哲人和西蒙尼德一样承认，为权利而斗争的人，尤其是为僭政而斗争，归根结底是根据"被尊崇的欲望"而行动的。但是，当这位哲人把这种欲望说成真正的人类行动的唯一动机，甚至独一无二的人类价值时，他就不会追随西蒙尼德了。（*）〉

---

* 施特劳斯强调（第91页），西蒙尼德这样做是在像一位教师那样行事，还使用色诺芬不会承认的人身攻击悖谬。这确有可能。无论如何，不可避免的是"苏格拉底式"或"柏拉图式"哲人不认为荣誉具有最高价值。他们将知识（对自己和对世界的真正知识）置于最高价值之上。在这一点上，"基督徒"和"黑格尔主义者"彼此认同。但"苏格拉底主义者"承认，人可以成为卓越，甚至"神圣"之人，同时放弃"荣誉带来的快乐"，因为知识会带给一个人"无功利"的快乐，也就是对存在和存在者之所是的沉思或理解，他们似乎没看

[302]希耶罗向西蒙尼德解释说(第7章第2段),僭主利用恐

到还有一种"无功利的"属人的快乐,工作(即一项事业的物质实现)会带来这种快乐,因此还不是现实。与沉思和荣誉的快乐相比,现在的这种快乐在本质上完全不同,"基督徒"和"黑格尔主义者"都清楚这一点。(Cf. Jacob Böhme's word: *In Überwindung ist Freude*.)由于未考虑工作这一行动所能带来的特定快乐,并承认知识的态度是纯粹被动的,甚至是"不可操作的"(inoperative),"苏格拉底主义者"必须要么和西蒙尼德一样把所有真正的人类行动还原为对荣誉的追求,要么指出引发行动的另一个动机。他们在"德性"中找到了这种"动机",即最后对"正义"的分析中。但他们并不认为正义就是行动生活的动机。他们只说它本该是。因此,"苏格拉底式"哲学并不满足于描述或理解某物之所是,而是表达判断并指出某物之应是。然而,"苏格拉底式德性"依附于这样一种哲学,它被设想为思考某物之所是。通过沉思宇宙并揭示人类在其中所占据的"位置"(*topos*),哲人才能理解后者的"真正"存在,他属人的"天性""本质"或"观念"。通过将人的经验存在与这种"本质"或"观念"比较,哲人对他[指人类]进行判断。之后,这一观念就变成一种道德理想,哲人邀请人类按照这一理想行动,该行动就是"正义"或"德性",只有这些才能够带来真正的荣誉。

因此,整个情况如下所述。"异教贵族"只知道行动的生活:最高的价值是荣誉,也是唯一的动机——"荣誉带来的快乐"。"苏格拉底式哲人"知道沉思的(被动的)生活,更喜欢这种生活而非行动的生活:对他来说,最高的价值是知识,也是他的唯一动机——沉思某物之所是所带来的快乐;至于那些想要行动的人,他们应该按照正义(德性)行事,而且如果他们不用放弃荣誉,那么他们应该只从他们的德性中汲取荣誉,而且在追求荣誉的过程中无论如何也绝不行不义之事;但是,如果一个人既对沉思的快乐不敏感,也对正义的责任不敏感,那么他至少必须按照荣誉行事,否则纯粹动物生活的快乐会使他变得残暴。"虔诚的基督徒"也承认沉思至高无上,条件是沉思超越的神,而非世界和人;他谴责荣誉,不论是"有德性的"抑或"不道德的";他也鼓励"正义的"的行动,但他的道德不再源于对某物之所是的沉思,因为它代表神圣的戒律;此外,他承认(或建议,通过成为"新教徒")艰苦的道路,并不谴责事业的物质取向所带来的快乐(Cf. Jacob Böhme's word: *In Überwindung ist Freude.*);他甚至允许人们想到荣誉,条件是人们行动和工作是"为了上帝的荣耀"。"布尔乔亚"(非哲人)和"贵族"一样拒绝沉思,也不清楚行动的生活;但他和"基督徒"一样谴责荣誉;唯一承认的行动是工作,而他真正的报酬是"成功"的快乐

惧来统治，因此，臣民们给予他的荣誉都只是缘于他在他们身上激起的恐惧。"那些心怀恐惧的人提供的服务也并非荣誉……这些[行为]很可能被视作奴隶的行为。"一个奴隶的行为不会带给贵族的主人亦即古代僭主任何满足感。

[303]在描述自己的状况时，希耶罗描述了黑格尔在《精神现象学》中（第四章A节）分析过的主人的悲剧。主人进入一场殊死斗争，以便他的对手承认他独有的人的尊严。但是，如果对手本身

(cf. Faust: *Es ist vollbracht*)；至于"德性"，他的确承认；但由于他不知道宇宙，也不再相信上帝，他无法定义它；他通过成为哲人才意识到这一点（参见康德式道德的"形式主义"，它实际上仅限于肯定一个人应该做其通常不会做的事情），并有一种否认它的倾向（"非道德主义者"）。最后，"黑格尔式哲人"（其以智慧者自居）有意识地"综合"：他承认行动（对给定之物的改造）和沉思（对给定物的理解）具有同等价值，在这个意义上，真正的人类，也就是历史性的存在，必然以这两者为前提：正是"沉思"使人能够意识到历史上的被给定之物，因此，[沉思使人能够]自由地决定，并在充分了解事实的情况下"否定"它；但只有否定的行动才是历史"进步"的条件，通过克服被理解的给定之物，并创造新的历史现实（在它能反过来被"否定"之前必须再次被理解）；这种行动一方面是主人或"贵族"的行动（为"荣誉"或"承认"而进行的血战），另一方面是奴隶或"布尔乔亚"的行动（通过工作改造既定世界）；至于"德性"或"正义"，它只不过是斗争和工作行动的框架和结果：由于人类只能被其自身所"承认"之人的自发"承认"所满足，后者最大限度地涵盖了全人类，历史的演进最终被归结为人人平等和权利与义务对等的"道德"；一般来说，"道德"或"正义"，就是在既定历史框架下，允许社会成员通过行动获得其同胞的最大的"承认"；当"正义"的理想限制在普遍的、社会同质化国家中实现时，确切来说，历史就完成了，因为彻底自我满足的人不再行动（不再"否定"）；对人类（已经成为智慧者的人）来说，剩下的只是沉思或理解整个现实，即在整个历史进程中被人类斗争和工作的否定性行动所改造的自然世界；正是在这个意义上，也只有在这个意义上，"沉思"（内在的）既定之物对黑格尔和苏格拉底来说，是人类的最高价值：它是历史终结后的唯一价值，但只要这个价值还没完成，行动就绝对必不可少，因为这种行动能够实现历史条件（普遍同质国家），在这种条件下，对世界的理解实际上就成为"绝对知识"，即真正的真理或智慧。

是一个主人,他也会受相同的对"承认"的欲望激发,一直战斗至他自己或别人死去。如果对手屈服(出于对死亡的恐惧),他就表明自己是一个奴隶。他的"承认"因此对胜利的主人毫无价值,因为在主人看来,奴隶不是真正的人。因此这场纯粹为了声誉进行的流血斗争的胜利者不会因他的胜利感到"满足"。因此他的状况本质上是悲剧性的,因为没有可能摆脱它。

说实话,色诺芬的文本不如黑格尔的文本确切。希耶罗混淆了自发给予的"性爱"与"承认"他的臣民们的"爱戴"。西蒙尼德纠正他,让[304]他看到,僭主本身感兴趣的不是他的"爱人们",而是他那作为公民的臣民们。但西蒙尼德的确保留了"爱戴"的观念(第11章)。此外,希耶罗想要借由他的僭政和一般而言的"荣誉"变得幸福,西蒙尼德也说,如果他遵照自己的建议,由此获得他的同胞公民的"爱戴",他就会"幸福"(对话的结尾)。现在非常清楚的是,僭政或一般而言的政治行动不可能产生"爱""爱戴"或"幸福",因为这三种现象涉及与政治毫不相关的因素。一个普通政客(politician)可以成为同胞公民热烈和真诚"爱戴"的对象,正如一个伟大的政治家(statesman)或许受到普遍崇拜,却不会激起任何类型的爱,最完整的政治成功与极其不幸的个人生活完全相容。因此,黑格尔精确的表述更为可取:不是指向"爱戴"或"幸福",而是指向"承认"和来自"承认"的"满足"。因为我认为,想要被(那些自己反过来也"承认"的人)"承认"具有卓越的人的实在和尊严的欲望,实际是人与人之间所有竞争的最终动机,因此也是所有政治斗争——包括导致僭政的斗争——的最终动机。由自己的行动满足了这一欲望的人仅凭这一事实就实际得到了"满足",不管他是否幸福或被爱。

那么,我们可以认为,僭主们(以及希耶罗本人)会寻求黑格尔式的至高无上的"承认"。我们也可以认为,并未获得这种承认的希耶罗实际并不"满足"(在此词的强烈意义上)。我们由此理解,为什么他要倾听智慧者的建议。这位智慧者向他指出获得"承认"的方式,从而许诺他"满足"。

无论如何,希耶罗和西蒙尼德完全清楚问题在哪里。希耶罗想要他的臣民"自愿为他让路"(第7章第2段),西蒙尼德则向他许诺,如果他遵照自己的建议,他的臣民就会成为"自愿服从的人"(第11章第12段)。这就是说,两者都关心权威。① 因为,一个人得到[305]对他没有恐惧(说到底是对暴死的恐惧)或爱的某个人的"承认",就是享有这个人眼中的权威。获得某人眼中的权威,就是让他承认这一权威。一个人的权威(说到底就是他的卓越的人的价值,尽管不一定是他的优越性)被另一个人承认,是在这样的情形下:那个人遵照或执行他的建议或命令,不是因为他(身体上)不得不这么做(或因为恐惧或任何其他"激情"),而是因为他自觉地认为这些建议或命令值得遵照或执行,而且他这么认为不是因为他本人认识到了这些建议或命令内在的价值,而仅仅因为这一特殊的人给出了它们(或许作为一个神谕),这就是说,正是因为他承认将它们给予他的这个人的"权威"。⟨(*)⟩我们或许因此认为,希耶罗像

---

① [科耶夫原注]的确,希耶罗(同上)希望臣民"为他的公共美德给他戴上花冠",而且他认为当前他的臣民"为他的不义"谴责他(第7章)。但是,"不义"令他不安,仅仅是因为它阻止他"被承认";只是为了获得"承认",他才践行"美德"。换言之,对希耶罗而言,"美德"和"正义"本身不是目的,仅仅是对臣民施加他的权威的手段。后续的对话表明西蒙尼德的态度同样如此:僭主必须"有美德"和"正义",以便赢得臣民的"爱戴";也就是说,以便做的事情"不经强制"就会使臣民服从,并最终为了"幸福却不受嫉妒"。这一态度肯定不是"苏格拉底式的"。我们可以同意施特劳斯说,作为僭主的教导者,西蒙尼德只是为了教导才采取了希耶罗的观点,尽管他自己并不认同(就他作为一个智慧者而言)。

* 权威的真正展现意味着"服从"的自发性,并排除了一切约束(身体的或精神的)。但是,只有当服从者自己没有意识到命令是"合理的"(假设它是合理的)这一事实时,权威才会介入:"演示"定理的老师不需要为了让学生

任何政治人一样,积极寻求僭政是因为[306]他(有意识或无意识

"接受"这个定理而拥有权威。真正的"专制"命令被认为是合理的(即值得执行),但这只是因为它是由一个权威得到承认的人下达的(因此有可能自发地执行客观上"不合理"的命令)。但承认权威与"爱"完全是两回事:爱人可以不受任何约束地执行所爱之人的命令(为了不让他伤心或为了取悦他),即便认为它是"不合理的"。通常来说,爱与权威无关,因为它未必意味着承认爱人的现实和人性尊严:一个人可以爱一件东西、一只动物、一个孩子、一位女人(而不承认她与男人的人格平等)、一位男人(认为在每个方面都比自己差的人)。相反,承认某人的权威,就意味着承认其优越性,或者在紧要关头,至少在他行使权威的领域承认他的平等性。

在对权威的现象学分析(尚未发表)中,我相信我可以区分后者的四种不可简化的类型,而且只有四种。父亲类型的权威是一个人(或集体)的权威,人们听从他,并跟随他,因为他是过去和传统的化身,因为跟随他,人们相信可以"保持"已经完成的事情,在他们对自身的认同中保持他自己和世界。相反,领袖类型的权威是一种知晓或预知者的权威,人们追随这样的人,是因为人们相信他知道未来,知道该怎么做才能改变和改善事物(包括我自己)的现状。在这两者之间,是主人类型的权威,他在当下就下定决心,而那些跟随他的人如果没有他的命令就会一直犹豫不决(他能够在不跟从传统、不跟从"应该做什么",甚至不考虑未来可能的后果,不被"风险"阻止的情况下做出决定)。最后,法官类型的权威是指表达判断或执行行动的人,这些判断或行动应该在任何地方和任何时候都有效(因为他们是"公正的")。

通过对这四重现象的形而上学分析,人们能够理解其结构。承认某人的权威,就是承认在他身上存在着一种本质上突出的人性元素。(人们可以爱或怕一个孩子或一个疯子,可以承认他们有时会说一些有道理的事情,但无法承认他们的权威。)现在,人(如果按照黑格尔的观点)本质上是否定的行动,即"事业"或真正的时间(有历史节奏的:未来、过去、现在)。因此,人身上的人性元素就是时间元素,时间在其中如此"显现",并通过"行动"实现自身,构成后者[指行动]的"动机"。"父亲"根据过去行事,"主人"根据现在,"领袖"根据未来。他们每个人都将自己整个人的存在服从于对时间的三个"时刻"之一的主动肯定中。(因此,这三种类型的价值等级按递减顺序依次为:领袖、父亲、主人。但是,人们也可以在追求持久("永恒地")之物时,将自己的存在从属于时间本身,纳入其整个"时刻"之中:那么他将拥有"法官"(最高价值)的权威。这四种类型中的每一种都可以单独出现,也可以以多种方式相互结

地)想要对他的同胞公民施加他独有的权威。

因此,当希耶罗说他并不"满足"时,我们或许可以相信他。他的确在自己的事业上失败了,因为他承认,他不得不借助于强力,也就是说他不得不利用他的臣民(对死亡)的恐惧。不过,当希耶罗说僭政并未带给他任何"满足",因为他并不享有任何权威,而且只是通过恐怖来统治,他一定有所夸大(据施特劳斯说,希耶罗是有意夸大,以便使潜在的对手尤其是西蒙尼德对僭政息心)。因为,与一个相当常见的偏见相反,这样一种状况是完全不可能的。纯粹的恐怖只以强力——说到底是身体性的强力——为前提。只需通过身体性的强力,一个男人便能支配小孩、老人和几个女人,外加两三个大人,但他不可能以这种方式长久地凌驾于一个由身体强壮的男人组成的群体之上,不论这个群体多么小。这就是说,名副其实的"暴政"(despotism)只有在孤立的[307]家庭中才可能出现,无论什么国家的首领都总是要诉诸强力之外的手段。事实上,一位政治领袖始终要诉诸自己的权威,他的权力来自他的权威。整个问题在于,这个权威被谁所承认,谁"不经强制就服从他"?的确,国家首领的权威要么是被或多或少广泛的多数公民承认,要么是被或多或少有限的少数公民承认。直到最近,这才被认为是可能的:一个人能够谈论贬义上的"僭政",除了在少数公民(由一个只有它承认的权威指

合(其中一种相对于另一种占优势)。如果时间的三个"时刻"所支配的行动不是在一个连贯一致的"系统"中有序进行,那么一个人可以拥有父亲、主人和领袖的权威,而没有法官的权威,同样,如果行动只由时间的整体观念("永恒")决定,而没有"时刻"作为"动机"发挥作用,那么人们可以拥有法官的权威而不拥有其他三种。但是,最高权威只属于这个(如基督教的上帝),它以同等的(也"有限的")强度化身为四种基本的类型。

权威在历史生活的不同领域发挥作用:政治、宗教、科学等等。它可以由一个真实的人类个体(国王、英雄等),或一个集体(政党等),或一个"抽象"实体(一本书、一条法律等)来支撑;也可以由纯粹的想象(神谕、上帝等)支撑。

引)通过强力或"恐怖"(也就是说,利用他们对死亡的恐惧)统治多数公民的情况下。[①] 当然,只有国家承认的公民才会被考虑在内。因为甚至在今天,也没有人批评以强力管治小孩、罪犯或疯子,而在过去,以强力管治女人、奴隶或者外族人并不受人批评。但是,这种看待事物的方式尽管逻辑上可能,实际[308]并不符合人的自然反应。我们最终认识到,它不符合人的自然反应。最近的政治经验,以及当前"西方"与"东方"民主派之间的争论,使我们能够提供一个对僭政更为充分的定义。

事实上,僭政(在此词的道德中立意义上)产生于这一状况:一部分公民(多数还是少数并不重要)将自己的观念和行动强加于所有其他公民,这些观念和行动由一个权威指引,这部分公民自觉承认这一权威,但并没有成功地使其他人承认它。当这部分公民把这一权威强加于其他那些人时,并不与他们"和解",并不试图与他们达到某种"妥协",也不考虑他们的观念和欲望(受他们自觉承认的另一个权威决定)。显然,这部分公民能够这么做,只是依靠"强力"或"恐怖",最终是依靠操控它能强加给其他人的对暴死的恐惧。在这一状况中,或许可以说其他人是"受奴役的",因为他们实际上表现得像是不遗余力求生的奴隶。我们的某些同时代人就是为这种状况贴上了贬义的僭政的标签。

权当如此。显然,希耶罗并不完全"满足",不是因为他没有任何权威且只是通过强力统治,而是因为他的权威虽被某些人承认,但并不被他本人视作公民的所有那些人承认,那些人就是配得上承认,因而也被认为应该承认他的权威的人。我们认为象征着古代僭主的希耶罗的这种行事方式完全符合黑格尔对"满足"(通过竞争或宽泛意义上的"政治的"行动来实现)的分析。

黑格尔说,政治人依据对"承认"的欲望行动,唯当政治人彻底

[①] 本段的结尾没有出现在《批判》中。

满足了这一欲望方能完全"满足"。这一欲望必定是无止境的,人想要被所有那些他认为有能力,因此也配得上"承认"他的人实际"承认"。假如其他国家的公民受一种"独立精神"鼓舞,成功抵抗了某个国家的首领,这个首领由此就必定要承认他们作为人的价值。这个首领因此会想要将他的权威扩展到他们身上。如果他们没有抵抗他,则是因为他们已经承认他的权威,只不过是以奴隶承认其主人的权威的方式。所以,归根结底,国家的首领仅当他的国家[309]涵括了整个人类时才会完全"满足"。但他还想在国家内部尽可能地扩展他的权威,通过把那些只会像奴隶般服从的人降到最少。为了使通过他们真正的"承认"得到"满足"变得可能,他往往要"释放"奴隶,"解放"女人,尽可能早地提前"法定成年"的年龄来降低家庭对孩子的权威,减少罪犯和各种"失衡者"的数量,并提高所有社会阶层的"文化"水平(显然取决于经济水平)直至可能达到的最高程度。

不管怎样,他想要被所有那些出于"无功利的"动机——亦即出于真正"意识形态的"或"政治"的动机——抵抗他的人承认,因为他们的抵抗体现着他们作为人的价值。一旦这样一种抵抗出现,他就想要被他们承认;只有当他发现自己出于某种理由被迫要杀死"抵抗者"时,他才会放弃想要被他们承认(并且是遗憾地放弃)。事实上,政治人有意识地依据对"承认"(或"荣誉")的欲望行动,只有当他成为一个不仅普遍而且政治上和社会上同质(允许不可消除的生理差异)的国家的首领,这就是说,成为一个作为所有人和每个人的集体劳动的目标和结果的国家的首领,他才会完全"满足"。如果一个人承认这一国家是人类最高的政治理想的实现,或许就可以说,这个国家首领的"满足"对他的行为构成了一项充分的"辩护"(不仅主观而且客观)。从这一观点看,现代僭主尽管事实上实行了西蒙尼德的建议,并因而得到了比希耶罗所抱怨的更"令人满足的"结果,但也并不完全"满足"。他不完全满足,因为他统治的国家事实上既不普遍也不同质,所以他的权威像希耶罗的一样,不被所有那些在他看来能够承认也应该承认他的权威的人承认。

现代僭主没有因他的国家或他自己的政治行动而完全满足,因此他就有和希耶罗一样的理由来倾听智慧者的建议。但是,为了避免僭主有同样的理由不遵照这些建议,或回应以或许远远不如希耶罗"开明的"[310]"沉默",新西蒙尼德不得不避免他的"诗人"前辈的错误。他不得不避免乌托邦。

对一种与当前事态毫无实际关联、田园诗般的状态的描述,即便是生动感人的描述,也不太会打动一个僭主或一般而言的政治家,就像与当前的关切和事务毫无直接联系的"乌托邦式"建议一样。这种"建议"更加不会吸引现代僭主,他兴许受到了西蒙尼德之外的某个智慧者的教导,或许已经非常清楚"劝导者"准备向他揭示的理想,并且已经有意识地为实现这一理想努力。试图将这一"理想"与这位僭主为实现它而采取的具体手段对立起来徒劳无益,正如尝试并执行一项明确或暗自拒绝它所基于的"理想"的具体政策(僭政的或非僭政的)那样徒劳无益。

另一方面,既然僭主寻求"荣誉",并因而只能够通过他的权威在一个普遍同质国家中获得承认而得到完全"满足",如果智慧者准备给予"现实的"和"具体的"建议,向有意识地接受"普遍承认"的理想的僭主说明,如何可以从当前事态出发到达这一理想,并且比通过这位僭主自己的手段到达得更好更快,那么,僭主就完全可能公开接受并遵从这一建议。不管怎样,僭主的拒绝将会是完全"不理性的"或"无道理的",而且提不出任何原则问题。

*

留待解决的原则问题在于:智慧者作为智慧者,除了谈论一个政治"理想",是否能够做任何事?他是否想要离开"乌托邦"和"一般"甚或"抽象观念"的领域,借由给予僭主"现实的"建议来面对具体的现实?

为了回答这一双重的问题,我们必须仔细分辨名副其实的智慧者与哲人,因为两者的情况绝不相同。为了简化起见,我将只谈论后者。无论如何,色诺芬和施特劳斯似乎都不承认[311]名副其实的智慧者的存在。〈而且我也认为无所不知的智慧者仍旧只是一个哲学理想,而非一个可以和僭主相提并论的现实。①

承认智慧的概念有意义,让我们自问一下,如果智慧者存在的话,他是否能够并愿意向僭主建言而非空想,或者通常来说,按照他的观点以一种有效的方式参与统治。

让我们首先讨论智慧者是否有能力统治(直接或间接地),以及他是否特别适合这样做。

我认为通常对这个问题的否定回答是基于一个误解,更确切地说,是基于对智慧概念的无知。实际上,如果一个人是智慧的真正化身,他从定义上来说将比那些没有他的学识的人更适合统治。

事实上,智慧者从定义上来说是一个充分意识到自己的人。但由于智慧者就像每个人一样,受到他生活世界的限制,完美的自我知识意味着并预设了对外部世界(自然界和人类世界)的充分认知。智慧作为自我意识的充实,因此其实质上就是全知。此外,如果智慧者充分意识到自己,他对自己所有行动的意义都有充分的意识,也就是说他可以通过一致的论述来解释这些行动。也就是说,智慧者总是以合理的方式行动。现在,这么说就是在认为智慧者非常适合统治(在该词的最广泛意义上)其他人:他知道自己是谁,也知道他们是谁,知道他们生活的世界,也知道他将要行动的世界;通过以合理的方式行动,他只能在其他人可能因为缺乏知识或判断错误而失败的地方取得成功。至于众所周知的"沉思者""缺乏活力",智慧者总是可以通过利用他指导的"执行者"的活力来填补这

---

① 这句话在手稿上划掉了,在《批评》中出现。

一点,他会从"行动者"中挑选出这些执行者,根据每个人的才能来选择,这一点他会比执行者自己更了解。

人们可能反对的是,智慧要么是一个在本质上相互矛盾的概念,因此原则上无法实现,要么是另一种事物,事实上从未在地球上存在过。但这是个完全不同的问题了。

[312]唯一剩下的问题是智慧者——假设他存在——是否会使用他的权力并参与统治,比如向当今的僭主建言。

这里仍有必要区分两个问题:一个是智慧者会这样做吗?另一个是智慧者会有这样的欲望吗?

似乎所有的哲人无一例外地对第二个问题做出否定回答。根据他们的观点,智慧者既没有欲望统治自己,也没有欲望参与统治——即使是遥远地参与。总的来说,他没有强烈意义上的行动欲望,沉思和理解其自身之所是来沉思和理解某物之所是,就足以获得充分和完美的满足。(*)

然后,他不会感到任何改变自己或外界的欲望,他会从完全不行动中获得愉悦。

乍一看,这种观点似乎令人惊讶。实际上,至少可以说,人类行动的欲望也是"自然"的,或者更准确地说,就像人类知道和理解的欲望一样自然。确实可以说,人只是为了知道他的行动结果而行动,但不应忘记,对人类行动的知识和理解始于他自己的行动,这比充分描述纯粹的自然事实更能引起人类的兴趣。当然,考虑到人的有限性,因此人必须做出选择,我们可以设想,由于对"真理"的冥思追求,人会牺牲行动:我讨论哲人时会再讲这一点。但顾名思义,智慧者已经拥有充分的知识,人们不太能理解为什么他要放弃行

---

* 甚至可以说,智慧者完全满足于对他自身之所是的充分理解,正如他寻求的是对某物之所是,以及存在本身的全部知识,仅仅因为它必然隐含在自我意识的富足之中(我被当作一个真实或具体的存在)。

动,以便能够将他的所有时间都投入知识的细节中,总而言之,这些知识的细节可能仅仅具有娱乐价值,就像系统动物学的业余爱好者所经历的那样。人们甚至更难理解为什么哲人在详述智慧者的日程安排时很不明确,把艺术、爱情和生理功能[313](性、运动、饮食、休息等)花费时间的机会都考虑在内。比如,所有那些建议智慧者赶紧躲避政治统治的人,并不总是禁止他"浪费时间"来弹奏一段音乐。

但是,如果某些哲人承认智慧者可以在科学和艺术之间分配时间,那么所有人都会一致认为,哪怕只是一部分时间,智慧者也不会想投入适当意义上的行动中。我们将会看到,这种意见,就几乎像"共同意见"一样,可以被看作是真的,但前提是它必须被适当加以整合,并被纳入一个整体观点之中来"证明其合理性"。

让我们暂且承认智慧者并不想参与统治,即使他完全有能力这么做。那么,他是否会出于责任而这么做呢?

哲人对于这个问题的回答有所不同。伊壁鸠鲁学派认为,智慧者会根据他作为智慧者的"责任"而放弃一切政治行动,而所有其他哲人或多或少都明确赞同柏拉图的观点,他认为"责任"感会迫使智慧者参与统治,尽管他个人可能不愿意。(*)

在这里我不打算解释这两种说法中"责任"一词的含义。不管双方相互矛盾的论点是什么(使智慧者能够在社会中生活;①确保正义的统治;保持"置身事外"的必要性,以便"客观"地生活在"真理"中;等等)。重要的是,迄今为止没有人能够说服对手,考虑到争论已经持续的时间,我们可以承认这些论点确实没有说服力。现在,根据定义,智慧者必须能够无可驳倒地——准确地说是"令人信

---

① 柏拉图说,(理想的)国家迫使智慧者去统治(暂时)。但是这个国家已经由智慧者统治,因此智慧者强迫自己去统治。这就是说,他这样做是"出于责任"。

服地"——为其行为辩护。因此,我们根本不知道智慧者是会在政治上行动,还是要完全放弃任何政治行动。因为这样的说法并不对:他会放弃是因为支持行动的"柏拉图式"论证并不令人信服。如果该行动是可能的,那么放弃这种行动就是一种态度,智慧者必须以[314]适当的积极态度来"证明"这一点。现在,赞成抽象的"伊壁鸠鲁"论证也同样不能让人信服。因此,让我们暂时接受"柏拉图式"论点,看看它到底意味着什么。

让我们像哲人柏拉图那样假设,柏拉图式的智慧者去见一位僭主是为了向他建言。倘若失败,作为哲人,他最好避免如此,不要"浪费时间"。如果成功,这意味着僭主愿意遵循他的所有建议。但是,僭主也只是智慧者的代言人或执行代理人,智慧者正式掌权会更简单——他事实上已经掌握着权力。而这正是柏拉图所说的,因为在他看来,智慧者应该(出于责任)成为哲人王。但他将如何成为那样的人呢?如果是通过暴力,他自身可能是一位有德性的和施行教化的僭主,但总归是一位僭主。因此,会有一个明智的僭主,但不会是智慧者建议的僭主。相反,如果智慧者能够通过简单的劝说,或者根据他在适当意义上广泛认可的"权威"而不使用暴力来掌权并维持权力,那意味着被统治者本身就是明智的,他们由理性所引导。现在,在这种情况下统治他们就很容易,容易到以至于人们再也看不出为什么应该由一位智慧者来执掌政府。人们似乎正面临着一位"普遍同质国家"的现代理论家和实践者所预测的情况,后者认为理想的国家可以由"一位女厨子统治"。

当"哲人"可以作"王"而不必诉诸"僭政"时,恰当来说,政治问题将不再存在,只剩下行政问题,由任何有常识的正派人解决这些问题。现在,那些全面了解事实的人都会同意说,相比科学、艺术、爱和以生理基础为依据的愉悦来说,行政事务无趣得多。因此,人们不明白为什么只要地球上有行政事务,智慧者就会放弃"伊壁鸠鲁"的态度。

这种由简单常识引导的观点,已经被黑格尔提升到哲学理论的层面。黑格尔关于智慧与僭政关系的理论,是通过发现这个问题实际上并不存在来解决该问题。他还调和了[315]"伊壁鸠鲁主义者"和"柏拉图主义者",并证明了一种普遍的观点:智慧者没有任何行动的生活。

黑格尔的推理可以归结为如下的最简表达。

智慧是全知的,是对存在整体的充分揭示(通过连贯的论述)。现在,存在意味着人类的存在,它通过自由的行为或对已有之物的否定来构成自己。否定(及其积极的结果)不能从已有之物中推断出来,因为它不由已有之物决定,也许不会发生。只有事后才能理解(并揭示)。因此,只有当否定创造的所有可能性都用尽时,全知才有可能。也就是说,在智慧者出现的那一刻,没有更多的政治或历史行动。这是可能的,①因为在历史的终结处,普遍同质国家形成,②所有公民都通过每个人对所有人的"承认"以及所有人对每个人的"承认"而得到③"满足"。这些"满足"的公民不再想④改变现有的状态,因此不再有⑤战争,也不再有革命。国家被⑥一个只需⑦解决纯粹技术问题的行政机构所取代,这对每个人来说都是可以达到的,也不再引起任何强烈的兴趣。

根据黑格尔的看法,哲人有理由相信智慧者一般情况下不会行动,也不会有任何特定的政治活动。这不是因为他会放弃任何行动,而是因为不再可能有任何行动(根据定义,智慧者不会欲望不可

---

① [写在上面,没有表明选择:]当……将是的情况。
② [写在上面,没有表明选择:]将形成。
③ [写在上面,没有注明选择:]将得到。
④ [写在上面,没有注明选择:]将。
⑤ [写在上面,没有注明选择:]将只需。
⑥ [写在上面,没有注明选择:]将被。
⑦ [写在上面,没有注明选择:]将有。

能之事)。

因此,"柏拉图主义者"认为智慧者应该参与政治管理是错误的。他不应该这样做,因为他不能这样做,因为这个政府在地球上已经不存在了。因此,智慧者的生活将符合"伊壁鸠鲁"思想。但是,"伊壁鸠鲁主义者"错误地认为,在政治行动仍然可能的地方,一个人可以是智慧者而放弃政治行动——原因很简单,只要历史仍在继续,即只要有可能通过否定已有之物来行动或创造,智慧实际上就不存在。

只有哲人存在于历史的进程中。对于他们来说,他们与政府,特别是与僭政的关系,出现了非常严重的问题,而这在智慧者那里不存在。

[316]这是我们现在必须要检讨的问题。此外,当人们谈到"僭政"和"智慧"之间的关系时,通常指的就是这个问题,色诺芬的对话中隐含地处理过这个问题,施特劳斯的书中则明确讨论它。〉

依据定义,哲人并不拥有智慧(亦即充分的自我意识,或说实际是全知);但是,(一个黑格尔主义者必须要指明:在一个特定的时代)哲人在走向智慧的路上比任何非哲人或"未入门者"(包括僭主)走得更远。同样依据定义,哲人被认为"把生命献给"了对智慧的追寻。〈(这是一个人对真理的占有,或者是揭示整个现实和存在的连贯话语。)〉

以这一双重定义作为我们的出发点,我们必须问自己:"哲人能够统治人或参与对人的统治吗?他想要这么做吗?特别是,借由给予僭主具体的政治建议,他能够并且想要这么做吗?"

让我们首先问我们自己,哲人是否能够这么做?或更准确地说,作为哲人,在涉及统治的问题上,他是否享有对"未入门者"(僭主就是一个未入门者)的任何优势?

〈再一次,这里〉我认为,人们通常给出的否定回答基于一种误解,对什么是哲学、什么是哲人的彻底误解。

为了当前的目的,我只需要回顾哲人与"未入门者"形成对比的三个特征。首先,哲人更擅长辩证法的技艺或一般而言的讨论。他比"未入门的"对话者更清楚地看到后者的论证的缺陷,他更清楚如何制作他自己的大部分论证、如何驳斥其他人的反驳。其次,辩证法的技艺使哲人能比"未入门者"在更大的程度上摆脱偏见。他因此对实在更为开放,也更少依赖人们在一个特定的历史时刻想象实在所是的方式〈除了通常可以追溯到早期哲学体系的不足之外的想象现实的方式〉。最后,由于他对实在更为开放,他就比"未入门者"更接近具体,"未入门者"局限于抽象之物,却没有意识到它们[317]抽象甚至不真实的性质。①

这三个特征就是哲人在统治问题上原则上享有的对于"未入门者"的巨大优势。

施特劳斯指出,希耶罗认识到西蒙尼德在辩证法上的优越性,但不信任他,把他看成一个潜在的可怕对手。〈他想通过暗中描述僭政来使他反感,因为他害怕西蒙尼德会把僭政据为己有,还因为他害怕西蒙尼德将之据为己有,也因为他②相信他完全有能力废黜他。〉我认为〈,赞同施特劳斯,〉希耶罗是对的。〈事实上,僭主真正的力量并不是他的体力和肌肉。和每个人一样,他只有通过他的话

---

① [科耶夫原注]只有当人们不考虑"具体"和"抽象"这两个词的具体含义时,这一论断才显得自相矛盾。当一个人"忽略"或抽象掉具体(也就是现实的)事物中隐含的某些特征时,他就表达"抽象"。因此,举例来说,当人们在谈论一棵树时,抽象掉所有不是它的一切(地球、空气、地球行星、太阳系等等),就是在谈论一个现实中不存在的抽象物(因为只有存在地球、空气、太阳光线等等,树才能生存)。因此,所有的特殊科学都是在不同程度上与抽象事物打交道。同样,仅仅一个"国家的"政治必然是抽象的(正如从宗教或艺术中抽象出来的"纯粹"的政治)。孤立的"特殊"顾名思义是抽象的。正是在寻求具体的过程中,哲人才会产生"门外汉"所蔑视的"一般观念"。

② 本句末尾和下句没有划掉。

语才能真正强大(逻各斯)。他不是通过挥拳实现僭政,而是通过与人交谈(也许并不多),并通过话语使他们信服自己的优越性。他的僭政集团并没有像他自己管理的那样运作,他的统治只是一系列口头肯定和否定(或多或少是有动机的)以及口头和书面命令。〉的确,在一个已经建立的国家中,政府的行为在根源上是纯粹推理性的(discursive),谁是话语或"辩证法"的主人,谁就同样能够成为政府的主人。如果西蒙尼德能够在他们的演说竞赛中击败希耶罗,如果他能够随心所欲地"操控"希耶罗,他就没有理由不会在政治领域中击败并操控希耶罗,[318]尤其没有理由不会取代希耶罗成为政府的首领——如果他渴望这么做的话。

如果哲人要通过他的"辩证法"获取权力,假设其他方面一样,他将会比任何"未入门者"更好地行使权力。他能这样做,不仅因为他更高超的辩证术。他的统治会更好,是因为偏见相对较少,而且他的思想相对更为具体。

当然,如果只是要维持事物的既有状态,不用进行"结构性改造"或一场"革命",那么,无意识地依赖普遍接受的偏见就没有什么特别的不利。这就是说,在这种状况下,一个人能够拒绝让哲人们掌握或接近权力,却不会受到很多伤害。〈[无论如何,哲人不会倾向于站在纯粹"保守的"政府一边,]但是,我们也不能说哲人在这些情形下是危险的。一个人确实可以保有一种偏见,并根据这种偏见行动(例如说话、命令等),同时意识到这只是一个"简单偏见"的问题,而这种在充分了解事实的情况下采取的行动,比一个把自己的偏见误认为是真理的人的盲目行动所包含的风险要小。哲人是不折不扣的"专业革命家",他并不认为偏见(政治的或其他的偏见)必须(不择手段)随处可见,一经发现就应立即抨击。事实上,他甚至比庸俗者更"机会主义",因为虽然他知道"偏见"(尤其是政治偏见)只有在"正确"的时刻才能被成功抨击,但他比庸俗者更不倾向于过早地采取"革命"行动,因为他比庸俗者更了解有关偏见的性质、范围和根源。〉但是,当"结构性改造"或"革命性行动"客观上可能并因而必要时,哲人就尤其适合发动或推举它们,因为哲人与"未入门的"统治者不同,他知道需要改造或反对的只是"偏见",也就是某种不真实因此也相对缺乏抵抗力的东西。

〈现在,正是在这样的"历史转折点"上,僭政才可能被证明是必要的(一般来说,僭政就是在这种时刻出现)。僭主-哲人或者哲人建议的僭主肯定比僭主-庸俗者更可取、[319]更有效率,后者坚持自己的偏见到底,在现实的战车下与偏见同归于尽,在毁灭中带走国家。[正是在这些"关键时刻",哲人才会受到统治的诱惑,想要向当时的僭主提供政治建议。我们必须说,只要僭主-庸俗者们摒弃成见,从事"革命"工作,他们就总是或多或少地、直接地、有意识地受到哲学观念的启发。]〉①

最后,在"革命的"以及在"保守的"时期,统治者最好永远不要忽视具体的现实。这一现实必定极其复杂和难以理解。正因为此,为了理解现实以便主宰现实,行动的人被迫(因为他在时间中思考和行动)通过抽象来简化现实。他将某些部分或方面从其他东西中"抽象"出来,仅考虑它们"自身",由此切割和孤立它们。〈这就是统治者如何将政治、法律、社会、经济、宗教等方面从一般问题中分离出来,这些问题是他必须处理的,也是具体的,即他所统治的国家的不可或缺的一部分(如果是一个民族国家,那么它本身只是一个抽象概念,因为事实上它是全人类在整个历史演变过程中生活的一部分)。他还会把那些紧迫的"个别情况"分离出来,撇开与之密不可分的其他情况,努力解决这些问题。所有这些都无疑是不可或缺的。〉但是,没有理由假定哲人做不到这些。哲人们通常被指责说对"普遍观念"有一种偏爱,除非这些普遍观念阻止哲人看到特殊的抽象——"未入门者"错误地称之为"具体情形",哲人才应受这一

---

① [部分文字用灰色铅笔写在括号里。写在边上:][?]

指责。不过,这一指责如果成立的话,它也仅仅关乎某人偶然的过失,而不关乎哲人特有的性格。作为哲人,他处理抽象处理得和"未入门者"一样好,甚至更好。但是,由于他意识到自己事实上进行了一种抽象,他将能够比"未入门者"更好地处理"特殊情形";"未入门者"相信所涉及的是一种具体的现实,而它实际上孤立于其他东西,能够被单独处理。哲人因此将看到"未入门者"所忽略的这一特殊问题的涵义:他将在时空中看得更远。〈因此他行动的影响会更大,失败的风险更小。因为失败的危险一般"来自外部",而这是人们所忽略的,而成功则意味着将"特殊情况""处理"纳入整个现实。[如果我们承认,历史的进步在于现实与存在的融合(以及通过话语来揭示它们),那么我们就可以说,哲人参与政府将比他们不参与政府更有利于这一进步。]①无论如何,只要政府有一些"一般观念"来指导其活动,并确保其独立做出的个别,甚至"抽象"的决定之间的某种联系,那么它们就或多或少间接地、有意识地从哲学中借鉴了这些观念。〉

出于所有这些原因(还可以提出更多原因),与一种广泛持有的意见相反,我与希耶罗、色诺芬和施特劳斯一样认为,哲人完全能够掌握权力,完全能够统治或参与统治,比如通过给予僭主政治建议。

整个问题因此在于,哲人是否想要这么做。一个人只需要提出这一问题(要记住哲人的定义),就能看清这是个极其复杂,甚至不可解决的问题。

这一问题的复杂和困难源于一个平庸无奇的事实〈(但是,前黑格尔哲人,包括我们同时代的哲人,都系统地忽视了这一点)〉:人需要时间思考和行动,而人可支配的时间实际非常有限。〈特别是向僭主建言(这需要很多时间,比那些从未尝试过的人想象的要

---

① [部分文字用灰色铅笔写在括号里。写在边上:][?]

多得多),而人的生命持续的时间不仅非常有限,还相对短暂。〉①

人本质上是时间性的和有限的,正是这一双重事实迫使人在他各种生存的可能性中做出选择(这一双重事实也解释了自由的存在,因为它附带地也导向自由在本体论上的可能性)。尤其是,正是由于他自己的时间性和有限性,哲人被迫在追寻智慧与政治行动——即便只是劝谏僭主这样的政治行动——之间进行选择。〈因为对智慧或真理的追求,以及建言者的任务都需要时间,甚至大量的时间,往往一生。换言之,如果哲人想为僭主[321]建言,那么他只能牺牲自己作为哲人的时间。当然,哲人在智慧之路上比庸俗者更加高明。但与甘愿相信自己"全知"(至少在某一"个别"领域)的庸俗者相反,哲人意识到自己知识的局限性,而且作为哲人,他应该在任何时候尽力扩大这些局限。〉初看起来,根据对哲人的定义,哲人将把"他所有的时间"献给对智慧的追寻,那是他至高的价值和目标。〈从中减去的只是维持生命所需的时间,他将尽可能延长生命。〉哲人因此不仅要拒斥"庸俗的快乐",还要拒斥所有行动,包括直接或间接的统治行动。〈尤其是他与西蒙尼德不同,没有"闲暇",所以他不会向僭主建言,以免失去他本可用于哲学的宝贵时间。

乍一看,这个推理似乎无懈可击,在逻辑上②源于哲人这个定义本身。正是这一推理应该成为基础。〉不管怎样,③这就是"伊壁

---

① [在手稿上,该段文字的最后部分被加在行上方,内容如下:]而且可支配的时间非常少。
[随后的六个段落没有出现在《批评》中。相反,出现了以下文字:]因此,人们必须做出选择。哲人将把他的整个生命献给对真理的追求,这是纯粹的理论或沉思,与行动没有必然联系。为此,他将生活在世界之外。这是一种乍看之下无可辩驳的态度,但只是乍看之下。
② [写在上面,没有注明选择:]必然的。
③ 这句话的开头已经写在手稿的上一行。

鸠鲁式"哲人们所持的态度。正是这种"伊壁鸠鲁式"态度启发了哲学生活的流行印象。根据这一印象,哲人生活在"世外":他退回自身,与其他人相隔绝,对公共生活毫无兴趣;他将所有时间都用于追寻"真理",亦即纯粹的"理论"或"沉思",与任何种类的"行动"都没有必然联系。当然,一个僭主能够打扰这位哲人。但这样一位哲人绝不会打扰僭主,因为他没有一丝要参与僭主事务的欲望,哪怕只是要给予僭主建议。这位哲人向僭主所要求的一切,他对僭主唯一的"建议",就是不要关注哲人的生活——这种生活完全致力于追寻一种纯粹理论性的"真理"或一种严格与世隔绝的生活的"理想"。

在历史上,可以观察到这一"伊壁鸠鲁式"态度的两种主要变体。异教的或贵族的伊壁鸠鲁派,或多或少富有,或无论如何不用为生计工作(并且通常会找到一位迈克纳斯[Maecenas]①支持他),他将自己隔绝在一个"花园"中,他想要政府把这个"花园"看成[322]一座不可侵犯的城堡,而且可以设想他绝不会从城堡"突围"。基督教的或布尔乔亚的伊壁鸠鲁派,是或多或少贫穷的知识分子,必须做点事(写作、教书等等)来维持生计,他负担不起贵族的伊壁鸠鲁派"灿烂的隔绝"的奢侈。他由此以培尔(Pierre Bayle)②极其恰切地描绘的"文字共和国"(Republic of Letters)取代了私密的"花园"。〈以及黑格尔(在《现象学》中)不太礼貌地称之为"精神的动物王国"(das geistige Tierreich)。〉"文字共和国"中的气氛不像在"花园"中那么宁静,因为在这里,"为了生存的斗争"和

---

① [彭译本注]迈克纳斯(Maecenas),古罗马奥古斯都时代的政治家,也是维吉尔、贺拉斯等诗人的庇护者。

② [彭译本注]培尔(Pierre Bayle,1647—1706),法国哲学家、作家,主张宗教宽容,哲学上持怀疑主义立场。著有《历史考据辞典》(*Dictionnaire Historique et Critique*)、《文字共和国新闻》(*Nouvelles de la République des Lettres*)等。

"经济竞争"主宰一切。不过,在以下意义上,这一事业本质上依旧是"和平的":"布尔乔亚的共和主义者"就像"贵族的城堡主人"一样,准备放弃任何对公共事务的积极干预,以换取政府或僭主的"宽容"。政府或僭主会"让他平静地待着",并允许他不受妨碍地从事思想家、演说家或作家的行当,他的思想、言论(讲演)和写作被认为将始终是纯粹"理论性的";他也被认为不会做任何将直接或间接导致一种行动尤其任何种类的政治行动的事。

当然,让哲人信守不干预国家事务的(一般是真诚的)承诺实际并不可能,这就是为什么统治者尤其所有"僭主"始终对这些伊壁鸠鲁式的"共和国"或"花园"心存怀疑的原因。但这不是我们当前的兴趣所在。我们关心的是哲人的态度,而伊壁鸠鲁式的态度初看起来显得不可反驳,甚至对哲学的定义就隐含了这种态度。

但这只是初步印象。因为,除非一个人假定,关于对智慧或真理的追寻,有某种完全不自明,并且从黑格尔的概念看甚至根本上被搞错的东西,伊壁鸠鲁式的态度实际才可能源于这一对哲学的定义。的确,为了护卫哲人的绝对隔绝,一个人不得不承认:存在本质上自身是不变的、永远与自身同一,存在在一种从一开始就完美的理智中并通过这种理智永久地彻底揭示出来;对于存在的无时间性整体,这一充分的揭示就是真理。人(哲人)能够在任何时刻参与这一真理,不论是作为源于真理本身的一种行动("神圣启示")的结果,[323]还是通过他自己个人的进行理解的努力(柏拉图式的"理智直觉"),这一努力的唯一条件就是做出这一努力者的内在"天分",而无关乎他在空间(国家)或时间(历史)中碰巧所处的位置。如确乎如此,那么,哲人能够也必须隔绝于变化的、喧嚣的世界(那不过是纯粹的"表象"),生活在一个安静的"花园"中,如果不得不然,就生活在"文字共和国"中,那里虽然有知识分子的争吵,但至少没有外面的政治斗争那么"动荡不安"。这一隔绝的安宁,这种对同胞或任何"社会"的彻底缺少兴趣,为那个把一生献给对真理的追求、作一个绝对自我主义的哲人的人提供了达到真理的最好前景。①

[324]但是,如果一个人不接受真理(和存在)的这一有神论概念,如果一个人接受黑格尔极端的无神论,承认存在本身本质上是时间性的(存在＝生成)并创造自身,因为它在历史过程中被推论性地(discursively)揭示出来(或作为历史被揭示出来:被揭示的存在＝真理＝人＝历史),如果一个人不想陷入〈和比埃尔·培尔一起〉怀疑的相对主义——它将毁灭真理的观念,因此也将毁灭对真理的追寻和哲学——那么,他便不得不逃离"花园"绝对的孤独和隔绝,也逃离"文字共和国"的狭隘社会(相对的孤独和隔绝),而且要像苏格拉底那样,经常造访"城邦的公民"而不是"树和蝉"(见《斐德若》

---

① [科耶夫原注]施特劳斯与色诺芬观点一致,似乎认同哲学生活的这种极端的自我主义〈参见第77页和第79页〉。事实上,他说〈(第77页)〉"智慧者是人类所能做到的最自足的人"。因此,智慧者对其他人绝对"不感兴趣"。〈而这就是为什么施特劳斯－色诺芬认为(参见第79页),他能最大限度地做到"公正"。但是,施特劳斯正确地将智慧者的"超政治正义"与世俗(特别是僭主)的"政治正义"区分开来:后者包括"助友损敌",而前者则包括"不伤害任何人"。当然,智慧者的完全漠不关心在他自己和我们的眼中看来都证明(解释)了他不伤害任何人的事实:他基本上不伤害任何人,因为他从不行动。但这种"冷漠"使他无法从自己身上找到帮助任何人的理由,而且由于他不做任何事情"不用理由",他实际上就不会帮助任何人。因此,他的"正义"与基督教的正义毫不相干,基督教的正义确实禁止伤害敌人,这与异教的正义(施特劳斯称之为"政治的")相反,但它根本不妨碍帮助别人,即不仅帮助我的朋友(如异教的正义),还帮助我的敌人。说实话,智慧者的"正义"堪比一块无法移动的石头,"人性"相当稀少。——施特劳斯说,确实如此(第79页最后一句),他仍然跟随色诺芬,"正义的最高形式"是"那些人类可能拥有的最大自足之人的专利"。在紧要关头,人们可以把这种"专利"设想为一种帮助,这样,智慧者纯粹消极的正义就会获得一种积极的特性。但这种正义并不包括智慧者的"同事"。因此,人们在智慧者的存在中引入了相互"承认"的元素,并且隐含地承认"人"不可能没有"承认",也不可能通过完全孤立的生活而绝对自给自足。因此,积极正义的理由(证明、解释)在这里意味着"承认"的概念。我之后会讲到这个概念与哲人的关系。〉

[Phaedrus])。如果存在在历史过程中创造它自身("生成"),那么,一个人就不能通过与历史相隔绝来揭示存在(通过话语把它转变为人以智慧的形式"拥有"的真理)。相反,为了揭示存在,哲人必须"参与"历史,而且我们不清楚为何他不应——比如通过劝谏僭主——积极参与历史,因为作为哲人,他比任何"未入门者"更能够统治。唯一会阻止他的理由是缺少时间。由此我们来到了哲学生活的根本问题,而伊壁鸠鲁派误认为他们已经解决这一问题了。〈(*)〉

---

* 我所说的"有神论"的存在(和真理)概念是指每种永恒的概念,根据这种概念,存在者永远是"完整的"(它同时也是"完美的")。——常见的有神论(如犹太-基督教)承认这个存在者总是与自身相同,并且永远通过一种超人的智能(Intelligence)所揭示(超验的神圣智能,或智能的上帝)。于是,人要么被动地接受这个智能的启示("启示"一词的恰切含义),要么通过某种方式"参与"这种智能从而自己获得它(亚里士多德式概念):上帝将存在(预先存在的或由他创造的)转化为真理(通过逻各斯揭示它),(之后)人通过一种智能(也就是同一个逻各斯)占有这个真理。我们可以设想另一种形式的有神论(特别是"异教")。对存在的理解与此相同,但是没有超验的智能:对存在的启示,即存在向真理转化,是由人独自实现的。但是,如果存在是完整的,即完美的,不依赖于人,而人通过揭示存在,只是通过消除他的"错误"的不完美来符合这个预先存在的"理想",那么这个存在相对于人来说就是神圣的。这就是古代异教中神圣的"宇宙"(伊壁鸠鲁的诸神只是这个宇宙的旁观者)。在这两种情况下,完全可以想象,一个完全孤立于其同胞的人在任何情况下(例如政治)和历史的任何时刻都能抵达真理。至于黑格尔,他认为存在作为一个整体(自然的和人的)是在时间(宇宙的和历史的)中构成的,而且只有在时间终结时才是完美的。那么,人(他独自揭示真理)只有在历史终结时才能拥有充足的真理(即智慧),因此,人不会对它失去兴趣并将自己与其他人隔开。我个人认为,古代思想家承认自然的存在(宇宙)永远与自身相同,同时也是"完美的",这一点是正确的(反对黑格尔)。但我和黑格尔(与古代思想家相反)一样,认为人在历史进程中创造自身,并且只有在历史终结时才能使自身"完善"。现在,既然人与存在契合,是存在的一部分,那么黑格尔关于真理的推理仍然有效:人只有通过参与历史才能抵达智慧。当然,人们可以不接受黑格尔的这种观点。但是,人们只有否认人的存在作为历史行动创造自身,才能避免这种观点。

[325]我稍后会回到哲学生活的这一黑格尔式问题。此刻我们必须更细致地审视伊壁鸠鲁式的态度,因为这一态度容易招致批评,甚至容忍存在和真理的有神论概念。的确,它涉及并预设了一个极成问题的真理的概念(尽管为前黑格尔哲学普遍接受),在这一概念看来,"主观确定性"(Gewissheit)无时无刻都与"客观真理"(Wahrheit)相一致:一旦一个人主观上"肯定并且确定"自己拥有真理(比如,有一个"清楚和分明的观念"),就可以假定他实际拥有真理(或一种真理)。

换言之,孤立的哲人必然不得不承认,真理的必要和充分的标准在于对"证据"的感觉。"证据"可能由对真实和存在的"理智直觉"所推动,或伴随着"清楚和分明的观念"甚至"公理",或直接服从于神圣启示。从柏拉图经笛卡尔至胡塞尔的所有"理性主义"哲人们都接受这一"证据"的标准。不幸的是,这一标准自身根本不"明确",我认为仅仅以下事实就已使它失效:世上永远有被启蒙者(*illuminati*)①和"假先知",对于他们的"直觉"的真理性,或对于他们以某种形式接受的"启示"的真伪,他们从未有丝毫怀疑。简言之,一个"孤立的"思想者主观的"证据"作为真理的标准因为以下简单的事实已然失效:有种疯狂是从主观上"明确"的前提做出的正确推理,因而会是"系统的"或"逻辑的"。

施特劳斯似乎追随色诺芬(和一般的古代传统),通过这一事实,即哲人比他所鄙视的"未入门者"对某种特别的东西知道得更多,来护卫(说明)孤立的哲人的漠然("自我主义")和骄傲。但是,

---

现在,否认这一点,就等于否认历史有意义;同样,正是否认这一点,人们才否认了被称为自由的东西,结果就消除了个人存在本身的任何真正意义。因此,要么伊壁鸠鲁式哲人的态度本身矛盾,要么它被剥夺了任何一种意义。伊壁鸠鲁主义者只是他自己,就像一颗星星、一株植物或一个天使,想要"证明"(解释、理解)他的态度根本毫无意义。

① [彭译本注]illuminati 是拉丁语动词 illumino[照亮、使明亮]的完成时被动态分词复数,意为"被照亮者"。

相信自己是玻璃做的,或将自己等同于天父或拿破仑的疯子,也相信自己知道其他人不知道的某种东西,我们之所以能把这样的人的知识称作疯狂,仅仅因为只有他一个人把这一(主观上"明确的")知识当成一个真理,也因为甚至其他疯子也拒绝相信这一知识。所以,也仅仅是因为看到我们的观念被其他人(或至少被另外一个人)共享,或被他们接受为值得讨论(即便只是因为这些观念被认为是错的),我们就能确定自己不是在疯狂之域(但不确定我们是在真理之域)。因此,严格与世隔绝地生活在他的"花园"的伊壁鸠鲁式哲人,绝不能知道他获得了智慧还是陷入了疯狂,作为一个哲人,他因此将不得不逃离"花园"以及"花园"的隔绝。⟨(*)⟩事实上,伊壁鸠鲁派有着苏格拉底的渊源,他并不生活在一种绝对的孤立中,他在他的"花园"中接待哲学朋友们,跟他们讨论问题。从这一观点看,贵族的"花园"与布尔乔亚知识分子的"文字共和国"就没有本质区别,区别仅仅在于"拣选者"(elect)的数目。在"花园"和"文字共和国"中,一个人都是从早"讨论"到晚,从而充分避免了陷入疯狂的危险。尽管由于[327]品味以及他们的职业的缘故,"有文化的公民们"绝不会同意彼此,可一旦涉及要把他们中的一员送往疯人院,他们始终将意见一致。一个人或许因此确信:可能不管表象如何,一个人在"花园"或"文字共和国"中只会遇到那些或许偶尔有些古怪但本质上理智健全的人(时而有模仿性的疯狂,但只是为了显得"原创")。

但是,一个人在"花园"中绝不是孤身一人,这一事实并非它与"文字共和国"唯一的共有特征。另一个共有特征在于"多数人"被排除在外这一事实。当然,一个"文字共和国"一般会比伊壁鸠鲁

---

* 仅仅说"正常"的哲人向自己提出他是否疯狂的问题是不够的。疯子也能问自己同样的问题,并作出否定的回答。在这种情况下,他会向所有其他人征收疯狂税。但"孤独的思想家"自身有一种明显的倾向,即只在别人身上看到疯子,或至少是临床意义上的"低能儿"。

式"花园"中的人多。不过,两者的住民都是相对少数的"精英",并有退回自身并排斥"未入门者"的鲜明趋向。①

在此,施特劳斯似乎再次追随(信守古代传统的)色诺芬,并为这种行为辩护。② 他说,智慧者"满足于得到一小部分人的认可"。智慧者只寻求那些"有价值者"的认可,而这些人的人数只会非常少。哲人因此要借助于秘传的(更可取的是口头的)教导,秘传的教导允许他选择"最好的人",排除那些"能力有限的人",因他们不能理解隐藏的暗示和微妙的隐含之意。

我必须说,在这一点上我再次不同意施特劳斯和他想要追随的古代传统,在我看来,这一古代传统基于一种贵族的偏见(或许是一个征服者的特征)。因为我相信,"知识精英"的观念和实践涉及一个很严重的危险,而哲人不惜一切代价想要避免这一危险。

各种"花园""学园""学堂"③和"文字共和国"所面临的危险源于所谓的"封闭的心灵"(cloistered mind)。"道场"(cloister)④是一个社会,它必定要排斥本质上非社会的疯狂。但它根本不排斥偏见,相反却倾向于使偏见永存,从而培育偏见。只有接受了"道场"自认为能为之而骄傲的那些偏见的人才会被接纳进"道场",这种情况很容易发生。⑤ 依照定义,哲学不同于智慧,哲学必然涉及并

---

① 这一段和前面的一段没有出现在《批评》中。

② [《批评》中这一段的开头是这样的:]这第一个困难在对话、讨论和与少数人交流的传统中得到了补救。施特劳斯(第75页)似乎跟随色诺芬,与古代传统一致。

③ [彭译本注]"学园"是 academies,柏拉图讲学之地;"学堂"是 lyceums,亚里士多德讲学之地。

④ [彭译本注]cloister 指修道院、隐居地,源于拉丁语词 claustrum,即"封闭之地"。

⑤ 本段末尾以及下面的一段没有出现在《批评》中。

非唯一真理的"主观确定性"①,换言之即"偏见"。哲人的职责在于尽可能快、尽可能彻底地远离这些偏见。[328]任何采纳了一种教条的封闭社会,任何依据一种教条性学说选出来的"精英",都倾向于巩固这一教条所带来的偏见。因此,躲避偏见的哲人不得不试图生活在广阔世界中(在"市场"或"街上",像苏格拉底那样),而不是生活在任何一种"道场"中,不论是"共和国的"还是"贵族的"。②③

"封闭的"生活无论如何假设都是危险的,不过,如果哲人和黑格尔一样承认实在(至少属人的实在)不是一次性地永远给出,而是在时间进程中(至少在历史时间的进程中)创造自身,他就会严格拒绝这种生活。因为,如果情况是这样,"道场"的成员们就与世界的其他部分相隔绝,并没有真正参与处于历史进化中的公共生活,他们迟早会"被事件甩在后面"。的确,即便在某个时间是"真"的东西,此后也可能变成"假",变成"偏见",而只有"道场"没有注意发生了什么。④

---

① 手稿中为"客观真理",而不是印刷文本中的"唯一真理"(*De la Tyrannie*[Paris:Gallimard,1954],p. 246)。

② [科耶夫原注]正如格诺(Queneau)在《现代》(*Temps Modernes*)中提醒我们的,哲人本质上是一个"街头无赖"(voyou)。[编者注:在英译本中,古热维奇和罗兹在括号中添加了以下内容:〈即一个流氓。"Philosophes et voyous",*Temps Modernes*,1951,No. 63,pp. 1193 – 1205;科耶夫的提法涉及一个双关语:*voyou* 的词根是 *voie*,街道或道路;因此,"生活'居住在街上'"的哲人就是一个 *voyou*〉。]

③ [彭译本注]此处所引证的是法国小说家、诗人 Raymond Queneau 1951 年发表在《现代》杂志上的文章《哲人与街头无赖》。格诺青年时期曾求学于巴黎索邦大学及高等研究实践学院,修习科耶夫关于黑格尔的课程,深受其影响。

④ [这一段和前一段的文字没有出现在《批判》中;取而代之(第 141 页)的文字如下:]毫无疑问,在社会中塑造的"封闭的心灵"排除了疯狂,因为疯狂在本质上是一种反社会性,但它远没有排除偏见。相反,每一个根据某种学说的教义选拔出来的精英都倾向于巩固其所隐含的偏见。尤其对哲人而言,"封闭"的生活是不可接受的,因为他和黑格尔一样承认,存在(至少是人类的现实)并非一成不变、与自身同一,它是"变成的",它在历史进程中创造自身。因此,他在参与公共生活的历史演进的同时,也要参与时间对存在的揭示。

〈"与世隔绝"的哲人非但不会比庸俗者少些偏见,反而会比之多些偏见。也就是说,他将不再是哲人。这也意味着,关心保持这种状态的哲人不想对历史世界及其需要通过行动解决的问题失去兴趣。(*)〉

不过,哲学"精英"的问题只有在"承认"这一一般性问题的语境中才能得到充分处理,因为"承认"的问题对哲人有影响。的确,[329]施特劳斯本人就是以这样的视角提出了问题。而我现在要谈的就关乎问题的这一方面。

在施特劳斯看来〈(参见第 75 – 79 页)〉,① 僭主希耶罗与哲人

---

* "显而易见"的主观标准不是真理标准,因为它并没排除疯狂的可能性。对社会标准的"讨论"排除了疯狂,但并不保证真理。此外,在一个有限、封闭的精英阶层内的讨论并不能使人发现偏见。当然,某个特定历史时刻的"多数人的意见"也不是真理的标准。即使全人类的意见一致也非标准(如果它并非人类在其整个历史演变中的情况)。唯一可能的标准是实验(在"操作"的意义上,而非简单的"观察":实验而非经验)。例如一个物理学理论的真理标准,就是根据这个理论建造的桥梁事实上不会崩塌;对人类学理论的实验检验,归根结底是应用这一理论的国家(或该理论所应用的国家)没有"崩塌"。但所有国家迟早都会"崩塌",除了"最后一个"。似乎只有这个国家才能具有普遍性和社会同质性。这个国家的永久保存将是解释(证明)这个国家的理论(以及这个理论的所有影响、所有前因)的实验标准。为了检查这一理论而做实验,就是为了建立普遍同质国家而行动。如果有时间,哲人应该做这些实验,而不是把自己孤立在"花园"里,或与"精英"讨论,或是寻求大多数甚至一致的解决方案(妥协)。在黑格尔看来,绝对知识的真理标准是其循环性。但这是以人的辩证性,即其历史性为前提。因此,根据定义,绝对知识只有在历史终结时才能抵达。在某种意义上,它是在历史进程中出现的所有意见的整合(在地点和时间上的"一致"),或者是"普遍"讨论的结果,只要历史时间还在持续。但人只有行动起来,他的历史才会结束。因此,如果人不进行实验,如果人不把自己的意见付诸实践,讨论就不可能结束。"绝对知识"的真理性是由其循环性所保证的,因此,它就像人类在历史进程中所做的所有实验的整合一样,都是普遍讨论中的全面整合(与时间有关)。所以,"循环性"是"理性主义"和"经验主义"标准的综合。

① 这句话的括号出现在《批评》中,第 141 页。

西蒙尼德的本质区别在于：希耶罗想要"被人们爱"，而西蒙尼德"满足于一小部分人的崇拜、赞美和认可"。为了赢得臣民的爱，希耶罗必须做他们的施惠者；西蒙尼德让自己受人崇拜，却不做任何事来赢得这一崇拜。换言之，西蒙尼德受到崇拜仅仅是因为他自己的完善，而希耶罗想要因为他的施惠而被爱，即便他自己不完善。这也就是为什么对崇拜的欲望（对立于对爱的欲望）是"一个人对自身的完善的欲望成为主导性欲望的自然根基"，而对爱的需要不会迫使一个人走向自我完善，因此不是一种"哲学的"欲望。

关于哲人与僭主之区别的这一概念（它的确不是施特劳斯的观点，施特劳斯认为也不是色诺芬的观点），在我看来并不令人满意。

[330]如果一个人（与歌德和黑格尔一样）承认，人被爱只是因为他之所是，无关乎他做了什么（母亲不管儿子有何过错都会爱儿子），而"崇拜"或"承认"是一个人所"崇拜"或"承认"的人的行动的一个作用，那就可以清楚看到，僭主以及一般而言的政治家寻求承认而不寻求爱：爱蓬勃生长于家庭中，年轻人离开家庭，投身公共生活，所寻求的不是爱，而是同胞公民的承认。如果西蒙尼德真正想要一种肯定的（甚至绝对的）价值被归诸他的（完善的）存在而不是他的行动，那就不得不说他〈而不是希耶罗〉①在寻求爱。但事实并非如此。西蒙尼德想要因为他的完善而不是纯粹因为他的存在（不论那是什么）受到崇拜。爱的特征在于这一事实：它无理由地把一种肯定的价值归诸被爱者或说被爱者的存在。所以，西蒙尼德寻求的的确是对他的完善的承认，而不是对他的存在的爱。他想要因为自己的完善而被承认，因此他欲望自己的完善。欲望通过行动实现（否定性行动，因为目的在于否定既有的不完善，完善仅仅被欲望而尚未达到）。因此，正是通过他的（自我完善的）行动，西蒙尼德事实上被承认而且想要被承认，正如希耶罗通过他自己的行动被

---

① 这个插入括号中的内容在英译本中。

承认而且想要被承认。〈西蒙尼德也是其公民同胞的"受益者",他通过自己的行动,给了他们一个使之"愉悦"的奇观。(*)〉①

[331]并非真实的是,僭主和一般意义上的政治家按照定义满足于一种"无理由的"崇拜或承认,就像哲人一样,他们想要"配得上"这种崇拜和承认,因此他们要真正是或变成他们在其他人面前表现的那样。因此,寻求承认的僭主也会做出自我完善的努力,即便只是为了安全的缘故,因为假冒者或伪善者总是冒着迟早会被"揭穿"的危险。

从这一视角看,政治家和哲人之间原则上就没有任何区别:两者都寻求承认,两者的行动都是为了配得上这一承认(事实上,欺骗在两种情形下都有)。

剩下的问题在于搞清楚是否政治家寻求被"多数人"承认,而哲人只寻求被"拣选的"少数人承认。

首先,政治家的情形看上去未必如此。那些依赖于多数人意见的"民主"领袖的确大多是这样。但"僭主"并不总是寻求"受欢迎"(比如提比略[Tiberius]),他们常常不得不满足于一小圈"政治朋

---

* 我特意使用了黑格尔的"承认"一词,它比"赞美"更精确。人们可以赞美一个人的身体之美,但不会因为这种美而承认他的人性价值,这正是因为他没有做任何事来变得美丽,他生来就是如此。如果西蒙尼德与异教贵族抱有同样的偏见,认为一个人仅凭他的出身就能(在人性上)比另一个人更完美,那么他可以赞美那个人生来就是完美者或是哲人,而没有做任何事情来成为这样的人。这样,他就可以声称自己得到赞美,但他将不得不放弃承认。以欣赏一个纯粹的自然现象(例如一颗星星)的方式而被赞美的事实也许可以满足一个异教贵族。但犹太-基督教的前奴隶,现代布尔乔亚就不知道如何满足于此,而会寻求对其"人格"积极价值的承认,并将其理解为其("自由")行动的整合。同样,黑格尔式的公民既不能通过爱,也不能通过赞美得到充分的满足,而只能通过适当意义上的(相互)"承认":无论这个公民是政治家、哲人还是智慧者。

① 在这几行旁边的空白处写了一个问号。

友"的赞同。此外,并没有理由说"多数人"的欢呼与有能力的评判者的赞同不会相容,也没有理由说政治家会更喜欢这种欢呼而不是这种赞同。反过来说,哲人为什么应该完全逃避"多数人"的赞美(这无疑带给他快乐),原因根本不明。问题在于,哲人不能为了"大众的"欢呼而牺牲"拣选者"的赞同,也不能使自己的行为适应"最糟糕的人"的要求。但是,如果一个政治家(不管是否僭主)在这一问题上以不同于哲人的方式行动,他就会立即被称作"蛊惑民众者"(demagogue)。没有什么表明政治家依据定义是"蛊惑民众者"。

事实上,一个人只有得到那些他本人承认为配得上承认他的人们的承认才会充分满足。对于哲人和政治家来说都是如此。

那么,就一个人寻求承认而言,他应该倾其所能尽可能地增加那些"配得上"承认他的人的数目。政治家常常有意或无意地承担起这一政治教化的任务("开明的专制者","施行教化的"僭主)。哲人通常也会做同样的事,把他们的一部分时间用于哲学[332]教化。不过,我们并不清楚,为什么哲人的入门者或门徒的数目必然要受限,或说因此必然要比政治人有能力的崇拜者的人数要少。如果一个哲人人为地限制人数,宣称在任何情形下他都不想要很多入门者,他只会证明他不如"未入门的"政治人那样有清醒的自我意识,后者有意识地努力把有能力的评判者们对他的承认无限制地扩展开。如果他先验地、毫无经验证据地坚持认为,能够进入哲学的人数少于能够明智地评判一种政治学说或一个政治行动的人数,他就是在基于一种未经证明的"意见"言说,并因而受制于一种至多在某些社会条件下、在一个特定历史时刻有效的"偏见"。在两种情况下,他都因此不是一个真正的哲人。

此外,支持"精英"的偏见更加严重,因为它能促生一种完全相反的境况。原则上哲人应该只寻求那些他认为配得上"承认"他的人的崇拜或赞同。但是,如果他从不离开由悉心招收的"精英"或精挑细选的"朋友"组成的有意狭窄的圈子,他就冒着这样的危险:

认为并只认为那些赞同他或崇拜他的人才"配得上"。不得不承认,在伊壁鸠鲁式的"花园"和知识分子的"道场"中,这种特别令人不快的有限的相互承认一直盛行。

权当如此。如果一个人和西蒙尼德一样同意哲人寻求承认(或崇拜),如果一个人和黑格尔一样承认政治家也是这样,那他就不能不得出结论说,从这一视角看,僭主与哲人并无本质区别。很可能正因为此,色诺芬(根据施特劳斯的意见)和施特劳斯本人并不赞同西蒙尼德。在施特劳斯看来,色诺芬对比了西蒙尼德与苏格拉底:苏格拉底对"他人的崇拜或赞美"毫无兴趣,而西蒙尼德对别的毫无兴趣。而且一个人会觉得施特劳斯同意这种"苏格拉底式"的态度:就哲人寻求承认和崇拜而言,哲人应该只考虑他对他自己的价值的承认,只考虑他对自己的崇拜。

[333]至于我本人,我坦承我难以理解这一点,而且我不明白它如何使我们能够发现哲人(或智慧者)与僭主(或一般意义上的政治家)的本质区别。

如果一个人照字面采取色诺芬-施特劳斯的苏格拉底的态度,他就被带回到了孤立的哲人的境况——他人对他的意见毫无兴趣。这并非一种自我矛盾的("荒谬的")态度,如果哲人准备承认:通过某种对存在直接的个人观照,或通过一种来自一个超验上帝的个人启示,他或许会达至真理。但是,如果他承认这一点,他就没有哲学上成立的理由把他的知识传达(口头或书面)给其他人(除非是为了获得他们的"承认"或崇拜,但这两者已被"哲人"的定义排除在外),因此他不会这么做,如果他真是一位哲人(哲人不会"无理由地"行动)。我们因此就会对他一无所知;我们甚至不知道他是否存在,他是哲人还是个疯子。此外,在我看来,他自己甚至都不知道这一点,因为他摆脱了一切社会控制,而社会控制是清除"病"例的唯一方式。不管怎样,他的"唯我论"态度排斥一切"讨论",从根本上是反苏格拉底的。

"苏格拉底"当然与他人进行"讨论",因此就让我们承认,他对别人对他言行的意见或将有的意见高度感兴趣,至少在他认为他们"有能力"的范围内来说。如果"苏格拉底"是一位真正的哲人,他在智慧(意味着知识和"美德")上不断进步,而且意识到他的进步。如果他未被充满基督教谦卑的偏见误导,以至于对自己伪善,他就多少会满足于他自己的进步,亦即满足于他自己。我们可以说(无需害怕这个词),他多少会有些自我崇拜(尤其是如果他认为自己比其他人更"高级"的话)。如果那些表达了对他的意见的人是"有能力的",他们将以他欣赏他自己的方式来欣赏他(假定他不是在欺骗自己),这就是说,如果他们没有被嫉妒蒙蔽眼睛,他们会崇拜他就像他崇拜他自己一样。如果"苏格拉底"不是一个"基督徒",[334]他会承认(对他自己和其他人),他人的崇拜给他带来了(某种)"满足"和(某种)"快乐"。诚然,这并不意味着(有意识地)在智慧之路上取得进步,单单这一事实给予"苏格拉底"的"快乐"和"满足"仅仅在于,他能够崇拜自己和被其他人崇拜。每个人都知道获取知识带来的"纯粹的快乐",也知道与"履行自己的职责"的感觉相伴随的"无功利的满足"。也不能由此推论说,寻求知识并履行职责而不会被随之而来的"快乐"激发,这在原则上是不可能的。的确,仅仅为了"爱"运动而运动,并不特别寻求一场竞赛中"胜利者的冠冕"带来的"快乐",难道不可能吗?

相反,显然的是,事实上所有这些东西是绝对不可分的。"在理论上"当然可能做出精细的区分,但"在实践上"却不可能排除一个因素而保留其他因素。这就是说,在这一领域不可能有验证性的实验,因此,有关这一问题的一切都不能被认识(在此词的"科学"意义上)。

我们知道,有些快乐与知识或美德毫不相干。我们也知道,人们有时会拒斥这些快乐,以便全身心地追寻真理或践行美德。但是,由于追寻真理和践行美德事实上与独立的(sui generis)"快乐"

密不可分地联系着,因此就绝对无法知道,事实上促使人们这样行动的是在不同"快乐"之间进行的选择,还是在"快乐"和"职责"或"知识"之间进行的选择。这些独立的"快乐"反过来与源于自我满足或自我崇拜的特有的"快乐"密不可分地联系着。不管基督徒们怎么说,一个人不可能是智慧的和有美德的(也就是说,事实上比所有人或至少比某些人更有智慧和美德)却不会从中获得某种"满足"和某种"快乐"。① 因此就无法知道,事实上[335]行为的"首要动机"是源于智慧(知识+美德)的"纯粹的"快乐,还是那源于智慧者的自我崇拜的(不管是否受其他人对他的崇拜的影响)、有时受到谴责的"快乐"。

如果从与他人的关系上来思考"苏格拉底",同样的含混显而易见。我们已经承认,"苏格拉底"对其他人对他的意见感兴趣,只是因为这使他能够检验他对自己的意见是否成立。但除此之外一切都模糊不清。一个人可以像色诺芬-施特劳斯那样坚持认为,苏格拉底只对其他人对他的"理论性"评价感兴趣,他对其他人对他的崇拜毫无兴趣——他的"快乐"完全只源于自我崇拜(自我崇拜要么决定他的哲学活动,要么仅仅伴随着他的哲学活动)。但也完全能够说,只要一个人不是疯子,他的自我崇拜必然包含并预设了其他人对他的崇拜;如果一个"正常的"人不仅不被所有人或至少某些人评价,也不被他们"承认",他就不可能真正对他自己"满

---

① [科耶夫原注]事实上,基督徒仅仅成功地"败坏了这种快乐",因为他们利用了呈现为"羡慕"或"嫉妒"的令人不快的情绪。当一个人"比另一个人差"时,他就对自己不满意(有时甚至鄙视自己)。一个基督徒始终面对着一个比他更好的他者,这个他者就是上帝,上帝使自己成为人以便更容易对比。一个基督徒拿自己跟这个人对比,徒劳地试图模仿这个人,这个人对他而言就是上帝,就此而言,基督徒体验的不是对上帝的"嫉妒"或"羡慕",而只是一种纯粹的"自卑情结",这足以使他无法承认他自己的智慧或美德并且"享受"这种承认。

足"。甚至可以再进一步说,与被其他人崇拜所带来的快乐相比,自我崇拜所包含的快乐相对而言是无价值的。对于"承认"的现象,这些都是可能成立的心理分析,但是,由于不可能进行试验来分离"承认"的众多方面,也就不可能最终解决问题、确立任何一种分析。

认为"苏格拉底"只是为了被其他人"承认"才寻求知识和践行美德,这一定是错的,因为经验表明,在一座无望离开的荒岛上,一个人可以为了对科学纯粹的爱而追求科学;没有见证者(人甚或神),一个人也可以只是因为害怕自己会瞧不起自己而践行"美德"。但没什么阻止我们断定,[336]当"苏格拉底"与其他人交流,并公开地践行他的美德,他这么做不仅为了检验自己,也为了(甚至可能主要为了)外在的"承认"。我们有什么理由声称他并不寻求这一"承认",既然他必然事实上发现这一"承认"?

的确,除非一个人接受上帝的存在,所有这些区分才有意义,因为上帝能看清人的内心,并根据人们的意图(当然可能是无意识的)评判他们。如果一个人真的是一位无神论者,这些区分就不再有意义了。因为,在这种情形下,显然只有内省能提供一个答案的线索。那么,只要一个人是独自知道某物,他就永远不能确定他真的知道它。如果一个坚定的无神论者用社会(国家)和历史取代上帝(即超越人的意识和意志的意识和意志),他就不得不说,但凡实际超越了社会的和历史的验证的东西,都永远要归入意见(*doxa*)之域。

这就是我不同意施特劳斯如下说法的原因。他说色诺芬以一种极端的方式提出了快乐与美德之关系的问题。我不同意的原因是,我不认为(从无神论的视角看)有一种问题能够被某种形式的知识(*epistēmē*)解决。更准确地说,问题容许有多种可能的解决,但没有一种解决是真正确定的。因为,不可能知道哲人(智慧者)寻求知识和践行美德是"为了它们自身的缘故"(或"出于职责"),还是为了他这么做时所体验到的"快乐",或者说到底,他这行动是为了体验自我崇拜(不管是否受他人的崇拜影响)。这一问题显然不可能"从外面"解决,因此就无从评价通过内省所达到的"主观确定性",如果这些"确定性"有冲突,也无从在它们之间做出裁断。①

---

① ［科耶夫原注］〈然而,"意见"的可能性各不相同。在我们看来,最可能的,也就是"正统"的观点是,哲人(就此事而言,像所有人一样)原则上可以在孤独中寻求知识并践行德性(因为这给他带来快乐)。但事实上,他从不孤独,总是与他人交流。现在,当他与他人交流时,他不只是寻求[知识],事实上[也在寻求]历史的检验。他渴望"知识",甚至渴望"赞美",这给他带来真正的"快乐"。这种赞美的承认使他对自己感到满意,自己赞赏自己,这给他带来新的"快乐"。这种快乐特别强烈,当人感觉到它时,它会覆盖所有其他的快乐;但如果一个人单独赞赏自己,它就会归零。因此,我们可以说,人把自己外在化(交流),实际上是为了获得赞美的"承认",使他能在对自己的"满足"中赞赏自己。(此外,这只适用于无神论者;当信徒相信自己得到了上帝的认可和赞美时,他可能会感到最高的快乐)。这一理论认为对"承认"的欲望是所有"外在化"(通过言论或行动)的动机,我们可以举出以下事实来支持该理论。犹太-基督教的上帝完全是(目前)"最高的"人类学的(无意识的)理想。现在,上帝通过创造世界使自己外在化,只是为了得到人类的赞美(因为基督徒的最高职责是"荣耀"他的上帝,向他"唱赞歌")。如果把这个形象应用于智慧者,那我们就必须说,这个智慧者创造了一个追随者或弟子,以便得到他的赞美。我认为,如果不是这样,人就会对上帝有不同的概念。当然,这不是一个证明。]当然,〉对"行为"的观察也不可能解决问题。但事实依旧是,在观察哲人(因为缺少智慧者)时,我们实际得到的印象并不是他们对赞美甚或奉承无动于衷。我们甚至能说,像所有知识分子一样,他们整体上比行动的人更加虚荣。的确,我们容易理解他们为什么会这样。人们做他们所做的特定的事是为了成功或"获得成功"(而且不失败)。一项涉及行动的事业的"成功"可由它的客观"结果"来衡量(一座不垮塌的桥、一桩赚钱的生意、一场打赢的战争、一个强盛的国家等等),无关乎其他人对它的意见。一本书或一篇知识分子的论说的"成功"不是别的,就是其他人对它的价值的承认。所以,知识分子比行动的人(包括僭主)更加依赖他人的崇拜,也比行动的人对于这种崇拜的缺失更加敏感。没有这种崇拜,他就完全没有正当的理由来崇拜自己,而行动的人能够因为他客观的(甚至孤独的)"成功"而崇拜自己。正因为此,一般来说,只谈话和写作的知识分子会比行动(在此词的强烈意义上)的人更加"虚荣"。

[337]讨论到目前,值得记住的是,一些哲人的"伊壁鸠鲁式"概念无论如何没有被一种全面的、条理分明的思想体系证明。一旦我们考虑"承认"的问题,就像我刚才做的那样,这一概念就变得成问题,即便只限于考虑真理的标准的问题,就像我一开始做的那样,这一概念也是成问题的。

[338]哲人把"讨论"(对话、辩证法)看成一种探究方法和真理标准,就此而言,哲人必须不得不"教育"他的对话者。我们已经看到,哲人没有理由对他可能的对话者的数量施加先验的限制。这就是说,哲人不得不是一位教育者(pedagogue),不得不试图无限地扩展他的(直接或间接的)教育活动。但在这么做时,他总是迟早要侵犯政治家或僭主的行动领域,后者本身也是(多少有意识的)"教育者"。

通常,哲人的教育活动对僭主的教育活动的干预表现为一种多少有些尖锐的冲突。因此,"败坏青年"是对苏格拉底的主要指控。哲人-教育者因此自然会倾向于试图影响僭主(或一般而言的政府),以便使他能够创造允许施行哲学教育的条件。但事实上,国家本身是一个教育机构。由政府所实践和控制的教育是一般意义上的政府活动的一个必要的部分,也是国家结构的一个功能。因此,想要影响政府以便引入或施行一种哲学教育,也就是想要影响一般而言政府,想要决定或共同决定政府的政策。哲人不可能放弃教育。的确,他的哲学教育的"成功"是衡量哲人的"学说"是不是真理的唯一"客观"标准:他拥有门徒(无论狭义还是广义)的事实确保他不会陷入疯狂,他的门徒在私人生活和公共生活上的"成功"是他的学说的(相对)"真理"——至少在它对于既有的历史现实是充分的意义上而言——的"客观"证明。

所以,如果一个人不想停留于"证据"或"启示"(不排除疯狂的危险)的纯粹主观标准,他就不可能是哲人却不同时想要成为一位哲学教育者。如果哲人不想人为地或不适当地限制他的教育活动的范围(由此冒着服从"道场"的偏见的危险),他必定强烈倾向于以某种方式参与整体上的政府,以便国家或许被组织和统治得使他的哲学教育既可能又有效。

[339]很可能正是出于这一(多少被有意识地承认的)理由,大多数哲人,包括最伟大的哲人,放弃了他们"伊壁鸠鲁式"的孤立,通过个人的介入或者通过自己的写作来参与政治活动。柏拉图的叙拉古之行、斯宾诺莎与德·维特(De Witt)①的合作,都是我们熟知的直接介入的例子。众所周知,近乎所有哲人都发表过讨论国家和政府的著作。②

不过,我之前谈过的源于人的时间性和有限性的冲突在此开始起作用。一方面,哲人的至高目标是追寻智慧或真理,哲人依照定义绝对不可能完成这一目标,而这一目标应该会耗费他所有的时间。另一方面,统治一个国家,不管多么小的国家,也会耗费时间,甚至是耗费很多时间。实际上,统治一个国家会耗费一个人所有的时间。

哲人不可能把他们所有的时间献给哲学和统治两者,因此他们通常会寻求一种妥协的解决办法。尽管他们想要参与政治,但他们不会放弃全然哲学的活动,仅仅会同意略微限制他们投身哲学的时间。因此他们放弃了直接管理国家的想法,只把他们从哲学中留出的一点时间用于给予统治者日常的(口头的或书面的)建议。

不幸,这一妥协被证明不可行。的确,哲学并没有因为哲人的政治"分心"而特别受影响。但是,哲人的政治建议严格说来没有任何直接的和即时的效果。

说实话,那些只限于给出书面的、确实"书卷气"的建议的哲人并不把他们的失败看成一场悲剧。因为他们大多足够清醒,并不期

---

① [彭译本注]德·维特指荷兰政治家 Johan de Witt(1625—1672),曾资助斯宾诺莎,斯氏的《神学政治论》据说就是在支持德·维特。

② [科耶夫原注]笛卡尔的情况过于复杂,不便在此讨论。

待当权者会读他们写的东西,甚至更不期待当权者会在日常事务中受他们指导。既然他们仅仅通过写作来行动,他们就注定短期内在政治上起不了作用。然而,那些确曾不惮麻烦以便给出政治建议的人或许会为建议不被采纳[340]非常烦恼,或许会觉得这实际上"浪费了他们的时间"。

当然,我们不知道柏拉图在其西西里之行失败后的反应。他在失败之后再次进行努力的事实表明,在他看来,两方对这一失败都有责任,如果他换种做法,他可能会做得更好、成就更多。但一般而言,(多少是爱智慧的)知识分子的共同意见是对不听话的统治者倾泻指责和轻蔑。但我坚持认为,这么做完全是错的。

首先,对于一个对哲人的建议无动于衷的政府,有一种习惯于指责它"僭政的"性质的倾向。可在我看来,哲人来批评僭政尤其不合适。一方面,哲人-劝谏者一定极其匆忙,他完全准备好要为国家的改革出力,但他只想在此过程中抛洒尽可能少的时间。所以,如果想要迅速成功,他就不得不找僭主而不是民主领袖交谈。的确,在任何时代,想要在政治现状下行动的哲人都被僭政吸引。无论何时,只要有一个强大的、有威力的僭主和哲人生活在同一时代,哲人就会毫不吝惜地给予他建议,即便这个僭主在异国。另一方面,我们很难想象一个哲人自己(不可能)成为政治家,除非是作为某类"僭主"。他急着"完成"政治,回到更高贵的事业,因而他几乎不可能有非同一般的政治耐心。他蔑视"群众",毫不在乎他们的赞美,因此他将不想耐心地扮演"民主的"统治者的角色,他并不关心"群众"和"好战分子"的意见和欲望。此外,他的改革方案一定很极端,背离普遍接受的观念,如果不借助于那些一直被指控为"僭政的"政治措施,他如何能迅速施行改革方案?事实上,如果一个自己并不参与国家事务的哲人指引他的一个门徒走上这个方向,这个门徒——比如阿尔喀比亚德(Alcibiades)——就会立即采取典型的"僭政的"方法。相反,一旦一个政治家公开地以一种哲学的名义行动,他就是作为一个"僭主"这么做,就像那些伟大的"僭主"通常都有着多少是直接的、多少是自觉的和得到承认的哲学渊源。

[341]简言之,在所有可能的政治家中,僭主无疑是最可能接受并施行哲人建议的。如果他接受了哲人的建议但不施行,他一定有充分的理由不这么做。此外,在我看来,这些理由在一个非"僭政的"统治者身上甚至会更有说服力。

我已经指出过其中的理由。一个政治家,不管他是不是僭主,他就是不可能采纳"乌托邦式的"建议,因为他只能在当下行动,他不能考虑那些与具体现状没有直接关联的观念。所以,为了得到听取,哲人将不得不给予关于"当前的事"的建议。但为了给予这样的建议,一个人不得不每天紧跟当前的事,因此就不得不搭上所有时间。可这正是哲人不想做的。就他作为一个哲人而言,他甚至不能这么做。因为这么做意味着放弃使他成为一个哲人的对真理的追寻,在他看来,惟赖于这一追寻,他才真正有资格成为僭主的哲学劝谏者,亦即成为一个有权比"未入门的"劝谏者享有更多不同礼遇的劝谏者,不管"未入门的"劝谏者可能多么理智和有能力。把自己所有的时间用于统治,就不再是一个哲人,因此也就会丧失可能拥有的对于僭主和"未入门的"劝谏者的任何优势。

事实上,这并不是哲人试图直接影响僭主的每一次努力必然没有效果的唯一原因。[166]比如说,让我们假定柏拉图留在叙拉古直到去世,而且他(当然是迅速地)爬升到了一个能够做决定,因而能影响政治大方向的位置。在这种情形下,可以确定柏拉图会得到僭主的倾听,并能实际指导僭主的决策。但这时会发生什么?一方面,狄奥尼修斯急于施行柏拉图提出的"极端的"改革,因此他肯定不得不不断强化他的统治的"僭政的"性质。那么,他的哲学劝谏者不久就会发现自己面临着"良心困境":他追寻一个体现在"理想"国家中的"客观真理",这一追寻与他那与"暴力"相抵触的"美德"概念发生了冲突,而[342]他不愿继续使用暴力。另一方面,柏拉图能意识到（狄奥尼修斯则不能）自己知识的界限，他不久就会意识到自己已经到达了这些界限，于是他就在自己的建议上变得犹犹豫豫，因而不能及时给出建议。这些理论上的不确定性和道德冲突，以及不再有时间投身哲学的事实所激起的"良心的罪疚"，很快就会使哲人厌恶所有直接的和具体的政治行动。同时，由于哲人明白给予僭主"普遍观念"或"乌托邦式的"建议是可笑或伪善的，哲人会提交辞呈，让僭主"安静地待着"，不给予他任何建议以及任何批评，尤其是如果他知道僭主在追求他本人作为劝谏者——他自愿中止了这一角色——期间一直追求的目标。

这等于说，哲人面对僭主时的冲突不是别的，而是知识分子面临行动时的冲突，更准确地说，是面临行动的倾向甚或必然性时的冲突。黑格尔认为，这一冲突是发生在基督教或布尔乔亚世界的唯一真正的悲剧——哈姆雷特和浮士德的悲剧。这是一个悲剧性的冲突，因为它是一个无法摆脱的冲突，一个不可能解决的问题。〈(*)

至于黑格尔的概念本身，它也没有解决有关冲突。相反，可以说它使得冲突变得更加"悲剧"。

[343]在黑格尔看来，"存在"本质上就是"生成"，因为它不仅必然存在于空间（作为自然），而且必然存在于时间（历史的，作为

---

* 这就是说，对智慧者来说，这种冲突或问题并不存在。事实上，按照黑格尔的观点，在智慧者出现的那一刻，历史也就终结了，因此再也没有行动的空间。因此，智慧者不是布尔乔亚意义上的知识分子（作为主人，他不工作，作为奴隶，他不在斗争和工作的世界中挣扎）。但哲人就是这样的人，对他来说，不行动的悲剧是存在的。对他来说，孤立地看知识和行动之间的冲突是无法解决的。正如我在文末所说，这种冲突（按照黑格尔的看法）不是在个人层面上解决的，而是在社会层面上解决的：它是在历史中并通过历史（作为一个整体）得到解决。冲突诞生于人的有限性，当时间上的有限性变成"永恒"（理解为历史时间的整全）时，冲突就消失了。

人)。"生成"是在人的否定(＝自由)行动中并通过否定(＝自由)行动而"生成"的,而人本身就是这种行动(作为历史而实现)。因此,智慧者的绝对("循环")知识,作为对存在("生成")整体的充分辩证揭示,只有在成为存在的过程结束时,即在历史结束时(以普遍同质国家的建立为标志),才是可能的。因此,不可能实现历史的终结。哲人,顾名思义,急于实现智慧,以至于把所有时间都投入智慧之中,因此,他必须急于实现历史的终结。要做到这一点,他只能采取政治行动(着眼于普遍同质国家)。但为了提高效率,他应该把全部时间都投入这一政治行动中去(因为政治家不过是他全部有效和高效的政治行动在时间上的整合)。但是,为了取得历史的进步(朝向最后的国家),必须(通过斗争和劳作的行动)否定现在的给定或给定的现在(不管它是什么)。然而,人们只能否定这个词的严格意义上之所是,即已经达到其可能性的真正丰富程度的东西。为了进行政治上的否定,即"自由地"或"历史地"否定,人们必须有意识地进行否定。因此,我们必须意识到"存在"的"生成"这一步的真正丰富性。现在,正是哲人意识到这一点。否则,历史的进步就会停止,有朝一日哲人实现追求智慧的可能也会随之消失。现在,哲人也需要其所有时间来做好哲人的工作。因此,他没有时间采取政治行动,而这种行动对于及时获得他所追求的智慧不可或缺。因此,他必然会在无法做到这一点的情况下,试图亲自引导历史走向其最终目标,而这一目标就是智慧,只不过这个智慧是对这一历史本身的整体的充分理解(辩证的启示)。〉

由于不可能政治地行动却不放弃哲学,哲人放弃了政治行动。但他是否有任何理由放弃?

我们不可能援引前面的讨论来为这样的选择"辩护"。依据定义,哲人不应没有[344]"充分理由"就做出一个决定,也不应采取在一个条理分明的思想体系中"不能得到辩护"的立场。〈那么,如果这种选择的理由不存在,哲人就永远无法选择,就会像布里丹的驴一样精疲力竭而死,哲学和政治结合在一起。他放弃生活,假装作为哲人生活,这样做对吗?如果他能以哲人的身份生活,那么他对僭主应该持何种态度呢?这就是我们现在要看的问题。〉因此我们仍旧要弄清,依哲人自己的判断,他如何能为放弃政治行动(在此词的准确意义上)"辩护"。①

一个人或许倾向于给出的第一项"辩护"是容易的。哲人并未解决一个问题,这一事实未必会令哲人烦恼。他不是智慧者,因此他依照定义生活在一个充满问题的世界,对他而言,这些问题一直是开放的。他要成为一个哲人,所要求的就是他意识到这些问题的存在,而且寻求解决它们。寻求解决的最好方法(至少在柏拉图主义者看来)是"辩证法",亦即由"对话"来检验和刺激的"沉思"。换言之,最好的方法是"讨论"。所以,在我们所说的情形中,哲人可以不用给予僭主日常的政治建议,或者不用避免对掌权的政府进行任何批评,他能够仅限于"讨论"以下问题:他本人是否应该统治?他是否应该仅仅劝谏僭主?他是否应该把他所有的时间用于一种更加"高级"、更少"世俗"的理论性追求,从而避免任何政治行动,甚至避免对政府进行任何具体批评?讨论这一问题就是哲人永远在做的事情。特别是,这是色诺芬在他的对话中做的,是施特劳斯在他的书中做的,也是我本人在当前的评论文章中做的。这样一切看来都井然有序。

可一个人还是禁不住有些沮丧,因为对手头问题的这一"讨论"已经持续了两千多年却还没找到某种解决。

〈施特劳斯说得也许正确(第91页),色诺芬在他的对话中"以最激进的方式"提出了对智慧的享乐主义解释问题,而非"康德式的"道德观念以及柏拉图-亚里士多德关于理论知识的绝对"无偏私"性的思想。然而,两千年后,人们仍然无法解决这场争论。当

---

① 这句话被写在空白处,以取代用红铅笔划掉的那部分文字。

然，我之前曾试图通过说这个问题在原则上是无法解决的来压制这一问题。但同样明显的是，在最好的情况下，干预（假设它带来了一个新的元素，这远不是确定，也不是"普遍承认的"）最多只能作为"讨论的基础"，其本身就是被"讨论的"。至于更确切的问题，即僭政与智慧或哲学之间的关系，我必须承认，我不可能解决它。

说到这一点，我可以引用伏尔泰最好的哲学故事的结尾：①这个矛盾是如何解决的？和其他所有矛盾一样，有很多事情需要讨论。②〉

或许一个人可以试着解决这一问题：通过超越与哲人们的讨论，并使用黑格尔为了达到"无可争辩的"解决所用的"客观的"方法。

这就是历史的验证的方法。〈（对黑格尔来说，智慧就是"理解的历史"，*verstandene Geschichte*：在完成中理解，也经由理解得以完成。）〉

*

对黑格尔而言，"对话"的古典"辩证法"的结果，亦即在一场纯粹言辞上的"讨论"中取得的胜利，并不是衡量真理的一个充分标准。换言之，在黑格尔看来，这种推理性的"辩证法"不能得出对一个问题的最终解决（亦即一种在所有将来临的时代都保持不变的解决）。原因很简单：如果一个人仅限于谈论这一问题，他就永远不能成功地最终"排除"对立者，或者因而"排除"对立本身，因为，反驳某人并不一定会使他确信。"对立"或"争论"（一方面是在人与自然之间，另一方面是在人与人之间，甚或是在一个人与他的社会和历史环境之间）只有在积极的社会生活的历史层面渐次展开时，才能被"辩证地扬弃"（亦即抛弃"假的"，但保存"真的"，并将之提升

---

① 这句话的开头已经写在手稿的上一行。
② 这一段和前面的一段没有出现在《批评》中。

到一种更高的"讨论"水平),社会生活中,一个人通过工作(针对自然)的行为或斗争(针对人)的行为来论辩。无可否认,仅当这一积极的[346]"对话"、这一历史的辩证法完成的时候,真理才会从中出现。也就是说,仅当历史在普遍同质国家中并通过普遍同质国家到达它的最后阶段⟨terme final⟩①,真理才会从中出现:由于普遍同质国家意味着公民们的"满足",所以它排除了否定性行动的任何可能,因此也排除了一般而言的否定的任何可能,以及对已确立之物进行任何新的"讨论"的可能。但是,即便我们不想和《精神现象学》的作者一样假定历史实际已经在我们的时代"完成",我们也能够断言:如果对一个问题的"解决"事实上因为缺少相反的(历史的)证据而在已逝的整个时期里历史地或社会地"有效",一个人就有权利认为它在哲学上"有效",尽管哲人们依旧在对这一问题进行"讨论"。如果这么看,我们就可以假定,在幸运的时刻,历史本身将动手终结对一个它实际已经"解决"的问题无休无止的"哲学讨论"。

因此让我们看看,理解了我们历史的过去是否就能使我们解决智慧与僭政的关系问题,并由此决定哲人对于政府应该采取什么"合理的"亦即"哲学的"行为。

先验地看起来可能的是,历史能够解决哲人个人的沉思(包括我的)至今未能解决的问题或冲突。的确,我们已经看到,这一冲突本身及其"悲剧性"特质源于有限性,即一般而言的人和特殊而言的哲人有限的时间性。如果人是永恒的,不需要时间来行动和思考,或如果人有无限的时间来行动和思考,这一问题甚至不会产生(就如它对上帝不会产生一样)。历史超越了人的个体存在的有限存续期。当然,就"永恒"一词的古典意义而言,历史并不是"永恒的",因为它仅仅是世俗时间的行动和思考的集合。但是,如果我们

---

① 这段插入括号内的内容出现在英译本中。

和黑格尔一样承认(如果有谁像黑格尔一样愿意承认历史和历史的进步有一种意义,他也应该会在这一点上同意黑格尔),历史能够在自身之中并通过自身达到完成,"绝对知识"(= 推理性的智慧或真理)来自通过一种"条理分明的话语"[347](*Logos*)"理解"或"解释"整体的历史(或说是由这种知识整合进这种知识的历史),这种"条理分明的话语"穷尽了"理性的"(亦即内在没有对立的)思想的所有可能性(假定是有限的),它在此意义上是"循环的"或"整一的";如果我们承认这一切,那么,我们就能把历史(在这种"绝对的"推理性知识中并由这种知识完成和整合的历史)等同于被理解为时间的整一性的永恒("时间"是历史的时间,亦即人的时间,亦即能够包含任何在行动或言辞上的"讨论"的时间),任何单个的人都不可能超越它,人本身更不能。简言之,如果一个名副其实的个人尚不能够解决吸引我们的问题——因为它在个人层面是不可解决的,那么,帕斯卡尔所说的"伟大的个人"(他不会一直学习,但的确学习某些东西,在此词的严格意义上说)为何没在很早之前"最终地"解决这一问题(即便没有一个个人曾注意到它)就没有先验的理由。

让我们看看,关于僭主与哲人的关系(假定至今地球上还没有过一个智慧者),历史教给了我们什么。

初看起来,历史肯定了一般的意见。不仅至今没有哲人事实上统治过一个国家,而且所有政治家,尤其他们之中的"僭主",始终轻蔑哲人的"普遍观念",并拒绝他们的政治"建议"。哲人的政治行动因而看上去一直是零,他们或许从历史中汲取的教训似乎会鼓励他们投身于"沉思"或"纯粹的理论",不去关心"行动的人"尤其各类"统治者"同时可能在做什么。

但经过更仔细的考察,从历史中汲取的教训看起来完全不同了。在西方哲学的地理版图内,或许最伟大的政治家是亚历山大大帝,他当然也是那些伟大的僭主数世纪以来所模仿的对象(只有他最近才被拿破仑的一个模仿者再次模仿,拿破仑模仿凯撒,凯撒本人也是模仿者)。亚历山大可能读过色诺芬的对话。他是亚里士多德的学生,亚里士多德是柏拉图的学生,而柏拉图是苏格拉底的学生。所以,亚历山大无疑间接接受了和[348]阿尔喀比亚德一样的教诲。或者因为他比阿尔喀比亚德更有政治天分,或者只是因为他出现得"恰逢其时",亚历山大在阿尔喀比亚德失败的地方成功了。但两人都想要同样的东西,两人都试图超越古代城邦严格的、狭窄的界限。没什么阻止我们假定,这两次政治努力(只有一个以失败告终)可以回溯到苏格拉底的哲学教诲。

诚然,这只不过是一个简单的历史假设。但是,分析有关亚历山大的事实能使这一假设看起来有道理。

与他的所有希腊前辈和同时代人的政治行动不同,亚历山大的政治行动的特征在于由帝国的观念指引。"帝国"亦即一个普遍国家,至少在此意义上而言:这一国家没有任何先验地被给定的界限(地理的、种族的或其他方面的),没有预先建立的"首都",甚至没有一个地理上和种族上混合的中心以便对其周边进行政治控制。当然,任何时代都有征服者准备无限地扩展他们征服的地域。但他们通常会寻求建立和主人与奴隶的关系一样的征服者与被征服者的关系。与此相反,亚历山大显然准备把整个马其顿和希腊都融散在他的征服所创造的新政治单位中,并且准备在一个他根据这一新的整体所自由地(理性地)选择的地点来管理这一政治单位。此外,通过要求马其顿人和希腊人与"野蛮人"通婚,他肯定是想要创造一个新的统治阶层,这个阶层将独立于所有严格的和既有的种族纽带。

那么,有什么可以解释这一事实:只有成为一个具有充分宽广的种族基础和地理基础的民族国家(而非一个城邦)的领袖,一个人才能对希腊和东方施行传统类型的单边的政治控制,可这个人构想的却是一个真正普遍的国家或一个帝国(在此词的严格意义上)的观念,其中征服者和被征服者混合在一起?这是一个全新的政治观念,随着卡哈卡拉敕令(Edict of Caracalla)①的颁布才开始实现,但在任何地方都没有纯粹地实现,同时(只是在晚近)却遭遇了显著的衰退,而且它依旧是"讨论"的一个主题。有什么能够解释这一事实呢:一个世袭的君主同意自我流放,并[349]想要将他本国胜利的贵族与新的被征服者混合起来?他不是建立他的种族的统治,并把他的祖国的统治强加给世界上的其他地方,而是为了一切政治意图和目的选择融散种族并消除祖国本身。

我们倾向于把这一切归因于亚里士多德的教育,以及"苏格拉底-柏拉图的"哲学的普遍影响(这一哲学也是亚历山大可接触到的智术师完全政治的教诲的基础)。一个亚里士多德的学生或许会认为,为了帝国的统一,必须要创造一个生物学的基础(借由通婚)。但是,只有苏格拉底-柏拉图的门徒才会构想这种统一性,因为他以古希腊哲学所阐发的人的"观念"或"普遍观念"作为其出发点。所有人都能成为同一个国家(=帝国)的公民,因为他们有(或因为生物学的结合而获得了)同一个"本质"。归根结底,所有人共有的这一"本质"就是"逻各斯"(语言-知识),也就是今天我们所称的(古希腊)"文明"或"文化"。亚历山大所谋划的帝国不是一个民族或一个种姓(caste)的政治表达。它是一个文明的政治表达,是一个"逻各斯的"实体(a logical entity)的物质现实化,这一"逻各斯的"实体是普遍同一的,正如逻各斯本身是普遍同一的。

早在亚历山大之前,法老埃赫纳吞(Ikhnaton)很可能也产生了帝国的观念——就帝国是一个跨种族(跨民族)的政治单位而言。一座阿玛纳时期(Amarnian)②的浮雕描绘了传统的亚洲人、努比亚

---

① [彭译本注]公元212年,罗马皇帝卡哈卡拉颁布敕令,宣布罗马帝国内的所有自由民获得罗马公民权。

② [彭译本注]阿玛纳时期指古埃及第十八王朝的后半期,因法老埃赫纳吞将国都迁至今日的阿玛纳故名。

人和利比亚人,他们没被埃及人捆缚,而是跟埃及人一起平等地敬拜同一个神:阿吞神(Aton)。唯在此,帝国的统一性有一种宗教的(神的)而非哲学的(人的)起源:它的根基是一个共同的神,而非人作为人(=理性的)"本质的"的统一性。统一公民的不是他们的理性和文化(逻各斯)的统一,而是他们的神和崇拜共同体的统一。

自不幸失败的埃赫纳吞以来,拥有一个超验的(宗教的)统一性基础的帝国的观念一再被带起。经由希伯来先知的中介,这一观念一方面被圣保罗和基督徒接受,另一方面被伊斯兰教接受(仅就最宏大的政治[350]努力而言)。但是,经受了历史的检验而延续至今的不是穆斯林的神权统治,也不是日耳曼人的神圣帝国,甚至不是教皇的世俗权力,而是普遍的教会,完全不同于严格意义上的国家。因此,一个人或许会总结说,归根结底,唯有可以一直回溯到苏格拉底的哲学的观念在世上政治地行动,并在我们的时代继续指引着那些要努力实现普遍国家或帝国的政治行动和实体。

但是,人类当今正追求(或斗争)的政治目标不仅是政治上普遍的国家,同样也是社会上同质的国家,或"无阶级的社会"。

在此,我们再次发现,政治观念的久远根源在于宗教普世主义者的一个概念,这一概念在埃赫纳吞那里已经出现,并在圣保罗处达至顶峰。那就是认为信仰同一个神的所有人具有根本的平等。这一社会平等的超验概念极其不同于苏格拉底-柏拉图认为拥有相同内在"本质"的所有存在具有的同一性概念。对古希腊哲人的门徒亚历山大而言,希腊人和蛮族人有相同的权利要求在帝国中得到政治公民身份,因为他们拥有相同的人(即理性的、逻辑的、推理的)的"自然"(=本质、观念、形式等等),或说,他们通过直接地(="即刻地")"混合"他们内在的品质(由生物学的结合来实现)而"在本质上"彼此等同。对圣保罗而言,希腊人与犹太人之间没有"本质的"(不可化约的)差别,因为两者都能成为基督徒,而且他们成为基督徒不是通过"混合"希腊人和犹太人的"品质",而是通过否定它们,并借由这一否定把它们"综合"进一个同质的统一体——这一同质的统一体不是内在的或给定的,而是通过"皈依"(自由地)创造出的。由于这一基督教的"综合"的否定性质,任何不相容甚至"对立的"(＝相互排斥的)"品质"就荡然无存了。对希腊哲人亚历山大而言,主人与奴隶的任何"混合"都不可能,因为两者是"对立的"。因此,他的普遍国家虽然消除了种族,但没有消除"阶级",在此意义上因而不可能是同质的。而另一方面,对圣保罗而言,对异教的主人和奴隶之对立的否定(这一否定是积极的[active],因为"信仰"是一种行动,而且没有"行动"就会"死"),会产生一种"本质上"全新的基督教统一体(此外也是积极的或[351]行动着的,甚至是"充满感情的",而不是纯粹理性的或推理的,亦即"逻辑的"),这一统一体不仅能为国家的政治普遍性提供基础,也能为其社会同质性提供基础。

但事实上,建立在一个超验的、有神的、宗教的基础之上的普遍性和同质性并没有也不能够产生一个严格意义上的国家。它们只是作为普遍和同质的教会的"神秘身体"的根基,并被假定只有在彼岸("天国",设若一个人抽离掉地狱的永恒存在)才能充分实现。事实上,普遍国家是完全处于古代异教哲学和基督宗教双重影响下的政治所追求的唯一目标,尽管它至今尚未达到这一目标。

但在我们的时代,普遍和同质国家也已成为一个政治目标。在此,政治再次衍生自哲学。当然,这一哲学(作为对基督宗教的否定)又衍生自圣保罗(因为"否定"他而以他为前提)。但是,唯有现代哲学将基督宗教关于人的同质性的观念成功地世俗化(＝理性化,将之转变为条理分明的话语),这一观念方能产生现实的政治意义。

至于社会同质性,哲学与政治之间的渊源关系不如在政治普遍性上那么直接,但却是绝对确定的。就普遍性而言,我们仅仅知道,最早采取有效手段来实现它的政治家受到了一位双重远离其理论创始者的门徒的教导,①而且我们只能假定这些观念之间的渊源关系。与此相对照的是,就同质性而言,我们知道有一种观念之间的渊源关系,尽管我们没有直接的口述传统来确认它。开启朝向同质性的真正的政治运动的僭主有意识地遵循一个知识分子的教诲,这个知识分子精心地改造哲人的观念,使之不再是一个"乌托邦的"理想(偶尔被错误地认为是描绘一个既存的政治现实:拿破仑的帝国),并成为一种政治理论,据之一个人或许能够给予僭主具体的建议,亦即僭主能够遵循的建议。因此,在承认僭主"伪造"(verkehrt)了哲学的观念时,我们知道他这么做只是为了"将之从抽象之域返回(verkehren)到现实之域"。

[352]我在此只限于引用这两个历史例证,尽管我可以轻松地举出更多例证。但这两个例证完全道尽了历史伟大的诸政治主题。如果一个人承认,在这两个例子中,"僭政的"王和严格意义上的僭主所做的一切就是将哲人的(同时由知识分子们恰当地予以准备的)教诲付诸政治实践,那他就能得出结论说,哲人的政治建议实质上得到了遵循。

的确,哲人的建议——即便它有一副政治的外表——绝不可能被直接地或"即时地"执行。因此,一个人或许会认为哲人的建议必定是不适用的,因为它与它所处时代的具体政治现实缺少直接的或"即时的"关联。但是,"知识分子中介者"试图发现或建造哲人的建议与同时代现实之间的桥梁,从而始终牢握哲人的建议,并使之面对同时代的现实。这一纯粹知识分子的劳作,即把哲学观念与政治现实更紧密地联系在一起,还得继续相当长的时间。但迟早会有某个僭主始终会从源于这些"中介者"的可用的(口头的或书面的)建议中寻求指导,用于指引他每日的行动。当这样看待历史时,

---

① [彭译本注]指亚历山大受到亚里士多德的教导,而亚里士多德双重远离苏格拉底,苏格拉底哲学是"普遍性"的渊源。

历史就显得是多少受哲学的演进直接指引的政治行动的连续序列。

从黑格尔的视角看,基于对历史的理解,僭政与智慧的关系可以描述如下。

只要人没有通过推理性的哲学反思充分意识到在一个特定历史时刻的特定政治状况,他就未与这一政治状况拉开"距离"。他不可能"采取立场",不可能有意识地和自由地决定支持还是反对它。他对于政治世界完全是"被动的",就如动物对于它生存于其中的自然世界是被动的。但是,一旦人获得了充分的哲学意识,他就能区分特定的政治现实与他"头脑中"政治现实的观念,这一观念这时只能作为一个"理想"。不过,如果人只限于哲学地理解(＝解释或说明)特定政治现实,他将绝不能超越这一现实或与之相应的哲学观念。要让一种"超越"或朝向智慧(＝真理)的哲学进步出现,(能够被否定的)政治现实必须被[353]行动(斗争和劳动)实际地否定,由此,在对既存的和被哲学地理解的现实的这一积极否定中并通过这种积极否定,一个新的历史的或政治的(亦即属人的)现实首先会被创造出来,继而在一种新哲学的框架中得到理解。这一新哲学只会保存旧哲学的一部分——这一部分通过了对与旧哲学相应的历史现实的创造性政治否定的检验,并通过将之与它自己对新历史现实的启示综合在一起(借由一种条理分明的话语),从而改造或"升华"这一得到保存的部分。只有以这种方式前行,哲学才会向绝对知识或智慧迈进,唯当所有可能的积极的(政治的)否定已完成,哲学才可能达至绝对知识或智慧。

简言之,如果哲人完全不给予政治家任何政治"建议",也就是说,从他们的观念不能(直接或间接)引申出任何政治教诲,那就不会有历史的进步,因此就不会有严格意义上的历史。但是,如果政治家没有通过他们日常的政治行动最终实现基于哲学的"建议",那也就不会有哲学的进步(朝向智慧或真理),因此就不会有严格意义上的哲学。所谓的"哲学"著作当然可以无限地写下去,但我们绝不会有那智慧之书("经"[Bible]),它能确切地取代我们拥有近两千年的同名之书。在涉及要积极地否定一个特定政治现实的"本质"之处,我们在历史过程中总能看到政治的僭主们产生。一个人或许因此总结说:没有哲人在先的存在,就不可想象一位改革性僭主的出现,而智慧者的来临必然以僭主(他将实现普遍同质国家)的革命性政治行动为前提。

权当如此。当我比较由色诺芬对话和施特劳斯的解释激发的反思与历史展现的教训时,我的印象是,哲人与僭主的关系在历史演进的过程中始终是"合理的":一方面,哲人"合理的"建议始终或迟或早地被僭主实现,另一方面,哲人与僭主始终"依据理性"来对待彼此。

[354]僭主不试图施行一种乌托邦式的哲学理论,亦即一种与僭主不得不应对的政治现实毫无直接关系的哲学理论,这完全正确,因为他没有时间填充乌托邦与现实之间的理论空隙。至于哲人,他避免阐述自己的理论以至于到了直接回应当前政治事件所提出的问题的程度,这也是正确的。如果他这么做,他就没有时间留给哲学,他将不再是哲人,因此就不再有资格给予僭主政治-哲学的建议。哲人把在理论层面融合他的哲学观念与政治现实的职责交给了一群形形色色的知识分子(他们或多或少分散在时空中),这也是正确的;知识分子承担起这一任务,而且,当他们在自己的理论中达到了当前政治事件所提出的具体问题的水平,如果有机会,他们就会给予僭主直接的建议,这么做是正确的;僭主不遵循(不听)这样的建议,直到建议达到了这一水平,这么做也是正确的。简言之,在历史现实中,他们全都合理地行动,正是通过合理地行动,最终他们全都直接或间接地获得了真实的结果。

另一方面,政治家仅仅因为一种理论不能"原封不动地"施行于一种既定的政治状况就想要否认其哲学价值,这完全不合理(当然,这并不意味着,政治家在这种政治状况中没有政治上正当的理由禁止这种理论)。哲人"在原则上"谴责僭政本身,这同样不合理,因为只有在具体政治状况的语境中,一种"僭政"才能被"谴责"或"辩护"。泛言之,如果哲人仅仅从自己的哲学出发,以无论何种方式批评政治家(不论他是否是僭主)所采取的具体政治手段,这也不合理,特别当政治家采取这些手段使得哲人宣扬的理想将来或许能够实现时。在两种情形下,对哲学或对政治的评价都将是不胜任的。因此,相比于必定"理性的"哲人而言,一个"未入门的"政治家或僭主说出这类评价更有情可原(但非更可辩护)。至于[355]"居中的"知识分子,如果他们不承认哲人有权评价他们理论的哲学价值,或者不承认政治家有权选择自己认为能够在既定状况中实现的理论并丢弃其余理论(即便是"僭政地"丢弃),那也会是不合理的。

概言之,是历史本身专注于"评价"(通过"成就"或"成功")政治家或僭主的行动,他们采取这些行动(有意识或无意识地)是作为哲人的观念的一个功能,而知识分子出于实践目的改造了这些观念。

索 引

Adler, Cyrus, 4n6
Agesilaus, 124
Alcibiades, 49, 210, 340, 347–48
Alexander the Great, 79, 162, 175, 182, 186, 224, 347–50
Alfarabi, 33, 110, 147–48
Anaxagoras, 211–12
Aquinas, Saint Thomas (Thomism), 100, 120
Arendt, Hannah, 5
Aristophanes, 182, 227, 242–43, 285
Aristotle (Aristotelian), 30, 34, 79, 85n4, 100, 105, 109, 119, 130, 149, 175, 180, 182–83, 200, 206–7, 211, 214, 222, 235, 242, 263, 265, 276, 324n, 344, 347, 349
Aron, Raymond, 7, 247
Athens, 133, 146, 182, 184
Auda abu Tayi, 126
Auffret, Dominique, 7n11, 84n3, 90n14
Austen, Jane, 229
Averroes (Averroism), 107–8

Bacchylides, 124
Bacon, Francis, 100–101
Bataille, Georges, 7, 289, 355n
Baugh, Bruce, 7n11

Bayle, Pierre, 74n21, 322, 324
Behnegar, Nasser, 103n43
Benjamin, Walter, 5
Bernstein, Jeffrey Alan, 2n3
Bertman, Martin A., 84n3
Bible (Biblical God, Biblical prophets, Biblical religion, Biblical revelation), 23, 28, 34, 36, 37, 42, 45, 47, 77, 85–103, 107–9, 111–17, 129–32, 186, 216–17, 222, 227–29, 235–37, 240–44, 262n23, 265
Bloom, Allan, 14, 19n13
Bluhm, Harald, 84n3, 86n6
Böhme, Jacob, 301n
Bonaparte, Napoléon, 65, 159, 224, 269, 274–75, 281, 326, 347, 351
Breisach, Ernst, 86n7
Breton, André, 7
Bruell, Christopher, 4n6
Brutus, 147n13
Burke, Edmund, 26–27
Burns, Timothy W., 4n6, 31n34, 45n49, 47n51, 261n18
Butler, Judith, 86n7

Caesar, Julius (Caesarism), 104–5, 147n13, 347

Casanova, Jean-Claude, 279
Cassirer, Ernst, 4
Cassius, 147n13
Cataline, 147
Ceaser, James W., 3n4, 172n17
Christianity (Christian), 25, 30–31, 93–97, 100, 108–12, 115, 134, 186–87, 203, 241, 262
Cicero, 110, 146–47, 192
Cleitophon, 208
Conquest, Robert, 245
Cooper, Barry, 84n3, 86n7, 89n11, 93n16, 94n23, 99n29, 103n42, 105n51, 106n53
Crito, 208
Cyrus the Great, 104, 106, 142, 248

Darby, Tom, 232n5
David (King), 114
De Witt, Benjamin, 175, 339
Democritus, 182
Descartes, René, 23, 100, 237, 242–43, 325, 339n7
Descombes, Vincent, 258n15
Dionysius, 175, 341–42
Dostoevsky, Fydor M., 229
Drury, Shadia B., 84n3, 86n7, 89n11–12, 94n18, 95n24, 114n78, 158n3, 258n15
Dzerzhinsky, Felix (Red Terror), 203

Edict of Caracalla, 348
End of History, 265–85; Fukuyama's thesis, 279–83; Kojève's view of, 268–79; philosophic background of, 266–72; views of history, 265–66
Engels, Friedrich, 64n14, 115n79
Enlightenment, 143–44, 152
Epicurus (Epicurean), 74n21, 87–89, 91, 132, 184n22, 313–15, 321–22, 324–27, 332, 337, 339
Eudoxus, 206
Existentialism, 120, 257n12, 259

Fackenheim, Emil, 5
Faust, 301n, 342

Fessard, (Father) Gaston, 7
Fichte, Johann Gottlieb, 240
Filoni, Marco, 7n11, 276n26
Ford, Henry, 282
Frost, Bryan-Paul, 86n7, 93n16, 94n18, 94n23, 95n24
Fukuyama, Francis, 2, 83–84, 86n7, 279–83

George, Stefan, 153
Gibbon, Edward, 191–92
von Gierke, Otto, 26
Gildin, Hilail, 116n82
von Goethe, Johann Wolfgang, 5, 238, 330
Goldford, Denis J., 86n7, 93n17
Gourevitch, Victor, 3n4, 84n3, 85n4–5, 88n9, 114n78, 116n83, 258n15
Gourevitch, Victor, and Michael S. Roth, 3n4, 84n3, 86n6, 92n15, 93n16, 98n28, 101n37, 103n46, 104n48, 107n57–58, 111n71, 112n73, 115n79, 168n12, 201n2, 255n8, 328n4
Grant, George, 3n4, 84n3, 85n5, 94n22, 98n28, 99n29, 101n36, 102n38, 103n44, 105n49, 106n52–53, 115n80, 116n81, 116n83, 162n8, 193, 253n5
Green, Kenneth Hart, 2, 229
Guttmann, Julius, 5, 17

Hadot, Pierre, 230
Hamlet, 342
Harries, Owen, 279
Hassner, Pierre, 278–79
Hegel, Georg W. F. (Hegelian), 5, 7, 15, 18–22, 24–31, 41–43, 45, 47, 49–50, 52, 71–77, 80, 87–88, 90–91, 95–96, 98–99, 103, 107, 113–14, 126, 129–32, 134–35, 148, 158–59, 162–64, 171–73, 181, 186–87, 200–204, 206, 215, 219n1, 220–22, 224, 232–34, 236–44, 258–59, 262, 268–78, 280n33, 281–85, 287–88, 298, 301–5n, 308, 314–16, 320, 322, 324–25,

328–30, 332, 342–43, 345–46, 352, 355n, 357n; the Beautiful Soul, 238; Kojève's interpretation of, 237–41; the Stoic, Skeptic, and Bourgeois, 129, 237–38; Strauss's interpretation of, 241–44; the Unhappy Consciousness, 31, 237–38, 241

Heidegger, Martin, 5, 6, 19–22, 28–29, 31–33, 36–37, 45, 49–50, 52, 72n18, 153, 168, 199–200, 202, 219n1, 228, 231–36, 239, 242, 246–49, 252–63, 271n15, 278n29, 284, 288

Heracles (Hercules), 129, 299

Heraclitus, 207

Hiero, 39–40, 78, 113, 121–27, 153, 162, 292–95, 298, 301–6, 308–10, 317, 320, 329–30, 355n; and the Olympian and Pythian games, 113, 123–24

Historical School, 23–28

Hitler, Adolf, 153

Hobbes, Thomas (Hobbesian), 5, 15–16, 23, 42, 45, 89n11, 100, 102–3, 107, 115, 130–32, 180, 199–200, 222, 243–44, 261n18, 262, 265n1

Horace, 217

Howse, Robert, 4n6

Hume, David, 260

Husserl, Edmund, 4, 18n9, 29, 32–34, 88, 204, 325

Hyppolite, Jean, 7

Ikhnaton (Pharaoh), 162, 349–50

Ischomachus, 40

Jacobins (Jacobinism), 238, 240, 245

Janssens, David, 2n3

Japan, 154

Jaspers, Karl, 6

Jesus, 95

Jonas, Hans, 5

Kandinsky, Wassily, 6, 169n14

Kant, Immanuel, 24, 30, 48, 210, 238, 240, 258, 267–68, 271n15, 276, 278n29, 301n, 344

Kierkegaard, Søren, 21, 28

Klein, Jacob, 16, 26n23, 29n28, 40n45, 48–49, 199–200, 205

Kleinberg, Ethan, 7n11, 257n12, 258n15

Kojève, Alexandre: appropriation of Heidegger, 19–22; on art, 169n14; biography of, 6–7, 80–81, 247; character and genesis of the Strauss-Kojève debate, 51–54, 159–71; characteristics of the philosopher, 169–71; common ground with Strauss, 161–71; conditions for wisdom, 76–80; on the desire (struggle) for recognition, 55–58, 65–71, 173–74, 181–82, 188–89, 201; and Hegel's philosophy of nature, 201, 215, 236–37, 257–58, 275–78, 280n33; and historical verification, 90–92, 172–73, 185–86; and intellectuals, 78–80, 95, 120–21, 153, 172–73; on love (*eros*), 55–57, 126–27, 134–37; and madness, 88–91, 95–96, 184n22; and the Master-Slave dialectic, 19–22, 42–43, 53–54, 58–71, 98–99, 125–29, 237–41, 269; on the origin of self-consciousness, 54–57; and revolution, 78–81, 121–22, 185, 189–90; and satisfaction (honor, recognition), 93–95, 98, 126–29, 134, 260; and Soviet espionage, 166n10; his Stalinism, 166, 247; and subjective certainty, 88–96, 132–34, 174–84; and technology, 187–90, 193–94, 203; terrorist conception of history, 158; the universal and homogeneous state, 77–81, 92–96, 98, 106, 114, 148–53, 179–81, 185–94, 206; and wisdom (absolute, Hegelian, and/or Kojèvean), 72–77, 95–96, 172–73, 204, 270–71, 275–79; and the wise man, 72–77, 172–73; Xenophon's tyrannical teaching, 164–67, 188–89, 192–93

Kojève, Alexandre, works by: "L'action politique des philosophes" ("The

Kojève (*continued*)
Political Actions of Philosophers"), 51, 87n8, 284, 289; "Autonomie et dépendence de la Conscience-de-soi," 269n11; "Christianisme et communisme" ("Christianity and Communism"), 52; *Le Concept, le Temps et le Discours* (*The Concept, Time, and Discourse*), 19n14, 52, 53n6, 71–72, 76n24, 271n15, 277; "The Dialectic of the Real and the Phenomenological Method in Hegel," 272n17; "The Emperor Julian and His Art of Writing," 50; "Entretien avec Gilles Lapouge" ("Interview with Gilles Lapouge"), 274n21; *Esquisse d'une phénoménologie du droit* (*Outline of a Phenomenology of Right*), 21n16, 52, 59n9, 61–70, 158n2–3, 186, 194; *Essai d'une histoire raisonnée de la philosophie païenne*, 160, 271n15, 277–278n28, 285, 288n4; "Hegel, Marx et le christianisme" ("Hegel, Marx and Christianity"), 52, 55–58, 78, 158n2, 180, 273; *Introduction à la lecture de Hegel* (*Introduction to the Reading of Hegel*), 7, 18–21, 52, 54–65, 67–69, 72–78, 89n11, 135n8, 154n16–17, 158n2–3, 160–61, 180, 185–86, 193, 200, 219n1, 239, 241, 256n9, 257–58, 260, 269–70, 272n17–276, 278n29, 282n34, 288n4; *Kant*, 277; "Kolonialismus in europäischer Sicht" ("Colonialism from a European Perspective"), 282n34; "Note inédite sur Hegel et Heidegger," 288n4; *La notion de l'autorité* (*The Notion of Authority*), 14, 52, 78–80, 160, 288; "Les peintures concrètes de Kandinsky," 169n14; "Philosophy and Wisdom," 273, 275; "Préface à la *Mise à Jour du Système hégélien du savoir*," 288; "Review of Alfred Delp," 262; "Tyrannie et sagesse" ("Tyranny and Wisdom"), 40–41, 51n2, 78–80, 87n8, 98n28, 119, 162, 166, 171, 201–2, 217, 251, 272n16, 287–89, 355n
Koyré, Alexandre, 7, 18n9, 167n11
Kraus, Paul, 5
Krüger, Gerhard, 5, 31n34, 42, 262n23

Lacan, Jacques, 7
Landy, Tucker, 2n3
Lawler, Peter A., 201n2
Lawrence, T. E., 126
Leibowitz, David M., 74n21
Leites, Nathan, 245
Lenin, Vladimir I., 126, 272n16
Livy, 252n3
Locke, John (Lockean), 107, 144, 248
Löwith, Karl, 5, 26n23, 31n34, 42, 262
Lucretius, 235, 265n1–267
Lycurgus, 130

Macaulay, Thomas B., 148
Machiavelli, Niccolò (Machiavellian), 99–113, 115–17, 130–32, 147–48, 155, 163, 181, 222–23, 235–36, 265
Maimonides, 33, 44, 100, 108–10, 116–17, 147–48
Maine, Henry Sumner, 26
Major, Rafael, 4n6
Mann, Thomas, 153
Mao Tse-Tung, 226
Marcellus, 192
Marjolin, Robert, 7
Marx, Karl (Marxism), 25–26, 52, 64n14, 120, 215, 222, 238–39, 241, 248, 257–59, 269, 271–75, 281–82
Meier, Heinrich, 4n6, 17n6, 29n29, 84n3
Melzer, Arthur M., 157–58
Merleau-Ponty, Maurice, 7, 289
Meyer, Martin, 84n3, 86n7, 89n11–12, 94n20, 98n28, 106n54–55, 113n75, 114n78

Montesquieu, 148, 182
Moses, 104n48, 107–9

Nadon, Christopher, 84n3, 85n5, 86n6, 99n29, 110n65, 111n68, 111n71, 112n74, 120n2, 131n5, 138n10
Nathan (the prophet), 114
National Socialism (Nazi), 232–33, 244–46, 248
Newell, Waller R., 221n2, 238n9, 245n11
Nichols, James H., Jr., 7n11, 84n3, 86n7, 89n12, 94n18, 94n22, 166n10, 258n15, 260n17, 276n23, 280n33
Nietzsche, Friedrich, 6, 21, 28, 31, 47–48, 106, 150, 154, 189, 194, 201, 203, 215, 217, 228, 233, 236, 261, 271n15, 280
NKVD, 167, 245, 254

Orwell, George, 191

Pangle, Thomas L., 4n6, 31n34, 161n6
Parens, Joshua, 99n29, 107n58, 109n62
Parmenides, 211
Pascal, Blaise, 149, 347
Patard, Emmanuel, 3–4, 16n2, 17n5, 18n9, 83n1, 84n3, 103n45, 113n75, 153n15, 161n7, 167n11, 251n2, 253n5, 258n14, 276n24, 285
Patchen, Keith, 247n12
Patri, Aimé, 131n6
Paul (Saint), 162, 186, 349–51
Pelluchon, Corine, 2n3, 84n3, 90n13, 114n77
Peloponnesian War, 182n21
Pindar, 124
Pippin, Robert B., 3n4, 84n3, 89n12, 93n16
Plato (Platonic), 16, 30, 32–33, 35, 38–39, 41, 43–44, 49, 72–73, 79, 85n4, 88, 108, 110, 119, 133, 140, 145–46, 148–49, 175, 178, 182–83, 198, 200, 203–16, 220, 222, 225, 228, 230–31, 233–34, 236, 242, 244, 249, 263, 265, 276, 283–85, 288, 296n, 301n, 313–15, 323, 325, 339–42, 344, 347, 349–50; Strauss's and Kojève's interpretation of, 204–18
Polemarchus, 49, 208
Pompey, 147

Qoheleth, 114–15
Queneau, Raymond, 7, 276n26, 280n33, 328n4

von Ranke, Leopold, 26
Riezler, Kurt, 253n4
Riley, Patrick, 71n17, 86n7, 89n11, 93n16
Romanticism, 23–26, 28, 238
Rome, 147, 191–92, 224, 238
Romulus, 104n48
Rosen, Stanley, 84n3, 86n7, 94n19, 94n21
Rosenzweig, Franz, 5
Roth, Michael S., 3n4, 84n3, 86n7, 89n11–12, 93n16, 96n25, 258n15, 262n22
Rousseau, Jean-Jacques, 23–24, 157, 240, 266–67, 298n

Salazar, António, 166–67, 248, 254n7, 298
Sartre, Jean-Paul, 257n12, 259
von Savigny, Friedrich Carl, 26
von Schelling, Friedrich Wilhelm Joseph, 21, 243
von Schiller, Johann Christoph Friedrich, 96n25, 238
Scholem, Gershom, 5
Shell, Susan, 267n4
Shulsky, Abram N., 283n36
Simonides, 39–41, 78, 98–99, 113–14, 121–28, 153, 162, 165–66, 222, 248, 254, 292–95, 297–306, 309–10, 317, 321, 329–30, 332, 355n
Singh, Aakash, 84n3
Smith, Steven B., 4n6, 84n3, 89n12, 93n16, 102n39–40, 159n4, 253n6

Socrates (Socratic, pre-Socratics), 35, 38–40, 43–46, 49–50, 79, 88–90, 99, 112, 127, 130–34, 137–38, 141–42, 145, 148–49, 162–63, 182–84, 206, 208, 212, 216, 224, 227, 230, 235, 248–49, 255, 263, 278, 284–85, 301n, 304n1, 324, 326, 328, 332–36, 338, 347–50

Soloviev, Vladimir, 6

Solzhenitsyn, Alexandr, 245

Sophists, 207, 210

Sparta, 146

Spinoza, Baruch, 175, 240–41, 243, 339

Stalin, Joseph (Stalinist), 87, 94, 119, 166–67, 226, 240, 245, 247, 254, 272n16, 274, 281, 295

Stauffer, Devin, 16n4

Strauss, Leo: absence of middle range in *On Tyranny*, 220–27; ancient and modern tyranny, 97, 164–67, 189–93, 221–27, 229–33, 259; ancient and modern wisdom, 233–37; and Being (versus History, Tyranny), 198–99, 202–18, 253–63; Biblical challenge to philosophy, 99–101; biography of, 4–6; character and genesis of the Strauss-Kojève debate, 3–4, 15–17, 51–54, 83–87, 119–21, 153–55, 159–71, 200–202; and citizen-morality (justice), 208–14; concluding paragraph in *On Tyranny*, 251–63; courses taken in Paris (1932–1934), 18; critique of Hegelian and Kojèvean morality, 41–43, 128–32, 187, 203; and the defense of (classical) philosophy and its framework, 109–17, 125–32; educative activity of the ruler (and philosopher), 141–45; emergence (and criticism) of historicism and modernity, 22–32; the epistolary exchange, 48–50, 197–218, 284–85; on *eros* (love), 43–44, 134–37, 141–43, 177, 210, 228, 231; and esotericism and exotericism, 16, 38–39, 49–50, 112, 152, 171n16, 211; on eternity (eternal order), 44–47, 135, 138–41, 175–76, 181–84, 198, 209, 216–18, 226; and the grounding of classical philosophy, 35–38, 175–84; on Machiavelli, 101–15; meeting Kojève, 18, 199–200; and modern science (technology), 221–24, 231–34; and philosophic attachment to others (friends, potential philosophers), 137–41, 154, 177–78, 183–84; and philosophic detachment, 134–37, 154, 183–84; and Plato's ideas (forms), 211–16; the political action(s) of philosophers, 146–49, 177–78; presence of middle range in other works, 227–33; purpose of *On Tyranny*, 38–41; on recovering the prescientific, natural world, 32–35; and Straussianism, 74n21, 159, 184n22; and subjective certainty, 177–84; and utopias (utopianism), 113–16, 121–25; Xenophon's tyrannical teaching, 164–67, 197–98

Strauss, Leo, works by: *The City and Man*, 30n32, 45n49, 169n13, 175n18, 206, 209n7, 214n10, 261n19; "Cohen's Analysis of Spinoza's Bible Science," 50n55; *Constitution of the Lacedaemonians*, 17; "Existentialism," 17n7, 31n35, 32n36, 36n42, 256n10, 262; *Faith and Political Philosophy*, 155n18, 166n10; "Farabi's *Plato*," 107n57, 112n73, 200; "German Nihilism," 232n6; *Gesammelte Schriften* (*Collected Writings*), 5, 16n2, 29n29, 30n30, 94n21, 108n59, 262n21, 262n23; "A Giving of Accounts," 48n52, 49n53; "Hegel (seminar course)," 243; "Historicism," 26n23; "History of Philosophy," 24n20, 29n26, 31n35, 32n36, 33n37–38, 34n39; *Hobbes's Critique of Religion*, 6n8; "How to Begin to Study Medieval Philosophy," 35n41; "The Intellectual Situation of the Present," 27n25; *An Introduction to*

Political Philosophy, 177n19, 181n20; "Jerusalem and Athens," 227; *Jewish Philosophy and the Crisis of Modernity*, 48n52, 49n53, 97n26, 114n76, 256n10, 261; *Leo Strauss: The Early Writings, 1921–1932*, 50n55; *Leo Strauss at the New School for Social Research (1938–1948)*, 16n2; "National Socialism," 245; "Natural Right," 26n23, 30n31; *Natural Right and History*, 23n17, 25–28, 32, 33n37–38, 34–35, 36–38, 44–45, 49, 97n26, 100n31, 101n37, 109n61, 115n79, 202, 205, 208–211, 213–14, 216–17n11, 219n1, 228, 234–35, 242, 253n4, 255–56n10, 261, 263; "A Note on the Plan of Nietzsche's *Beyond Good and Evil*," 217n11; "On the Intention of Rousseau," 24n19; "On a New Interpretation of Plato's Political Philosophy," 100n30–31, 100n34, 109n63, 112n72, 116n84; *On Plato's Symposium*, 142n11; *On Tyranny* (editions of), 1n1, 17n8, 51n2, 83n1, 119n1, 158n2, 197n1, 219n1, 234n7, 251n1–2, 255n8, 272n16, 284, 287–89; "The Origins of Economic Science," 17n5; *Persecution and the Art of Writing*, 38, 110n66–67, 147n12; *Philosophy and Law* (*Philosophie und Gesetz*), 23n18, 94n21, 108n59–60, 109n61, 109n64; "Political Philosophy and History," 29n26–28, 31n35; *The Political Philosophy of Hobbes*, 5, 15–16, 200; "The Problem of Socrates," 18, 37n43–44, 261n20; "Progress or Return?", 229, 235; "Quelques remarques sur la science politique de Maïmonide et de Fârâbî," 108n59; *The Rebirth of Classical Political Rationalism*, 18n11, 35n41, 219n1, 229; "Relativism," 18; *Reorientation*, 18n10, 27n25, 31n34; "Research in the History of Ideas," 26n22, 34n40; "Restatement" (and the critical edition of), 3–4, 35, 38, 41–48, 83n1, 97–98, 100–102, 107, 110–11, 113, 116, 120, 124, 131, 142, 152–53, 155, 162, 164n9, 167–68, 172, 178, 182, 185, 190, 197, 202–4, 216, 251, 254, 284, 287–89; "Review of Julius Ebbinghaus," 30n30; "Review of Karl Löwith," 19n13; *Socrates and Aristophanes*, 219n1, 227; *Spinoza's Critique of Religion*, 5, 6, 43n47; "The Spirit of Sparta or the Taste of Xenophon," 17n5; *Studies in Platonic Political Philosophy*, 217n11, 219n1, 235–36; *Thoughts on Machiavelli*, 111n69; "An Unspoken Prologue to a Public Lecture at St. John's College in Honor of Jacob Klein," 49n53; "An Untitled Lecture on Plato's *Euthyphron*," 116n82; "Vico (seminar course)," 27n24; *What Is Political Philosophy?*, 19n13, 29n26, 29n29, 100n32–33, 101n37, 102n38, 102n40, 103n41, 103n46, 105n50, 106n52, 107n56, 107n58, 109n61, 111n70, 219n1, 228, 242–43, 251n1, 253n4, 257, 260–61, 263

Talmon, Jacob, 245
Tanguay, Daniel, 4n6
Tarcov, Nathan, 103n43
Tepper, Aryeh, 2n3
Thales, 206, 277
Theaetetus, 206
Theseus, 104n48
Thrasymachus, 208
Thucydides, 41n46
Tiberius, 331
de Tocqueville, Alexis, 194
Torquemada (Spanish Inquisition), 203
Totalitarianism (Bolshevik, Chinese, Soviet, Third Reich), 244–49

Velkley, Richard L., 253n4, 261n20
Voegelin, Eric, 41, 85–86, 97, 101, 104n48, 131–32, 147n13, 155, 166n10, 221
Voltaire, 345, 357n

Wahl, Jean, 288n4
Weil, Eric, 7, 289n6

Xanthippe, 43, 133, 148
Xenophon, 16–17, 22, 35, 38–40, 43, 47, 79, 85n4, 98–99, 101, 104, 113, 119–24, 127, 131, 133–34, 142, 145, 148–49, 153, 155, 161–67, 171, 182–83, 187, 192, 197, 201, 218, 220, 222, 229–31, 248, 254, 256, 259, 263, 287, 291–93, 295–98, 301n, 303, 310, 316, 320, 323n, 326–27, 329, 332–33, 335–36, 344, 347, 353, 356n

Zuckert, Catherine H., and Michael P. Zuckert (and vice versa), 4n6, 184n22
Zuckert, Michael P., 97n27

The Chinese translation of this book is made possible by permission of the State University of New York Press©2016, and may be sold in People's Republic of China, not including Taiwan.

北京市版权局著作权合同登记号：图字 01-2024-0975 号

图书在版编目（CIP）数据

哲学、历史与僭政：重审施特劳斯与科耶夫之争 /（美）伯恩斯（Timothy W. Burns），（美）弗罗斯特（Bryan-Paul Frost）编；李佳欣译；隋昕校. --北京：华夏出版社有限公司，2024.4

（西方传统：经典与解释）

书名原文：Philosophy, History, and Tyranny: Reexamining the Debate between Leo Strauss and Alexandre Kojève

ISBN 978-7-5222-0674-5

I.①哲… II.①伯… ②弗… ③李… ④隋… III.①施特劳斯(Strauss, Leo 1899－1973)－哲学思想－研究 ②科耶夫（Alexandre Kojève, 1902－1968)－哲学思想－研究 IV.①B712.59 ②B565.59

中国国家版本馆 CIP 数据核字(2024)第 031410 号

哲学、历史与僭政——重审施特劳斯与科耶夫之争

编　　者	［美］伯恩斯　［美］弗罗斯特
译　　者	李佳欣
校　　者	隋　昕
责任编辑	刘雨潇
责任印制	刘　洋
出版发行	华夏出版社有限公司
经　　销	新华书店
印　　装	北京汇林印务有限公司
版　　次	2024 年 4 月北京第 1 版 2024 年 4 月北京第 1 次印刷
开　　本	880×1230　1/32
印　　张	12
字　　数	301 千字
定　　价	95.00 元

华夏出版社有限公司　地址:北京市东直门外香河园北里 4 号
邮编:100028　　网址:www.hxph.com.cn　　电话:(010)64663331(转)
若发现本版图书有印装质量问题，请与我社营销中心联系调换。

西方传统：经典与解释
Classici et Commentarii
HERMES
刘小枫◎主编

古今丛编

拉辛与古希腊肃剧　吴雅凌 编译
欧洲中世纪诗学选译　宋旭红 编译
克尔凯郭尔　[美]江思图 著
货币哲学　[德]西美尔 著
孟德斯鸠的自由主义哲学　[美]潘戈 著
莫尔及其乌托邦　[德]考茨基 著
试论古今革命　[法]夏多布里昂 著
但丁：皈依的诗学　[美]弗里切罗 著
在西方的目光下　[英]康拉德 著
大学与博雅教育　董成龙 编
探究哲学与信仰　[美]郝岚 著
民主的本性　[法]马南 著
梅尔维尔的政治哲学　李小均 编/译
席勒美学的哲学背景　[美]维塞尔 著
果戈里与鬼　[俄]梅列日科夫斯基 著
自传性反思　[美]沃格林 著
黑格尔与普世秩序　[美]希克斯 等著
新的方式与制度　[美]曼斯菲尔德 著
科耶夫的新拉丁帝国　[法]科耶夫 等著
《利维坦》附录　[英]霍布斯 著
或此或彼（上、下）　[丹麦]基尔克果 著
海德格尔式的现代神学　刘小枫 选编
双重束缚　[法]基拉尔 著
古今之争中的核心问题　[德]迈尔 著
论永恒的智慧　[德]苏索 著
宗教经验种种　[美]詹姆斯 著
尼采反卢梭　[美]凯斯·安塞尔-皮尔逊 著
舍勒思想评述　[美]弗林斯 著

诗与哲学之争　[美]罗森 著
神圣与世俗　[罗]伊利亚德 著
但丁的圣约书　[美]霍金斯 著

古典学丛编

俄耳甫斯祷歌　吴雅凌 译注
荷马笔下的诸神与人类德行　[美]阿伦斯多夫 著
赫西俄德的宇宙　[美]珍妮·施特劳斯·克莱 著
论王政　[古罗马]金嘴狄翁 著
论希罗多德　[苏]卢里叶 著
探究希腊人的灵魂　[美]戴维斯 著
尤利安文选　马勇 编/译
论月面　[古罗马]普鲁塔克 著
雅典谐剧与逻各斯　[美]奥里根 著
菜园哲人伊壁鸠鲁　罗晓颖 选编
劳作与时日（笺注本）　[古希腊]赫西俄德 著
神谱（笺注本）　[古希腊]赫西俄德 著
赫西俄德：神话之艺　[法]居代·德拉孔波 编
希腊古风时期的真理大师　[法]德蒂安 著
古罗马的教育　[英]葛怀恩 著
古典学与现代性　刘小枫 编
表演文化与雅典民主政制
[英]戈尔德希尔、奥斯本 编
西方古典文献学发凡　刘小枫 编
古典语文学常谈　[德]克拉夫特 著
古希腊文学常谈　[英]多佛 等著
撒路斯特与政治史学　刘小枫 编
希罗多德的王霸之辨　吴小锋 编/译
第二代智术师　[英]安德森 著
英雄诗系笺释　[古希腊]荷马 著
统治的热望　[美]福特 著
论埃及神学与哲学　[古希腊]普鲁塔克 著
凯撒的剑与笔　李世祥 编/译
伊壁鸠鲁主义的政治哲学　[意]詹姆斯·尼古拉斯 著
修昔底德笔下的人性　[美]欧文 著

修昔底德笔下的演说　[美]斯塔特 著
古希腊政治理论　[美]格雷纳 著
赫拉克勒斯之盾笺释　罗道然 译笺
《埃涅阿斯纪》章义　王承教 选编
维吉尔的帝国　[美]阿德勒 著
塔西佗的政治史学　曾维术 编

古希腊诗歌丛编
古希腊早期诉歌诗人　[英]鲍勒 著
诗歌与城邦　[美]费拉格、纳吉 主编
阿尔戈英雄纪（上、下）
[古希腊]阿波罗尼俄斯 著
俄耳甫斯教辑语　吴雅凌 编译

古希腊肃剧注疏
欧里庇得斯与智术师　[加]科纳彻 著
欧里庇得斯的现代性　[法]德·罗米伊 著
自由与僭越　罗峰 编译
希腊肃剧与政治哲学　[美]阿伦斯多夫 著

古希腊礼法研究
宙斯的正义　[英]劳埃德-琼斯 著
希腊人的正义观　[英]哈夫洛克 著

廊下派集
剑桥廊下派指南　[加]英伍德 编
廊下派的苏格拉底　程志敏 徐健 选编
廊下派的神和宇宙　[墨]里卡多·萨勒斯 编
廊下派的城邦观　[英]斯科菲尔德 著

希伯莱圣经历代注疏
希腊化世界中的犹太人　[英]威廉逊 著
第一亚当和第二亚当　[德]朋霍费尔 著

新约历代经解
属灵的寓意　[古罗马]俄里根 著

基督教与古典传统
保罗与马克安　[德]文森 著
加尔文与现代政治的基础　[美]汉考克 著

无执之道　[德]文森 著
恐惧与战栗　[丹麦]基尔克果 著
托尔斯泰与陀思妥耶夫斯基
[俄]梅列日科夫斯基 著
论宗教大法官的传说　[俄]罗赞诺夫 著
海德格尔与有限性思想（重订版）
刘小枫 选编
上帝国的信息　[德]拉加茨 著
基督教理论与现代　[德]特洛尔奇 著
亚历山大的克雷芒　[意]塞尔瓦托·利拉 著
中世纪的心灵之旅　[意]圣·波纳文图拉 著

德意志古典传统丛编
黑格尔论自我意识　[美]皮平 著
克劳塞维茨论现代战争　[澳]休·史密斯 著
《浮士德》发微　谷裕 选编
尼伯龙人　[德]黑贝尔 著
论荷尔德林　[德]沃尔夫冈·宾德尔 著
彭忒西勒亚　[德]克莱斯特 著
穆佐书简　[奥]里尔克 著
纪念苏格拉底——哈曼文选　刘新利 选编
夜颂中的革命和宗教　[德]诺瓦利斯 著
大革命与诗化小说　[德]诺瓦利斯 著
黑格尔的观念论　[美]皮平 著
浪漫派风格——施勒格尔批评文集　[德]施勒格尔 著

巴洛克戏剧丛编
克里奥帕特拉　[德]罗恩施坦 著
君士坦丁大帝　[德]阿旺西尼 著
被弑的国王　[德]格吕菲乌斯 著

美国宪政与古典传统
美国1787年宪法讲疏　[美]阿纳斯塔普罗 著

启蒙研究丛编
论古今学问　[英]坦普尔 著
历史主义与民族精神　冯庆 编
浪漫的律令　[美]拜泽尔 著

现实与理性　[法]科维纲 著
论古人的智慧　[英]培根 著
托兰德与激进启蒙　刘小枫 编
图书馆里的古今之战　[英]斯威夫特 著

政治史学丛编
驳马基雅维利　[普鲁士]弗里德里希二世 著
现代欧洲的基础　[英]赖希 著
克服历史主义　[德]特洛尔奇 等著
胡克与英国保守主义　姚啸宇 编
古希腊传记的嬗变　[意]莫米利亚诺 著
伊丽莎白时代的世界图景　[英]蒂利亚德 著
西方古代的天下观　刘小枫 编
从普遍历史到历史主义　刘小枫 编
自然科学史与玫瑰　[法]雷比瑟 著

地缘政治学丛编
地缘政治学的起源与拉采尔　[希腊]斯托杨诺斯 著
施米特的国际政治思想　[英]欧迪瑟乌斯/佩蒂托 编
克劳塞维茨之谜　[英]赫伯格-罗特 著
太平洋地缘政治学　[德]卡尔·豪斯霍弗 著

荷马注疏集
不为人知的奥德修斯　[美]诺特维克 著
模仿荷马　[美]丹尼斯·麦克唐纳 著

品达注疏集
幽暗的诱惑　[美]汉密尔顿 著

阿里斯托芬集
《阿卡奈人》笺释　[古希腊]阿里斯托芬 著

色诺芬注疏集
居鲁士的教育　[古希腊]色诺芬 著
色诺芬的《会饮》　[古希腊]色诺芬 著

柏拉图注疏集
挑战戈尔戈　李致远 选编
论柏拉图《高尔吉亚》的统一性　[美]斯托弗 著
立法与德性——柏拉图《法义》发微　林志猛 编

柏拉图的灵魂学　[加]罗宾逊 著
柏拉图书简　彭磊 译注
克力同章句　程志敏 郑兴凤 撰
哲学的奥德赛——《王制》引论　[美]郝兰 著
爱欲与启蒙的迷醉　[美]贝尔格 著
为哲学的写作技艺一辩　[美]伯格 著
柏拉图式的迷宫——《斐多》义疏　[美]伯格 著
苏格拉底与希琵阿斯　王江涛 编译
理想国　[古希腊]柏拉图 著
谁来教育老师　刘小枫 编
立法者的神学　林志猛 编
柏拉图对话中的神　[法]薇依 著
厄庇诺米斯　[古希腊]柏拉图 著
智慧与幸福　程志敏 选编
论柏拉图对话　[德]施莱尔马赫 著
柏拉图《美诺》疏证　[美]克莱因 著
政治哲学的悖论　[美]郝岚 著
神话诗人柏拉图　张文涛 选编
阿尔喀比亚德　[古希腊]柏拉图 著
叙拉古的雅典异乡人　彭磊 选编
阿威罗伊论《王制》　[阿拉伯]阿威罗伊 著
《王制》要义　刘小枫 选编
柏拉图的《会饮》　[古希腊]柏拉图 等著
苏格拉底的申辩（修订版）　[古希腊]柏拉图 著
苏格拉底与政治共同体　[美]尼柯尔斯 著
政制与美德——柏拉图《法义》疏解　[美]潘戈 著
《法义》导读　[法]卡斯代尔·布舒奇 著
论真理的本质　[德]海德格尔 著
哲人的无知　[德]费勃 著
米诺斯　[古希腊]柏拉图 著
情敌　[古希腊]柏拉图 著

亚里士多德注疏集
亚里士多德论政体　崔嵬、程志敏 编
《诗术》译笺与通绎　陈明珠 撰

亚里士多德《政治学》中的教诲　[美]潘戈 著
品格的技艺　[美]加佛 著
亚里士多德哲学的基本概念　[德]海德格尔 著
《政治学》疏证　[意]托马斯·阿奎那 著
尼各马可伦理学义疏　[美]伯格 著
哲学之诗　[美]戴维斯 著
对亚里士多德的现象学解释　[德]海德格尔 著
城邦与自然——亚里士多德与现代性　刘小枫 编
论诗术中篇义疏　[阿拉伯]阿威罗伊 著
哲学的政治　[美]戴维斯 著

普鲁塔克集
普鲁塔克的《对比列传》　[英]达夫 著
普鲁塔克的实践伦理学　[比利时]胡芙 著

阿尔法拉比集
政治制度与政治箴言　阿尔法拉比 著

马基雅维利集
解读马基雅维利　[美]麦考米克 著
君主及其战争技艺　娄林 选编

莎士比亚绎读
莎士比亚的罗马　[美]坎托 著
莎士比亚的政治智慧　[美]伯恩斯 著
脱节的时代　[匈]阿格尼斯·赫勒 著
莎士比亚的历史剧　[英]蒂利亚德 著
莎士比亚戏剧与政治哲学　彭磊 选编
莎士比亚的政治盛典　[美]阿鲁里斯/苏利文 编
丹麦王子与马基雅维利　罗峰 选编

洛克集
上帝、洛克与平等　[美]沃尔德伦 著

卢梭集
致博蒙书　[法]卢梭 著
政治制度论　[法]卢梭 著
哲学的自传　[美]戴维斯 著
文学与道德杂篇　[法]卢梭 著

设计论证　[美]吉尔丁 著
卢梭的自然状态　[美]普拉特纳 等著
卢梭的榜样人生　[美]凯利 著

莱辛注疏集
汉堡剧评　[德]莱辛 著
关于悲剧的通信　[德]莱辛 著
智者纳坦（研究版）　[德]莱辛 等著
启蒙运动的内在问题　[美]维塞尔 著
莱辛剧作七种　[德]莱辛 著
历史与启示——莱辛神学文选　[德]莱辛 著
论人类的教育　[德]莱辛 著

尼采注疏集
尼采引论　[德]施特格迈尔 著
尼采与基督教　刘小枫 编
尼采眼中的苏格拉底　[美]丹豪瑟 著
动物与超人之间的绳索　[德]A.彼珀 著

施特劳斯集
苏格拉底与阿里斯托芬
论僭政（重订本）　[美]施特劳斯 [法]科耶夫 著
苏格拉底问题与现代性（第三版）
犹太哲人与启蒙（增订本）
霍布斯的宗教批判
斯宾诺莎的宗教批判
门德尔松与莱辛
哲学与律法——论迈蒙尼德及其先驱
迫害与写作艺术
柏拉图式政治哲学研究
论柏拉图的《会饮》
柏拉图《法义》的论辩与情节
什么是政治哲学
古典政治理性主义的重生（重订本）
回归古典政治哲学——施特劳斯通信集

***

哲学、历史与僭政　[美]伯恩斯、弗罗斯特 编
追忆施特劳斯　张培均 编
施特劳斯学述　[德]考夫曼 著
论源初遗忘　[美]维克利 著
阅读施特劳斯　[美]斯密什 著
施特劳斯与流亡政治学　[美]谢帕德 著
驯服欲望　[法]科耶夫 等著

施特劳斯讲学录
苏格拉底与居鲁士
追求高贵的修辞术
——柏拉图《高尔吉亚》讲疏（1957）
斯宾诺莎的政治哲学

施米特集
宪法专政　[美]罗斯托 著
施米特对自由主义的批判　[美]约翰·麦考米克 著

白纳德特集
古典诗学之路（第二版）　[美]伯格 编
弓与琴（重订本）　[美]伯纳德特 著
神圣的罪业　[美]伯纳德特 著

布鲁姆集
巨人与侏儒（1960-1990）
人应该如何生活——柏拉图《王制》释义
爱的设计——卢梭与浪漫派
爱的戏剧——莎士比亚与自然
爱的阶梯——柏拉图的《会饮》
伊索克拉底的政治哲学

天格林集
自传体反思录

朗佩特集
哲学与哲学之诗
尼采与现时代
尼采的使命
哲学如何成为苏格拉底式的

施特劳斯的持久重要性

迈尔集
施米特的教训
何为尼采的扎拉图斯特拉
政治哲学与启示宗教的挑战
隐匿的对话
论哲学生活的幸福

大学素质教育读本
古典诗文绎读 西学卷·古代编（上、下）
古典诗文绎读 西学卷·现代编（上、下）